북한의 시학 연구 2

시

박호범~홍현양

엮은이 이상숙(李相淑 Lee, Sang-sook) 가천대학교 글로벌 교양학부 교수
고려대학교 국어국문학과 및 동 대학원을 졸업했다. 1995년 「정현종론」으로 『세계일보』 신춘문예 문학평론 부문에 당선하여 등단하였으며 2005년 제6회 젊은 비평가상을 받았다. 2006~2007년 Harvard University Korea Institute에서 Fellow로 '남북한 문학 전통론 비교' 연구를 진행하였다. 고려대학교 · 서울산업대학교 · 한경대학교에서 강의하였고 2007년 이후 가천대학교 글로벌교양학부 교수로 재직 중이다. 논저로는 「북한문학의 민족적 특성론 연구」, 「북한문학 속의 백석」, 문집 『시인의 동경과 모국어』(2004, 월인), 『북한문학예술의 지형도』 1~3(공저) 외 다수가 있다. 우리 문학의 전통 시론과 남북 문학의 비교 연구에 관심이 있다.

책임편집 신지연(申智姸 Shin, Ji-yeon) 가천대 문화유산역사연구소 연구교수
저서 『글쓰기라는 거울』(2007), 논문 「신시논쟁(1920~21)의 알레고리」(2008) 「민족어와 국제공통어 사이 : 김억을 바라보는 한 관점」(2009) 「서정의 딜레마 : 1950년대 북한문단의 논의를 중심으로」(2011) 「북한문단의 자유시운율론」(2011) 등이 있다.

북한의 시학 연구 2 시(박호범~홍현양)

초판인쇄 2013년 9월 25일 **초판발행** 2013년 9월 30일
엮은이 이상숙 외 **펴낸이** 박성모 **펴낸곳** 소명출판 **출판등록** 제13-522호
주소 서울시 서초구 서초동 1621-18 란빌딩 1층
전화 02-585-7840 **팩스** 02-585-7848 **전자우편** somyong@korea.com **홈페이지** www.somyong.co.kr

값 63,000원

ISBN 978-89-5626-844-6 94810
ISBN 978-89-5626-842-2 (세트)

이 저서는 2010년도 정부 재원(교육과학기술부 인문사회연구역량강화사업비)으로 한국연구재단의 지원을 받아 연구되었음(NRF-2010-32A-A00141).

북한의
시학 연구
2

시

박호범~홍현양

A Study on Poetics of North Korea 2 : Anthology(Park, Ho-bum~Hong, Hyun-yang)

책임편집 신지연

소명출판

일러두기

- 확인 가능한 최초 수록 지면을 저본으로 삼았다. 저본에는 *표를 달아두었다.
- 시인별 시의 수록 순서는 최초 발표 시기 및 작품 말미에 표기된 창작 시기를 참고하여 정하였다.
- 시의 표기법, 구두점, 약물 표기는 원문을 그대로 반영하였으며 띄어쓰기는 남한식 표기를 따랐다. 가독성을 고려하여 한자로 표기된 단어는 괄호 안에 한글음을 병기해 두었다. 한글 표기 후 괄호에 한자를 병기한 경우는 원문 그대로의 표기에 해당한다. 단, 작품 끝에 표기되어 있는 창작 시기는 원문이 한자로 표기되어 있는 경우라도 모두 아라비아 숫자로 바꿔 표기하였다.
- 시인론 및 작품론의 표기법과 구두점은 원문을 그대로 반영하였으며 띄어쓰기는 남한식 표기를 따랐다. 한자로 표기된 숫자는 아라비아 숫자로 바꾸었으며, 약물의 경우 작품명은 「 」, 작품집명은 『 』, 시초나 연시는 〈 〉, 인용은 " ", 강조는 ' '으로 바꿔 표기하였다(북한의 경우는 작품명, 서명, 강조와 인용 등에 일률적으로 같은 약물을 사용한다).
- 시인론 및 작품에 인용된 시는 인용된 형태 그대로 실었다. 인용 출처의 원문과 차이가 있을 수 있음을 밝혀 둔다. 문맥을 훼손하는 명백한 오식만을 주석으로 처리했다.
- 김일성, 김정일 교시 등에 대한 원문의 볼드체 표기는 반영하지 않았다.
- 원문에서 아랫점으로 표시된 강조 표기는 윗점으로 바꾸었다.
- 편집자 주는 '1, 2, 3…'으로, 원주(原註)는 '※'으로 표시하였다.
- 판독불가능한 글자는 '□'으로 처리하였다.

간행사

『북한의 시학 연구』(1~6권)는 한국연구재단 지원으로 진행된 '북한의 시학' 연구팀의 연구 결과물이다. 본 연구팀은 2010년 5월부터 3년간 북한의 시를 모으고 분석하며 북한 시학의 형성과 전개 과정을 일본, 중국, 미국, 러시아와의 관계 안에서 파악하려고 노력했다.

북한시 연구는 북한문학 분야에서도 특히 연구 기반이 취약하므로 1차 자료를 모으는 일부터 시작해야 했다. 보통 북한문학 연구자들은 자료 접근에서 여러 가지 어려움을 겪는다. 북한문학은 모두 특수자료이기 때문에 이에 접근하기 위해서는 까다로운 절차를 거쳐야 하는데 그러고서도 제한된 자료만 제한된 방식으로 얻을 수밖에 없다. 기존 연구성과가 많지 않아 참조할 선행연구가 부족한 현실, 문학성이 떨어지고 정치성 강한 북한문학 연구 방법론에 대한 고민 등도 북한문학 연구의 어려움이다. 여기에 하필 왜 그런 문학에 관심을 두느냐는 특별한 시선까지 감당해야 하는 것이 사실이다. 특히 연구자가 적은 북한시 연구의 사정은 더욱 심각하다. 북한시 연구를 위해 시와 시인, 시론에 대한 자료가 축적되고 이에 대한 통시적 · 공시적 연구가 이루어져야 하는데, 시 연구를 위한 기본적 자료, 즉 시, 시집, 시인, 문예이론, 창작법, 장르 명칭, 예술 용어에 대한 기본 정보가 정리는커녕 집적조차 되어 있지 않기 때문이다.

연구팀은 먼저 시와 시 비평에 대한 1차 자료를 확보하는 일에 주력하였다. 시집, 잡지, 신문 등에 게재된 시의 목록 및 비평 목록을 작성하고 본문을 확보하였다. 더불어 시에 대한 문학사 서술 부분을 시기 구분에 따라 정리하였다. 북한시에 대한 기본적 이해와 평가를 위해 꼭 필요한 일이라 생각했다. 이 일만으로도 연구 기간 3년이 촘촘히 흘러갔다.

북한의 문예지 『조선문학』과 『문학신문』, 『청년문학』, 『문학예술』 등에 실린 시들을 모아 입력하고, 개인시집과 종합시집을 확보하였다. 이 작업을 위해 국립 중앙도서관 북한자료센터, 국회도서관, 대학도서관들을 정기적으로 방문하였다. 일본, 중국, 러시아, 미국에 산재한 자료들은 현지 유학생의 도움을 받아 목록을 조사하고 복사본을 입수하였으며, 방학을 이용해 연구팀이 직접 방문하여 자료 발굴과 수집 작업을 진행하였다. 이 과정에서 국내에 처음 소개되는 몇몇 시집과 문예지 수록 시편들을 확보할 수 있었다. 일본 방문 시에는 동경대 도서관이나 학습원대학 등 북한 관련 자료 소장처로 이미 알려진 곳보다 지바현의 아시아경제연구소에서의 성과가 컸다. 문헌이나 복사본으로만 보았던 뜻밖의 시집 원본들을 대면하는 기쁨도 맛보았다. 문학 도서관이 아닌 경제연구소 도서관에 자리한 북한시집들은 찾는 이가 없어서인지 보관 상태도 좋았고 자료 접근성도 좋았다. 중국에서는 연변대 도서관과 주립도서관에서 많은 시집을 볼 수 있었다. 러시아의 모스크바대학 도서관과 레닌도서관, 외국문학도서관에 소장된 북한문학 관련 목록은 현지 유학생의 도움을 받아 정리하였는데 이는 아마도 처음 시도하는 목록 작업이 아니었을까 생각한다. 이 책들 또한 복사본을 우편으로 받아보았고 연구팀이 방문하여 실물을 확인하고 추가 자료를 수집하였다. 또 미국의 워싱턴 DC의 국립문서보관소를 방문하여 6 · 25전쟁 당시 노획문서 중에서 국내에 소장되지 않은 『조소문화』 6집 및 몇몇 미공개

시집들을 찾아내었다. 몇몇 시집 앞에는 '박헌영 외무상' 소장이었음을 증명하는 수기(手記)가 선명하였다. 60여 년 전 전쟁포로처럼 봉인되어 태평양을 건너 워싱턴 DC 외곽의 자료실에서 갇혀 있던 시집과 문예지들은 어쩌다 한 번 들르는 북한 연구자들이 호명할 때만 회색 박스 안에서 나올 수 있었다. 우리의 호출이 몇 번째였는지 알 수 없으나 연구팀은 이국(異國)에 가서야 또 하나의 한국문학, 다른 체제의 우리 문학을 만날 수 있었다.

3년간의 자료 수집 작업으로 300여 권의 북한시집, 수천 편의 문예지 수록 시, 수백 편의 북한시 관련 평론들이 수집되었고 파일 형태로 입력되었다. 북한에서 발행된 몇 편의 문학사 중 시문학 관련 서술 부분도 시대별로 정리되었다. 연구팀의 여정이 끝나갈 때쯤에는 방대한 자료 중에 무엇을 추려 결과물로 묶어 낼 것인가의 고민이 커졌다. 그러나 곧 자료 수집 과정이 곧 연구의 과정이며 자료의 취사선택에 학문적 판단이 개입될 수밖에 없으며 그것이 연구 결과를 좌우할 수 있다는 것을 깨닫게 되었다. 무엇을 싣든 무엇을 싣지 않든, 중요한 것은 자료 수집과 정리 과정 중에 이미 연구가 시작되고 이루어졌으며 후속 연구에 도움이 될 것이라는 사실이다.

국내외에서 자료를 모아 입력 · 분류하는 작업과 함께 본 연구팀은 전문가 자문회와 학술세미나를 정기적으로 개최하였다. 이를 바탕으로 2011년 1월 우리어문학회 전국학술대회에 '북한문학' 분과로, 2011년 12월 한국근대문학회 학술대회에는 '북한시학과 동아시아' 분과로 참여하여 연구 성과를 발표하였다. 북한시학의 형성과 전개 과정을 한반도를 둘러싼 주변국 및 그 문학계와의 영향관계 안에서 파악하려는 본 연구팀의 기획을 위해 공동연구원으로 참여한 일본문학 전공자 오미정

교수와 중국사 전공자 정문상 교수의 연구가 그 중심에 있었다. 이분들과의 공동연구를 통해 본 연구팀의 시각은 한반도의 경계를 벗어나 넓고 깊어질 수 있었다. 한국, 중국, 일본은 근대화와 제국주의, 전쟁과 재건, 사회주의와 자본주의 갈등, 냉전체제의 긴장과 자위권 문제 등을 나란히 경험했다. 그런 점에서 일본과 중국은 우리에게 타자인 동시에 현대사를 함께 겪으며 서로의 운명에 개입한 동아시아적 공동주체이기도 하다. 한반도를 둘러싼 여러 국가의 평행한 시간을 이해하는 것이 남북 문학을 이해하는 시작임을 느리게나마 깨달을 수 있었다.

3년간 연구의 결실로 제출하는 『북한의 시학 연구』 1, 2권에는 북한의 대표 시인 50인의 작품과 관련 평론을 수록하였다. 북한의 시를 소개하고 연구한 선행 업적에 힘입어 『북한의 시학 연구』 1, 2권이 시작될 수 있었다. 북한의 대표 시인 50인을 고르고 비중에 따라 작품 수에 차등을 두어 수록한 『북한의 시학 연구』 1, 2권이 기존 북한시 총서 혹은 자료집과의 다른 점은 시인별로 작품을 모았다는 점과 기존 문헌에서 찾아볼 수 없는 많은 작품을 대거 수록하고 관련 평론을 함께 수록하였다는 점이다. 특히 해당 시인, 해당 작품을 언급한 평론에서 대표적인 목적문학인 북한문학의 존재와 활용방식을 확인하는 것은 물론 기본 자료에 목마른 연구자들이 도움을 얻으리라 자부한다. 50인을 고르는 과정에서 선택되지 못한 시인들에 대한 아쉬움이 있지만 북한의 시인 모두를 망라할 수는 없고 그럴 필요도 없으리라 판단했다. 선택의 과정에 이미 남한 연구자가 북한의 시를 바라보는 시각과 북한 문학계에서 평가받는 시의 요건이 드러나 있고, 그것이 연구의 과정이라고 생각하기 때문이다.

3권과 4권에서는 북한의 시문학 관련 주요 비평문과 함께 강령, 규약,

결정서, 보고문, 문예이론 등을 수록하였다. 북한의 문학 비평은 문학 작품이 추구해야 할 바를 제시하고 평가하고 질책하여 창작의 방향을 선도하는 이른바 지도비평의 범주에 있다. 이러한 북한 비평에서 강령, 결정서, 보고문 등은 비평의 현상으로서뿐 아니라 작가의 창작 방향을 제시 또는 제한하는 텍스트로 의미가 있다. 권력자의 선언과 교시, 당의 정치적 결정, 문예당국의 결정과 보고가 창작을 지도하고 제한하며 감독하는 견인차가 되는 북한문학의 특징을 잘 보여주는 구성이라 할 수 있다. 3권과 4권에는 시 관련 비평만이 수록되었지만 문학 비평 전반의 주제와 주장을 충실히 반영하고 있어 북한문학의 흐름과 변화를 감지할 수 있다.

5권에서는 기존의 북한문학사에서 시문학사 관련 부분만을 추려 북한학계의 문학사 시기 구분에 맞추어 재구성하였다. 동일 시기를 설명하는 문학사 서술 방식의 변화와 거론되는 작품의 차이점 등이 드러나고 있어 연구자에게 시사하는 바가 적지 않을 것이다.

6권에서는 본 연구팀의 구성원들이 중심이 된 학술대회, 전문가 자문회, 라운드테이블 등을 통해 산출한 연구 성과를 묶었다. 북한의 시학이 형성되는 과정의 정치성과 평론의 역할, 미-소와 북한문학의 관계 및 일본문학계의 북한문학 수용, 북한문학과 중국과의 연관성 등을 이 연구서를 통해 살펴볼 수 있을 것이다.

북한시, 북한시 관련 평론, 북한시문학사와 북한시학 관련 연구 논문을 결집한 『북한의 시학 연구』(1~6권)가 북한시 연구의 기반이 되기를 바란다. 그리고 언제일지 알 수 없으나 남북의 시와 문학이 '통일문학사'의 이름으로 논의될 때 충실한 자료로서 활용되기를 기대한다.

그동안 함께 '북한의 시학 연구팀'을 이끌어온 연구원들께 감사의 말씀을 드리고 싶다. 연구의 중추였던 남원진 연구교수와 신지연 연구교수, 공동연구원으로 연구의 진폭을 넓혀준 이승윤 교수와 이경수 교수, 낯선 국문학회 발표를 두 번이나 감당하신 오미정 교수와 정문상 교수, 처음부터 끝까지 성실하게 임해준 김승일 연구원, 연구 성과를 품격있게 마무리해 준 신철규 연구원, 김기희, 정미선, 김규헌, 박해든실, 안우상 등 궂은일을 함께 해준 여러 연구보조원에게 감사한다. 국외 자료의 문헌 조사를 맡아주신 일본 동경대의 김주현 선생님, 중국 연변대의 이미숙 선생님, 러시아 모스크바대의 김동희 선생님께도 감사드린다. 김성수, 김재용, 유임하 선생님을 비롯하여 10년을 함께 마음을 모아 북한문학을 공부해나가는 남북문예연구팀, 그 외에도 저희의 부름에 흔쾌히 응해주신 모든 연구자분들께 감사드린다.

출판사에 득이 될 리 없는 무모한 출간 기획서를 망설임 없이 받아 결실로 만들어 주신 소명출판 박성모 사장님과 임직원 여러분, 이예은 편집자께 특별한 감사를 드린다.

이분들 모두의 최선이 여기에 담겨 있다.

2013년

연구책임자 이상숙

책머리에

이 자료집은 시인별로 정리한 북한시선집이다. 북한의 대표 시인 50명을 선정하여 그들의 시 5~10편을 선별·수록하였으며, 시인론 혹은 작품론에 해당하는 글을 함께 실어 해당 시인의 면모를 살필 수 있도록 구성하였다.

자료집의 체계를 구축하는 데에는 여러 가지 어려움이 있었다. 먼저 어떤 시인이, 어떤 작품이 '대표성'을 띠는가 결정하는 것이 큰 난관이었다. 50명을 한정해서 선별하는 것 자체도 쉽지 않은 일이었지만, 주지하다시피 북한의 문학관은 우리의 시각과는 판이하게 다르다. 더불어 장르 체계도 다르다. 남쪽과 달리 북에서는 서사시, 가사, 송가 등의 창작이 매우 활발하고 이를 '시문학'의 주요장르로 받아들이고 있다. 어떤 관점으로 대표시를 선택할 것인가, 노래가사를 포함하여 자료집을 구성할 것인가 등에 대해 선불리 결정할 수 없었다.

고심 끝에 절충적인 방안을 선택하였다. 북한의 문학적 관점을 우선시하되, 남한의 문학관을 살아가는 우리 연구팀의 관점도 어느 정도 반영하여 시인 및 작품을 선별하였다. 또한 시대적 안배가 이루어지도록 50명을 선정하고자 하였다. 서사시의 경우는 분량의 한계상 제외할 수밖에 없었고, 가사의 경우는 최소한의 범위 내에서 선별하기로 하였다. 이 기준을 따라 가사 창작을 주로 한 김재화, 김두일 등은 북한에서는 중요한 '시인'으로 거론되지만 이 자료집의 구성에서는 배제되었다. 한

편 백석의 경우 북한에서는 그다지 논의되지 않는 시인이지만, 연구팀 회의를 통해 자료집에 포함시키기로 결정하였다.

이 자료집을 구성하는 또 하나의 큰 어려움은 '시인별' 편집에 있었다. 남한에서 '시인별' 논의가 활발한 것과 달리, 북한에서는 문학사의 서술에서나 잡지 및 신문의 평론에서나 '주제별' 혹은 '시기별' 논의가 주류를 이룬다. 북한의 논의 방식 자체가 그러할진대 '시인별' 편집이 북한의 시들을 일별하는 데 어느 정도 도움을 줄 수 있을까 하는 의문을 쉽게 접을 수 없었다. 또한 시인별 논의가 드문 까닭에 선별 시들과 함께 수록할 시인론 / 작품론을 구하는 작업 또한 여의치 않았다.

그러나 북한의 논의뿐 아니라 남한에서 기왕에 발간되었던 북한시선집들이 대부분 '주제별' '시기별' 체계를 택해왔던 만큼, 이 자료집의 '시인별' 편집체계가 북한의 시들에 접근하는 새로운 관점을 제공할 수 있을지도 모른다는 데에 기대를 걸기로 했다. 후일 다른 연구자들이 북한의 시를 바라보는 다양한 통로를 마련하는 데에 기반이 되었으면 하는 바람이 크다.

선별한 텍스트는 기본적으로 확인 가능한 최초 수록지면에 실린 시를 저본으로 삼았다. 북한의 시들은 개작이 매우 빈번히 이루어진다. 이 중에는 창작자 개인의 의도에 의한 경우도 있고, 창작자와 무관하게 이루어진 경우도 있다. 작가의 사후 개작되는 사례도 다반사다. 시인의 의도를 가장 적실하게 반영한 판본을 골라 자료집에 수록하는 것이 가장 바람직하겠지만, 편자의 현실적 역량을 고려해야 했다. 최초에 발표된 텍스트가 가장 중요한 판본이라고는 할 수 없지만, 창작시기의 현장성을 가장 잘 반영하고 있다고는 할 수 있을 것이다.

이에 대한 보완책으로 후일 연구자들이 개작사항을 검토할 때 유용하게 활용할 수 있기를 기대하며 자료 조사 과정에서 찾을 수 있었던 모든 판본 사항을 텍스트 뒤에 기재해 두었다. 더불어 이 목록은 각 텍스트가 북한에서 어느 정도의 평가를 받고 있는지 대략적인 판단을 하는 데에도 도움을 줄 수 있을 것이다. 경우에 따라 다를 수도 있지만, 대체로 종합시집이나 잡지에 수록된 횟수가 많은 시들이 북한에서 대표작 혹은 문학사적 가치를 지니는 작품으로 평가되고 있다고 판단하면 무방할 것이다.

시인의 이력에 대해서는 생몰년도, 작품발표를 시작한 시기, 개인작품집 목록 정도만을 간략하게 실었다. 생몰년도는 북한에서 발간된 문헌 및 남한의 논문들을 참고하였고, 발표시작연도와 작품집에 대해서는 다른 문헌들을 참고하되 연구팀에서 직접 실물을 확인한 바에 근거하여 작성하였다. 남한과 달리 북한에서는 작품집이나 잡지에 일반적으로 작가의 약력을 표기하지 않아 해당시인의 면모를 파악하기가 쉽지 않다. '추정'이라 표기한 경우는, 참고할 문헌이 부재하거나 문헌의 신뢰도가 떨어져 실물 확인 결과에만 의지한 경우다. 확실치 않은 사실들을 그대로 재수록하기보다는, 작가로서의 최소한의 이력만을 확인 가능한 한에서 밝혀두는 것이 작품들을 일별하거나 후일의 연구를 기약하는 데에 더 도움이 될 수 있으리라 판단하였다. 상세한 이력 및 북에서의 평가에 관해서는 이 자료집에 수록한 작품론 / 시인론 및 뒤에 덧붙인 '기타 참고문헌'을 통해 확인할 수 있을 것이다.

한계가 많은 자료집이지만, 북한문학 및 월북문인 연구에 작은 보탬이 될 수 있었으면 한다.

2013년

책임편자 신지연

차례

박호범

1932년 평북 희천에서 출생했다.
1952년부터 시를 발표한 것으로 추정된다(실물 확인상으로는 1958년).
2001년 작고하였다.
개인시집으로 『영원히 행군길에서』(1975)가 있다.

| 시 8편 |

어머니에게 보내는 편지 (1)

병사시절의 일기에서

어머니! 제가 편지를 씁니다.
공을 세우기 전에는
문턱을 넘어서지 말라던 어머니에게
오늘은 훈장을 탄 기쁨에 못 이겨
이 아들이 편지를 씁니다.

언제 가면 철이 들겠느냐고
강에 가면 물이 깊다 근심이시였고
산에 가면 산이 험하다 걱정이시며
나를 늘 《첫째야》하고 불러주시더니,
입대하는 날 아침에야
처음으로 내 이름을 불러주시던 어머니.

제가 여섯 번째로 습격에서 돌아온 아침
나도 놀라게 큰 훈장을 받고 보니
그 기쁨은 자꾸만 어머니에게로 달려가고
그렇건만 아직도 첫째로만 외우고 계실 어머니가
이 사실을 곧이 믿어주실는지요.

생각나시나요, 어머니.
제가 월사금을 달라고 조르다가는
구리동전 우에 백노지를 놓고 연필을 문다져
백 개도 넘는 돈을 그려내던 그때를,

그럴 때면 그때마다 어머니는 늘
부엌으로 나가시여 소리 없이 우시였지요.

어머니, 편지를 자세히 보세요
훈장 우에 종이를 눌러
훈장자리를 낸 이 편지를
다시 한 번 더 보아주십시오.

어머니가 기뻐하실 이 훈장
온 마을이 떠들썩할 이 훈장,
우리의 최고사령관 김일성 장군님께서
평범한 이 전사의 군공을 치하하시여
전선으로 보내주신 이 훈장.

오늘은 하나의 훈장을 달았지만
고향으로 돌아가는 그날에는
누이를 생매장한 그 원쑤,
고향을 불태운 미제원쑤를
이 땅에서 모조리 쓸어버리고 돌아가는 그날에는,
이 넓어진 가슴을 훈장으로 채우고
이 아들은 돌아가리라
어머니, 나의 어머니시여.

—1953.6

| 수록지면 |

* 박호범, 『영원히 행군길에서』, 문예출판사, 1975.
『해방후서정시선집』(종합시집), 문예출판사, 1979.

어머니에게 보내는 편지 (2)

어머니, 오늘은 이 아들이
부상을 입은 손으로 편지를 씁니다.

총을 쏘고 수류탄을 던지기를 반나절
포연 속에 날이 저물어가던 어제밤
그만에야 이 아들은 전호에 쓰러졌습니다.

처음에는 하늘이 흐려지더니
다음에는 몸이 땅에 잦아들더니,
고향의 오솔길이
어머니의 모습이
흐려졌다가는 떠오르고 떠올랐다는 다시 흐려지고…

그다음에는 꿈인지 생시인지
그 어느 하루도 저를 두고
꾸지람을 안 한 날이 없으시던
어머니의 음성이.

그때의 그 꾸지람 그 매질이
도무지 아프지를 않더니,
오늘은 그 꾸중이 왜 이리도 아픈 것입니까.

일어설래도 움직일 수 없고

누구를 찾아도 대답이 없어
온몸의 기운을 다 모아
《어머니!—》하고 소리쳐 불렀더니,

어머니가 내 손을,
글쎄 머리를 쓸어주던 그 부드러운 손이
내 손을 쥐여 당기며 말하는 게 아니겠습니까
—첫째야, 어서 일어나거라
　오늘이 입대하는 날 아침이다!

그 목소리, 그 손길에 이끌리여
몸을 일으키니
분대장의 손이 내 손을 잡아쥐고 있었습니다.

걱정일랑은 마십시오, 어머니
오늘은 이 아들이
부상을 입은 손으로 편지를 씁니다.

이 아들과 다름없이
모두가 고향에 어머니를 두고 있는
나의 전우들의 그 뜨거운 마음을 합쳐.

—1953.6

| 수록지면 |

* 박호범, 『영원히 행군길에서』, 문예출판사, 1975.
『해방후서정시선집』(종합시집), 문예출판사, 1979.

어머니에게 보내는 편지 (3)

쓰다가 끝맺지 못한 이 편지
보낼 곳도 없고 받아줄 이도 없는 이 편지
오호, 붓을 든 채 몸부림치며
다시 불러보는 어머니시여.

이 아들이 당원이 된 기쁜 소식을
어머님께 아뢰려 이 붓을 들었는데
어찌하여 어머니는 세상을 떠났단 말입니까
사랑하는 어머니시여.

물 맑은 독로강 기슭에
그처럼 행복하던 집을 두시고,
미국놈을 모조리 때려부시고 돌아갈 때
이 아들을 맞아 눈물이 나도록 기뻐하실
어머니가 정말로 돌아가셨단 말입니까.

아버지와 한날한시에 군당에서
당원이 되여 돌아오며 그리도 기뻐하시더니,
지금은 밤마다 녀맹원들을 데리고
다리 복구에 나가신다더니,
이제 더는 이 아들을 보지 못하고
원쑤의 폭격에 돌아가셨단 말입니까.

아, 가슴에 피가 끓어
복수의 피가 끓어
총을 쥐고 전호를 나서는 이 아들의 마음.

저 악귀 같은 미국놈들을
마지막 한 놈까지 쓸어 눕힌다 해도
다는 풀릴 길 없는 이 분노를 안고
습격의 밤길을 가는 이 아들의 마음.

끝맺지 못한 이 편지를 안고
받아줄 이 없는 이 편지를 안고
《어머니!―》 소리쳐 부르니
하늘에 메아리치고
산발에 메아리치며
병사의 웨침을 조국이 받아 외워주는,

아, 위대한 당을 위하여
사랑하는 어머니 조국을 위하여
판가리 결전의 길에 오르며
몸부림쳐 다시금 불러보는
어머니여!
어머니 조국이여!

―1953.6

| 수록지면 |

* 박호범, 『영원히 행군길에서』, 문예출판사, 1975.
『해방후서정시선집』(종합시집), 문예출판사, 1979.

영원히 행군길에서

아아, 청춘시절에
병사시절이 끝나는가,

군인선서를 소리높이 외우던 그 아침에
특무장이 이 어깨에 배낭을 메워주더니
말리고 또 말리여도 그래도 한사코
특무장은 떠나는 이 어깨에 배낭을 메워주는구나

잘 있으라, 목메여 부르는 전우들아
잊지 않으마, 나를 자래워준 중대야
정작 떠나자고 병실을 나서니
걸어온 자욱자욱이 눈물 속에 밟히누나

발자욱 소리만 들어도 누군가를 알아보던 전우들
그 전우들과 함께 산을 넘고 강을 건느던 행군길,
그 속에 열여덟 나를 세우노라니
목에서 숨가쁜 단내가 풍겨오고
몸에선 물씬 땀내가 풍겨오고.

땀에 젖으며 눈비에 젖으며
화선천리 걷고 또 걸은 병사의 행군길
전호를 파고 병실을 지었는가 하면
다시 출발을 알리는 먼먼 행군길

불이 흐르는 총창을 비껴들고 육박의 언덕을 넘으면
휴식도 없이 다시 내닫는 행군길

강원도의 어느 령 밑이였던가
달은 가슴 씨원한 시내에 엎디니
맑은 물에 얼른거리는 제 모습
검실하게 돋은 수염을 마주 보며 처음엔 놀랐고
그다음엔 혼자서 소리없이 웃었더라.

습격에서 돌아오지 못한 전우들을 두고
흐르는 눈물이 볼에 뜨겁다는 것을 알았고
중대를 떠나선 하루도 못살리라
전우들이 그처럼 귀중함도 알았더라.

원쑤의 발꿈치를 밟으며 달리던 강행군이
혁명의 준엄한 길임을 알았고
한 치의 땅을 위해 피를 흘리며
조국이 얼마나 귀중함을 알았더라.

앉으면 웃음이였고
떠나면 노래였고
웃음도 많았고 노래도 많았던
청춘에도 좋은 시절은 병사시절이더라.

기쁨의 노래였던 대동강의 물맛
짜거운 눈물이였던 락동강의 물맛
단맛 쓴맛 다 보며 자란

청춘에도 좋은 시절은 병사시절이더라.

규률 속에 단련되며
우정 속에 사랑할 줄 알며
당을 받들고 조국을 섬기는
청춘에도 좋은 시절은 병사시절이더라.

전투의 시절, 병사의 시절
행군의 시절, 병사의 시절
그 잊지 못할 시절과
그 잊지 못할 행군길과
이제는 정말로 헤여진단 말인가

잘 있으라, 전우들아,
잘 있으라, 중대야,
너의 품속에서 자라던 그때처럼
용감하고 억세게
친근하고도 다정하게
살며 일하며 싸워가리라.

병사시절은 끝나고
청춘시절이 끝나도
수령님을 보위하고 조국을 보위하는 한길
영원히 행군길에서 살리라!
영원히 행군길에서 살리라!

—1957.9

| 수록지면 |

* 박호범, 『영원히 행군길에서』, 문예출판사, 1975.

주먹밥[1]

달포나 퍼붓는 지꿎은 장마에
전선 령'길의 수송로는 끊어졌다.
전사들이 비상미를 턴 지도 사흘
중대의 야전 가마엔 녹이 앉았다.

종일토록 격전이 우뢰 치는 고지에서
또 한 차례 혈전을 치른 아침—
중대의 오랜 로병 중기 사수는
사흘 만에야 배낭을 풀어헤쳤다.

사수의 커다란 손에 쥐여진 것은
며칠 전 후방에서 보내온 주먹밥!
사수가 더 먹어야 기운을 낸다고
취사원이 남 몰래 넣어주던 주먹밥!

주먹밥을 헤쳐 보는 사수의 눈앞엔
말라 헤진 꼬마의 입술이 떠올랐고,
거절 못해 받아든 소대의 꼬마는
수염 많은 좌상에게 가지고 갔다.

띠를 조이면서도 웃음 짓던 전사는

1 시집 『영원히 행군길에서』에는 제목이 「주먹밥에 대한 이야기」로 바뀌었다.

먹은 척 입을 다시며 롱담이 많았고,
단오 때면 황소를 탔다는 대식가는
함주라 가을 한창일 고향을 그렸다.

이렇게 한 덩이의 작은 주먹밥이
손과 손을 거쳐 온 방어선을 돌아,
다시 사수의 보습 같은 손에 닿자
놈들은 다시 산 밑에 달라붙고 있었다.

중대장의 명령은 고지를 흔들고
전사들은 멸적의 방아쇠를 당겼다.
그런데 어찌하랴, 불을 뿜던 중기는
그만 방열통에 파편상을 입었다.

물! 총신을 식히던 물은 쏟아지고…
중기의 총신은 뜨겁게 달아오르고…
순간! 사수의 손에 쥐여진 주먹밥은
뚫어진 방열통의 상처를 막았다.

상처를 막았다. 오오, 막아냈다.
뜨거운 동지애로 남은 주먹밥이…
힘이 되여 중기가 되여 탄환이 되여
조국을 침범한 원쑤들을 물리칠 때,

오오, 자애로운 어머니 조국 땅엔,
전사들이 나서 자란 고향 들판엔,
아는가, 사람들이여! 그 시각에도

황금의 오곡은 파도처럼 설레이고 있었다.

| **수록지면** |

* 『조선문학』 186호, 1963.2.
박호범, 『영원히 행군길에서』, 문예출판사, 1975.

그는 평범한 사람이였다

통일혁명당 한 당원의 수기에서

그는 평범한 사람이였다.
들에 나가면 성실한 농군으로 일했고
집에 돌아오면 다섯 남매의 아버지였다.
종일 가야 웃을 일도 없었거니와
그 누구와 다정하게 나눌 이야기도 없었다.
한 해 가야 둬 번 장보러 읍을 다녀올 뿐
마을을 벗어나면 누구도 그를 알지 못했다.

동정을 바라는 고아들과 마주칠 때면
집에 두고 온 자식들 생각에
제 먼저 어진 눈물을 흘리며
짧히고 찢기는 이 험악한 세상을
한숨과 눈물로 저주했다.

언젠가는 서울서 왔다는 마을의 선생이
미일 침략자들과 박정희를 짐승이라 욕할 때
가슴은 후련해지면서도
뚫어진 창문으로 바깥을 살피며
제발 무사하기만을 바라던 사람이였다

무서운 재난이 덮쳐들지만 말기를!
누구도 자기만은 건드리지 말아주기를!
했건만 마당을 질러간 미국놈의 철조망은

열한 뙈기 삼백 두 이랑의 제 땅에서
끝내는 그를 류랑의 길에 내여 던지고 말았다.

이렇게 버림받자고
이날 이때까지 살아온 것은 아니였지만
하소할 곳도 없었고
구원을 바랄 곳도 없었다.
다만 원한을 갚아야 한다는 모진 마음은
그를 반항의 길로 떠밀어주었다.

지게를 진 채 항쟁의 물결에 뛰여들었고
자기를 내쫓은 그 원쑤를 맞받아 나아갔다.
퍼붓는 탄알의 소나기 속에서
쓰러진 소년을 가슴에 안아 올리니
붉은 피는 옷섶을 물들이였다.

붉은 기는 이렇게 되여 붉어진 게 아니더냐,
죽어도, 한 목숨 내 죽어도
미국놈의 이 세상을 뒤엎고야 죽으리라,
그는 속아 살아온 지난날과 결별하고
혁명의 길에 나섰다.

만나면 동지라 부르며 손을 틀어잡는
떨어져 살 수 없는 조직의 품이 있었고,
떠나면 김매러 가던 걸음걸이 그대로
자기와 같은 처지에 있었던 사람들을 찾아
어유등 타는 어촌의 밤길을 갔고

주림에 우는 광산마을의 새벽길을 걸었다.

몸은 지치여도 지게를 벗는 밤이 오면
가슴에 흘러드는 글줄기, 글줄기,
피가 되여 온몸에 뜨겁게 굽이쳤고
해빛이 되여 새 세상을 밝혀주었다.

지그시 눈을 감으면
하늘을 찌르며 굴뚝이 솟아올랐고
아득히 멀리 관개수가 출렁거렸다.
어디를 보나 환한 세상,
누구를 보나 환한 얼굴들,
아, 이 모든 것을 남녘의 이 땅에 가져다줄
혁명의 교과서《김일성저작선집》!

이런 세상을 위하여 혁명은 일어 번지고
혁명은 혁명가들을 불렀다.
열 사람이 하나를 때려엎는 일이라면
그게 무슨 혁명이라 말할 것이냐,
이 땅을 짓밟는 미제와 일본군국주의—
놈들을 때려엎는 일이다, 남조선혁명!

휴식도 없이 멈춤도 없이 그는 나아간다.
틀어쥔 미제의 멱살을 조이며 나아간다.

어제는 미국놈을 피해가며
자기만은 건드리지 말기를 바라던 사람!

오늘은 통일혁명당의 당원
미제가 제일 무서워하는 사람!
미국놈들아, 무서워하라,
래일은 너희들을 이 땅에서 쫓아낼 것이다.
래일은 너희들을 지구상에서 영영 매장해 버릴 것이다.

그는 민족의 태양 김일성 동지의 혁명전사다!

| 수록지면 |

* 『조선문학』 296호, 1972.4.
『우리 인민은 행복합니다』(종합시집), 문예출판사, 1972.
박호범, 『영원히 행군길에서』, 문예출판사, 1975.

당원

세월을 따라
머리는 희여져도
내게서는 변하지 않는 것이 있다
당원인 나의 당원증 번호

세상 무엇으로도 대신 못하는 이 번호
순간도 비울 수 없는 이 자리
당은 나를 동지로 믿어
당원의 이 자리에 세워주었거니

그 때문에 당원은
백에서 하나를 떼면 백이 무너지듯
성새의 성돌과도 같은 것
산병선의 병사와 같은 것

내 앞서 그 누구누구
백두의 하늘 밑에 이 성돌을 놓았느냐
내 우에는 항일의 불사신들
내 옆에는 생사를 같이한 전우들

심장에 지닌 것 무엇이였고
땅 우에 남긴 것 무엇이였더냐
어제도 그 하나 오늘도 그 하나

우리 당을 영원히 받드는 그 하나뿐

그 하나를 위해
바쳐도 바쳐도 모자라는 것이
우리들의 한생이고
불속에서 벼린 신념
불속에서 다져 올린 단결의 성새가 있나니

하기에 그 무엇도
당원들을 대신 못하고
그 어떤 천만대적도
나를 이 성새에서 떼여내지 못한다

내 앞에는 김혁, 차광수
내 옆에는 숨은 영웅들
나도 그렇게 되라고 당은
당 대렬의 한 초소를 맡겨주었거니

사람의 나이에는 끝이 있어도
당원의 나이에는 그 끝이 없구나
내가 지닌 당원증의 번호와 함께
내가 당을 지키는 그 구간과 함께

아 우리 혁명의 기치
우리 단결의 중심
영광스러운 당 중앙을 길이 받들자고
당원인 내가 있다

내가 있다
우리가 있다
영원히 당 중앙을 받드는 하나하나의 성돌로
일심단결의 성돌로!

—1987

| 수록지면 |

*『1980년대 시선』(종합시집), 문예출판사, 1990.
『향도의 빛발 아래 (3)』(종합시집), 문예출판사, 1993.

봄비[2]

여기였다
전선으로 가던 우리 중대
직동령 여기서 비를 만났지
비에 젖으며 비에 젖으며
모두들 말없이 걷기만 하는데
이 침묵을 깨뜨리는
소대 선동원의 목소리
—옷이야 젖은들 무어라나
  고향에선 밀보리가 우썩우썩 자랄 거야

이때였다
누군가가
선동원의 그 말을
기성곡에다 붙여가며
노래를 불렀지
그러자 말없이 걷던 중대가
그를 따라 노래를 불렀지
—고향에선 밀보리가 우썩우썩 자랄 거야
  헤이헤이 우썩우썩 자랄 거야

나는 지금

2 이 시는 시묶음 〈병사는 노래한다〉 중 한 편이다.

그날의 노래를 입속으로 부르며
인연 깊은 직동령을 넘는다
병사와 고향
고향과 밀보리
아, 잊지 못할 병사 시절의
아, 잊지 못할 그 봄비
—고향에선 밀보리가 우썩우썩 자랄 거야
　헤이헤이 우썩우썩 자랄 거야

—직동령에서

| 수록지면 |

* 『조선문학』 645호, 2001.7.

평론

'나'의 시점에서의 서정시인

박설란

서정시는 시인 자신이 서정적 주인공이 되여 '나'의 사상감정을 토로하는 독특한 시이다. 따라서 서정시에서는 서정적 주인공의 개성적인 성격을 창조하는 문제가 특별히 중요한 문제로 나선다. 서정적 주인공의 성격이 새롭고 그 성격이 사람들의 심장에 새겨질 때 그 작품의 서정미도 살고 시인의 개성도 뚜렷이 드러나게 된다.

위대한 령도자 김정일 동지께서는 다음과 같이 지적하시였다.

"시에서는 서정적 주인공의 모습이 뚜렷하여야 하며 다른 사람이 대신할 수 없는 독특한 정서세계가 펼쳐져야 한다."

시에는 시인의 얼굴과 목소리가 뚜렷한 서정세계를 펼쳐놓아야 한다.

시의 서정은 시인 자신의 정서를 직접 표현하는 주정이다. 시에서는 서정적 주인공으로 나타나는 시인의 남다른 얼굴이 직접 표현된다.

그러므로 시에서 시인의 얼굴이 엿보이지 않는다면 그것은 벌써 창작에서 실패를 가져온다.

시에서 시대의 주도적인 감정을 개성이 뚜렷한 독창적인 체험세계에서 노래하는 것이 바로 시의 서정성을 보장하기 위한 기본 요구이다.

이러한 요구를 창작 실천에 구현하는 형상적 비결이 바로 서정적 주인공의 개성적인 성격을 탐구하는 것이다. 서정적 주인공의 개성적인 성격 탐구는 시문학의 본성으로 보아 매우 어려운 창작 공정이라고 말할 수 있다.

서정적 주인공의 개성적인 성격은 시인 자신의 성격과 체험된 감정이 시대와 생활의 본질과 합법칙성을 반영하여 전형화되였을 때 시작품을 통하여 생동하게 드러난다.

때문에 시인들은 일생토록 시대와 인간 생활의 한복판에서 주도적인 감정을 찾고 그것을 자기의 독특한 성격과 목소리로 노래하기 위해 모지름을 쓰는 것이다.

시인 박호범을 '나'를 중시한 서정시인이라고 말하게 되는 것은 그가 일생동안 체험 속에서 가슴에 끓이며 살아온 자기의 감정을 가지고 있으며 그것을 통하여 서정적 주인공의 성격, '나'의 고유한 성격을 창조하였기 때문이다.

시인은 무엇보다 먼저 창작에서 항상 자기의 고유한 체험의 터밭에 의거하여 서정적 주인공의 성격을 창조하였다.

시인은 생사를 판가리하는 전호에서 시를 배웠고 총탄이 우박 치는 고지에서 원쑤를 노려보며 시를 쓴 화선 시인이였다.

그는 자기의 시집을 『영원히 행군길에서』라는 제목으로 발표하였다.

병사의 행군으로 시작된 그의 서정시는 제대된 이후에도 병사의 행군으로 계속 이어지고 있었다.

그의 시집을 펼치면 「어머니에게 보내는 편지」(1), (2), (3), 「전사」, 「병사의 토론」, 「영원히 행군길에서」, 「주먹밥에 대한 이야기」, 「취사원」, 「남해에」, 「조국산천」, 「사랑의 맑은 물」, 「별도 많은 초소의 밤」, 「아들의 맹세」, 「전사의 노래」 등 병사시절의 체험을 노래한 시들이 시집의 기본

주제로 노래되고 있음을 알 수 있다.

이 시편들에서 감정의 바탕과 착상의 중심에는 자기가 체험한 병사생활을 안은 개성적인 서정적 주인공이 서 있다.

그가 병사생활을 노래한 시들에는 '우리', '인민' 등으로 생활을 막연하게 말하는 사람이 아니라 명백하게 '나'라고 말할 수 있는 사람, 자기 직업이 있고 나이가 있고 생활경력이 있는 그런 개성적인 인간이 있다.

또한 시인의 구체적인 생활 모습이 있으며 그의 이야기가 있고 심리가 있고 행동이 있으며 그의 속삭임, 그의 눈물겨운 추억과 량심의 고백이 있다. 한마디로 말하여 눈앞에 생동하게 보이는 산 인간, '나'의 생활이 그대로 감정으로 펼쳐지고 시로 승화되여 있다.

시인이 병사시절의 체험을 얼마나 소중히 여기고 못 잊어 항상 그 시절에 자신을 세워보는가 하는 것은 다음과 같은 이야기를 통해서도 잘 알 수 있다.

언제인가 퇴근길에 시인은 정류소에서 뻐스를 기다리고 있었다.

이때 빨간 령장을 단 한 애숭이 병사가 나타났다. 그를 보는 순간 시인은 마치도 어제 날의 병사, 자기를 보는 것 같았다.

시인은 '규정위반'으로 병사의 군모를 벗겨 자기 머리 우에 올려놓았다.

병사의 심정은 안중에도 없는 듯 시인은 자기의 허연 수염볼을 쓸어 만지며 어린애처럼 웃었다. 병사도 웃고 함께 가던 작가들도 따라 웃었다. 아마 백발 우에 군모를 올려놓은 게 여간 우습지 않은 모양이였다.

"할아버지, 멋있는데요." 진짜 '멋'이 있었다. 군모 아래 '백발', 전쟁로병의 모습은 류달리 젊어보였다. 잠시 얹어본 그 '오각별 지붕' 아래서 순박하게 웃는 늙은이가 한생토록 마음속에 군복을 벗지 않고 붓을 버린 시인이라는 걸 병사는 알 리 없었다.

퇴근길에 피뜩 맞다든 한 병사의 모습에서 어제날 병사시절을 그려 시인은 마음속으로 조용히 서정시를 읊고 있었다.

후날『조선문학』잡지에 발표된 시「병사여, 네가 부럽다」를 보고서야 동행했던 작가, 시인들은 박호범을 새삼스레 알게 되였다.

…

내 오늘도 조국 앞에
부끄럽지 않게 살았다는 그런 것이 있다면
그것은 1211고지를 지켜냈다는 그것
병사여 그대는 대동강 아름다운 기슭에
다리를 건설했다는 그것
청춘의 날에 두 어깨로 떠받들어 올린 다리 우로
조국의 력사가 굽이쳐 흘러간다는 그것
내 젊은 날에 피 젖은 손에 거머쥔 시가의 총창
오늘도 그 붓에 너의 땀을 찍나니
병사여 너와 나 소리 합쳐 노래하자
조국 수호도 피와 땀으로 이루어지지만
조국의 기념비 건설도 피와 땀으로 이루어진다고
그리고 노래하자 피도 젊은 날의 피가
제일 붉고 제일 불타고 제일 값있다는 것을!

길지 않은 이 시를 더듬어 보느라면 조국 수호도 사회주의 건설도 다 맡아 돌파구를 열어가며 이 땅 우에 만년대계의 대 기념비를 세워가는 병사에 대한 다함없는 축복의 감정과 함께 전화의 그날처럼 마음속에 시가의 총창을 다시금 벼려드는 로병의 웅심 깊은 자각이 꾸밈없이 안겨온다.

시인은 창작 생애의 전 기간 꼭 병사생활을 반영한 시들만을 쓰지 않았다.

시집 『영원히 행군길에서』의 〈창조의 나날〉, 〈영원히 행군길에서〉편을 번지면 1960, 1970년대 인간들의 전형적인 모습이 생동한 시 형상으로 소박하게 안겨온다. 시 「소낙비」에서는 발전소 언제 건설자인 청년 주인공이, 시 「노래」에서는 철탑 건설자가, 시 「조선은 강이 많은 나라」에서는 수력발전소 건설자가, 시 「사랑하노라, 공장이여」에서는 단조공이, 시 「어머니의 손」에서는 제강소 로인이 주인공 '나'로 등장하여 자기들의 심정을 터치고 있다.

언제 건설자건, 철탑 건설자건, 제강소의 용해공이건, 단조공이건, 합숙생이건, 이마에 주름 깊은 로인이건 시의 서정적 주인공들인 그 모든 '나'들은 다 시인 자신이라는 것을 시 구절을 통하여 느낄 수 있다.

물론 이것은 일반적으로 모든 시인들이 자기의 감정을 굴절시켜 일반화, 전형화하는 보편적인 시창작 원칙과 방법이다. 그러나 이 시인의 경우엔 시인 자신이 '나'로 되였거나 일반화, 전형화된 인물이 '나'로 되였건 다 같이 시인 자신의 체취가 짙게 풍기고 있다는 점에서는 다른 시인들의 시와 확연히 구별되고 있다. 거기에서 병사시절의 시인의 체취와 면모를 찾아보게 된다.

시인 박호범의 창작 생애를 더듬어 볼 때 시인의 인간적 량심, 작가적 량심이 형성되던 병사시절의 시편들에서 서정적 주인공은 기본적으로 시인 자신이였었다. 그런데 그가 현역작가 생활을 할 때부터는 시집 『영원히 행군길에서』뿐 아니라 여러 출판물에 발표한 자기의 시들에서

의연히 자기 자신의 시점에서 서정적 주인공으로 나타나는 경우도 적지 않았으나 우리 시대의 인간 전형들인 평범한 인간들이 주인공 '나'로 많이 등장하였다.

이것은 그가 당 사상전선의 전초병으로서의 작가 생활을 시작하면서부터 생활의 한 전선만이 아니라 각 방면에 걸쳐 여러 생활의 전구에서 생활을 체험하게 되고 거기에서 우리 시대의 참된 인간들을 발견하고 그들의 사상정신세계를 보다 적극적으로 반영하려는, 보다 전진적이고 혁신적인 시세계를 개척해 보려는 데로부터 선택한 것이라고 볼 수 있다.

시인은 날에 날마다 새 기적과 혁신이 창조되는 벅찬 현실 속에서 시대를 노래하고 격동적인 사변들을 시줄에 옮기면서도 자기 체험의 터전, 시의 주소를 잊지 않고 있었으며 언제나 병사시절의 추억을 시대의 정서로 승화시켜 형상하였다.

전승기념탑 앞에 서면 전쟁참가자만이 느낄 수 있는 승리의 환희를 터쳐 시 「승리한 전사의 노래」를, 전승기념일을 맞으면서는 시 「우리 승리 만세」를, 조선인민군 창건기념일을 맞는 격정을 담아 시 「우리 군대는 승리의 군대」를, 전쟁의 불구름을 몰아오는 미제를 병사의 이름으로 단죄하는 시 「내 장검의 칼날을 받아라」, 「시의 성명」을 썼다.

'병사시인'으로서 서정적 주인공 '나'의 체험을 노래한 시묶음 〈병사는 노래한다〉[주체90(2001)년]는 시인의 얼굴과 성격, 목소리가 집중적으로 표현된 작품이다.

시인이 전쟁에 참가하여 병사시절을 보낸 1950년대와 이 시묶음을 내놓은 주체90(2001)년 사이에는 옹근 반세기라는 세월이 놓여 있다.

그런데 어찌하여 오늘도 병사라는 자세로 그날의 전쟁 시기를 추억하며 자기 한생을 더듬고 이야기하는 것인가.

그것은 시묶음에 들어 있는 6편의 시들이 그대로 말해준다.

시 「병사와 시」는 사실상 시인이 시를 배우고 시를 쓰던 창작의 고향에 대한 소개인 동시에 그가 이 시묶음을 내놓게 된 창작 동기를 보여준다.

시 「봄비」는 전쟁 시기에 넘었던 직동령을 다시 넘으며 고향을 그려보던 서정적 주인공의 못 잊을 사랑의 감정이 흥겨운 민요의 가락에 실려 따뜻한 정서로 안겨온다.

시 「군공메달」에서는 전승기념일을 맞으며 포연내 스민 그날의 군공메달을 가슴에 달아보는 시인의 감회 깊은 추억과 함께 그 군공메달을 단 채로 돌격전에 나갔다가 돌아오지 못한 전우들에 대한 아픔으로 군공메달의 무게를 새삼스럽게 안아보는 웅심 깊은 토로가 있다.

시 「청춘시절은 병사시절」은 조국의 최전연 1211고지를 다시 찾은 시인이 총 쥔 병사의 모습에서 자기의 병사시절을 그려보며 단순한 부러움이 아닌 백발 로병의 마음속에 깃든 조국 수호의 떳떳한 긍지와 자부심이 맥박치고 있다.

시묶음의 마지막 시인 「전쟁에 대하여」는 어제날 전쟁을 겪은 한 로병의 추억이 아니라 이 땅 우에 수시로 전쟁의 불구름을 몰아오는 미제에 대한 불타는 적개심에 가슴을 끓이며 이 땅 우에서, 아니 이 지구 우에서 미제의 마지막 멸망을 선언하는 조선인민군 병사의 무자비한 정신력이 어디에 뿌리를 두고 있는가를 격조 높이 선언하였다.

시인은 이렇게 병사시절의 체험과 오늘의 충격을 하나로 융합시켜 선군시대 우리 조선인민군의 영웅적 성격을 체현한 서정적 주인공을 개성이 뚜렷한 서정세계로 노래한 병사시인이였다.

시인은 다음으로 인간의 량심 문제를 자기의 주제로 제기하고 늘 관심하면서 그것을 작품에 구현하였다.

이것은 시인의 개성을 이루는 중요한 측면의 하나라고 말할 수 있다.

시인은 자기의 생활세계, 서정세계를 가지고 있어야 한다. 시인은 필요에 따라 이런 생활, 저런 생활을 그릴 수 있으며 아무 생활, 아무 주제에 막힘이 없어야 한다.

그러나 자기의 생활 령역, 주제 분야를 가지는 것은 좋으면 좋았지 나쁠 것은 없다. 자기의 체질에 맞고 자기가 잘 아는 생활, 자기의 마음속에 항시 안고 사는 진정을 노래하는 것은 시인으로서 늘 관심해야 할 문제의 하나이다. 시인은 인간의 량심 문제를 자기의 인생 앞에 무거운 질문으로 내세우고 그것을 지키기에 고심분투하였으며 또한 시 창작에 그것을 그대로 구현함으로써 시적 개성을 뚜렷이 보여주고 있다.

량심 문제는 인간의 품격을 규정하는 중요한 척도, 기준으로 된다. 원래 량심은 륜리 도덕적 개념으로서 사람이 자기의 준비 정도에 따라 자기 스스로가 사회 앞에 지니는 의무이다. 그런 것만큼 인간에게 있어서 량심이 없다면 패덕한이 되고 량심이 있다면 아름다운 인간으로 되는 것이며 량심이 페허로 된 인간 사회는 즙이 없고 꽃이 없고 또 향기가 없는 패덕한의 사회로 될 것이다.

량심은 인류가 발생된 때로부터 지금까지 존재해오는 인간 본성에 관한 문제의 하나이다.

자주성, 창조성, 의식성을 본성으로 하는 자주적 인간의 량심은 어떻게 되여야 하는가. 수많은 작가, 시인들이 이 문제를 관심하고 때로는 작품의 사상주제적 과제로, 때로는 인물의 성격과 세부, 일화 등에서 상세하게 구현하기도 하였다.

시인은 그 어떤 철학적인 개념으로, 순수도덕 일반에 대한 시적 형상으로가 아니라 그 도덕의 밑바닥에 놓여 있는 량심 문제를 직접 시에 구현하였다. 그러면서도 허공에 뜬 개념풀이로가 아니라 서정적 주인공인 시인의 구체적인 모습과 숨결, 목소리가 생생히 살아나는 생활의 시로 형상하였다.

서정시 「마지막 한 발」, 「취사원」, 「그는 평범한 사람이였다」, 「군량미」, 「어머니의 손」, 「그날 밤의 이야기」, 「전보에 대한 이야기」, 「이야기의 한 토막」, 「눈송이」 등은 시인이 직접 작품에 서정적 주인공으로 나섰거나 현실에 있는 산 인간, 전형화된 인물들을 등장시켜 우리 시대 인간들의 순결한 량심의 세계를 정서적으로 깊이 파고든 작품들이다.

시 「마지막 한 발」은 량심의 인간인 시인의 얼굴과 숨결을 느끼게 하는 작품이다.

이 작품은 시인이 직접 체현한 생활적인 정황이 아니라 자기의 인생길에 혹시 겪을 수도 있는 비상한 정황을 상상하여 그려보면서 쓴 량심주제의 시라고 말할 수 있다.

인간의 가치는 살아 있을 때보다 죽을 때 더 명백해지는 법이다. 작품에는 조국의 부름에 홀로 적진을 뚫고 나가야 하는 엄숙한 시각, 돌아갈 길마저 막힌 생사의 판가리 결전에서 목숨을 바쳐야 하는 최후의 순간이 극적인 정황으로 조성되여 있다. 이러한 정황은 시인이 지난 조국해방전쟁 시기에 함께 싸운 전우들이 다시 돌아오지 못한 습격의 길에서 피로써 체험한 정황이였다.

바로 이러한 정황 속에 시인은 자기를 세워본 것이다. 시인은 만일 "홀로 적진을 뚫고 나아가라면", "피값을 받아낼 최후의 순간이 온다면"라는 상상 속의 정황에 '나'를 세워 신념을 걸고, 그 신념이 뿌리내린 량심을 걸고 자기의 할 바를 찾았다.

"나는 서슴없이 떠나가리라 / 탄창에 가득 총탄을 재워가지고"라는 시구와 "나는 세찬 불을 뿜으리라 / 마지막 한 발만은 남겨두고"라는 시구는 생사기로의 정황에 처한 서정적 주인공의 정신세계를 밝힌 의미 깊은 감정 토로인 동시에 총을 잡은 병사의 마지막 총탄이 무엇을 위해 필요한가 하는 문제를 해명하기 위한 감정의 디딤돌로 되고 있다.

이어 시인은 사람의 모습은 마지막 순간의 모습이라고 밝히면서 남겨두었던 마지막 한 발의 총성이 이름 모를 적구의 산발에서 전사인 자기를 향해 높이 울리거든 어머니 조국이여 고향의 언덕에서 나를 부르던 그때처럼 이 아들의 이름을 조용히 불러달라고 부탁하면서 이 아들은 몸은 가면서도 인간의 지조만은 남겨두고 갔다고 여운 있게 시를 끝맺고 있다.

인간 시인이 마음속에 그려보고 상상해본 참인간, 조국의 아들은 얼마나 아름다운 것인가.

이름 모를 적구에서 살아 원쑤에게 잡히기보다는 죽어 어머니 조국이 기억하고 불러주는 참된 아들로 영생하리라는 전사의 목소리는 또 얼마나 맑고 깨끗한 것인가. 시인은 이렇게 가장 량심적이고 고결한 지조를 지닌 인간을 마음의 거울로 비추어보며 언제나 자기 인생을 다듬고 다듬어 왔으며 그런 인간의 높이에 오르기 위해 백발이 되도록 자신을 채찍질하며 살아왔다.

시인 박호범의 시들 중에서 많은 비중을 차지하는 것은 시대의 전형들을 대상으로 그들의 고상하고 순결한 량심의 세계를 노래한 시들이다. 시인이 그런 주인공들의 참다운 인간 량심의 세계를 파고드는 데 초점을 두었다는 것은 인간의 량심을 인간의 고상한 인격 형성의 기본으로 보고 있으며 따라서 그러한 량심, 그러한 고상한 인격을 가진 사람만이 진정으로 애국열에 불타 조국과 인민을 위한 복무의 길에 헌신할 수 있는 인간들이라고 보았기 때문이다.

이것은 그가 한생토록 일관하게 지켜온 생활의 신조였으며 창작생애의 전 과정에 하나의 창작적 지론처럼 여겨온 것이였다.

이처럼 시인은 전화의 그날 병사시절로부터 현역작가로서 생을 마무리한 창작생활의 전 기간 남과 구별되는 개성적인 체험으로 자기의 서정세계를 펼치였으며 자기의 고유한 주제 령역을 가지고 뚜렷한 모습을 남긴 시인, '나'를 중시한 서정시인이였다.

—『조선문학』, 2009.6

기타 참고문헌

홍철진, 「시인의 한생에 내려진 눈송이」, 『조선문학』, 2002.12.

박설란, 「서정의 진실성, 깊은 철학적 여운—서정시 「어머니에게 보내는 편지」를 두고」, 『조선문학』 729, 2008.7.

백석

1912년 평북 정주에서 출생했다.
1930년 『조선일보』를 통해 소설을, 1935년 시를 발표하며 작품활동을 시작하였다.
1996년 작고하였다.
북에서 발간된 개인작품집으로 동화시집 『집게네 네 형제』(1957)가 있다.

| 시 6편 |

메'돼지

공무려인숙

공동식당

축복

돈사의 불

눈

메'돼지

곤히 잠든 나를
깨우지 말라.
하루 온종일
산'비탈 감자밭을
다 쑤셔 놓았다.

소 없는 어느 집에서
보습 없는 어느 집에서
나를 데려다가
밭을 갈지나 않나!

| 수록지면 |

* 『아동문학』, 1957.5.

공무려인숙

삼수 삼십 리, 혜산 칠십 리
신파 후창이 삼백열 리,
북두가 산머리에 내려앉는 곳
여기 행길'가에 나앉은 공무려인숙.

오고가던 길'손들 날이 저물면
찾아들어 하루밤을 묵어가누나—
면양 칠백 마리 큰 계획 안고
군당을 찾아갔던 어느 협동조합 당위원장,
근로자 학교의 조직과 지도를 맡아
평양 대학에서 온다는 한 대학생,
마을 마을의 수력 발전, 화력 발전
발전 시설을 조사하는 군 인민위원회 일'군,
붉은 편지 받들고 로동 속으로 들어가려
신파 땅 먼 림산 사업소로 가는 작가…

제각기 찾아가는 곳 다르고,
제각기 서두르는 일 다르나
그러나 그들이 이 집에 이르는 길,
이 집에서 떠나가는 길
그것은 오직 한 갈래'길—사회주의 건설의 길.

돈주아 고삭아 이끼 덕이 치고

통나무 굴뚝이 두 아름이나 되는 이 집아,
사회주의 높은 봉우리 바라
급한 길 다우치다 길 저문 사람들
하루밤 네 품에 쉬여 가나니,

아직 채 덩심하니 짓지 못한
산'골 행길'가의 조그마한 려인숙이라
네 스스로 너를 낮추 여기지 말라,
참구름 노전 투박한 자리로나마
너 또한 사회주의 건설에 힘 바치는 귀한 것이어니.

| 수록지면 |

* 『조선문학』 142호, 1959.6.

공동식당

아이들 명절날처럼 좋아한다.
뜨락이 들썩 술레잡기, 숨박꼭질,
퇴 우에 재깔대는 소리, 깨득거리는 소리.

어른들 잔치날처럼 흥성거린다.
정주문, 큰방문 연송 여닫으며 들고 나고
정주에, 큰방에 웃음이 터진다.

먹고 사는 시름없이 행복하며
그 마음들 이대도록 평안하구나,
새로운 동지의 사랑에 취하였으매
그 마음들 이대도록 즐거웁구나.

아이들 바구니, 바구니 캐는 달래
다 같이 한 부엌으로 들여오고,
아낙네들 아끼여 갓[1] 헐은 김치
아쉬움 모르고 한 식상에 올려놓는다.

왕가마들에 밥은 잦고 국은 끓어
하루 일 끝난 사람들을 기다리는데
그 냄새 참으로 구수하고 은근하고 한없이 깊구나

1 원문에는 '깃'으로 표기되어 있다. 오식으로 보인다.

성실한 근로의 자랑 속에…

밭 갈던 아바이, 감자 심던 어머이
최뚝에 송아지와 놀던 어린것들,
그리고 탁아소에서 돌아온 갓난것들도
둘레둘레 둘러 놓인 공동식탁 우에,
한없이 아름다운 공산주의의 노을이 비낀다.

| 수록지면 |

* 『조선문학』 142호, 1959.6.

축복

이 먼 타관에 온 낯설은 손을
이른 새벽부터 집으로 청하는 이웃 있도다.

어린것의 첫 생일이니
어린것 위해 축복 베풀려는 이웃 있도다.

이깔나무 대들보 굵기도 한 집엔
정주에, 큰방에, 아이 어른—이웃들이 그득히들 모였는데,
주인은 감자국수 눌러, 토장국에 말고
콩나물 갓김치를 얹어 대접을 한다.

내 들으니 이 집 주인은 고아로 자라난 사람,
이 집 안주인 또한 고아로 자라난 사람.
오직 당과 조국의 품 안에서
당과 조국을 어버이로 하고 자라난 사람들.

그들의 목숨도 사랑도 그리고 생활도
당과 조국에서 받은 것이어라.
그리고 그들의 귀한 한 점 혈육도
당과 조국에서 받은 것이어라.

이 아침, 감자국수를 누르고, 콩나물 메워
이웃사람들을 대접하는 이 집 주인들의 마음에,

이 아침 콩나물을 놓은 감자국수를 마주하여
이 집 주인들의 대접을 받는 이웃사람들의 마음에
가득히 차오르는 것은 어린아이에 대한 간절한 축복,
그리고 당과 조국의 은혜에 대한 한량없는 감사.

나도 이 아침 축복 받는 어린것을 바라보며,
당과 조국의 은혜 속에 태여난 이 어린 생명이
당과 조국의 은혜 속에 길고 탈 없는
　한평생을 누리기와,
그 한평생이 당과 조국을 기쁘게 하는
　한평생이 되기를 비노라.

| 수록지면 |

*『조선문학』 142호, 1959.6.

돈사의 불

깊은 산'골의 야영 돈사엔
밤이면 불을 켠다.
한 5리 되염즉, 기다란 돈사,
그 두 난끝 낮은 처마 끝에 달아
유리를 대인 기다란 네모 나무등에
가스'불, 불을 켠다.

자정도 지난 깊은 밤을
이 불 밑으로 번식돈 관리공이 오고간다.
2년 5산 많은 돼지를 받노라, 키우노라,
항시 기쁨에 넘쳐 서두르는
뜨거운 정성이, 굳은 결의가 오고간다—

다산성 번식돈이 밤사이
그 잘 줄 모르는 숨'소리 사이로,
1년 3산의 제2산 종부가 끝난 번식돈의
큰 기대 안겨주는 그 소중한, 고로운 숨'소리 사이로,
또 시간 젖에 버릇 붙여놓은 새끼돼지들의
어미의 젖꼭지를 찾아 덤비는 그 다급한 웨침 소리 사이로.

그러던 이 관리공의 발'길이 멎는다,
밤'중으로, 아니면 날 새자 분만할 돼지의
깃자리 보는 그 초조한 부스럭 소리 앞에.

그 발'길 이 기대에 찬 분만의 자리를 지켜 오래 머문다.

밀기울 누룩의 감자술 만들어 사료에 섞기도 하였다,
류화철 용액으로, 더운물로 몸뚱이를 씻어도 주었다,
그러나 한 번식돈 관리공의 성실한 마음 이것으로 다 못해
이제 이 깊은 밤을 순산을 기다려 가슴 조이며
분만 앞둔 돼지의 그 높고 잦은 숨'소리에 귀 기울여 서누나.

밤이 더 깊어 가면 골 안에 안개는 돌아
돈사 네모등의 가스불'빛도 희미해진다,
그러나 돈사에는 이 불 아닌 또 하나 불이 있어
언제나 꺼을 줄도, 희미해질 줄도 없이 밝은 불.

이 불— 한 해에 천 마리 돼지를 한 손으로 받아
사랑하는 나라에 바치려, 사랑하는 땅의 바라심을 이루우려,
온 마음 기울여 일하는 한 젊은 관리공의
당 앞에 드리는 맹세로 켜진, 그 붉은, 충실한 마음의 불.

| 수록지면 |

* 『조선문학』 145호, 1959.9.

눈

초저녁 이 산'골에 눈이 내린다,
조용히 조용히 눈이 내린다,
갈매나무, 돌'배나무 엉클어진 숲 사이
무리돌이 주저앉은 오솔'길 우에
함박눈, 눈이 내린다.

초저녁 호젓도 한 이 외딴길을
마을의 녀인 하나 걸어간다
모롱고지 하나 돌아 작업반장네 집
이 집에 로전결이 밤 작업에 간다.

모범 농민, 군 대의원, 그리고 어엿한 당원—
박순옥 아맹이의 우에 눈이 내린다
지아비, 원쑤를 치는 싸움에 바치고
여덟 자식 고이 길러내는 이 홀어미의 어깨에,
늙은 시아비, 늙은 시어미 지성으로 섬기여
그 효성 눈물겨운 이 갸륵한 며느리의 잔등에
눈이 내린다, 함박눈이 내린다.

이 녀인의 마음에도 눈이 내린다
잔잔하고 고로운 그 마음에,
때로는 거센 물'결치는 그 마음에
슬프고 즐거운 지난날의 추억들 우에,

타오르는 원쑤에의 증오 우에,
또 하루 당의 뜻대로 살은 떳떳한 마음 우에,
오늘의 만족 우에, 래일의 희망 우에
눈이 내린다, 눈이 쌓인다.

다정한 이야기같이, 살뜰한 쓰다듬같이
눈이 내린다,
위안같이, 동정같이, 고무같이
눈이 내린다.
이 호젓한 밤'길에 눈이 내린다,
녀인의 발'자국을 그리며 지우며,
뜨거워 뜨거운 이 녀인의 가슴속
가지가지 생각의 자국을 그리며 지우며
푹푹 내리여 쌓인다, 그 어느 크나큰 은총도
홀어미를 불러 낮에도 즐겁게
홀어미를 불러 이 밤도 즐겁게
더욱 큰 행복으로 가자고, 어서 가자고
뒤에서 밀고 앞에서 당기는 당의 은총이,

밤'길 우에,
이 길을 걷는 한 녀인의 우에
눈이 내린다,
눈이 내려 쌓인다,
은총이 내린다,
은총이 내려 쌓인다.

| **수록지면** |

* 『조선문학』 151호, 1960.3.

평론

유년층 아동들을 위한 시문학에서의 빠포쓰 문제와 기타 문제

리원우

유년들에게 주는 시문학 분야에는 최근 창작상 복잡한 문제들이 제기되고 있다.

즉 동요, 동시에 시대정신을 어떻게 반영할 것인가?, 또는 로동과 과학적인 것에 대하여, 계급 교양 및 도덕 교양에 대하여 어떻게 노래 불러 줄 것인가? 하는 등등의 문제들에 대한 론의와 아울러 유년층 아동들의 년령상 특수성에 의하여 제기되는 론의들인 것이다.

그런데 일부 아동문학 작가들 중에는 아동들의 년령상 특수성을 지나치게 고려하는 나머지 아동들에게는 마치 사상적 교양을 줄 수 없는 듯이 그릇되게 주장하는 경향들이 없지 않다.

우리의 유년들을 어떤 인간이 되게 가르칠 것인가 하는 문제는 우리 시대가 요구하는 중요한 사회 문제와 떼여서 생각할 수는 없다.

최근 유년층 아동들을 위하여 쓴 동요 동시들 중에는 아동들에게 주어 유익하다고 생각되는 작품들도 적지 않다. 례로서 황민의 「즐거운 우리 집」(『아동문학』 1956.9)과 『용이와 그의 동무들』(민주청년사 발행 동시집) 들에 수록된 「양지쪽」, 「팽이채」, 「자전거」, 「학습장」과 그 밖에 류연욱, 유충록은 꽃과 풀에 대하여, 백석은 물'고기와 기타 동물 세계에 대하여, 윤동향은 유희 동요로써 각각 자기의 개성적 쓰찔을 개척하고 있다.

그러나 우리 유년층 아동들에게 주는 동요, 동시 중에는 내용이 명백하지 않은 시들과 작위적인 과장과 메마른 서정을 노래 부른 시편들과 교양성이 로출된 시들이 아직 많다.

우리 시대가 요구하는 인간이 되게 유년아동들을 가르치기 위하여 이상에서 제기된 제 문제를 어떻게 해결할 것인가? 오늘 우리들에게는 서정이 빈곤한 작품들과 내용이 명백하지 않은 시들과 교양성이 로출된 작품들이 나오게 된 그 원인을 해명하여 우리 시대가 요구하는 시문학을 창조하기 위한 과업이 나서고 있는바 그러기 위하여서는 우선 우리들의 약점인 제 결함들을 서로 분석해봄과 동시에 우리 자신들과 유년층 아동들이 살고 있는 오늘의 현실 생활을 깊이 연구하여야 한다. 시란 생활하는 어느 한 인간이 그 생활 속에서 느낀 것을 자기 개성적 쓰찔과 개성적 정신을 통하여 시대의 일반성을 퉁겨주는 사상과 멜로디인 까닭이다.

그러므로 유년층 아동을 위한 시 창작에서 제기되는 문제는, 우리 성인들이 장차 그들에게 어떠한 생활을 물려주기 위하여 무슨 일을 하고 있으며 그들은 장차 어떠한 생활환경 속에서 살게 될 것인가? 의 목적에 근거한 개성적 쓰찔의 다양성과 그 쓰찔들이 갖고 있는 일반성의 측면에서 론의하지 않으면 해결될 수 없는 문제라고 나는 생각한다.

우리가 쓰는 동요, 동시들의 목적은 결국 우리 시대가 포괄하고 있는 가장 새것에 속하는 정신들을 추려 내여 유년들을 공산주의 도덕으로 교양 준비시키며 그들의 정신세계의 기초가 될 것들을 정서적인 예술작품을 통하여 형성해 주는 데 있다.

우리는 유년에게 주는 시문학을 그들이 언제까지나 같은 자리에 머물러 있지 않고 장성 발전한다는 관점에서 우리의 계승자로 자라는 유년들을 도와주기 위하여 그들의 정신적 량식으로써 창조하는 것이다. 그것은 우리가 그들에게 주고 싶어 견딜 수 없는, 어떤 불타는 고상한 시정신에 안받침되여 흘러나온 것들이여야 할 것이다.

(…중략…)[1]

나는 유년들에게 주는 동요는 아름다워야 하는 동시에 내용이 즉 시인이 발견하여 아동들에게 주려는 것이 명백해야 된다고 주장한다.

백석의 동시 「메'돼지」(『아동문학』 1957.4)도 모호하게 해석될 측면을 띠고 있는 점에서 성공하지 못한 작품이라고 나는 생각한다.

곤히 잠든 나를
깨우지 말라
하루 온종일
산'비탈 감자밭을
다 쑤셔 놓았다

소 없는 어느 집에서
보습 없는 어느 집에서
나를 데려다가

1 이 부분은 리순영의 동요를 다루고 있다.

밭을 갈지 않나?

산'비탈 감자밭을 하루 종일 쑤셔 놓느라고 곤이 잠든 나를 깨우지 말라고 하는 돼지는 어떤 놈인가 하고 아이들은 물을 것이다. 그러면 열이면 열 아이들이 그놈은 나쁜 놈이라고 할 것이다.

"그런데 그놈이 뭐라고 그랬어!"

"소 없는 어느 집과 보습 없는 어느 집에서 자기를 데려다가 밭을 갈지 않나? 하고 말했어."

그러면 아이들은 모두 그놈은 나쁜 놈, 죽일 놈이라고 말할 것이다.

이렇게만 되면 작품은 성공한 작품이라고 나는 생각한다. 그러나 이 메'돼지에는 그것이 명백하지 않다.

"그런데 그놈이 뭐라고 그랬어!"의 정신이 둘째 련에로 이끌고 나가지 못하기 때문에 메'돼지를 좋다고 했는지 나쁘다고 했는지 아동들 지각으로는 아리숭하여 분간할 수 없게 되었다.

이 시는 남의 감자밭을 쑤셔 놓고도 그것을 장한 일이나 한 줄 생각하고 이러쿵저러쿵하는 자를 조소하는 정신을 강하게 력점을 찍어주지 못한 데 그 결함이 있으며 작가가 아동들에게 주려고 한 시정신이 분렬된 데 그 결함이 있다.

또한 같은 호에 실린 작품인 「산양」과 「기린」에 담긴 시정신들도 우리 시대의 어떤 생활의 진실을 반영하는 측면에서 결함을 갖고 있다고 나는 본다.

누구나

싸울 테면 싸워보자

벼랑으로 오너라
벼랑으로 오면
받아 넘길 테니

싸울 테면 오너라
범이라도 곰이라도
다 오너라
아슬아슬한 벼랑'가에
언제나 내가
오뚝 서 있을 테니

누구나 "싸울 테면 싸워보자", "아슬아슬한 벼랑'가에 나는 언제나 오뚝 서 있을 테니"가 이 시의 주장이다.

여기서도 모호하게 표현된 결함을 지적할 수 있다. 즉 "누구나 싸울 테면 싸워보자"의 목소리가 "오뚝 서 있을 테니"보다 크게 들린다는 것이다. 그 원인을 이 시에서 찾는다면 "오뚝 서 있을 테니"와 함께 자기 로력으로 행복하게 사는 산양의 측면이 강조되면서 '그러나 네놈들이 쳐 오면 나는 이렇게 막겠다 — 즉 벼랑으로 차 굴리겠다'로 노래되였으면 명확하게 되였으리라고 나는 생각한다. 그러한 점들을 보여주지 않았기 때문에 "누구나 싸울 테면 싸워보자"의 목소리가 더 크게 울린다는 것이다.

물론 이 시는 '산양'(생태)에 대한 시다.

그러나 어린 독자들은 「산양」을 통하여 산양만 보는 것이 아니라 자기가 지니고 있는 생활 감정을 가지고 자기가 아는 범위의 우리 시대의 생활을 련상해 본다는 것이다. 그 련상 과정을 도와주는 측면에서 이 시는 이상에서 말한 바와 같이 묘사했어야 할 것을 하지 않았으므로 하여 시인 본래의 의도대로 자기 역할을 다 놀지 못하고 말았다고 본다.

자기 로력으로 사는 평화적 산양, 그러나 략탈자들인 범과 곰이 쳐오면 벼랑으로 차 굴리겠다는 정신으로 아동들을 교양하기 위해서는 "오똑 서 있을 테니"는 부족하다고 나는 생각한다.

동시 「기린」의 서정은 우리나라 아동들의 실지 생활 감정에 의거한 서정이기보다 아프리까 기린을 소개해주려는 측면과 거기에 시인이 아동적 감정이라고 판단한 기지들을 결합한 서정이라고 생각된다.

키 큰 기린을 다락집과 같은 기린으로 봤고 긴 목을 긴 장'대와 같다고 하면서 그 긴 목에 백 리 밖에서도 보이게 붉은 기'발을 한번 달아 봤으면 좋겠다는 서정이다.

그러나 이 모든 것들에서 웬일인지 인공적인 것을 느끼게 된다. 그러면서 붉은 기'발을 달아도 좋고 푸른 기'발을 달아도 좋게 된 모호한 점도 있다. 그 원인은 어디에 있는가? 표현된 이 시에 의하면 다만 아프리까의 기린을 소개해 주는 데 머물었다고 말할 수 없다. 즉 다락집으로 보는 관찰력과 장'대로 보는 관찰력을 길러주는 동시에 붉은 기'발을 한번 달아 봤으면 하는 상상과 그것을 실천해 보려는 감정이 깃든 하나의 서정인 이상, 그 서정은 작위적인 데 뿌리박을 것이 아니라 우리나라 아동들의 실재적 생활 감정에 뿌리박고 나타났어야 할 것이라고 나는 생각한다.

이 시에는 우리 생활, 감정이 없다.

물론 다락집과 장'대 등은 우리 생활 감정이라고 말할 수도 있다. 그러나 그 감정은 어디까지나 아프리까 기린을 우리 아동들이 본다면 '아마 이렇게 생각했을 것이다'하고 시인이 주관적으로 생각한 기지에 속하는 감정이지, 우리나라 아동들의 일반적인 생활 감정에 근거하지 못한 '기상천외'한 감정인 까닭에 '멋이 있다'는 측면은 있을런지 모르나 우리 생활 감정이 아니기 때문에 독자들은 작위적인 것밖에는 아무 것도 느낄 것이 없다는 것이다.

기'발을 다는 것도 마찬가지다. 우리 아동들의 생활 감정에서 출발했다면 붉은 기'발을 다는 데 공감을 느낄 뿐만 아니라 허공에 뜬 근거 없는 기'발은 말하지는 않았을 것이다. 이 시에서는 붉은 기'발 대신에 푸른 기'발을 달아도 자기 내용을 주장하는 데 있어서 하등의 차이가 없게 허공에 떠 있다는 것이다. 기'발을 바꾸어 달아도 되게 우연적인 기'발로 된 리유는 실지 생활 감정에 의거하지 않은 까닭이라고 나는 생각한다.

즉 보다 많이 작용한 것은 외국 동물을 소개하는 데 더 많이 취미를 두고 (그것도 철저하지 못하지만) 거기에다 다락집과 장'대로 보는 관찰력과 기'발을 달고 싶다는 등을 우리 생활 감정의 각도에서 노래 부르지 못한 데서 초래된 결함이라고 나는 본다.

쓰는 시인도 그것을 읽는 어린 독자들도 온갖 열정을 가지고 참여하는 생동하는 시'적 빠포쓰가 우리에겐 필요하다고 나는 주장한다.

실생활의 감정과 동떨어진 인공적인 시 감정, 새 발견이 없는 상식화된 과제에 머물러 있는 시들, 재고 정신이 없고 관조적인 데 머물러 있는 시들, 교양성이 로출된 시들은 어떤 주제를 가지고 썼거나를 막론하고 아동들의 성장 발전을 고무 추동하는 면에서 그들의 서정 세계를 지도하는 역할을 충분히 놀지 못하거나 약하게 놀 것이다.

(…하략…)[2]

―『문학신문』, 1957.5.23

2 이 부분에서는 다른 작가들의 유희동요를 논하고 있다.

백인준

1920년 평북 운산에서 출생했다.
1946년부터 시를 발표하기 시작했다.
1999년 작고하였다.
개인시집으로 『소박한 사람들의 목소리』(1953) 『벌거벗은 아메리카』(1961)
『백인준 시선집』(1993) 등이 있다.

| 시 7편 |

그날 할아버지[1]

土地改革(토지개혁)의 날

그날
할아버지는 몸소 소복단장하시고
십리길 고개를 넘어 묘지를 차즈셨다

四代(4대)를 거느리고 사랑에 앉아
장끼터에 가본 것이 십 년 전이라드니
그날은 한사코 앞장을 서며
—내가 가야지
—조상님 앞에 내가 가서 고해야지

묘 앞에 꿇어앉어 할아버지는 똑똑이도
—아부님 때부터 울며 부쳐온
샘터밭 사흘가리가 오늘이야……

제물에 비감이 넘치어
서리진 눈섭 밑에 눈물이 쭈루루

돌아오시는 길도
—밭을 보고 가자꾸나 밭을……
부러 샘터로 돌아 들리시드니
밭에 이르자마자 지팽이 후들후들 떨며

1 원문에는 '할어버지'로 표기되어 있다. 시 본문에는 '할아버지'로 표기되어 있는 것으로 보아 오식으로 보인다.

—이놈아 샘터야 네가……

땅은 새봄을 재촉하는 듯
질펀히 이랑을 펴고 누어있었고
할아버지는 아들 손자들의 실증도 모르시어
돌을 치운다 그루를 뽑는다
언제까지나 언제까지나 밭을 떠나시지 않었다

그날 저녁
우리집에는 오래간만에
닭 잡는 소리 고기국 냄새로
할아버지 생일날보다도 풍성하였다

저녁 후
광 속의 방등 꺼내어 불 밝히고
할아버지 곁에 모여앉아 심지 도꾸며 도꾸며
어머니 아버지 형님 새 아즈머니까지
심으지도 않은 샘터밭 추수 얘기
혼사도 안 한 누나 시집보낼 얘기
—아니 열 섬은 나
—열 섬만……… 확실의 잔체는 떡이나 치구

할아버지는 그런 말 다아 안 들으시고
창문만 쳐다보며 혼자 얘기뿐
—허어 땅을? 땅을 가져 허어
—내가 죽거든 샘터에 묻어다우
—허어 땅을 다 그 어른의 덕이로구나

집안이 잠든 것도 기름이 마른 것도
담배불이 꺼진 것도 다아 모르는 듯이
언제까지나 둥얼둥얼 홀로 밤을 깊이어 깊이어

| 수록지면 |

*『문화전선』 1호, 1946.7.
『조선시집』(1946년판), 서울 : 아문각, 1947.
백인준, 『백인준 시선집』, 문학예술종합출판사, 1993.
『조선문학』 700호, 2006.2.

월가의 관병식

그 무엇으로써 만들어진 땅덩어리냐?
그 어떤 종류의 인간들이냐?
불소나기를 퍼부어 二(이)년의 나날
그럴쑤록 불사조같이 나래 쳐 일어서는
동양의 「조그마한」 나라 조선
조선을 그 무엇으로써 「정복」하느냐?

삐二九(29)도 나래가 불어졌고
六(육)백 미리 대포도 목이 쉬였다
그 많은 「유 · 엔군」은 다 어디 가고
저녁해같이 기울어가는 운명
아메리카의 「영광」을 구원할 자 누구냐?
기적은 안 오느냐? 구세주는 없느냐?

쉬―ㅅ 적기 나타나셨다
성조기 펄 펄 펄 휘날리며
하루살이가 「돌격전」에 나섰다
딱장구들이 십자군을 편성했다
가장 「용감」할 건 지렝이 부대
그중 「민활」할 건 벼룩이 용사
미국 륙 해 공군 최고 수뇌부들이여
「로숙한」 아메리카의 장군들이여
차리엇!

최대의 경의를 다하여 경례!
파리가 손발을 잘 부비듯이
아메리카의 구원을 그들 앞에 빌어라

「존엄한」 아메리카의 운명이
모기잔등에 무겁게 지워졌다
「점잖은」 미국 신사의 영예가
빈대주둥이에 간절히 맡겨졌다
「문명한」 양키의 력사에
곤충시대가 화려하게 꽃 핀다

놀고먹는 버릇 빼라먹는 재간도
그러고 보니 그들에게서 배운 것
괴이할 것도 없다 창피할 것도……
페스트균을 사랑하며 코레라를 찬송하라
아메리카의 「성」스러운 「자비심」으로
온 세계의 곤충들에게 마샬 안의 원조를……

그들이 능히 메고 다닐 (지고 다녀도 좋다)
특별히 적고 가벼운 훈장을……
더는 조선 땅에 나서려지 않는
쫀이나 부라운보다는 그들이 소중하다
성조기의 마흔여덟 개 별은
곤충들의 초상으로 바꾸어도 좋으리

×

(그런데
이 미국의 용사들이
최신식 비행기
푹신푹신한 가죽의자에
름름히 빗겨앉아
천하강산을 굽어보며
만경창파 대양을 넘어
조선 땅 위에 내리자마자
소독약 벼락 증기찜질
불타 죽고 밟히여 죽고
빗자루에 쓸리워
청결통과 하수도로!
그 많은 폭탄구뎅이는
「용사」들을 처넣기에
마침 딱 좋다고……)

×

이 어인 말이냐? 어찌하느냐?
곤충이 비행기 타는 바람에
월가의 시세는 오르락내리락
디 · 디 · 티 제조는 금지할 것이냐?
모기약 장사는 엄벌에 처할 것이냐?
「곤충살해 금지령」을 국회에 돌릴 것이냐?

×

곤두벌레같이 날뛰는 무리들!
코레라 배설물 같은 인간 추물들!
인간의 이름을 모독하는 미국 짐승들!
월가의 양키들아 말 들어라!
너이들이 황금을 먹여 기른 그 벌레들이
바로 너이들의 골통을 파먹을 때 오리라
히틀러의 송장을 빨고 난 쉬파리들이
너이들을 찾아와
군침 다시며 말할 때가 오리라
「이제는 당신네들의 차례
자 갑시다
히틀러 아저씨가 기다리는 곳으로」

—1952.4

| 수록지면 |

* 백인준, 『소박한 사람들의 목소리』, 문예총출판사, 1953.
백인준, 『백인준 시선집』, 문학예술종합출판사, 1993.

소박한 사람들의 목소리

우리는
소박한 보통사람들
백만장자도 아니노라
백작의 후손도 아니노라
대를 이어
로력을 쌓아
인류의 문명을 창조하였고
묵묵히
온 세상을
먹이고 입히는 사람들—

우리는 로력으로 지축을 돌리노니
지구는 우리들의 크나큰 공장—
인류 억만 년의 력사에서
우리들의 로력의 기록을 빼내어보라
철마다 피는 꽃들인들
무엇이 아름다우랴
그렇다!
하늘의 뭇별들도
우리를 위하여 아름다운 것
만일 우리들
소박한 수억만 보통사람들이 아니였다면
아침마다 솟는 태양이

누구를 향하여
황금 햇빛을 보내어 주었으랴

휴식의 한때를 풀밭에 누워
하늘을 우러러며 이렇게 묻노니
『행복이란 무엇?
그것은 로력 속에!
로력의 열매를 눈앞에 볼 때
그때보다 더한 기쁨은 우리에게 없어라』
력사의 수레 위의 높이 올라앉아
하늘에도 땅에도
부끄러울 것 없이 정직히 살아가노니
몸은 비록 두 메타도 못 되나
태산이 밀려와도 끄떡 않을 듯
창창 九(구)만 리 넓은 하늘도
두 팔 속에 듬석이 안기우는가!
인류 五(오)천 년의 력사가
나의 가슴으로 대하와 같이 흐르는 듯

오래인 할아버지들의
선량한 습성을 이어
아침이면
태양에 앞서 일어나
근로의 노래로써
창조의 새 새벽을 알리고
다정한 친선의 심장은
우리들의 정원과 같이

찾아오는 모든 사람을 향하여
언제나 환히 열어놓는다

우리는 모른다!
공원과 호텔 식당과 영화관 입구에서
몽둥이 든 문지기가
우시장의 소새끼를 가려내이듯
사람의 살빛을 골라내이고
누런 손을 쥐였던 흰 손이
돌아서서
앨콜로 손바닥을 소독하는
그런 「례절」을……

잡소리를 말아라
미국식 「생활양식」을……
우리는 모른다
놀고먹는 「자랑」을……
뜯어먹고
빨아먹고
도적질 해먹는 버릇을……
그것은 물어보라
빈대와 벼룩에게—
송충이같이 살진 손가락에
금반지 낀 월가의 「신사」들에게—

산판알을 올리고 내리여
인생을 흥정하는

월가의 장사꾼들아,
딸라를 부둥켜안고
너의 어린 자식보다도 「귀엽게」 빰을 부벼라
그러나
황금으로 록키산맥을 쌓아본들,
우리들의 평범한 옷깃 속에 빛나는
자랑스러운 이 심장과……
어찌 비할 수 있으며
패망하는 너이들의 운명을
어찌 구할 수 있으랴.

「문명」한 「신사」들이여
우리들에게서 땀내가 난다고
얼굴을 찡그리지 말라
당신들에게서 고름내가 난다
썩어져가는 제국주의 냄새—

향수를 쳐라 있는 대로
그러나 어찌 감출 수 있으랴
다이야징도 못 고친다
페니시링도……

하늘에 땅에 높아가는
우렁찬 목소리
「평화를!」
모쓰크바에서
종소리 울리면

세계의 가슴은
광명과 신심
행복과 친선에 가득해지고
아프리카 쟝글 속의
사나운 날짐승들도
꼬리를 걷우며
안식의 잠자리를 차비하는 듯
오직
백아관[2]에 둥지 튼
워싱톤의 짐승들만이
발버둥치며 거칠게 비명 지른다

그러나
여기
수억만
소박한 사람들의
평화의 대렬이 나아가노니
화약을 안고 울부짖던
마천루의 야수들은
멀지않아
력사의 길가에
임자 없는 송장으로 나가넘어지고
놈들이 닦는
동서양 비행장들에서는
세계 인민의 들노리

---

2 『소박한 사람들의 목소리』(1953)와 『서정시선집』(1955)에 실린 백인준의 시들에서는 '백악관'을 '백아관'으로 표기하고 있다.

평화와 친선의 잔치가 베풀어지리라

—1952.10

| 수록지면 |

* 백인준, 『소박한 사람들의 목소리』, 문예총출판사, 1953.
『서정시선집』(종합시집), 조선작가동맹출판사, 1955.
백인준, 『백인준 시선집』, 문학예술종합출판사, 1993.

결산하라! 아메리카

봄은 왔건만, 저물어 가누나
낡은 자본주의 회계년도는
결산을 하자! 아메리카야,
장부를 꺼내놓으라, 너의 죄악의…

너, 이 세상에 생겨나 300년,
력대의 자본가들이 긁어모은
리윤의 총합계는 그 얼마이냐?
피와 기름과 눈물에 젖은
그 축축한 지폐들을 모두 쌓아놓아도
너의 죄악의 크기를 다 말하진 못하리.

몇 억, 십억[3]의 인간이
통곡하며 가슴 치다 죽어 갔느냐?
너— 아메리카— 딸라 때문에…
너로 하여 흘린 인류의 눈물은
흘러 바다로 흘러
태평양 물을 더욱 짜게 했으리.

생각하노라, 생각하노라,
수백만의 그 어린 아기들에 대하여;

---

3 『벌거벗은 아메리카』 이후 판본부터는 '몇 십억'으로 표기되어 있다.

제대로 자랐으면 지금은 아마
유쾌한 선반공, 존경받는 학자,
어찌 없었으랴 그 속에는
인류가 자랑할 천재와 영웅도…
그러나 그 어린 생명들은 죽어 갔더라,
누더기 속에서, 굶주리여서—

너 살진 아메리카야,
너의 몸에 두른 그 보드라운 비단이
그 얼마나 많은 인민의 목을
쇠사슬보다도 무섭게 사납게
죄여매고 홀치여 숨이 지게 했느냐!

구천에 사무쳤다 원한은!
인민은 소리친다, 지구의 이쪽과 저쪽에서,
《결산하라! 아메리카야, 자본주의야!》
나서라! 누구냐? 누구냐?
자본주의의 마지막 대리인은?
나서려느냐, 네가?— 아이젠하워,
나서려느냐, 네놈들이?— 몇몇 독점자본가
너 감히 인류의 력사에서
추악한 자본주의의 마지막 상주(喪主)로서,
지폐를 붙들고 통곡하여 보려느냐?
아니면 물러서라! 물러서라!

인민의 고혈로 번들거리는
너의 가죽뚜껑의 장부책이 타버릴 때

수많은 인민의 뺨들에서
눈물이 마르리라, 비로소 그 불'빛에;
그리고 불'빛에 떠오르리라
어린애같이 웃는
천대받던 인민들의 안심된 얼굴들이;
그리고 또 그 불'길 속에서
솟아나리라 새로운 아메리카가…

결산을 하자! 아메리카야,
력사의 앞에서, 너의 죄악을…
때는 가까왔다, 너의 마지막…
지구 우에는 새봄이 왔다,
인류의 새 시대가…

—1951.1.1[4]

| 수록지면 |

* 『조선문학』 142호, 1959.6.
『그날을 위하여』(종합시집), 조선작가동맹출판사, 1960.
백인준, 『벌거벗은 아메리카』, 조선작가동맹출판사, 1961.
『단죄한다 아메리카』(종합시집), 조선문학예술총동맹출판사, 1963.
『해방후서정시선집』(종합시집), 문예출판사, 1979.
백인준, 『백인준 시선집』, 문학예술종합출판사, 1993.

4 '1951'은 '1959'의 오식으로 추정된다. 이후 판본에서는 창작연도를 1959년으로 표기하고 있다.

벌거벗은 아메리카

쭉 벌거벗었구나, 아메리카는,
인류의 면전에서, 그의 문명 앞에서,
홀딱 벗고 나섰구나, 《자유》 아메리카는,
그 구린내 나는 알몸뚱이를.

완력 사나운 강도들이 달려들어
연약한 한 녀인을 벌거벗겼으니,
어찌하랴 수난을 당할 수밖에,
뻥끼를 온몸에 묻히우고 녀인은
맨몸으로 거리에 내쫓기였다.

그러나 오늘 과연,
누가 벌거벗었나, 인류의 량심 앞에서?
남조선의 한 녀인인가, 아니면,
《거룩》한 아메리카의 《신사》들인가?

온 세계 사람들이 대답하누나,
《그것은 아메리카! 바로 아메리카 자신!》
그의 문화, 그의 도덕은
20세기 60년대도 바로 정월초하루 날에
쭉 벗고 나섰다, 인류의 면전에서.

우리는 그 누구도

억지로 그들을 벗기지 않았건만,
스스로 홀딱 드러내 놓았구나,
그 구리고 구린,

썩어진 제국주의 몸뚱아리를.
그 누구도 칠해주지 않았건만
뼁끼가 아니라 똥과 고름이
전신에 묻었구나, 아메리카는.

(나는 시인,
수천수만의 말 가운데서도
가장 아름다운 언어들만을 골라
그 우에 또 운과 억양을 붙이는 사람,
두꺼비를 보고도 점지않게
개구리의 사촌이라 불러주기 좋아하는 사람,
그러나 이번만은
아무리 좋은 말 다 골라 봐도
할 수 없구나, 벌거벗은 아메리카는,
똥이 묻었다고밖에는 달리 말할 수가…)

시인의 상상력이 아니라도
눈에 선히 보인다, 아메리카 《신사》들이
쭉 벌거벗고 워싱톤 네거리로
《문화》를 떠들며 분주히 오고감이,
라체에 중절모는 어울리지 않건만
그래도 승용차에 푹신히 앉았구나,
쭉 벌거벗은 미국의 은행가님.

나는 상상하노라, 눈에 선하게,
백악관의 관리들이 쭉 벌거벗고
출근을 하고 퇴근을 함을,
쭉 벗고 앉은 미국의 대통령 각하며
결재를 받으러 온 국무장관이며…

나는 유엔의 만국대표들에게 권하고 싶노라.
미국의 대표가 유엔의 연단에 올라,
《사랑》에 대하여 《자유》와 《문명》에 대하여
《신성》한 연설을 내리하실 때
한 번만 잠간 생각해 보시라,
그가 만일 당신들 앞에
쭉 벌거벗고 서서 연설을 한다면?…

그렇다! 사실은 그렇다!
바로 아메리카는
인류의 면전에서 벗고 날친다.
인류의 량심과 문화에 대한
이 흉칙한 도전자들에게
나는 이렇게 웨친다, 고함친다.
《얘, 이 께끈한 새끼들아!
우리는 너희들을
조선의 밖으로 내쫓을 테다.
인류의 속에서 내쫓을 테다.》

| 수록지면 |

*『문학신문』, 1960.1.15.

『그날을 위하여』(종합시집), 조선작가동맹출판사, 1960.
백인준, 『벌거벗은 아메리카』, 조선작가동맹출판사, 1961.
『단죄한다 아메리카』(종합시집), 조선문학예술총동맹출판사, 1963.
『아름다운 강산』(종합시집), 조선문화예술총동맹출판사, 1966.
『해방후서정시선집』(종합시집), 문예출판사, 1979.
백인준, 『백인준 시선집』, 문학예술종합출판사, 1993.
『문학신문』, 1995.5.19.
『조선문학』 574호, 1995.8.
『청년문학』 442호, 1995.9.
『조선녀성』 518호, 2001.7.
『신념의 메아리』(종합시집), 문학예술출판사, 2004.

저주의 노래

저주가 어찌 노래로 되랴,
그것은 칼날이며 폭풍
차고 매서운 서릿발,
그것은 마음속에 지니기조차
힘들고 괴로운 것.

그러나 내 저주하노라
만신의 힘을 다해 저주하노라
미국놈과 그의 머슴들을
아침저녁 저주하노라.

이럴 때면
나의 팔 다리와 머리와
위와 심장도
그리고 크고 작은
열 손가락 마디마디도
모두 오직
증오로써만 만들어진 듯,
나의 몸 二○○(200)억의
매개 세포로부터 저주하노라.

우쭐한 미국 「신사」들의
그 싱거운 낯바닥을 향하여

나의 입가에 떠오르는 이 비웃음의
설핏 지나가는 그림자만 잡아서
태평양 한가운데 던진다 해도
온 바다물이 쓰거워지리.
내 백 년 동안 「도」를 닦아
「부처님」의 서른세 배나 더
「자비」하고 「인자」해진다 하라,
그래도 내
아메리카 「문명」만은 저주하리라,
내 혹시 지나치게 「덕」이 높아져
놈들에 대한 증오마저 잊어버린다면
그런다면 내 소리치며 일부러
「덕」 없는 자로 굴러 떨어져서라도
증오하리라 양키들을.

내 놈들에게는
오직 저주하기 위하여서만 태여난 사람,
이렇게 나의 온몸에 지닌 저주로 하여
나의 혈액마저 걸어진다 하라,
높아 걱정인 나의 혈압이 더 높아지고
나의 수면에도 해롭다 하라,
그래도 내
우리 땅을 짓밟은
아메리카 파렴치한들을 증오하리라.
그로 하여 나의 아름다운 노래소리
사납고 거칠어진다 하라,
그래도 내

저주의 목소리 멎추지 않으리라.

나도 좀 더
아름다운 노래,
향기 그윽하고
깊은 사색에 가슴 뿌듯한 시,
이 세상에서 제국주의가 없어진
그날에 가서도 읽을 맛 있는
그런 노래 쓰기를 배우고 싶노라.

내 스스로 보기에도
무뚝뚝하고 향기 없는
나의 증오의 시편들을 어루만지며
내 때때로 펜대를 부르쥐고
괴로운 밤을 지새우기도 하노니
싫어서가 아니노라, 결코!
저주의 시를 쓰기도
사랑의 노래 쓰기보다
그리 헐하지는 않은 일.

내 차라리 제국주의의 배때기에
저주의 단도를 석 자나 박아
호박 속 우벼내듯 왁왁 우벼낸다면,
또는 나의 이 증오의 주먹으로
양키들의 턱주가리를 답새워
단매에 차뭇개 쩌개듯 쩌개 버린다면
나의 이 만신의 증오 풀릴 수도 있으리.

그러나 나는
칼과 주먹으로써가 아니라
나의 시행들로써
놈들의 턱주가리를 쳐야 할 사람,
그렇다면 너무도 온순하고 부드럽구나.
내가 알고 있는 모든 어휘들은.

그러나 나의 저주의 창기병들아
나의 멸시의 기마병들아
나의 증오의 돌격대들아
달려 나가자 고함지르며
찌르며 짓이기며 밟아버리며
저기 원쑤들이 구불거리는
우리들의 결전장으로!

거기서 너희들
무명의 전사로 쓰러지고
그 옛날 석전에 씌여진
한낱 돌멩이같이 묻혀버려도
후세의 사람들은 알아주리라,
이런 싸움의 시대를 지나
공산주의의 노래소리가
아름답게 지구 우에 가득 찬 것을.

—1960

| 수록지면 |

*백인준, 『벌거벗은 아메리카』, 조선작가동맹출판사, 1961.

『단죄한다 아메리카』(종합시집), 조선문학예술총동맹출판사, 1963.
『아름다운 강산』(종합시집), 조선문화예술총동맹출판사, 1966.
『해방후서정시선집』(종합시집), 문예출판사, 1979.
백인준, 『백인준 시선집』, 문학예술종합출판사, 1993.

대동강에 흐르는 이야기

기사장도 지배인도 기지를 돌아보고
사뭇 만족하여 돌아들 갔다.
이제 대동강 언덕 우에 솟을
크나큰 공장을 눈앞에 그리며…
물'감도 페놀도 가지각색 약품들이 쏟아질
새로운 화학의 전당을 두고…

기지는 넓은 품을 벌리고
착공의 력사적 순간을 기다리고
대동강 맑은 물 우엔
방금 크나큰 공장이 그림자 드리울 듯.

이때 내각에서는 수상 동지 몸소
공장의 건설계획을 살피고 계시였다.
공장의 규모며 전망이며
하나하나 따지여 만족하셨고
—우리도 이런 공장 빨리 지읍시다.

그러다 마지막에 자리를 물으셨네.
대동강 언덕의 순천읍—
화학공장에는 물이 가까와야지,
위치도 좋아!…
이제는 오직 비준의 서명이 남았을 뿐.

그런데 수상 동지 무엇을 생각하셨는지
천천히 방 안을 오고가신다.
조국의 지도 앞에 멎어서시기도 하고
먼 앞날을 내다보시는 듯
눈 들어 창 너머를 바라도 보시고…

한참 후
—동무들! 우리 자리를 옮깁시다!
이 공장을 여기 세우면
장차 대동강엔 물'고기가 없어질 거요.
공장에서 흘러나는 약들 때문에
대동강에는 물'고기가…
손으로 죽 가리키시는 지도 우의 대동강!

듣고 있던 모든 사람들의 가슴속으로
대동강 맑은 물이 일시에 흘러드는 듯
또는 한생 처음으로
이 땅 우에 대동강이 있다는 것을 깨닫기나 한 듯
멀리 창 너머로 강 쪽을 바라보았네.

하여 공장기지는
동해안 어느 바다'가로 옮기여지고
순천 앞으로는 아무 일도 없었단 듯
대동강이 여전히 맑게 흘러내린다네.

이 이야기 들은 사람들
누구나 한 번은 유심히

대동강 흐르는 물을 다시 바라보리니
어찌 이 땅 우에 흐르는 작은 시내 하나도
그냥 저절로만 흘러가고 있으며
철 따라 피는 꽃, 설레는 나무들이
어찌 한낱 자연뿐이랴!

이 땅의 한 그루 나무 한 대의 풀'잎에도
인민에 대한 그이의 배려는 스며있나니
흐르라 이야기들이여 백 년 2백 년—
대동강 물'결마다 아롱지면서…
그리고 뛰놀라 물'고기들도
이 나라의 유구한 세월 속에
마음껏 행복하게 헤엄치면서…

| 수록지면 |

*『조선문학』 176호, 1962.4.
『수령께 드리는 노래』(종합시집), 도쿄 : 학우서방, 1967.
『수령께 드리는 송가』(종합시집), 근로단체출판사, 1967.
『우리 인민은 행복합니다』(종합시집), 문예출판사, 1972.
『해방후서정시선집』(종합시집), 문예출판사, 1979.
백인준, 『백인준 시선집』, 문학예술종합출판사, 1993.

평론 **미제의 야수적 만행과 희극적 정체를 신랄하게 폭로규탄한 위력한 풍자적 형상**

풍자시 「벌거벗은 아메리카」(백인준)에 대하여

장형준

제국주의자들은 입으로는 '자유'와 '인권', '평화'와 '친선'을 곧잘 외우지만 실지 행동으로는 침략과 략탈, 살인과 강간 등 온갖 야수적 만행과 범죄를 서슴없이 감행한다. 말과 행동, 겉과 속이 다른 제국주의자들의 야수적 본성을 발가내고 놈들의 위선과 기만을 폭로규탄하며 그들을 반대하여 싸우지 않고서는 인류가 자주화된 새 세계를 건설할 수 없으며 진정한 자유와 인권, 평화와 친선을 누릴 수 없다.

풍자시 「벌거벗은 아메리카」는 미제침략자들의 야수적 만행과 추악한 정체를 만천하에 고발하고 풍자적 웃음으로 그에게 죽음을 선언한 사형선고장이다.

풍자는 낡은 것과 적대세력에 대한 무자비한 비판이며 용서할 수 없는 대상을 풍자의 불길로 불살라버리는 섬멸적인 조소이다.

웃음이 없는 풍자는 있을 수 없지만 그 웃음은 어디까지나 신랄하고 진실해야 한다.

풍자시 「벌거벗은 아메리카」는 희극적 계기부터가 진실하고 예리하다. 시인은 그 어떤 기발한 문학적 허구나 환상에 의해서가 아니라 실제

있은 사실에서 희극적 계기를 잡아 쥐였다.

1960년, 바로 그해 설날에 남조선에서 미국놈들은 조선 녀성을 붙잡아다 희롱하고는 벌거벗겨 몸에 뼁끼까지 칠해 거리로 내쫓는 악귀 같은 만행을 감행하였다. 천추에 용서 못할 사실을 알게 된 우리 인민은 누구나 치를 떨고 이를 갈았으며 온 나라가 반미감정으로 끓어 번졌다.

그러니 아름다운 것을 찬미하고 추한 것을 타매하는 시인이 어찌 놈들의 이 만행을 가만히 보고만 있을 수 있었겠는가!

시인은 미제의 야수적 만행에 격분을 참을 길 없어 붓에 증오의 탄알을 재워 놈들을 정면으로 단죄규탄하는 정론시를 썼다. 그러나 써놓고 보니 마음에 들지 않았던 것이다. 그것은 그 치사하고 역겨운 미국놈들과 1대1로 맞서서 그들의 비행을 론하는 그 자체가 놈들을 '인정'하고 들어가는 것 같아서였다.

그래서 시인은 높은 위치에 서서 풍자적 웃음으로 적들을 신랄하게 조소하고 야유하는 풍자시를 쓸 것을 생각하고 다시 썼다. 그것이 바로 「벌거벗은 아메리카」이다.

> 쭉 벌거벗었구나 아메리카는
> 인류의 면전에서 그의 문명 앞에서
> 홀딱 벗고 나섰다 '자유' 아메리카는
> 그 구린내 나는 알몸뚱이를
>
> 완력 사나운 강도들이 달려들어
> 연약한 한 녀인을 벌거벗겼으니
> 어찌하랴 수난을 당할 수밖에

빵끼를 온몸에 묻히우고 녀인은
맨몸으로 거리에 내쫓기웠다

그러나 오늘 과연
누가 벌거벗었나 인류의 량심 앞에서?
남조선의 한 녀인인가, 아니면
'거룩'한 아메리카의 '신사'들인가?

온 세계 사람들이 대답하누나
그것은 아메리카! 바로 아메리카 자신!
그의 문화 그의 도덕은
20세기 60년대도 바로 정월초하루 날에
쭉 벗고 나섰다, 인류의 면전에서

보는 바와 같이 미국놈들은 남조선에서 한 녀인을 벌거벗겨 거리에 내쫓았지만 인류의 면전에서 벌거벗고 나선 것은 남조선의 한 녀인이 아니라 '거룩'한 아메리카 '신사들', 바로 아메리카 자신이였다.

이것은 사실로부터 도출된 론리의 당연한 귀결이였고 인류 량심의 응당한 판결이였다.

"그 누구도 억지로 그들을 벗기지 않았건만" 그들은 "썩은 제국주의 몸뚱아리를", "스스로 홀딱 드러내놓"았다. '문명'과 '인권'을 자랑하며 '신사'로 자처하던 '자유' 아메리카는 인류 앞에 그것도 20세기 60년대 정월초하루 날에 쭉 벌거벗고 나섰으니 이 얼마나 망측하고 희극적인 것인가! 이처럼 시는 신랄하고 예리한 풍자의 채찍으로 미제국주의 면상을 통쾌하게 후려갈겼다. 그때로 말하면 공화국 북반부에서 혁명적 대고조가 일어나고 천리마 운동이 료원의 불길처럼 타올라 모든 근로자들이 착하고 아름다운 것을 지향하고 온 사회에는 긍정적인 것이 지배하고 있던 때였다. 반면에 남조선에서는 우리 동포들이 미제의 폭압과 략탈로 하여 자유와 생존의 초보적 권리마저 빼앗기고 말할 수 없는 고통과 불행을 겪고 있었다.

남조선을 강점한 미제침략자들은 조선에서 긴장상태를 더욱 격화시키며 새 전쟁 도발책동을 강화하면서 '힘의 정책'으로 온 세계를 제패할 야망 밑에 사회주의 나라들과 신생독립국가들, 식민지 민족해방운동을 반대하며 세계 이르는 곳마다에서 더욱더 횡포하게 발악하고 있었다.

그런데 국제무대에 새로 대두한 현대 수정주의자들은 미제에 대한 혁명적 립장을 견지할 대신에 미제와의 '평화적 공존'을 부르짖으며 우리에게 반제반미투쟁로선을 포기할 것을 강요하고 제국주의자들과의 타협을 설교하기까지 하였다.

사태는 매우 엄중하고 엄혹하였다.

그러나 그때에는 그 누구도 아직 현대 수정주의자들의 반동적 본질과 해독성을 깊이 깨닫지 못하고 있었다. 바로 이러한 때에 우리 민족의 태양이시며 탁월한 령도자이신 위대한 수령 김일성 동지께서는 미제의 세계제패 야망과 현대 수정주의자들의 투항주의적 본질을 예리하게 간파하시고 우리 인민과 세계 진보적 인민들을 반제반미투쟁에로 힘 있게 고무하시였다.

당시 정세는 우리 작가들에게 수정주의를 반대하고 미제를 비롯한 제국주의자들의 침략적 본성과 야수적 만행을 폭로규탄하는 혁명적 작품들을 그 어느 때보다도 더 많이 창작할 것을 요구하였다.

시인은 이러한 시대의 요구를 심장으로 절감하고 시대가 바라고 인민이 요구하는 혁명적 작품을 창작할 창작적 열정에 불타고 있었다. 그러기에 그는 그처럼 벌거벗은 희극적 존재로 신랄하게 야유하고 조소한 사상예술성이 높은 풍자시를 훌륭히 써낼 수 있었다.

위대한 령도자 김정일 동지께서는 다음과 같이 지적하시였다.

"풍자문학은 원쑤의 심장을 꿰뚫는 화살이 되여야 하며 그들의 야성을 들부시는 폭탄이 되여야 한다."

경애하는 김정일 동지께서 가르치신 바와 같이 풍자문학은 원쑤의 심장을 꿰뚫는 화살이 되여야 하며 그들의 야성을 들부시는 위력한 폭탄으로 되여야 한다.

이 시의 심오한 사상예술성은 무엇보다도 그 일반화의 높이와 풍자의 예리성에 있다.

남조선에서 한 녀인을 벌거벗겨 거리에 내쫓은 것은 물론 몇몇 미국놈들이였다. 그러나 시인은 그들의 만행을 결코 개별적이며 우연한 현상으로 보지 않았다.

사실 그때 미국놈들의 야수적 만행이 매일 매 시각 빚어지고 있었다.

따라서 그것은 국부적[1]이거나 우발적인 현상이 아니라 보편적이고 상시적인 현상이였다. 날로 심해지는 놈들의 만행은 남조선을 강점하고 그러한 만행을 감행하도록 부추기는 미제의 침략정책, 아메리카 자체의 체질적 본성에서 나오는 필연적인 현상이였다. 그러므로 시인은 정월초하루 날에 감행된 그 만행을 폭로규탄함에 있어서 개별적인 미국놈들을 증오하고 타매하는 데 머무르지 않고 그놈들을 그렇게 하도

1 원문에는 '극부적'이라 표기되어 있다. 오식으로 보인다.

록 부추기는 미제의 침략정책, 아메리카 자체를 문제시하여 그를 벌거벗은 희극적 존재로 일반화하였다.

하나의 현상에서 본질을 꿰뚫어보고 아메리카 전체를 풍자의 과녁으로 삼은 여기에 이 풍자시의 일반화의 높이가 있다.

이 시에서는 또한 과장의 수법을 능란하게 활용하여 아메리카를 벌거벗은 자들이 사는 '라체의 왕국'으로 희화하였다.

> 시인의 상상력이 아니라도
> 눈에 선히 보인다 아메리카 '신사'들이
> 쭉 벌거벗고 워싱톤 네거리로
> '문화'를 떠들며 분주히 오고감이
> 라체에 중절모는 어울리지 않건만
> 그래도 승용차에 푹신히 앉아
> 쭉 벌거벗은 미국의 은행가들
>
> 나는 상상하노라 '라체의 왕국'을
> 모든 위선과 가면마저 벗어 동댕이친 나라
> 쭉 벗고 앉은 대통령이며
> 쭉 벗고 결재 받는 국무장관이며…
> 그들의 밑에서 징그러운지
> 나무로 만든 의자도 마루바닥도 삐걱거린다

'라체의 왕국', 이것은 미제의 희극적 본성을 발가내는 가장 날카로운 풍자적 표현이다.

'라체의 왕국'에서 사는 모든 사람들, '문화'를 떠드는 아메리카 '신사'들과 승용차에 푹신히 앉아 있는 미국의 은행가들, 대통령과 국무장관도 다 쭉 벌거벗었다.

벌거벗은 그들의 몰골을 생각만 해도 저절로 폭소가 터진다.

이처럼 아메리카는 쭉 벌거벗고 "그 구리고 구린 썩은 제국주의 몸뚱아리를", "홀딱 드러내놓았"는데 그 몸뚱아리에 "빼끼가 아니라 띠가 묻었다"니 이것은 참으로 신랄하고 날카로운 조소이다.

"띠"는 '파리찌'라고 할 때의 그 '찌'인데 차마 시에 이런 단어를 쓸 수 없어서 그렇게 표현한 것이다. 시구는 비록 "띠가 묻었다"고 점잖게 씌여 있으나 이 시구에서 우리는 추하고 역겨운 대상에 대한 멸시와 혐오, 증오와 저주를 강렬하게 느끼게 된다.

그리고 벌거벗고 앉아 있는 미국 대통령과 국무장관, "그들의 밑에서 징그러운지 나무로 만든 의자도 마루바닥도 삐걱거린다"는 것은 놈들을 또 얼마나 신랄하게 야유하고 있는 것인가!

이처럼 시는 과장의 수법과 풍자적 웃음으로 아메리카의 위선과 가면을 벗겨버리고 그 추악한 진면모를 인류 앞에 적라라하게 발가놓았다.

인류의 원쑤이며 력사의 반동인 미제는 그가 생겨난 첫날부터 풍자의 대상이 되여왔지만 이 시에서처럼 그렇게 풍자의 채찍으로 호되게 얻어맞은 적은 일찌기 없었다. 그만큼 이 시의 풍자는 위력하고 날카롭다.

이 시의 심오한 사상예술성은 예리한 풍자성과 함께 높은 정치성에 의하여 확고히 담보되고 있다.

시의 높은 정치성은 아메리카를 벌거벗은 희극적 존재로 폭로규탄한 그 풍자적 웃음의 사회정치적 성격과 아울러 '유엔'의 만국대표들과 온 세계 '신사'들을 생각해보라고 권고하고 있는 데서 또한 잘 표현되고 있다.

'유엔'의 만국대표들에게 권고하고 싶노라
미국의 대표가 '유엔'의 연단에 올라
'사랑'에 대하여 '자유'와 '문명'에 대하여
'신성'한 연설을 내리하실 때
잠간만 한번 생각해 보시라
그가 만일 당신들 앞에
쭉 벌거벗고 서서 연설을 한다면?…

내 온 세상 사람들에게 권고하노니
양키들이 당신 앞에 온다면
그놈이 제아무리 '신사'같이 입었어도
그놈은 벌거벗은 놈이라고만 생각하시라
그렇다, 사실 그렇다!
바로 아메리카는
인류의 면전에서 벌거벗고 날친다

미국 대표가 '유엔'의 연단에서 '사랑'과 '자유', '문명'에 대하여 떠벌여도 그를 벌거벗은 아메리카의 대표라고, 양키들이 제아무리 세상 사람들 앞에 '신사'처럼 차리고 나서도 그놈 역시 벌거벗은 놈이라고 생각할 때 아메리카가 "인류의 면전에서 벌거벗고 날친다"는 것은 참으로 적중한 표현이다. 이 시련들에는 국제무대에서 위선과 기만으로 세상 사람들을 속이는 미제의 교활성과 희극적 본성에 대한 신랄한 야유와 함께 놈들의 감언리설과 외교적 가장에 속지 말 것을 인류에게 권고하는 혁명적 호소가 담겨 있다.

시의 마감은 더욱 정치성이 강한 웨침으로 끝나고 있다.

인류의 량심과 문화에 대한
이 흉칙한 도전자들에게
나는 이렇게 웨친다 고함친다
"얘, 이 께끈한 새끼들아!
우리는 너희들을
조선의 밖으로 내쫓을 테다
인류의 속에서 내쫓을 테다"

서정적 주인공 '나'는 시인 한 사람만이 아니라 미제침략자들을 남조선에서 물러가게 하려는 전체 조선인민과 지구상에서 제국주의를 영영 매장해 버리려는 인류의 목소리를 대변하고 있다.

미제의 야수적 만행과 침략적 본성을 풍자적으로 폭로하는 데 머무르지 않고 그놈들을 "조선의 밖으로", "인류의 속에서 내쫓을" 조선인민과 세계 혁명적 인민의 확고한 의지를 표현하고 있는 것으로 하여 이 풍자시는 사람들을 반미투쟁에로 고무하는 호소성이 높은 작품으로 되였다.

풍자의 예리성과 강렬한 정론성은 이 시인의 풍자시들에 일관되여 있는 중요한 사상미학적 특징이다. 이것은 조선인민의 철천지 원쑤인 미제에 대한 시인의 불타는 증오심과 멸적의 기백으로부터 흘러나오는 높은 문학정신의 발현인 것이다.

시인은 조국해방전쟁 시기에 풍자시 「얼굴을 붉히라 아메리카여!」(1951년)와 「월가의 관병식」(1952년)과 같은 성과작들을 창작하고 전후시기에는 계속 사상예술성이 높은 여러 편의 풍자시들을 써서 미제국주의자들과 그 괴뢰들을 반대하는 투쟁에로 인민들을 불러일으키는 데 힘 있게 이바지하였다.

그리하여 해방 후 첫 개인 풍자시집을 낼 만큼 이 시인은 풍자시 창작에서 단연 앞장섰다.

풍자시 「벌거벗은 아메리카」는 시인의 풍자시 계렬에서는 물론 우리의 풍자시단에서도 가장 우수한 대표작으로 꼽히고 있다.

이 풍자시는 높은 사상예술성으로 하여 예나 지금이나 커다란 생명력과 감화력을 가지고 있다.

이 시의 견인력과 현실적 의의는 미제침략자들이 계속 남조선에 도사리고 앉아 살인, 강간, 략탈, 폭행들을 마구 감행하고 있는 것으로 하여 더욱 높아지고 있다. 최근 남조선에서는 서울지하철도 전동차 안에서의 10여 명 미군이 한 조선 녀성에 대한 성희롱과 그에 항거하는 남조선 청년에 대한 집단폭행에 이어 경기도 의정부시와 강원도 춘천시를 비롯한 곳곳에서 강간, 폭행 등의 미군범죄가 꼬리를 물고 일어나고 있다.

오늘 남조선에서는 해마다 2,000여 건, 하루 평균 5건 이상 미군범죄가 발생하고 있으니 남조선 인민들과 녀성들은 어느 하루도 마음 편히 살 수 없으며 매일 매 시각 모욕당하고 얻어맞고 쓰러지고 있다.

이것이 바로 '해방자', '원조자', '보호자', '벗'으로 자처하는 미국에 의하여 빚어지고 있는 남조선의 실태이다. 남조선뿐 아니라 미제의 피 묻은 발길이 미치고 있는 모든 곳에서 바로 그러한 야수적 만행이 날로 성행하고 있다.

미제침략자들이 남조선에서 물러가지 않는 한 사태는 달라지지 않을 것이며 또 달라질 수도 없다. 그리고 세계 혁명적 인민들이 단결하여 놈들의 손발을 묶어놓거나 잘라버리지 않는 한 인류의 고통과 불행도 가시여질 수 없다.

현실은 제국주의의 침략적 본성은 절대로 변하지 않으며 변할 수도 없다는 것을 보여주고 있다.

미제를 비롯한 제국주의에 대해서는 자그마한 환상도 가지지 말아야 하며 언제나 확고한 반제적 립장을 가지고 '자선'과 '인권', '원조'와 '보호'를 부르짖는 놈들의 위선과 가면을 벗겨버리고 그들의 희극적 정체와 침략적 본성을 예리하게 폭로규탄하여 그들에게 섬멸적인 타격을 주어야 한다. 그러기에 풍자시 「벌거벗은 아메리카」는 오늘에 있어서도 의연히 인민들을 반제반미정신으로 교양하는 강력한 수단으로 되고 있는 것이다.

오늘 남조선에서 미제침략자들이 그처럼 못된 짓을 꺼리낌 없이 감행하고 있는 것은 그자들의 야수적 본성에 기인하는 것이지만 친미 사대 매국집단인 김영삼 괴뢰도당이 남조선에 대한 미제의 영구 강점을 애걸하면서 조국의 자주적 평화통일을 반대하고 미국과 체결한 불평등한 '행정협정'을 그대로 유지하며 놈들의 범죄를 적극 비호해주고 있는 것과 관련된다.

그렇기 때문에 오늘 우리 작가들 앞에는 조선의 자주적 평화통일을 방해하는 미제를 비롯한 제국주의 침략세력과 그에 아부굴종하는 김영삼 역도를 비롯한 안팎의 분렬주의 반동세력의 정체를 만천하에 고발하고 그들에게 쓰디쓴 증오의 폭소와 섬멸적인 타격을 줄 다양한 형식의 풍자작품들을 더 많이, 더 훌륭하게 창작할 전투적 과업이 나서고 있다.

우리 작가들은 풍자시 「벌거벗은 아메리카」와 같이 날카롭고 신랄한 풍자작품들을 활발히 창작함으로써 시대의 요구에 대답하며 우리 풍자문학을 더한층 힘 있게 발전시켜 나가야 할 것이다.

—『조선문학』 575호, 1995.9

기타 참고문헌

장형준, 「세계적인 대문호 백인준」, 『조선문학』 636, 2000.10.
박종식, 「시인의 성장과 시세계」, 『문학과 현대성』, 문학예술종합출판사, 2001.
리주정, 「세계적인 대문호 백인준의 현실체험과 창작」, 『조선문학』 743, 2009.9.
『조선대백과사전』, 백과사전출판사, 1995~2004.

변홍영

1965년부터 시를 발표하기 시작한 것으로 추정된다.
개인시집으로 『내 노래의 땅』(2007) 등이 있다.

| 시 7편 |

산촌의 합숙집

이 고장에 처음 오는 길손들을
돌기와 정가로운 합숙집이 맞아주더라,
따끈한 우유를 부뚜막에 데우며
한 식솔처럼 다정히 맞아주더라,

세 그루 돌배나무 추녀 끝에 닿았고
산 그림자 휘우듬히 안고 도는
마당가엔 산개울이 즐거운 듯 조잘대네,
창을 열면 그윽히 안겨오는 황금산 꿀향기,
지저귀는 새소리, 배부른 짐승떼의 영각소리…

산촌의 합숙집은 종일토록 조용하지 않더라
아침녘엔 도에서 내려온 농산지도원
차마 아쉬운 듯 저 산굽이로 손 저으며 떠나더니
또 저물녘엔 배에서 내린 손님, 평양서 실습 나온 대학생들
예서 아득히 먼
강원도 벽촌의 머리 흰 관리위원장이며
나무리벌 축산기수처녀를 맞이했구나.

옛날에사 세상밖에 버림받았던 벽촌이라
손끝이 터지도록 뚜져도 이 땅이 준 것은
눈물과 한숨, 기막힌 운명들이
어디론가 살길 찾아 기약 없이 떠나만 갔더니

꿀향기, 과일향기 오만가지 황금열매 무르익는
저 황금산을 그대로 제 고장에도 꾸리고 싶어서
양무리 흐르는 저 흐늘어진 방목길을
제 고장 들길에도 그대로 옮겨가고 싶어서
수수천리 먼 길에 달려온 사람들…

전변하는 두메산촌, 꽃피는 심심바위골에 깃든
위대한 수령님의 따사로운 사랑을…
수령님 교시를 받들어가는 뜨거운 마음들을…
그대로 소중히 안고 가고 싶어서 찾아온 사람들.

다정한 식솔처럼 맞아주고 또 보내는
저 하많은 사람들이
수령님의 위대한 사상을 꽃피워
조국땅 방방곡곡엔
얼마나 아름다운 락원들이 솟아날 것이랴!

따끈한 우유를 후후 불며 목을 추기며
황금산 꿀물을 단숨에 들이키며
정든 고향집에 들어선 듯
푸근히 마음 내키는 산촌의 합숙집이여

외진 산골 집은 작아도
번영할 조국의 크나큰 앞날을 한품에 안았구나.
창을 열면 은은히 들려오는
황금산 처녀들의 노래소리… 구을러가는 산개울소리…
아, 저절로 깊어지는

어버이수령님의 헤아릴 길 없는 은혜에 대한 생각이여.

| 수록지면 |

*『조선문학』 276호, 1970.8.
변홍영, 『내 노래의 땅』, 문학예술출판사, 2007.

조국땅 한 기슭에서[1]

북방의 3월—
진눈까비 날아드는 조용한 차창가,
수령님께서는 깊은 감회에 잠기시여
거치른 산협에서 불어오는 바람소리에
귀를 기울이시는 듯…
두만강의 유구한 흐름을 내다보신다.

나라를 빼앗겼던 어두운 세월에
이 강 건너
북만의 낯설은 산야를 떠돌던 겨레들은 얼마였던가
꿈속에도 안아보던 북변,
아, 여기는 조국땅이 끝나는 곳—

뒤엉킨 풀숲… 얼음 덮인 진펄…
길 아닌 길에 들어설수록
조용히 아뢰이는 부관의 말,
—수령님, 길이 험합니다.
벌써 몇 번째 말씀 올렸건만
천고의 풍상 서린 바위들과 산들에서
수난에 찼던 이 나라 력사를 더듬어보시는 듯
수령님께서는 이윽히 말씀 없으시더니.

1 시의 끝부분에 '김일성종합대학 어문학부 추천작품'이라 적혀 있다.

—우리가 언제 좋은 길로만 다니였소
　이 차를 타고 가다가 갈 수 없으면
　걸어서라도 갑시다!

순간, 겨우내 얼어붙었던 천리장강이 풀려내리는가
기쁨에 겨운 듯
기슭에 와 처절썩이는 물결소리
부관의 가슴을 흔들며
푸득이며 날아오르는 물새의 떼무리.

부관은 눈시울이 축축해졌다
아, 인민을 위해 걸어오신 그이의 걸음 몇천만 리던가!
백두의 험준한 산발 우에서 온갖 풍상을 다 겪으시며
혁명을 승리에로 이끄시여
이 나라 인민에게 새 조국을 안겨주시고도
오늘은 차로 천리,
걸으시여 첩첩두메길
인민이 있는 곳이면
그 어디든 찾아가시는 그이의 위대한 사랑이여!

조국땅 그 어느 한끝에 살아도
공장에서, 벌목장에서, 이슬내린 방목길에서
혹은 스스럼없이 부엌문을 여시고 들어서시는
한없이 자애로운 수령님을
인민은 감격의 눈물로 맞이하거니.

…서수라의 초원에 열릴 전면적 기계화의 시대와

맑은 호수들에 욱실대는 고기떼, 물 마시는 양무리…
공산주의 농장의 원대한 구상을 펼치시며
그이께서 강반에 첫 자욱을 옮기시자
북방의 산협에서 폭포소리 터지고
물새들이 날아오른 하늘가,
달리는 구름 새로 은은한 봄우뢰가 울었다.

아아—
인민의 위대한 태양 김일성 원수
그이의 따사로운 해빛 아래
풍성한 오곡과 황금빛 열매들이 익고
밝은 창문들 소리 없이 열리는
조국의 하늘과 땅은 여기서 끝나도
세상에 가장 행복한 인민이 살아가는
수령님의 크나큰 사랑의 품은 기슭이 없구나.

| 수록지면 |

*『조선문학』 281호, 1971.1.
『당의 부름 받들고』(종합시집), 문예출판사, 1971.
『인민의 념원』(종합시집), 문예출판사, 1976.
『해방후서정시선집』(종합시집), 문예출판사, 1979.
송명근 · 백의선 · 변홍영, 『해빛 넘친 땅—3인시집』, 문예출판사, 1985.
변홍영, 『내 노래의 땅』, 문학예술출판사, 2007.

혁명전위에 대한 생각

나는 뜨락또르 운전수
이 고장 태생,
그대는 3대혁명 소조원
먼 도시에서 왔다.

갈아엎은 봄이랑 우에서
우리 첫 악수를 나눈 때로부터
물씬 풍겨오는 흙내에 취하며
오랜 날 친근한 동무처럼
뜨거운 우정을 서로 나눴다.

어버이수령님께서
우리 고장에 주신 교시를 되새기며
봄내, 여름내 벌바람에 끄슨
눈을 감아도 선한 그대의 모습

강뚝에 지펴 올린 우등불가에서
《꽃 파는 처녀》 근위대를 뭇던 밤,
내 고향의 미래를 이야기하며
새별을 담은 듯 그대의 눈빛이
그리도 반짝임을 나는 보았다.

나의 등을 밀어 집으로 보내고

그대 벌에 남아 새벽을 맞은 적 얼마던가
내 두툼한 솜옷을 들고 벌로 나오면
더 넓어진 기계화의 포전이
그대 등 뒤로 무연히 흙물결을 일구고
그대는 찬이슬 젖은 뜨락또르 우에서
즐거운 듯 손을 저으며 웃었지,
아침처럼 맑고 티 없던 그 웃음이
내 가슴속에 영원토록 자리 잡았다.

밭머리에서, 마을길에서, 작업반실에서
때로는 불같은 선동으로
때로는 조용한 일깨움으로
사람들의 심장을 울리던 그 목소리
언재나 내 마음을 불덩이로 끓게 한다.

수령님의 교시를 관철하는 길에선
한 몸을 아낄 줄 모른 그대,
그대가 창안한 가지가지 련결농기계들이
종합적 기계화의 기쁨을 누빈 벌 우에,
온 겨우내 추위도 잊은 채
물도랑을 내고 니탄을 깔며
랭습한 땅을 개량한 저 더기 우에
만풍년의 황금가을이 왔을 때
수령님을 우러러 행복의 눈물에 젖던
그대의 모습을 나는 잊을 수 없구나.

내 고향 하늘 땅 우에

3대혁명의 붉은 기치 날리며
그대는 전변을 안아온 혁명의 전위!
새 세대의 숭고한 사명을 깨우치며
새날을 가꾸며 불러오던 그 목소리
온 마을을 기쁨으로 설레게 하더니

수령님 모셨던 풍년대회장에서
그 겸허한 앞가슴에
그대는 금별을 달고 돌아왔다,
별 많은 고향의 밤—
수령님 펼치신 공업화의 대지 우로
농촌 도시의 휘황한 가로등 밑으로
나를 끝없이 이끌어가던 그대의 눈빛에
감격의 이슬이 반짝이고 있었다…

…노래소리 울려온다
빛나는 미래가 펼쳐진 땅 우에,
저 아득한 이랑 우로 수집은 듯 사라져가는
우리 고장 처녀들의 청 맑은 노래소리—
기계군단이 흐르는
활기에 넘친 봄맞이벌에서
나는 생각한다, 천지개벽한 고향땅을,
수령님 바라시는 새 모습으로
벌도 사람도 변하고 또 변하는 산천을—

아, 그러면
3대혁명의 붉은 기치가

내 머리 우에 펄럭이는 듯,
농업전선의 한 구역을 맡아선
그대의 거인 같은 모습이 보이누나.

| 수록지면 |

* 『조선문학』 332호, 1975.4.
변홍영, 『내 노래의 땅』, 문학예술출판사, 2007.

출발 전 역구내에서

나는 이제 떠나련다, 신천이여
어루만지듯 지붕이며 흰 벽 우에
달빛은 고요히 내리고
먼 하늘가 깜박이는 별처럼
가로등은 졸음에 취했건만
이 밤도 모진 아픔에 뒤척이듯
잠 못 드는 너의 숨결을 안는다

내 군모를 벗어 쥐고
오래도록 머리 숙여 서 있던 련꽃봉이여
박물관의 진렬대 우에서
내 심장을 치며 일어서던
쓰러진 이 고장 사람들의 피맺힌 부탁을
터질 듯한 가슴에 새기던 순간들이여

아, 102 어린이의 무덤 우에
그 몇 번 잔디는 푸르렀는가,
400 어머니의 령전에
그 몇 번 들꽃을 꺾어 추모의 화환을 얹었더냐,

살았으면 저 봄날의 들판에서
씨앗을 묻으며 웃음도 많았을 것을,
살았으면 대학을 졸업하고

고향땅에 돌아오는 아들을 마중하며
행복의 이슬 젖은 눈빛들이 반짝일 것을,

처음으로 분여받은 제 땅을 갈아엎으며
그리도 기뻐 울고 웃던 그들이
살았으면 아, 살았으면
수령님의 해빛 찬란한 이 땅 우에
꿈처럼 그려오던 공산주의를 건설하며
삶이 그토록 기쁨임을 한껏 누릴 것을……

너무도 많은 생활의 기쁨과 념원을
이 땅 우에 남기고 간 사람들이여, 천진한 우리의 아이들이여
솟구치며 끓는 분노가 내 가슴을 태운다.
강산이 변하는 긴 세월의 흐름으로도
씻을 길 없는 피의 자욱을 더듬으며
내 마음은 보복의 창끝인 양 서리발을 날린다.

나는 참을 수가 없다,
천백배의 복수로도 가슴은 풀리지 않으리라
더더구나 이 신천 땅의 수난이
순간마다 빛어지는 남녘땅을 안고 살기엔
흐르는 세월이 너무도 모질다
수천수만의 우리 사람들을 빼앗긴 이 가슴이
어찌 또다시 그 원쑤놈들의 총칼에 겨레들을 내맡길 수 있단 말인가.

나는 떠나련다, 이 밤은 고요하고
불어드는 바람조차 봄날의 훈향에 찼건만

내 여기서 출진의 길에 오르는 듯,
차창가에 소리치며 일어서는
원한에 사무친 땅을 부여안으며
내 가슴은 원쑤격멸의 함성에 뒤끓나니,

오오, 새 전쟁 도발에 분별없이 날치는 미제국주의가
내 총창 앞에서
추악한 주검과 시체로 굳어지기 전에는
조선의 이 분노를 그 무엇으로도 꺼버릴 수 없으리라!

| **수록지면** |

* 『조선문학』 335호, 1975.7.
『잊지 말자, 행복할수록』(종합시집), 문예출판사, 1976.
변홍영, 『내 노래의 땅』, 문학예술출판사, 2007.

분노의 목소리

바람도 싱그러운 푸른 벌에서
열을 뿜는 공장 구내에서
끝없는 증오를 안고
조선은 이날을 맞는다.

남으로 뻗어간 천리 산발이
서슬 푸른 창끝인 양 일어서고
락원의 밝은 창문들도
한여름에 분노의 서리발을 날린다.

위대한 수령님께서 찾아주신
새조선의 새 삶이 그토록 즐겁던
민주의 터전을 짓뭉개려
미제가 전쟁의 불을 들고 달려들던
6월의 그날을 우리 어찌 잊을 수 있으랴

잊지 않는다.
정다운 교대 고동이 울리던 새벽거리에서
소를 몰아 제 땅을 갈던 밭머리에서
불타는 소중한 모든 것들을 끌어안으며
미제를 절규하던 그 원한을

이 땅 한 치 한 치에 상처를 입히고

이 땅에 사는 사람들 가슴 가슴에
지울 수 없는 피의 원한을 남긴
침략자 미제

어머니의 품에 안겨
저 하늘이 맑고 푸르다는 것을 깊이 믿던
이 나라 어린이들을 생매장한 그 원쑤가
아직도 조국의 절반 땅을 짓밟고 있다.

평화로운 거리와 촌락들에서
사람의 생눈을 뽑으며
사람의 피를 즐기던 그 야수가
오늘도《인권옹호》를 떠들어대고 있다

들으라, 세계의 량심이여
미제침략자들로 하여
분렬된 강토의 울분을 안고 몸부림치는
조선의 목소리를

하나의 민족을
하나의 강토를
둘로 가르려고
《두 개 조선》 조작책동에 날뛰는 놈들

《철군》의 막 뒤에서
침략전쟁의 무력을 끌어들이며
이 땅에 또다시

6월의 그날을 되풀이하려는
전쟁광신자들

저주가 있으라
세포마다 략탈로 숨쉬고
피줄기마다 남의 피로 채워진 미제
생각하는 모든 것이 기만으로 차 있고
옮기는 발길마다 남의 땅을 짓밟는
미제—너는 략탈의 흡혈귀
미제—너는 피비린 전쟁광신자
미제—너는 우리 인민의 철천지 원쑤

안 된다
네놈들이 분별없이 날뛰여도
네놈들의 죄악의 력사는 되풀이될 수 없다.
《한미련합작전훈련》의 짙은 화약내로
순간이나마
우리를 놀래울 수 있다고 생각지 말라
네놈들이 기어이 전쟁의 불을 지른다면
조선은 이 땅에 기여든 마지막 한 놈까지
네놈들을 모조리 무덤 속에 처넣으리라

한껏 푸르러가는 6월의 벌도
발파소리 터져 오르는 산발도
서슬 푸른 창끝인 양 솟아오르는 땅
이 땅 우에 도도히 굽이치는
조선의 분노, 조선의 결심,

자위의 총검이 빛나는
주체의 성새 우에서
조선은 선언하노니
위대한 수령님의 해발 아래
인민은 통일된 삼천리에 살리라
조선은 영원히 하나,
조선은 영원히 조선사람의 것이다.

| **수록지면** |

* 『행복하여라 인민의 나라』(종합시집), 문예출판사, 1978.
『해방후서정시선집』(종합시집), 문예출판사, 1979.
『향도의 빛발 아래 (1)』(종합시집), 문예출판사, 1989.
변홍영, 『내 노래의 땅』, 문학예술출판사, 2007.

신입병사에게

분대의 《꼬마》로 불리우는 애어린 그 모습
어찌 보면 한창 크는 우리 집 막내와도 같다
이제 방금 신병훈련 마치고 대렬에 들어섰으니
어머니의 애무어린 다심한 손길이
때 없이 그리울 적도 있으리라
산악을 허물고 고속도 도로를 열어가는
헐치 않은 로동 속에 하루해가 저물면
어린 날 뛰놀며 자란 고향집이
그리운 꿈에 보일 적도 있으리라
아직은 일과에 습관되지 못하고
아직은 로동에 단련되지 못했어도
참고 견디라, 성스러운 복무의 길에
의지의 힘을 키우라
너와 동갑나이 수많은 병사들이
조국이 겪는 시련을 맞받아 나아갔거니
한생을 조국 앞에 헌신한 로병의 첫걸음도
너처럼 신입병사 시절로부터 시작되였거니

해빛 밝은 교정의 창가에서
동심의 아름다운 노을 속에 나래 젓던 꿈
네가 그리도 갈망하던 영웅들의 위훈의 길이
네 앞에 열려 있다
곧추 뻗어가는 저 고속도 도로를 지나

이제 가고 갈 병사의 그 길은 멀고도 험하리라
총 잡은 병사의 사명은
평화로운 로동으로만 끝나는 것 아니거니
걸음걸음에 땀을 묻고 피를 바치며
갑절 힘겹고 값비싼 대가를 치뤄야 한대도
꿋꿋이 걸어가라 그 길 한끝에
기어이 이어야 할 동강난 강토의 철교가 있어라
오호, 목숨도 바쳐야 하는
미제와의 판가리 결전의 그 언덕이 병사를 부른다면
서슴없이 뛰여들 각오 속에
너는 총 잡고 고향집 뜨락을 떠나오지 않았더냐
너를 키워준 조국 앞에 떳떳한 아들로
그리도 자랑스러이 군복을 떨쳐입고
고향의 역두에서
어머니의 배웅을 받지 않았더냐!

| 수록지면 |

* 『조선문학』 495호, 1989.1.
변홍영, 『내 노래의 땅』, 문학예술출판사, 2007.

탄부들

갱 밖에서 만났을 때
그들은 평범한 제대군인들이였다
병사시절의 추억은 많아도
탄부생활은 첫걸음이라던

꿈도 많고 노래도 많은
그들은 보통 젊은이들이였다
별 많은 탄전의 하늘 밑에서
행복한 처녀와의 상봉도 꿈꾸던

허나
내 다시 그들을 만났을 때
그 별빛 아래 유보도도 아닌
기타소리 울리는 창가도 아닌
천길 막장 채탄장에서
그들은 쏟아지는 탄벽 앞에 서 있었다

우뢰 치며 돌아가는
채탄기의 운전대를 틀어쥐고
묵묵히 탄의 장벽을 허물어 내리는
불이 이는 눈빛들, 땀 젖은 그 어깨들…

나에겐 문득 그들이

놀라운 거인과도 같았다
우람한 채탄기의 유압동발들처럼
지압이 내려누르는 천정 밑에
조국을 떠받들고 억척같이 서 있는

그렇다, 그들은
내 갱 밖에서
잠시 만나본 그 모습들이 아니였다
아직은 별로 한 일이 없다고
짤막한 몇 마디
병사식 자기소개밖에 모르던
그 풋내기 탄부들이 아니였다

당이 부른 돌파구 앞에
스스로 내댄 그 가슴엔
시대를 안은 큰 심장이 숨쉬고
스스로 자신을 낮출 줄 아는 그 미소엔
혁명 앞에 사명을 자각한
숭고한 정신이 빛발치고 있었나니

그들은 어제도 오늘도
조국의 명예를 건
최전선에 선 병사였다
어버이수령님 가리키신 석탄고지가
탄발 저 너머에 솟아 있고
당을 받들어가야 할
탄부의 한생이 거기 있어

아직은 첫걸음이라고
아직은 한 일이 없다고
보이지 않는 천길 땅속에서
말없이 위훈의 봉우리를 쌓아올리는
아아, 그들의 앞가슴에
세상이 다 보는 별을 달아주고 싶구나!

그들은 제대군인탄부
그들은 평범한 날에
영웅으로 살 줄 아는
우리 시대 보통 젊은이들이였다

| 수록지면 |

* 송명근 · 백의선 · 변홍영, 『해빛 넘친 땅—3인시집』, 문예출판사, 1985.
변홍영, 『내 노래의 땅』, 문학예술출판사, 2007.

평론 시인의 노력, 시인의 길

오영재

박동무!

나는 지금 동해 바다가의 어느 작은 어촌에 와 있습니다.

6개년계획의 수산물 고지 점령을 위하여 투쟁하고 있는 어로전사들과 벅찬 생활의 나날을 함께 보내면서 취재와 창작의 여가에 내가 평양을 떠나올 때 미처 다 이야기를 나누지 못한『조선문학』상반년도에 실린 시들에 대한 소박한 견해를 적어 보내려고 합니다.

우리 당과 4천만 조선인민의 위대한 수령 김일성 동지께서는 다음과 같이 교시하시였습니다.

“문학예술은 근로자들을 공산주의적으로 교양하며 온 사회를 혁명화, 로동계급화하는 데서 큰 역할을 맡고 있습니다.”(『조선로동당 제5차대회에서 한 중앙위원회 사업총화보고』단행본, 57~58페지)

전 사회를 혁명화, 로동계급화하고 근로자들을 공산주의 세계관으로 무장시키는 데 힘 있게 이바지하기 위해서는 우리 시문학이 무엇보다도 먼저 경애하는 수령 김일성 동지의 영생불멸의 주체사상과 그이의 빛나는 혁명력사를 노래하는 데 선차적 주목을 돌려야 하는 것입니다.

그렇기 때문에 잡지에는 ‘위대한 력사, 영생불멸의 노래’라는 고정란을 설정하고 혁명의 위대한 수령 김일성 동지께서 근 반세기에 걸쳐 조선혁명을 승리의 한길로 이끌어 오시면서 이룩하신 불멸의 업적들과 그이의 령도의 현명성, 고매한 덕성을 심도 있게 형상한 시작품들에 첫째가는 의의를 부여하면서 편집하고 있습니다. 여기에 싣고 있는 시들은 우리나라 혁명력사의 중요한 단계에서 가장 의의 있는 사변들과 그 사변들이 포함하고 있는 큰 사상들을 시형식으로 재현함으로써 전체 근로자들을 위대한 수령 김일성 동지의 위대한 혁명사상으로 무장시킴에 있어서 적지 않은 역할을 수행하고 있다고 생각합니다.

이 밖에도 수령님의 위대한 풍모와 높은 덕성을 노래한 작품들이 거두고 있는 성과들은 큰바 모두가 거의 일정한 자기의 수준과 감화력을 가지고 독자들을 숭고하고도 엄숙한 감정의 세계에로 이끌어주고 있습니다.

신인으로서 새롭게 시단에 등장하고 있는 변홍영의 「조국땅 한 기슭에서」(『조선문학』 1호)라는 시를 들어보아도 그렇습니다.

이 시는 수령님께서 조국땅 한 끝에 있는 작은 어촌마을 서수라를 찾으셨던 그 감격적인 이야기를 시로 진실감 있게 형상한 것입니다. 그렇기 때문에 이 시는 일정한 사건을 가지고 있습니다. 그런데 만약 그 사건을 사건대로만 서술해 놓았다면 이미 그 이야기를 너무나도 잘 알고 있는 독자들에게 그처럼 감동을 줄 수 없었을 것입니다.

시인은 이 사건을 자기의 뜨거운 사색과 열정을 가지고 정서화하는데 성공하였습니다.

시는 우리 독자들을 진눈까비 날리는 북방의 3월, 두만강의 유유한 흐름을 내다보시며 수령님께서 깊은 감회에 잠겨 가시는 조국땅 한 기슭으로 이끌어갑니다. 뒤엉킨 풀숲… 얼음 덮인 진펄… 길 아닌 길에 들어설수록 우리의 마음도 부관과 함께 초조해지고 안타까와집니다. — 수령님, 길이 험합니다. 그러나 수령님께서는 부관과 우리를 향해 자애로이 미소 지으시며 이렇게 말씀하십니다.

—우리가 언제 좋은 길로만 다니였소
이 차를 타고 가다가 갈 수 없으면
걸어서라도 갑시다!

그이께서 걸어서라도 가고 싶어 하시는 곳 그곳엔 바로 인민이 있기 때문입니다. 이 인민을 위하여, 그들에게 광복의 새날을 주고 그들의 머리 우에 행복의 노을을 얹혀주시기 위하여 얼마나 길 없는 험한 길을 걸어오셨던 것입니까!

우리는 이 시를 읽어가면서 이 시의 모든 언어들과 시행들을 꽃으로 피우고 있는 보이지 않는 하나의 큰 뿌리를 문득 발견하게 됩니다. 그 뿌리란 시인으로 하여금 이 시를 쓰도록 강력히 추동한 열정이며 이 시 전반의 구조와 작용을 하나로 장악한 힘, 즉 조국땅 한 끝에서 시인이 소리 높이 구가하고 있는 인민의 수령에 대한 열렬한 흠모와 충성이라고 생각합니다.

이 사상은 특히 이 시의 마지막에서 우리에게 무엇인가를 생각하게 하는 여운으로 울려주며 조용히 그러나 따뜻하게 시를 끝마칩니다.

아아—
인민의 위대한 태양 김일성 원수
그이의 따사로운 해빛 아래

풍생한 오곡과 황금빛 열매들이 익고
밝은 창문들 소리 없이 열리는
조국의 하늘과 땅은 여기에서 끝나도
세상에 가장 행복한 인민이 살아가는
수령님의 크나큰 사랑의 품은 기슭이 없구나.

(…하략…)[1]

—『조선문학』 290호, 1971.10

기타 참고문헌

방형찬, 「불타는 심장, 뜨거운 열정의 분출」, 『문학신문』, 2004.3.13.

---

1 이하 다른 시인들의 시를 다루고 있다.

석광희

1929년(혹은 1930년) 강원도 금강에서 출생하였다.
1950년부터 시를 발표하기 시작한 것으로 추정된다.
2003년 작고하였다.
개인시집으로 『결전의 길로』(1963) 등이 있다.

| 시 10편 |

결전의 길로

보병삽

로라 운전수

낮이나 밤이나

소년 영웅

원쑤들아 기억하라 내가 여기에 서 있다!

불'빛

세포 총회

참나무

직사포가 노호한다

결전의 길로

가렬한 전투의 저기 저 언덕
피 흘린 동지를 잊지 말어라
쓰러진 전우의 원한 씻으러
나가자 동무여 섬멸의 길로.
　　만세 만세 만세 높이 부르며
　　원쑤의 화점을 짓부시며 앞으로
　　원쑤의 화점을 짓부시며 앞으로
　　나가자 동무여 결전의 길로!

원쑤의 불구멍 몸으로 막은
전우의 죽음을 헛되게 말라
구령은 내렸다 탄우를 뚫고
나가자 동무여 섬멸의 길로.
　　만세 만세 만세 높이 부르며
　　원쑤의 화점을 짓부시며 앞으로
　　원쑤의 화점을 짓부시며 앞으로
　　나가자 동무여 결전의 길로!

피로써 승리해 가는 이 길이
그리운 고향에 뻗치고 있다
수령께 맹세한 붉은 맘으로
나가자 동무여 섬멸의 길로.
　　만세 만세 만세 높이 부르며

원쑤의 화점을 짓부시며 앞으로
원쑤의 화점을 짓부시며 앞으로
나가자 동무여 결전의 길로!

—1951.7

| 수록지면 |

* 석광희, 『결전의 길로』, 조선문학예술총동맹출판사, 1963.
『조선은 하나다』(종합시집), 문예출판사, 1976.

보병삽

보병삽이여!
화선에서 여러 해를 지내는 동안
너는 나의 그림자인 양
한 번도 내 몸에서 떨어져 본 일 없었구나!

궂은비 내리는 행군의 밤이나
눈보라 울부짖는 고지의 전호에서도
너는 나의 옆구리 아니면
뜨거운 내 손에 쥐여 있었지…

흔히들 생각하리!
전투하는 병사에게 필요한 것은
보총과 날창과 수류탄,
그리고 총알만 넉넉하면 되리라고

그러나 보병삽이여
병사가 아니고 어느 누가 알리
너처럼 쓸모 많고 보배로운 것,
보병에게 더는 없다는 것을.

그러니 털어놓고 말해보자
네가 수행한 임무 군사비밀 아니려니,
나와 함께 네가 세운 위훈

보태지도 말고, 에누리도 말고.

지금도 생생히 눈앞에 떠오른다
장마비에 범람하는 남강을
뗏목 무어 적전 도하 단행할 때
보병삽 너를 들고 노 젓던 일이…

적의 참모부 찾아 떠나는 습격의 밤
짐승들도 저어하는 험준한 절벽을
너의 삽 끝을 깊이 틀어박으며
쥐도 새도 모르게 넘나들었고,

불 뿜는 적의 화점 향하며
배미리로 한 치 한 치 톱아 갈 때
누가 나의 방패 되여 주었나
대답하라, 보병삽아,

그것뿐이랴!
백병전에서 나의 총창 부러졌을 때
서슬 푸른 너의 삽날 휘두르며
양캐들의 골통 족치던 일을.

보병삽이여!
화선에서 여러 해를 지내는 동안
너는 나의 그림자인 양
한 번도 내 곁에서 떨어진 일 없었거니,

보병삽아! 너와 나 한 몸으로
침략자들을 처박으며 묻으며 나가자
삽날에 묻은 더러운 피를
남해의 푸른 물로 씻기 위하여

—1952.10

| 수록지면 |

*『조선문학』 111호, 1956.11.
석광희, 『결전의 길로』, 조선문학예술총동맹출판사, 1963.

로라 운전수

내려 쬐이는 햇빛, 온몸에 받으며
오늘도 나는 로라를 운전한다
로라의 바퀴 굴러간, 뒷자리에
넓고 탄탄한 아스팔트의 길이 열린다

기름 묻은 작업복 입었으나
나는 어엿한 인민군 전사,
사랑하는 총 대신, 핸들을 잡고
우리의 넓은 길을 반석으로 다진다.

내 옆을 질주해 지나가는 트럭아,
속력을 낼 테면 내려무나!
나를 보고 느린뱅이라고 웃으려무나!
그래도 나는 나무라지 않으리라.

로라 운전수라는 직업은
느려빠진 일로 보이리라
그러나, 내 가슴 앞으로만 달리니
트럭이 빠르다고 내 마음을 앞설 것이랴!

동부전선에서 습격조로 싸울 때,
호랑이로 알려진 나다
부대를 위하여 필요하다면

열 길 벼랑 우에서도 뛰여내린 나다

나에게 비행기를 맡겨보라!
나에게 어뢰정을 태워보라!
전사는 만능선수,
이 세상 일, 못할 것 하나 없다.

건설 자재 만재한 트럭의 종렬이
부르렁거리며 기세 높이 달려간다
나의 바퀴 한 번 굴러갈 사이에
백 번씩이나 차바퀴 굴리면서,

그러나 자동차 운전수들이여,
이 한마디는 들어두라!
그대들이 쾌속도로 달리는 그 길에
나의 로라가 아스팔트의 옷을 입혔다.

나는 자랑한다, 내 비록 느리나
사람들이 순탄한 대로를 걷게 하기 위하여
자동차들이 마음 놓고 달리게 하기 위하여
나는 언제나 앞장에 서 간다는 것을,

—1955.7.30

| 수록지면 |

*『영광의 한길』(종합시집), 조선작가동맹출판사, 1955.
『보통로동일』(종합시집), 조선작가동맹출판사, 1956.
석광희, 『결전의 길로』, 조선문학예술총동맹출판사, 1963.

낮이나 밤이나

마지막 뻐스를 타고 집으로 돌아올 제
밤을 잊은 듯한 수도의 건설장,
내 황홀한 눈으로 바라다보니
마치 싸움 한 판 벌어진 듯…

준공 가까운 오층 옥상에서
번개 치는 푸른 광선, 쏟아지는 불꽃들
용접공은 옛 무사 방불하고나
용접봉 틀어쥐고 얼굴에 안전모 대인 양이.

부르도젤 부릉거리며 흙더미 밀어제낀다
한쪽에선 에쓰까와똘이 《큰 손》으로
잔토를 움켜쥐고 트럭에 싣는다
건설장의 거인들이 힘내기나 하듯이…

불현듯 차창에 비껴드누나
번개치고 우뢰치는 지난날의 격전장이
기관총이 내뿜는 불'길
지동 치며 내닫는 땅크의 무한궤도

보병들이 전호를 파 올리고
인민들이 포탄을 져 나른다
불타는 고지, 충천하는 화광

산울림하는 승리의 함성.

…저기 삽질하는 대학생이
어제'날의 용맹한 보병 아닌가
저기 흙짐 나르는 녀학생이
고지에 밥 나르던 그 녀인의 딸 아닌가.

혈전의 그날에 굴함도 없이
위훈의 봉우리 쌓아올린 우리 인민들
오늘은 사회주의 꽃피는 언덕에
그처럼 높은 금자탑 구축하거니.

용솟음치는 건설장이여,
이 밤이 새여 새날이 오면
너는 또 얼마나 사람들을 놀라게 하랴
높고 높이 솟아오른 지붕으로 하여.

나의 노래여,
너는 무한히 행복하고나!
낮이나 밤이나 우리의 시대는
그칠 새 없는 시가의 샘물로 가득 차 있으니.

| **수록지면** |

*『문학신문』, 1958.5.29.
석광희, 『결전의 길로』, 조선문학예술총동맹출판사, 1963.

소년 영웅

이'발을 갈듯이 우르릉거리며
미국제 땅크가 달려들었다
미친 짐승처럼 땅을 뭉개며
무한궤도가 굴러왔다
사태가 터진 듯 홍수가 터진 듯
줄달음치는 항쟁의 노도 막아보려고
땅크포를 쳐들고 덤벼들었다.

누구에게 포탄을 퍼부으려느냐
누구의 가슴을 겨누려느냐
수천수만의 주먹들이
분노에 떨며 솟아날 때
소년이 땅크의 앞길 막아섰다.
웃통 벗어 제껴 가슴 벌리며
울부짖는 발동기 소리 짓누르며
목청 다해 높이 웨쳤다.
—쏠 테면 쏘라!
우리는 앞으로 나아갈 것이다.

장하다
소년은 맨주먹!
화구를 막는 전사 다름없고나.
꿈 많고 애젊은 가슴은

오직 자유를 위해서만 고동치거니
두 다리 버티고 선 모습
땅 속에 뿌리박은 쇠기둥인 냥 군세다
포문을 쏘아보는 눈'동자
무쇠 철판이라도 꿰뚫을 듯…
아, 그리고 긍지 높은 가슴
그것은 굴할 줄 모르는 높고 높은 봉우리!

땅크가 짐짓 멈추어 선다
포신을 돌리고 뒷'걸음질 친다
와— 군중이 죄여 든다
땅크는 노도 속에 잠기고
포탑 우에 학생들이 뛰여오른다
그리고 서울이 다 듣도록 웨치는 소리
—우리는 땅크를 가로타듯이
리승만의 가슴을 짓밟으리라
경무대로 돌진하라
리승만을 잡아내라!

항쟁의 서울이 낳은
슬기로운 이 나라의 아들이여!
여기 평양의 어머니들이
너의 살틀한 가슴을 그러안는다
누나들이, 소년단원들이
너의 뜨거운 손을 굳게 잡는다
삼천만 인민이, 온 조국이
너를 머리 우에 높이 쳐든다.

이것이 우리의 귀동자라고
이 영웅을 쳐다보라고!

시인의 격조 높은 노래와 같이
나팔수가 울리는 신호와 같이
조국에 드리는 맹세와 같이
원쑤의 멸망을 고하는 선언과 같이
—쏠 테면 쏘라!
우리는 앞으로 나아갈 것이다!
온 조선에 쟁쟁히 울린 목소리
우리는 가슴속에 간직하리라!
조국은 영원히 기억하리라!

| **수록지면** |

* 『문학신문』, 1960.4.29.
『항쟁의 불길』(종합작품집), 조선작가동맹출판사, 1960.
석광희, 『결전의 길로』, 조선문학예술총동맹출판사, 1963.
『판가리싸움에』(종합시집), 문예출판사, 1968.

원쑤들아 기억하라 내가 여기에 서 있다!

기억하라 원쑤들아,
내가 여기에 서 있다
네놈들을 뚫어지게 쏘아보며
여기 초소에 내가 서 있다.

네놈들은 잊을 수도 있으리라
저지른 죄행 천만 가지 아니어니,
그러나 나는 잊을 수 없다
준엄했던 오십 년의 동지'달을…

네놈들 마수에 붙들리운
마을의 세포위원장—나의 아버지
놈들이 마지막 항복을 뇌까릴 때
—나는 오직 승리만을 믿는다
　로동당 만세!
불같은 말 웨치고 쓰러졌거니

네놈들은 단정했으리
총탁으로 때리며 총창으로 찌르며
설한풍 몰아치는 한데에 내던진
아홉 살 먹은 가냘핀 소년
돌멩이처럼 굴러다니다
굶어서 영영 쓰러졌으리라고,

얼어서 죽었으리라고
공산주의자의《씨종》하나 없앴으리라고!

그러나 나는 살아 있다
꺾이지 않는 참나무처럼
이렇듯 꿋꿋이, 이렇듯 굳세게!
조국의 품속에서
당의 품속에서
나를 안아 길러준
어버이—수령의 품속에서.

그 품속에서 세월은 흘러
어느덧 내 나이 스무 살
어깨는 이렇게 쩍 벌어지고
두 발은 기둥처럼 억세여졌다.

그와 함께 자랐다
네놈들이 마구 짓밟던 작은 가슴
그 속에 타오른 증오의 불'길도,
네놈들이 저지른 죄행의 흔적
영원히 새겨넣은 심장 속 분노도,

아 온몸을 앞으로 내닫게 하는
충성된 아버지의 끓는 피여,
원쑤를 잊지 말라
지난날을 잊지 말라
심장을 뒤흔드는 당원의 웨침이여,

내 어이 잊으리 어이 잊으리
눈 감지 못한 아버지의 원한을
고향 사람들이 흘린 거룩한 피를
나와 나 같은 어린것들이
마르도록 흘린 쓴 눈물을,

기억하라 원쑤들아,
내가 여기에 서 있다!
김일성 원수의 전사가 서 있다
우리의 겨레의 가슴에 맺힌
풀어도 풀어도 끝이 없을
피의 원쑤 치떨리는 원한
천 배 만 배로 갚기 위하여!

—1961.7

| 수록지면 |

* 석광희, 『결전의 길로』, 조선문학예술총동맹출판사, 1963.

불'빛

1,

나는 표창휴가 왔던 몸
명령기일은 어느덧 지나
나의 수도와 작별하면서
오늘 다시 초소로 가는 길

발'길은 스스로 나를 이끌어
당 중앙청사 앞에 다달았노라
낮도 없이 밤도 없이
나라의 큰살림 꾸려 가는 당 중앙!

내 우뚝 선 채
흠모의 정 담아 우러러보노라
타는 듯한 눈'길로
창문마다에 휘황한 등'불을.

2,

나는 뵈옵는 듯 하여라
경애하는 수령을 가운데 모시고
정치위원 동지들 둘러앉아서
조국의 래일을 의논하시는 모습

나는 똑똑히 듣노라
귀에 익은 그이의 음성
조국의 지도를 짚어가면서
웅대한 구상 설명하시는 말씀

그이 말씀 속에
쇠'물 폭포가 날리는 불꽃들
태산이 자리를 옮기는 소리
바람에 설렁대는 벼이삭 소리
용솟음치며 내닫는 기계의 대군
하늘'가에 비끼는 비단천의 무지개들…

태양은 하늘에서만 솟는가
우리의 태양은 저기서 빛 뿌리누나
조국의 오늘과 먼 앞날까지
훤히도 훤히도 내다보시는 그이와
그이의 친근한 전우들
새로운 고지의 공격을 준비하시며
밤 깊어 가는 줄도 모르시누나!

3,

보초병 동무여,
그대가 더없이 부러웁고나!
수령을 가까이 모시고
당 중앙 정문에 서 있는 그대가.

뢰우가 울부짖는 밤에도
눈보라치는 밤에도
충성의 불'길 타는 내 가슴으로
조국 땅을 그러안고 밝힐 때

삼천만의 등대인 저 불'빛
천리 방선 초소와 초소에 비치여
나의 눈을 더 밝게 해 주고
남해 끝까지도 꿰뚫어 보게 했거니
보초병 동무여,
잠시나마 그대와 교대하고 싶고나
정문 보초 나도 좀 서보고 싶구나

허나 나는 안다
당 중앙을 보위하는 자랑
경애하는 수령을 호위하는 영예
어찌 그대에게만 있으랴
내 비록 천리 먼 방선에 가나
그곳도 다름 아닌
우리 당 중앙의 초소이거니

4,

하늘의 별들도 조으는가
밤은 깊어만 간다
거리의 가로등도 조으는가
밤은 깊어만 간다

밤은 깊어가도
밤은 깊어가도
꺼질 줄 모르는
당 중앙의 불'빛이여!

그대 밝혀주는 길로
나는 떳떳이 이곳을 떠나노니
나의 마음은 벌써 초소에 가 있다
나의 마음은 벌써 준비 갖춘다

슬기와 힘과 용맹을 다하여
교대와 교대를 이어
우리 인민의 앞길을 밝혀주는
영생하는 불'빛이여 너를 지키리라
당 중앙을 목숨으로 지키리라!

—1961.9

| **수록지면** |

* 석광희, 『결전의 길로』, 조선문학예술총동맹출판사, 1963.
『수령께 드리는 노래』(종합시집), 도쿄 : 학우서방, 1967.
『수령께 드리는 송가』(종합시집), 도쿄 : 근로단체출판사, 1967.
『해방후서정시선집』(종합시집), 문예출판사, 1979.

세포 총회

등잔'불 너울거리는 갱도 속
포탄 상자로 만든 책상을 둘러싸고
중대의 당원들 모여 앉았다
거칠게 쪼아 낸 석벽 우엔
어깨 높은 그림자들 가득 찼다

고지 습격을 앞두고 열린 총회
실천을 앞세우는 로동당원들이거니
무슨 긴 말 필요하랴
가슴 우 당증에 손을 얹어보며
심장과 심장들이 하나로 고동치는데

—세포위원장 동무
  영구화점을 내가 맡겠소
례사로운 일을 부탁이나 하듯
한 걸음 앞으로 나서는 로당원
조용한 목소리 흥분한 목소리
그러나 긴 연설도 없이
심장에서 나오는 평범한 말로
자기가 할 일 자기가 찾아
결정서 초안에 적어놓는 당원들

강호영이 바로 이렇게 말하고

몸이 폭탄이 되여
적의 무리 속에 육박했었다
김창걸이 바로 이렇게 말하고
청춘의 가슴으로 적의 화구 막았다

넓은 두 어깨에 걸머진
조국의 운명을 느끼며
충성의 맹세 새기는 결정서
붉은 피로, 고귀한 생명으로
전사—당원들은 성스러운 의무 수행했거니

당원들은 총'대 추켜들고
우뚝우뚝 힘차게 일어섰다
갱도 속은 열풍을 품은 듯
벌써 승리의 함성이 터져나올 듯
심장의 고동소리 더욱더 뛰게 하며
세포위원장은 결정서를 읽는다
목소리는 낮으나 격조 높이 울린다
—우리는 맹세한다
　다음번 세포 총회는
　점령한 고지의 정점에서 소집한다!

| 수록지면 |

*석광희, 『결전의 길로』, 조선문학예술총동맹출판사, 1963.
『철벽의 요새—조선인민군창건20주년기념시집』(종합시집), 조선문학예술총동맹출판사, 1968.

참나무

아 참나무, 참나무!
전투의 뢰성 격전의 포화 속에서
잎사귀는 타버리고 아지는 부러졌어도
너는 머리 쳐들고 서 있고나!

때마침 짙어가는 락조에
붉게 물들여진 너의 모습
혈투 끝에 적수를 눕히고
우뚝 일떠선 용사 같고나!

적들의 집요한 공격 물리칠 때
너도 원쑤의 총알 막아 서 있었거니
굳세인 나무야
조국의 수난을 함께 겪었고나!

몽몽한 포연 속에서
회오리 불'길 속에서
포성을 짓누르며
전사들이 웨치던 목소리
—충성을 다할 때는 왔다
　한 놈도 놓치지 말라

백 번 꺾어져도 굴할 줄 모르는

우리 중대 전우들
목숨을 바친들 한 치 땅인들 내여주랴
총탄이 떨어지면 총창으로
수류탄이 떨어지면 육박전으로
기어코 고지를 지켜
뫼'부리처럼 굳건히 물러설 줄 몰랐거니

너도 용사들처럼 싸웠고나
전사들 어머니 조국 위해 충성 다하듯
너는 마치도 너를 길러 준
이 땅의 은혜에 보답하려는 듯
적탄을 막으며 폭풍을 막으며
조국의 방패인 양 끝까지 싸웠고나!

아 참나무 참나무,
허리 굽힐 줄 모르는 너!
원쑤가 지른 불'길
제아무리 사납다 하여도
우리의 땅이 불멸하고 영원하듯이
너의 푸른 잎 돋아나리라
억세인 아지는 자라나리라

하여 너는 이 고지에 하늘 높이 자라나
조국 앞에 무릎 꿇은
원쑤들을 비웃듯 굽어보며
승리의 기념비로 솟아 있으리

| 수록지면 |

* 석광희, 『결전의 길로』, 조선문학예술총동맹출판사, 1963.

직사포가 노호한다[1]

불구름을 뚫고 아아히 솟은
1,211고지의 높은 령에서
직사포가 노호한다.
꽈르릉 꽈르릉……
뢰성벽력을 일구며, 번개를 일구며
세차게 세차게 불을 뿜는다.

구름 속에서 불비가 쏟아지듯
불꼬리를 끌고 날아가는 포탄, 포탄…
고지마다 릉선마다
거만한 포신을 휘두르던 적 땅크들도,
산턱 밑에 숨어서 불을 뿜던 영구화점도
짓조긴다, 공중에 날려 보낸다.

포가를 짚고 고지에서 굽어보면
적진의 땅크는 한낱 딱장벌레,
세계 《최강》을 자랑하던 전쟁광신자들이
불바다 속에 처박히여
죽어가는 비명을 지른다.

우리 포병들을 승리에로 부르시며

1 『조선문학』 이외의 판본에서 이 시의 제목은 「직사포는 노호하다」로 변경되었다.

최고사령관 동지께서 내리신 명령,
—직사포를 고지 우에 끌어올려
적 땅크를 소탕하라!

수세기를 내려오던 교조를 마스며
지형 조건에 맞는 포의 사용법,
세상에서 처음으로 창조하신 전법,
수령의 위대한 구상을 실현하는 길—
어느 나라 군대도 걸어보지 못한
포병 력사의 새로운 페지 우로
기적의 행군을 시작했거니.

하늘가에 닿은 아득한 령길,
깎아지른 벼랑들과
무너져 내리는 눈사태를 헤치며
해발 1,211메터의 고지를 향해
포병들은 기적의 행군을 시작했거니.

가슴으로 포가를 떠밀며
어깨와 어깨들이 포 바퀴를 굴리며
한 가닥 길도 없는 아아한 태백준령 우로
한 치 한 치 톱아 올라간 직사포여.

너의 육중한 포 바퀴가
어찌 땅 우로만 굴러갔으랴.
불비 쏟아지는 포화 속을 헤치며
엇갈리는 탐조등 불빛을 가르며

조국의 존엄을 지켜 싸우는
충성의 어깨들이 받들어 올렸거니,

꽈르릉… 꽈르릉…
난공불락의 성새 1,211고지에서
직사포들이 노호한다.
높고 낮은 봉우리들이 몸을 떨며
미제침략자들의 머리 우에
징벌의 불벼락을 퍼붓는다.

불의 지옥,
철의 지옥에서
침략의 무리들이 아우성친다.
전쟁사에 아직 없었던
무서운 직사포가 산 우에 올라왔다고
공포에 질린 눈으로
불 뿜는 《상심령》을 쳐다본다.
1,211고지 앞에 엎드려 벌벌 긴다.

조선은 산이 많은 나라,
산이 성벽처럼 둘러선 나라,
그 모든 높고 낮은 산정마다에서
김일성 원수의 위대한 주체사상이 열어주신
포병 력사의 새 기원을 알리며
미제강도들을 남김없이 전멸시킨다.
꽈르릉 꽈르릉… 직사포가 노호한다.

쏘고 또 쏘라!
더욱 세차게
더욱 호되게,
미제의 전쟁소굴을 송두리채 휩쓸어버리며
미제의 멸망을 온 세상에 고하며
승리의 군악인 양 높이 울리라,
오오, 조선의 불사신
직사포들이 노호한다!

| 수록지면 |

*『조선문학』 274호, 1970.6.
『빛나는 별들－조선인민군창건 스물다섯돐 기념시집』(종합시집), 문예출판사, 1973.
『조선은 하나다』(종합시집), 문예출판사, 1976.

평론

격조 높은 심장의 고동 소리

시집 『결전의 길로』를 읽고

박근

시집 첫머리를 펼치면 위대한 조국해방전쟁 시기 우리 인민군 병사들을 원쑤 섬멸에로 힘차게 불러일으키던 영웅적인 노래 「결전의 길로」가 눈에 띄운다. 나는 이 노래를 세 번, 네 번 다시 읽어 본다. 내가 시인 석광희를 알게 된 것도 아마 이 노래를 통하여서였다고 생각된다. 나뿐만 아니라 수많은 전사 대중과 독자 대중이 이 노래를 통하여 그와 더욱 친숙해졌다고 본다.

이 노래를 읽는 나의 눈앞에는 지난날 가렬했던 전투 마당들이 주마등처럼 떠오르고 그 전투 마당들에는 당과 수령의 부름이라면 물불을 가리지 않고 서슴없이 뛰여들던 전사들의 불멸의 영상들이 불사조마냥 나타난다.

가렬한 전투의 저기 저 언덕
피 흘린 동지를 잊지 말어라
쓰러진 전우의 원한 씻으려
나가자 동무여 섬멸의 길로
만세 만세 만세 높이 부르며

원쑤의 화'점을 짓부시며 앞으로
나가자 동무여 결전의 길로!

이 노래는 이 시집의 서곡이기도 하며 또한 시인 석광희의 모든 시작품들 속에 흐르고 있는 빠포스의 집결체이며 개성이라고도 볼 수 있다.

시집의 첫 부분인 〈포화를 뚫고〉에 수록된 시편들은 시인 자신이 금방 원쑤의 무리를 섬멸하고 또다시 새 전투를 기다리는 불타는 전호 속에서, 아니면 포화 울부짖어 길을 막는 처절한 행군'길에서 모주라진 연필 끝에 침을 발라가며 작은 종이쪽지에 혹은 봇나무 껍질에 또박또박 적은 시편들이라고 생각한다.

하기에 이 시편들은 오직 당과 수령을 위하여 자기의 청춘도, 사랑도 모든 것을 용감히 바칠 줄 아는 인민군 장병들의 불멸의 형상을 진실하고 생동하게 창조할 수 있었다.

살'결을 에이는 찬바람이 휘몰아치는 밤에 원쑤의 폭격으로 다리가 끊어졌다. 전투 승리를 위하여 순간을 다투는 이 엄혹한 시각에 비'발치는 탄우 속도, 뼈'속까지 얼어드는 강의 얼음'장도 헤아리지 않고 자기의 어깨로 교각을 세워 도하를 보장한 우리 공병들의 용감무쌍한 위력을 노래한 시 「오직 당과 수령을 위하여」는 그 선명한 회화성과 우리 공병 용사들의 전형적 형상으로 하여 깊은 감명을 준다.

폭탄으로도 허물 수 없는 다리
그들의 어깨가 건네 보낸 것
련대인가 사단인가 군단인가
충성의 기둥으로 억세게 솟은

이러한 당원들의 어깨가 받드는
우리 당의 이름은 불멸하고나.
이러한 아들들의 심장이 받드는
우리 조국의 영광은 영원하고나!

그렇다. 이런 당원들이, 이런 아들들이 량 어깨에 받들고 가는 우리 당과 조국은 그 어떤 힘으로도 허물 수 없는 필승 불패의 위력을 가지고 있다.

우리 장병들은 그 어떤 치렬한 전투 속에서도, 불소나기가 쏟아지는 화구 앞에서도, 적의 고지를 향해 달리는 돌격선에서도 당과 함께 살았으며 당에 자기 운명과 조국의 운명을 의탁함을 잊지 않았다. 하기에 그들은 풀 수 없는 난관이 첩첩 가로막을 때면 화선 당 회의를 열었고 위대한 당의 결정에 의하여 자기의 모든 것을 바쳐 싸웠다.

………
무슨 긴 말 필요하랴
가슴 우 당증에 손을 얹어보며
심장과 심장들이 하나로 고동치는데

―세포위원장 동무
영구화'점을 내가 맡겠소.
례사로운 일을 부탁이나 하듯
한 걸음 앞으로 나서는 로당원
조용한 목소리, 흥분한 목소리

그러나 긴 연설도 없이
심장에서 나오는 평범한 말로
자기가 할 일 자기가 찾아
결정서 초안에 적어 놓는 당원들
………

이렇게 우리 전사들은 죽음이 기다릴지도 모르는 어려운 습격전투를 앞둔 순간에도 화선 당 회의를 열었으며 저마다 그 어렵고 힘든 임무를 담당하겠다고 나섰다.

시인은 이런 전사들의 심정을 보통 일을 담당하는 듯한 평범한 일로 노래함으로써 로동당원들의 위대한 형상을 진실하게 보여주었다.

이렇게 충실하고 용감한 당원들과 전사들을 길러준 우리의 위대한 수령을 서정시의 주인공들은 화선의 갱도 속에서 맞이한다.

얼마 전 전선에 나오신 최고사령관
어느 갱도 작업장에 들리셨다네
지휘관도 병사들도 한사코 만류했건만
그이께서는 내내 웃으시며 말씀했다네
—내 솜씨 서툴가봐 그러우?
자 어서 이리 내오!
관통 앞둔 암벽에 착암기 틀어 쥐셨네

이렇게 최전선의 갱도 속에까지 찾아오셔서 우리 장병들에게 불패의 힘과 용기를 주시며 우리의 가슴속에 언제나 함께 계시는 위대한 수령이신 최고사령관의 형상을 시인은 작은 일화를 통하여 이렇듯 격조 높게 노래하였다.

패배와 후퇴, 비애와 락망, 감상과 타락을 모르며 오직 제국주의의 멸망과 공산주의의 승리만을 확신하고 비약과 전진, 락관과 승리, 희열과 상승을 창조하면서 불사조마냥 조국의 방선을 지켜선 우리 초병들을 시인은 열렬히 사랑한다. 이와 같은 심정을 시인은 참나무에 의탁하여 감명 깊게 노래하였다.

아, 참나무 참나무
허리 굽힐 줄 모르는 너!
원쑤가 지른 불'길
제아무리 사납다 하여도
우리의 땅이 불멸하고 영원하듯이
너의 푸른 잎 돋아나리라,
억세인 아지는 자라나리라.

하여 너는 이 고지에 하늘 높이 자라나
조국 앞에 무릎 꿇은
원쑤들을 비웃듯 굽어보며
승리의 기념비로 솟아 있으리

시집의 2부라고 볼 수 있는 조국의 초소를 노래한 부분에서 시인은 승리한 조국의 방선을 믿음직하게 지키고 있는 초병들의 형상에 많은 시편들을 바치고 있다.

우리 당 제3차대회에 가렬한 조국전쟁에서 생사를 같이한 영웅을 대표로 보내는 초병들의 흥분된 감정을 시인은 「우리의 대표를 보내며」에서 다음과 같이 노래하였다.

당과 조국 위해
마지막 피 한 방울까지 바치는 우리
미제가 또다시 달려든다면
산악같이 일어나
폭풍같이 달려 나가서
한 놈도 남김없이 소탕하리니
어느 때나 성스러운 부름 내리시라고
경애하는 수령께 아뢰어 다오!

이것은 조국의 방선을 철벽으로 지켜선 우리 장병들의 한결같은 마음이다.

시인은 2부를 이렇게 시작하여 「정적이여, 나는 너를 믿지 않는다!」, 「라성교의 령전에」, 「원쑤들아 기억하라, 내가 여기에 서 있다」, 「총」, 「경각성」 등 시편들을 통하여 당에 바친 맹세를 충실히 실행하는 우리 장병들의 원쑤에 대한 고도의 경각성, 적에 대한 불타는 증오, 조국에 대한 무한한 자랑을 노래하고 있다. 특히 「원쑤들아 기억하라, 내가 여기에 서 있다」에서는 전쟁 시기에는 소년이였던 그들이 청장년으로 성장하여 지금은 아버지, 형님들이 목숨으로 지킨 조국의 방선을 믿음직하게 지키고 있는 름름한 형상을 잘 보여주면서 조국 보위의 무진장한 후비 대렬의 위력을 소리 높이 구가하였다.

이 시집의 3부라고 볼 수 있는 〈낮이나 밤이나〉에 수록된 9편의 시를 통하여 우리는 전후복구건설과 조국통일에 대한 시인의 절절한 감정을 감득할 수 있다.

시인은 시 「낮이나 밤이나」에서 낮과 밤의 한계를 지워 버리고 사회주의 높은 고지와 혁명의 튼튼한 성벽을 쌓아올리는 조선인민의 충천한 기세를 원쑤 섬멸을 위하여 결전의 길로 내닫는 전투영웅들의 기개와도 같은 강렬한 빠포스로 노래하였다.

혈전의 그날에 굴함도 없이
위훈의 봉우리 쌓아올린 우리 인민들
오늘도 행군의 신들메 더욱 죄이고
사회주의 높은 고지 점령하는
거창한 공격전 벌리였거니

시인은 또한 우리 건설의 들끓는 작업장들을 가렬한 전투 마당처럼 느끼면서 자기 시의 전투성을 높이고 있다. 시인의 심장은 때로는 로라의 운전대 우에서, 건설장의 지붕 우에서, 해발 천칠백 고지 북계수의 어느 철'길 신호등과 함께 격조 높이 고동친다.

이 시집은 작은 가슴을 헤치고 원쑤의 땅크와 맞받아 선 서울 거리의 어린 소년의 영웅적 형상을 통하여 우리 혁명의 가장 초미의 문제인 조국통일에 대한 절절한 념원과 조선인민들의 불굴의 기개와 승리의 신심을 노래하고 있다.

—쏠테면 쏘라

우리는 앞으로 나아갈 것이다!
온 조선에 우렁차게 울린 목소리
우리는 가슴속에 간직하리라!
조국은 영원히 기억하리라!
……

그렇다, 지금도 우리는 승리의 기개 높이 최후 결전의 길로 내닫고 있다.

나는 이 시집에 수록된 모든 시편들을 작자에 못지 않는 흥분과 격정을 안고 읽었다. 동시에 시 창작상 제기되는 문제들도 생각하여 보았다. 시인의 금후 발전을 위하여 이 시집에 나타나고 있는 몇 가지 결함을 말한다면 우선 부분적인 시편들에서 시'적 감정의 심도가 깊지 못했다는 점이다. 시'적 감정의 세계에로 깊이 침투하지 못하는 이 결함은 아마도 가사 창작에서 의연히 조장되여 버린 관습에서 오는 것이 아닌가 싶다. 또한 부분적인 시편들은 감정이 집약되지 못하고 있다. 때문에 시인이 포착한 시'적 사상이 강렬하게 뿜겨 나지 못한 채 시가 끝나는 것 같은 아수한 감을 받았다.

그러나 불타는 애국심과 당과 조국에 대한 무한한 충실성과 용감성에 대한 시인의 강렬한 빠포스로 충만된 이 시집은 우리의 붉은 시단에 또 하나 한 떨기의 꽃송이로 그 향기가 높으리라는 것을 나는 확신한다.

—『문학신문』, 1963.7.12

기타 참고문헌

「석광희 동지의 서거에 대한 부고」, 『문학신문』, 2003.7.12.

송찬웅

1958년부터 시를 발표하기 시작한 것으로 추정된다.
개인시집으로 『내 삶의 푸른 언덕』(1994) 등이 있다.

| 시 5편 |

황금의 《감옥》

운산 광산에서

두터운 철문,
무거운 자물'쇠,
마치 감옥과도 같은
삼엄한 돌집 한 채,
녹쓸은 아메리카의 유물이여!

여기엔 해'빛도 스며들지 않았다.
여기엔 개미 한 마리 얼씬 못 했다,
설사 그 어떤 다른 사람이
철문을 열고 들어갔다 하라
즉석에서 전기에 타죽고 말았으리

철문 안에 또 문,
문 안에 또 금고,
돌 속에 철 속에 갇히운
황금의 창고, 황금의 감옥이여!

여기에 황금을 갇아 넣고
아메리카의 교형리들은
녀왕을 궁전에 모시듯
이 집을 지켰다, 보살폈다.

여기에 황금을 쌓아 놓고

아메리카의 탐욕가들은
자기가 긁어모은 금'덩이들을
아침저녁 남몰래 들여다보며
만져보고 쓸어보고 껴안아보며
끝없는 희열경에 잠겨 있었다.

마치 일확천금을 꿈꾸며
보물을 찾아 떠나는 해적들처럼
자기의 온 미래가 그 속에 있는 듯
황금의 바다를 헤매였다.

—오오, 금, 번쩍이는 황금!
너만 있으면 뉴욕의 주권도,
프로리다의 대리석 별장도,
헐리웃트의 절세의 미인도,
비률빈의 동광도, 펜타곤의 장군도,
내 손에 들어올 테지…
금, 금, 전지전능한 나의 구세주여!

황금에 눈이 뒤집힌 돈버러지들이
밑창 없는 탐욕의 광증에 이지러져
금'더미 우에서 산판을 튕기며
잔인하게 웃고 있던 아메리카의 이'발,
세계에 뻗쳐 있는 월가의 대리점이여!

찌르릉! 네 철문이 한 번 열릴 제
얼마나 많은 우리 광부들의 피땀이,

아들과 남편의 누더기 시체를 안고
땅을 치며 통곡하던 녀인들의 눈물이
금'덩이와 함께 네 속에 흘러들었으랴!

월가의 은행에 황금이 쌓이고
마천루의 지붕이 한 치 두 치 올라갈 제
그 딸라 한 푼 한 푼, 벽돌 한 장 한 장에
얼마나 많은 우리 혈육들의 피가 얼룩지고
아프리카 흑인 노예들과 인디안들이
알몸뚱이 산 채로 그 속에 굳어졌으랴!

오, 인류의 피 우에 솟아난
월가여, 《번영하는》 아메리카여!
피 속에 시체 속에 갇히워
딸라를 처먹다 미쳐 죽을
황금의 창고, 황금의 《감옥》이여!

| 수록지면 |

* 『조선문학』 192호, 1963.8.
송찬웅, 『내 삶의 푸른 언덕』, 문학예술종합출판사, 1994.

영광의 그날에

강산도 소리쳐 일어서는가
해방의 감격이 파도치던 초가을,
아직은 모든 것이 제자리를 찾지 못하고
력사의 갈림길에 놓여 있던 그때

이런 때였다
조국의 광복을 안고 개선하신 김일성 장군
빨찌산 대오를 이끄시고 백두의 눈바람을 헤쳐오신 그 걸음으로
이 나라 로동계급을 찾아 강선에 오신 것은

숨죽은 전기로, 연기 없는 하늘
안개 낀 강선 땅에 밝은 해살 비쳐라
환히 웃음 담으시고 현장에 들어오신 그이
그이께서는 로동자들과 뜨거운 첫인사를 나누셨다

—얼마나 고생들 하였소!
해방된 이 땅에서 동무들을 만나니 참 기쁘오

먼 길 떠났던 어버이가 자식을 만난 듯
모진 세월 일제의 채찍 밑에 시달려온
로동자들의 매듭진 손과 손을 어루만지시며
우리를 나라의 주인이라 불러주실 때
우리 힘으로 큰 강철공장을 세워

부강한 자주독립국가를 건설하자고 말씀하실 때

나라, 나라 없는 설음 속에서
빼앗기고 짓밟히던 피눈물 나는 천대 속에서
쌓이고 쌓였던 멍에의 짐이 일시에 풀리는 듯
계급과 혁명에 대한 커다란 자각으로
눈이 트이고 앞이 환히 열리는 듯

고역에 굽은 허리들을 펴고
세파에 얼룩진 얼굴을 들고
하늘땅이 모두 제 것인 듯
온 세상에 소리높이 웨쳤더라

—우리는 주인이 되였다!

오, 그날, 암흑 속의 숨가쁜 나날에도
오직 한 마음 우러러 받들어온 위대한 태양
오매에도 그리던 장군님을 맞이하여
감격에 들먹이던 가슴들이여!
기쁨에 눈물짓던 얼굴들이여!

그땐 우리 미처 몰랐구나
만경대를 떠나 20여 년
수리개 날아예는 백두밀림에
은하수 흐르는 밀영의 밤에
생각마다 꿈속마다 찾아들던 조국—
그처럼 못 잊어 하시던 고향을 지척에 두시고

장군님께서 곧바로 우리들을 찾아오셨다는 것을

더욱 몰랐구나!
래일이면 온 세상에 탄생을 고할
우리 당 창건을 하루 앞둔 엄숙한 시각에
그이의 손길을 기다리는 하많은 일들을 안으시고
장군님께서 먼저 우리들을 찾아주셨다는 것을

아, 그처럼 로동계급을 믿고 사랑하신 그만큼
백두에서 구상하신 미래의 조국을 앞당기려고,
강철, 그것으로 새 나라의 기둥을 박고
총과 대포로 인민의 군대를 무장시키기 위해,

조선, 이 땅 우에 억 년 드놀지 않을
락원의 주추돌을 하루빨리 다지시기 위해
그이께서는 오시였구나, 소문도 없이,
이 땅의 백년대계를 펼치시려고,

막혔던 만 사람의 가슴을 터치며
그날에 높이 울리신 수령님의 음성이여!
영원히 꺼질 줄 모르는 주체의 불씨여!
폐허 우에 첫 삽을 박던 복구의 날에도
시련에 찼던 57년 그 준엄한 나날에도
걸음마다 힘이 되고 신념이 되여 불새처럼 나래쳤거니

사람들이여, 다시 한 번 바라보자!
그날 수령님께서 그려주신 그 조국을

우리가 주인이 된 공장에, 하늘땅에,
천리마 나래치는 사회주의 락원에
그 어떤 자립의 탑들이 수풀처럼 솟아났는가
그 어떤 주체의 나라가 온 세상에 찬연한 빛을 뿌리고 있는가

력사는 영원히 잊지 않으리라
조선혁명의 위대한 수령께서 해방된 로동계급을 찾아주신 첫날,
새 조국이 수령님의 높은 뜻을 받들고
장엄한 첫걸음을 내디딘 영광의 그날을.

| 수록지면 |

* 『조국이여 번영하라』(종합시집), 문예출판사, 1968.
송찬웅, 『내 삶의 푸른 언덕』, 문학예술종합출판사, 1994.

10대 정강의 노래

우리 당 주체사상 더욱 빛내여
자주성을 강화함이 첫째이라오
경제와 국방력을 굳게 다지며
자주 자립 자위 로선 관철해가자

민족의 분렬을 어이 참으랴
남녘혁명 지원함이 둘째이라오
사회주의기지를 튼튼히 꾸려
조국통일 대사변을 앞당겨가자

  수령님의 위대한 10대 정강은
  우리 앞길 밝히는 휘황한 등대라네

사상과 문화혁명 더욱 다그쳐
혁명화를 이룩함이 셋째이라오
로동계급 령도를 더욱 높이여
사회주의 대가정 꾸리여가자

대중을 나라일에 동원시키며
인민정권 강화함이 넷째이라오
청산리정신을 가슴에 새겨
인민 위해 복무하는 충복이 되자

수령님의 위대한 10대 정강은
우리 앞길 밝히는 휘황한 등대라네

모두다 기술혁명 앞장에 서서
자립경제 건설함이 다섯째라오
인민의 생활수준 더욱 높이고
힘든 로동 하루빨리 해방해가자

우리 힘 우리 지혜 우리 것으로
과학기술 꽃피움이 여섯째라오
어른도 아이들도 모두 다 배워
사회주의문화를 건설해가자

수령님의 위대한 10대 정강은
우리 앞길 밝히는 휘황한 등대라네

간악한 원쑤들이 발악할수록
방위력을 강화함이 일곱째라오
온 나라 인민들이 무장을 하고
원쑤 미제 쳐부실 준비를 하자

평등호혜원칙에서 다른 나라와
경제관계 맺어감이 여덟째라오
사회주의 시장을 튼튼히 하여
우리의 대외무역 발전시키자

수령님의 위대한 10대 정강은

　우리 앞길 밝히는 휘황한 등대라네

해외에 널려 사는 우리 동포의
민족권리 옹호함이 아홉째라오
원쑤들의 온갖 책동 짓부시고서
70만 재일동포 투쟁을 돕자

우리 독립 존중하는 모든 나라와
친선을 도모함이 열째이라오
싸우는 형제들을 힘껏 도우며
반제반미투쟁 기치 높이 날리자

　수령님의 위대한 10대 정강은
　우리 앞길 밝히는 휘황한 등대라네

—1968

| 수록지면 |

* 송찬웅, 『내 삶의 푸른 언덕』, 문학예술종합출판사, 1994.

해방산 기슭의 작은 집

해방산 기슭
나지막한 언덕에
아담한 창문이 달린 벽돌집 한 채
볼수록 수수하구나, 만경대 고향집처럼

초가집 사립문도 해방의 감격 안고
스무 해 쌓이고 쌓인 그리움에 젖어
장군님 들어서실 그 시각을 기다리고
모란봉 개선광장 서울의 역전광장도
장군님 높이 모실 그 시각을 애타게 기다렸건만

아, 소문도 없이
평양에 입성하신 우리 수령님
여기 수수한 2층 합숙집에서
항일의 초연내 스민 군복차림으로
당 창건의 분망한 나날을 보내셨나니

어디냐!
그립던 고향의 갈림길 지나
강선에 다녀오신 그 저녁에도
당 창립대회 보고를 쓰신 방은,
밤새 불빛이 흐르던 그 창문은

우러르면
잠시도 쉼을 모르시고
깊은 사색을 달리시던
수령님의 거룩하신 영상이 안겨오는 듯

저 멀리 어둠 덮인 광야에
《ㅌ.ㄷ》의 기발이 노을처럼 타오른
화전의 언덕에서 해방산 기슭까지
우리 당의 뿌리를 안아 키우시며
지새우신 밤은 그 얼마시였던가

아늑한 서재에서가 아닌
카륜의 버들방천 불 밝은 농가에서
남호두의 성에불린 귀틀집을 거쳐
백두밀영 사령부를 여기로 옮겨놓으신 듯
한밤을 지새우신 수령님!

이른 새벽
보고의 마지막 집필을 끝내시고
창문 너머 동녘하늘을 바라보실 때
곡절 많은 우리 혁명력사에 새 장을 펼칠
위대한 아침은 푸름푸름 밝아왔나니

사람들이여 아시는가
10월 10일 력사의 이날에
위대한 수령님께서
곧바로 당 창립대회장으로 가신 것을

아, 락원의 이 강산에
하늘은 푸른 만리 아득히 열리고
노을은 붉은 만리 저리도 불타는 것은
10월의 그 아침에서 비롯한 것 아닌가

세월은 흐르고
큰 집들 무수히 일떠서도
이 가슴에 높이 솟아 빛나는 요람의 집
아, 잊지 못할 해방산 기슭의 작은 집이여!

| 수록지면 |

*『조선문학』 456호, 1985. 10.
『만민의 축원』(종합시집), 문예출판사, 1987.
송찬웅, 『내 삶의 푸른 언덕』, 문학예술종합출판사, 1994.

개선광장 푸른 언덕에서

저기였다, 내 어릴 적
맨발로 달려가던 푸른 언덕길
장군님을 더 가까이 뵈우려고
키돋움하던 옛 공설운동장은

그날엔 내 키 너무도 작아
인산인해 어른들 속에 파묻혀
발돋움해도 앞이 잘 보이지 않던
안타까운 마음 안고 달음쳐 올랐더라
여기 모란봉기슭 아지 뻗은 소나무 우에

못 잊을 격동의 그 시각
어린 나를 받들어준 소나무야
내 다시 네 우에 높이 올라
환호로 설레던 그날의 광장을 바라볼 순 없는가

그날처럼
기다려 애타던 가슴 안고
그립던 장군님을 우러러
그이의 우렁우렁한 첫 음성을 들으며
목청껏 축복의 만세를 터치고 싶어라

아, 그날처럼 그날처럼

환히 웃는 가을하늘 아래
해빛 같은 미소를 보내시며
손을 저어 흔드시던 김일성 장군
젊으신 그 모습을 다시 뵙고 싶어라

그때엔 철이 없어
광명의 천지에 나섰어도
그 사변의 참뜻을 미처 다 몰랐건만
머리에 흰서리 내린 오늘
더더욱 가슴 뜨거이 느껴지노라

나의 운명 나의 미래를 안고
새조선이 빛나오른 첫 기슭에서
아름드리 소나무를 바라보느라면
그날에 울린 내 목소리 너무 작은 것만 같아
갈수록 어버이수령님 더 높이 모시고 싶은
간절한 마음 세차게 파도치거니

아, 하많은 년륜을 새기며
우리 함께 자라온 너 락락장송아!
력사의 광장을 지켜 변함없이 서 있는
너처럼 너처럼 수령님 받드는 이 마음
세월과 더불어 푸르러 무성히 설레이리라

—1985

| 수록지면 |

*『서정시선집(1979~1985)』(종합시집), 문예출판사, 1986.
송찬웅, 『내 삶의 푸른 언덕』, 문학예술종합출판사, 1994.

평론

삶의 푸른 언덕에서 부르는 심장의 노래

송찬웅 시집『내 삶의 푸른 언덕』에 대하여

김의준

시집『내 삶의 푸른 언덕』의 마지막 장을 덮었다.

읽기를 마치였으나 아름찬 감흥은 그냥 가슴속에 소용돌이치고 있다. 많은 련상이 떠오른다. 생각이 깊어진다.…

금수산기념궁전이 솟아 빛나고 우리 혁명의 최고사령부가 자리 잡고 있는 평양! 사상과 의지도 기상과 담력도 감정과 정서도 위대한 장군님을 닮은 평양은 시인에게 있어서 운명도 미래도 희망도 다 얹고 사는 삶의 푸른 언덕이였다.

심장에서 울리는 목소리다.

공감이 간다.

위대한 령도자 김정일 동지께서는 다음과 같이 지적하시였다.

"문제는 시인이 시대 앞에 지닌 자기의 사명감을 얼마나 깊이 자각하고 심장을 불태우는가 하는 데 있다."

삶의 푸른 언덕에서 정열에 북받쳐 노래 부르는 백발을 인 시인의 모습이 어려온다. 앞가슴엔 포연내 아직도 풍기는 군공메달들, 땀에 절은 공로메달들… 그리고 눈부신 '김일성상'메달…

그처럼 어렵던 나날에 손에 총을 잡고 지켜냈고 흙짐을 져 나르며 높이였고 오늘은 붓을 들어 자랑하는 삶의 푸른 언덕이여서 격정에 넘쳐 웨치는 아들의 저 목소리 이리도 열정에 타고 눈물겹게 살틀하고 사무치게 진정어린 것인가.

…평필을 고누어 들었으나 손이 점점 무거워난다.

가벼이 내두르지 못할 평필일진대 차라리 시집의 첫 장부터 또 한 번 음미해보는 것이 좋을 상 싶다.

투철한 수령관

시집 『내 삶의 푸른 언덕』이 사람들의 심금을 울리면서 불굴의 투쟁정신과 필승의 신념, 혁명적 락관을 안겨주는 사상예술적 감화력을 가지게 된 것은 무엇보다도 투철한 혁명적 수령관을 구현한 데 있다.

혁명적 수령관을 구현하는 것은 현 시기 우리 시가 창작에서 기본의 기본이다.

우리 시가문학은 수령의 혁명위업 수행에 복무하는 사상적 무기이다. 따라서 시가문학은 수령관과 밀착되여 있으며 수령관을 떠나서 시가 창작을 생각할 수 없다.

시문학에서 수령관 구현의 본질적 내용은 "수령이 없는 혁명의 승리를 생각한다는 것은 태양이 없는 꽃을 바라는 것과 마찬가지이다."라고 하신 위대한 장군님의 명언에 집약되여 있다고 볼 수 있다.

사상적 무기로서의 시문학의 전투적 기능과 역할은 혁명적 수령관을 구현하는 데서 집중적으로 드러나며 혁명적 수령관 구현은 시가의 전투적 기능과 역할의 최고 표현이라 할 것이다.

누구를 위하여 시를 창작하는가? 무엇 때문에 시를 창작하는가? 이 물음에 우리 시가문학은 수령의 사상과 령도를 옹호고수하기 위하여 시를 창작한다, 원쑤와의 판가리싸움에 나선 인민들에게 수령에 대한 절대적인 숭배심과 수령결사옹위정신을 심어주기 위하여 시를 창작한다, 사회주의 승리의 신념과 생활의 랑만을 주기 위하여 시를 창작한다고 대답할 것이다.

시 창작에서 혁명적 수령관의 구현은 수령에 대한 절대적인 숭배심, 수령이 내놓은 로선과 정책에 대한 민감한 반영 등에서 가장 집중적으로 나타나게 된다. 그러므로 시가작품의 사상예술적 감화력을 높이는 데서 투철한 혁명적 수령관을 구현하는 문제가 중요한 요구로 나선다.

시집 『내 삶의 푸른 언덕』에서 혁명적 수령관의 구현은 먼저 위대한 수령님과 경애하는 장군님에 대한 절대적인 숭배심을 시대의 주도적 감정으로 포착하고 깊이 있게 형상한 데서 뚜렷이 표현되고 있다.

위대한 수령님과 경애하는 장군님에 대한 절대적인 숭배심을 깊이 있게 노래하는 것은 시가작품에 혁명적 수령관을 구현하기 위한 선차적 요구이며 그 핵이라고 말할 수 있다. 생활은 숭배심으로부터 결사옹위의 각오도 불요불굴의 의지도 나오며 충효의 자세도 세워진다는 것을 보여주고 있다.

시집 『내 삶의 푸른 언덕』은 어버이수령님과 경애하는 장군님의 영광찬란한 혁명업적의 위대성, 령도의 현명성과 고매한 덕성을 힘 있게 구가하고 수령님과 장군님에 대한 순결하고 절대적인 숭배심, 열렬한 흠모심과 충성심을 진실하게 형상하였다.

시집에 들어 있는 「수령님 따르는 마음」, 「아, 달이 가고 해가 갈수록」,

「개선광장 푸른 언덕에서」, 「해방산 기슭의 작은 집」, 「10대 정강의 노래」, 「시련의 령길에서」, 「인민의 행복」, 「향도의 빛발은 찬란합니다」, 「해 솟는 백두산아 영광 빛나라」, 「친애하는 지도자동지 만세」 등 많은 시가들에는 어버이수령님과 경애하는 장군님의 위대성과 위인상에 매혹되여 심장으로 숭배하는 인민들의 사상감정이 뜨겁게 맥박치고 있다.

해방 후 위대한 수령님께서 검소하게 생활하신 해방산 기슭의 나지막한 벽돌 합숙집을 통하여 당 창건 위업에 바치신 수령님의 불멸의 업적을 감동 깊이 칭송한 서정시 「해방산 기슭의 작은 집」, 한 점의 불꽃에서도 우주에 퍼질 불길을 보시고 한순간의 생각으로도 세기를 앞당겨 오시는 비범한 예지와 탁월한 령도력으로 '속도전'의 불바람, 무조건성의 기상을 일으키신 위대한 장군님의 령도 업적과 그이에 대한 절대적 숭배심을 격조 높이 노래한 서정시 「아, 달이 가고 해가 갈수록」, 눈이 내리고 찬바람이 불어도 어버이수령님의 따뜻한 품속에서 충성의 꽃으로 피여난 우리 인민이여서 행복한 나날에나 시련의 날에나 오직 수령님만을 하늘처럼 믿고 따르는 절절한 숭배심을 담은 가사 「수령님 따르는 마음」, 위대한 수령님께 바치는 끝없는 충성심을 지니시고 이 땅에 경이적인 기적과 변혁을 창조하시여 인민의 세기적 숙원을 꽃피워주고 계시는 경애하는 장군님의 은정을 담박하게 노래한 서정시 「인민의 행복」, 앙양된 정서의 흐름 속에서 경애하는 장군님을 주체시대를 빛내이시는 향도의 기수로, 공산주의 꽃바다를 펼쳐주시는 위대한 해발로 높이 칭송하면서 장군님 모신 조선의 영광을 열정적으로 탄주한 가사 「친애하는 지도자동지 만세」 등 이 시집에 제시되여 있는 모든 시가들에는 한결같이 우리 수령님이 제일이시고 우리 장군님이 제일이시라는 숭배의 사상감정이 맑고 쟁쟁하게, 줄기차게 굽이치고 있다.

서정시 「시련의 령길에서」는 상대가 누군지 알아볼 수 없는 어둠속에서 만나뵈온 위대한 수령님께 김일성 장군님을 찾아간다고, 다른 것은 몰라도 이 길이 전쟁에서 이기는 길이라는 것만은 잘 안다고 대답 올리며 꿋꿋이 북으로 달구지를 몰아가는 서정적 주인공—농민 로인의 정신세계를 통하여 어떤 역경 속에서도 변치 않는 수령님에 대한 절대적 숭배심, 그에 뿌리 둔 필승의 신념을 감명 깊게 노래하였다.

시집에 형상된 수령에 대한 절대적인 숭배심은 결코 즉흥적이거나 의무적인 형상이 아니다. 령도자와 생사운명을 끝까지 같이할 것을 맹세다지고 혁명의 길에 나선 인민들이 위대한 수령님과 장군님을 위해 울어도 보고 웃어도 보고 피도 흘리면서 온 심혼과 육신을 다 바쳐오는 과정에 체득한 숭배심으로 형상됨으로써 확고하고 진실한 도덕의리의 발현으로, 사심이나 허식이 없는 불변적인 것으로 독자들에게 안겨온다.

시집 『내 삶의 푸른 언덕』에서 혁명적 수령관의 구현은 다음으로 위대한 수령님과 경애하는 장군님의 의도를 예민하게 감각하고 제때에 시화한 데서 두드러지게 표현되고 있다.

위대한 수령님과 경애하는 장군님의 의도는 곧 시대의 요구, 인민의 요구이며 지향이다. 시인이 위대한 수령님과 경애하는 장군님의 의도에 최상최대로 민감하여야 시대와 인민이 절실하게 요구하는 의의 있는 문제를 예민하게 포착하고 높은 수준에서 노래할 수 있다. 령도자의 의도를 모르고 써내는 시가는 시대를 선도할 만한 투쟁의 기치로 될 수 없으며 따라서 우리 인민의 혁명투쟁과 건설사업에 아무런 도움도 줄 수 없다.

시가 창작에서 위대한 수령님과 경애하는 장군님의 의도에 민감하다는 것은 수령님과 장군님께서 절실히 요구하고 바라시는 문제를 종자로 선정하고 그것을 수령님과 장군님의 의도에 맞게 형상해 나간다는 것을 의미한다.

시가 창작에서 혁명적 수령관 구현의 기준은 명백하다. 위대한 수령님과 경애하는 장군님의 의도를 민감하게 반영한 시가라면 혁명적 수령관이 구현된 시가이다. 령도자와 한 혈맥으로 이어져 있는 사람이 우리 시대의 시인이며 령도자와 한뜻으로 사고하는 사람이 바로 우리 시대의 시인인 것이다. 시집 『내 삶의 푸른 언덕』의 창작 경험은 시인이 위대한 수령님과 경애하는 장군님의 의도를 얼마나 민감하게 포착하고 반영하는가 하는 데 혁명적 수령관 구현의 중요 비결이 있다는 것을 실증해주고 있다.

시집에는 금반지에 보석 격의 명가사가 수십 편 들어 있어 퍼그나 이채롭다. 하나같이 시문학의 풍격을 갖춘 정교한 시들이다. 이 가사들은 구체적인 생동한 정서를 통하여 깊은 사상을 밝힘으로써 독자들에게 강한 인상을 주고 있다.

위대한 수령님과 경애하는 장군님께서 서정시에 깊이 관심하시면 전투적인 서정시를 많이 써내고 생활적이며 혁명적인 가사를 많이 요구하실 적이면 생활적이며 혁명적인 가사를 많이 써낸 창작자세, 창작기풍은 시인의 투철한 혁명적 수령관과 떼여놓고 달리 설명할 수 없다. 바로 이런 창작자세, 창작기풍도 시집 『내 삶의 푸른 언덕』에 구현된 혁명적 수령관의 한 측면이라고 말할 수 있다.

위대한 수령님과 경애하는 장군님의 의도에 민감한 시인이라야 혁명적 수령관이 구현된 시가작품들을 써낼 수 있는 것이다.

시집의 가사 「10대 정강의 노래」 창작성과가 이것을 말해준다. 가사는 위대한 수령님께서 발표하신 공화국 정부 정강 "국가활동의 모든 분야에서 자주, 자립, 자위의 혁명정신을 더욱 철저히 구현하자"를 시인이 심장으로 감수하고 심혈을 기울여 창작한 명가사이다. 가사의 내용과 형식을 눈여겨보면 위대한 수령님의 의도에 민감한 시인의 독특한 예술적 감각과 위대한 수령님의 불후의 고전적 명작 「조국광복회 10대 강령가」의 귀감적 풍모를 적극 따라 배운 시인의 옳은 창작 자세를 어렵지 않게 감득할 수 있다. 특히 공화국 정부 정강에 담겨진 위대한 수령님의 의도를 리론적으로 파악하였을 뿐 아니라 미학적으로도 민감하게 파악한 시인의 심장은 정부 정강을 국가 활동의 완벽한 정치리념으로만이 아니라 인민들의 행복과 민족의 운명을 굳건히 지켜내시려는 위대한 수령님의 확고부동한 의지로 감각한 것이다. 정부 정강의 구절구절에서 우리 인민과 민족에게 무궁한 사회주의 강국과 영원한 륭성번영을 마련해주시려는 위대한 수령님의 숭고한 뜻을 생활적으로 가슴저리도록 절감했음이 분명하다. 격동된 시인의 심장은 정부 정강의 단순한 정독자, 확인자로만 남아 있을 수 없었을 것이다.

이런 남다른 미학적 파악으로부터 정부 정강을 직접 시화하려는 풍만한 예술적 환상이 계발되고 형상적인 착상이 떠올랐던 것이 아니겠는가.

결국 위대한 수령님을 절대화하려는 숭배심이 정부 정강에 담긴 수령님의 의도를 미학적으로도 감수하게 하였으며 이 민감성이 "수령님의 위대한 10대 정강은 우리 앞길 밝히는 휘황한 등대"라는 철학적이며 생활적인 사상을 특색 있게 밝히게 하였던 것이다.

시인들에게 이와 같은 개성적인 예술 감각이 없으면 위대한 수령님과 경애하는 장군님의 의도를 아무리 리론적으로 심도 있게 체득하고 있다 하여도 혁명적 수령관을 작품에 구현하는 데서 민감하지 못하다는 말을 듣기 일쑤이다. 위대한 수령님과 경애하는 장군님의 의도를 어느 만큼 민감하게 반영하는가에 의하여 우리 시대 시가의 생명력이 결정적으로 좌우된다. 그렇다고 하여 민감하기만 하면 얼마든지 혁명적 수령관이 구현된 시가작품을 쓰게 되는 것은 아니다. 시인에게 절실히 필요한 것은 민감한 예술적 감수력과 함께 자기의 령도자와 운명을 같이하려는 투철한 각오, 령도자의 의도와 요구를 자신의 사활적인 운명으로 받아들여 기어이 관철해 나가려는 비상한 헌신성과 열정이라는 것을 가사 「10대 정강의 노래」 창작성과는 확증해주고 있다.

경애하는 장군님의 여러 차례의 세심한 지도를 받아 「10대 정강의 노래」 가사가 창작 완성되였을 때 위대한 수령님께서는 내용이 풍부하고 「조국광복회 10대 강령가」와 같은 노래이라고 높은 평가를 주시였으며 문학사업이 전환의 길에 들어섰다고 기뻐하시였다. 우리 시가문학에서 당정책 가사라는 새로운 시가형식이 생겨난 것도 이때를 전후해서였다.

그 후 시인은 경애하는 장군님의 사상과 의도를 민감하게 반영하여 90년대 적기가인 가사 「높이 들자 붉은기」를 시대의 명가사로 창작하여 우리 인민들을 힘 있게 고무해주었다.

명가사는 아무의 심장에서나 태여나지 않는다. 애오라지 위대한 수령님과 경애하는 장군님에 대한 절대적인 숭배심으로 박동 높은 심장, 잠들 때에도, 잠깰 때에도 오직 장군님의 의도에 민감하게 반응하여 고동치는 심장에서만 명가사는 태여난다. 이런 심장을 지니였기에 시인은 가사 「눈송이 눈송이」, 「푸른 숲 설레여라」에서 하나의 자연현상을 놓고도 거기에 사회정치적 문제를 부여하여 수령님의 은덕을 뜨겁게 노래하고 있는 것이다.

진실한 서정

시집 『내 삶의 푸른 언덕』이 사람들의 심금을 울리면서 불굴의 투쟁정신과 필승의 신념, 혁명적 락관을 안겨주는 사상예술적 감화력을 가지게 된 것은 다음으로 진실한 서정미를 구현한 데 있다.

다 아는 것처럼 서정성은 시문학의 기본 특성이며 생명이다. 시가문학이 참으로 시대를 선도하는 투쟁의 기치로 천만 자루의 창검을 대신하는 투쟁의 무기로 되자면 진실한 서정성을 가져야 한다.

시가의 서정은 반드시 진실하여야 한다.

원래 진실성은 문학의 본성적 요구이다.

아무리 시가에 투철한 혁명적 수령관을 능란하게 구현한다 하더라도 서정이 진실하지 못하면 사람들의 심금을 울릴 수 없다.

진실한 서정만이 시가에 넋을 부어주고 활력을 주며 풍만한 생활과 아름다운 지성을 주고 심오한 철학을 주게 된다.

시가의 서정이 진실하다는 것은 시가가 꾸며지지 않았다는 것이다. 시가 사는가 죽는가 하는 결정적 요인이 바로 이 서정의 진실성에 크게 달려 있다.

시집 『내 삶의 푸른 언덕』의 「장군님 맞는 날」, 「내 마음의 성새」, 「평양의 새 모습」, 「진대에서 자란 이깔아」, 「내 조국은 은혜로운 수령님 품이라오」, 「해 솟는 백두산아 영광 빛나라」, 「일하기도 좋고 살기 좋은 내 나라」, 「당의 품은 한없이 따사로워라」, 「그 품속에 당원으로 자랐습니다」, 「당의 뜻 꽃피워 기쁨드리리」 등 많은 시가들에는 그 어떤 현란한 시적 표현이나 요란한 수사학적 명구도 없고 오묘한 짜임새 추구도 엿볼 수 없다.

여기에는 다만 이 시대에 사는 공민이라면 누구나 다 매일 매 시각 보고 듣고 느낄 수 있는 생활정서가 담겨졌을 뿐이다. 그런데도 이 소박한 시가들은 실감이 있고 친근감이 있으며 감화력도 크다. 읽고 나면 어버이수령님과 경애하는 장군님의 품속에서 보람차게 살아온 온갖 감회가 되살아나 가슴이 후덥고 더 잘살아야겠다는 충동이 생긴다. 한 것은 아마 시가의 서정이 진실하기 때문일 것이다.

서정의 진실성은 시가에 노래된 생활감정이 우리 모두의 생활감정과 같은가, 같다면 어느 정도 같은가 하는 것이다. 우리 모두의 현실적 생활감정과 같으면 진실한 것이고 다르면 진실하지 못한 것이다.

시집『내 삶의 푸른 언덕』의 서정은 시인이 생활에서 찾은 구체적 정서를 불타는 심장으로 용해시키고 순결한 량심으로 려과시켜 분출시킨 형상인 것으로 하여 진실하게 안겨온다.

시집『내 삶의 푸른 언덕』의 서정이 진실한 것은 무엇보다도 시대의 본질, 생활의 정수를 포착하여 형상한 것과 관련된다. 시인은 온갖 가식과 위선을 배격하고 허례허식과 미화분식을 극력 경계하면서 순결한 시인적 량심을 가지고 하나하나의 작품에 진실한 서정을 충만시켜 나갔다.

전화의 나날 전호가에서 포연 너머 평양 하늘을 바라볼 때면 그리움이 사무쳐왔고 적후천리 태백산준령을 넘을 때에도 너를 그리면 걸음에 나래가 돋쳤으며 아득히 떨어진 조국땅 한 끝에서도 너를 지켜 불길속을 달렸다고 진정에 넘쳐 노래하면서 오늘은 해와 별을 함께 모시여 마음의 영원한 성새로 솟아 빛난다고 격정을 터뜨린 서정시「내 마음의 성새」는 평양과 융합된 우리 시대 인간의 운명에 대한 진실한 일반화로 하여 독자들을 감동시킨다. 건축의 영재이신 경애하는 장군님의 탁월한 령도에 의하여 웅장화려하게 변모된 평양의 새 모습을 두고 장군님께서 세기에 남기신 지워지지 않는 령도 자욱으로 노래한 서정시「평양의 새 모습」의 서정도 인민의 마음속 진정을 대변한 것으로 안겨온다.

가사 「해 솟는 백두산아 영광 빛나라」는 혁명의 성산 백두산에 오르신 경애하는 장군님의 숭고한 정신세계를 장엄함 백두산의 정서와의 조화 속에서 보여줌으로써 장군님 모시여 빛나는 조선의 영광을 감명깊게 노래하였다.

시대의 본질, 생활의 정수를 포착하여 형상한 이런 시들에는 독창적으로 찾아 쥔 종자가 박혀 있고 시인이 노리는 뚜렷한 주장과 풍만한 서정이 있어 능히 사람들의 가슴을 울려준다.

시집 『내 삶의 푸른 언덕』의 서정이 진실한 것은 또한 시인의 생활체험이 진지한 것과 관련된다. 시인이 발견하여 새롭게 노래한 것들은 생활 속에 흔히 있는 것이며 모든 사람들이 다 알 수 있는 그런 것들이다. 다만 시인은 생활이 환기시켜 주는 충동을 진지하게 체험하면서 생활에 대하여 시대정신, 시대정서의 각도에서 새로운 의의를 부여하고 새로운 평가를 내리고 있는 것이다. 사람들이 체험했거나 알고 있는 그 생활 속에서 사람들이 미처 느끼지 못했던 것을 느끼게 하고 있다. 그러므로 그의 시가들에 담긴 생활은 얼핏 현상적으로 보면 평범한 것 같다. 그러나 되새겨보면 생활의 깊은 뜻을 느끼게 된다.

특히 가사 「내 조국은 은혜로운 수령님 품이라오」에 형상된 서정적 주인공의 체험은 누구나 흔히 체험하는 생활이다. 어린 시절 뛰놀 때는 조국의 정다움을 미처 몰랐다는 것, 포화 속을 헤치면서 조국의 소중함을 알았다는 것, 번영하는 주체의 조국은 어버이수령님의 품이라는 그야말로 누구든 흔히 체험하는 생활밖에 삐여지게 펼쳐진 체험세계가 별로 없다. 그런데도 읽고 나면 친근감이 가며 많은 련상이 떠오르고 깊은 생각에 잠기게 된다. 그것은 귀중한 조국을 찾아주시고 지켜주시고 빛내여 주시는 어버이수령님의 품에 대한 체험세계가 소박하면서도 현실 그대로 진실하기 때문이다. 사람들이 사랑하는 조국, 귀중히 여기는 조국을 두고 미처 느끼지 못했거나 체험은 하였으나 미처 말로써 표현하지 못한 것을 시인은 "내 조국은 은혜로운 수령님 품이라오."하고 정답게 깨우쳐주는 것이다. 그리하여 독자들은 가사를 읽으면서 두뇌를 살찌우게 되며 기쁨을 얻게 되는 것이다.

가사 「일하기도 좋고 살기 좋은 내 나라」, 「우리는 공장대학생」, 단시 「총창과 소고」 같은 것도 누구나 몸 가까이에서 목격하거나 직접 체험하는 친숙한 생활이 밝은 정서 속에 진실하게 담겨 있다. 여기에는 생활도 있고 철학도 있으며 형상성도 있고 정치성도 있다. 한 줄 한 줄이 능히 사람들의 가슴을 설레이게 하고 작곡가들의 욕심을 불러일으킬 만큼 풍부한 서정성, 심오한 철학성, 류창한 음악성을 내포하고 있다. 도수 높은 어휘나 기발한 표현도 없이 알기 쉬운 말로 썼지만 읽고 나면 다시 음미해보게 되고 사색하게 된다. 시인이 표현으로 한몫 보려고 하지 않고 생동한 체험세계를 간결하면서 진실하게 펼쳐놓는 데 력점을 찍음으로써 많은 련상과 긴 여운을 조성시켰기 때문이다.

시집 『내 삶의 푸른 언덕』에는 단시, 담시, 풍경시, 풍자시 등 다양한 형태의 시들이 많이 실려 있다. 시들은 형태적 특성을 잘 살리고 시대정신, 시대정서를 생동하게 구현함으로써 독자들의 사랑을 자아내고 있다.

투철한 혁명적 수령관과 서정의 진실한 구현, 다양한 시형태의 적극적인 활용에서 이룩한 사상예술적 성과로 하여 시집 『내 삶의 푸른 언덕』은 공화국 창건 50돐을 사회주의 승리자의 대축전으로 빛내이기 위한 투쟁을 벌려나가는 우리 인민들에게 필승의 신념과 완강한 투쟁정신, 혁명적 락관을 안겨주는 사상적 무기로 되고 있다.

―『조선문학』 604호, 1998.2

신진순

1917년 경기 이천에서 출생하였다.
1938년 『조선일보』를 통해 시를 발표하기 시작했다.
1945년 월북하였다.
2002년 작고하였다.
개인시집 『은혜로운 품』(1971) 장편소설 『고향으로 가는 길』(1992) 등이 있다.

| 시 8편 |

아침

깍 깍 깍!
반가운 손님 찾아온다
네가 나를 놀리누나
하늘은 쪽빛
해님이 금실로
아지에 수놓고
까치는 꼬리를 깝신깝신
서리꽃을 떨구누나,

찾아오긴 누가 와?
봄보리 파종
지금이 어느 땐데
그는 밝기도 전
퇴비 싣고 먼 벌에 나갔으리,
자급비료 오백 톤도 넘었노라
자랑만 터졌던데,

만나면 그는
수령님 다녀가신 자랑
뜨락또르 오고가는
자기네 넓은 벌
자랑만 하고,
만나면 나는

수령님 말씀 따라
과수로 우거질 우리 산골
흰 양떼 무리져서
풀 뜯을 산발을
자랑만 하고

가을 분배 끝나면
우리들의 새 집은
산으로 갈가
벌로 갈가
만나면 어느덧 그 공론이지.

그는 벌 자랑
나는 산 자랑
그래서 우리끼리
경쟁이 붙었단다,
꿀벌아 어서 먹고
꿀 잔뜩 모아라
멀지 않아 진달래꽃
산기슭을 덮으리,
이 산골에 꽃 모자라 걱정이랴
생산경쟁 너도 한몫
착실히 보태얀다.

분배 많이 탄 곳에
새살림 차릴 약속
그가 이기면

내가 벌로 갈 것이고
내가 이기면
그가 산으로 올 것이고
뜨락또르 농사짓는 벌도 좋다만
물 달고 과수 향그런
정든 산골 더욱 좋아
금년 생산에 내가 꼭 이겨야겠다,

깍 깍 깍!
깍 깍 깍!
네가 나를 놀리누나,

깜찍한 까치새끼
내 속을 디다보고
놀려먹지만
혹시라도 무슨 일에
잠간 들렸노라
뜨락또르 몰고
온 얼굴에 웃음 가득
그가 나타나면
새로 푼 다락논 자랑
비배관리 시작한
과수원 자랑
새로 주문한
젖염소 자랑
잠 깨여 잉잉대는
꿀벌 자랑

달콤한 박우물 자랑
자랑 좀 하고 싶어
기다리는 게다,

깍 깍 깍!
깍 깍 깍!
가슴 하얀 까막까치
기쁜 아침 더 기쁘게
해님이
하늘 가득 웃는구나!

—1955

| 수록지면 |

* 신진순, 『은혜로운 품』, 문예출판사, 1971.
『해방후서정시선집』(종합시집), 문예출판사, 1979.

마산은 행진한다

눈부신 진주 모래판이
선혈로 물들던 날
서북산 두 팔에 안겨
호수인 양 언제나 잔잔턴 맑은 바다도
가슴이 터져
놈들이 쓸어 넣은 어린 시체 하나
안아 울었다.

「우리 오빠 원쑤를 갚아줘요!」
소년의 시체 곁에
더 어린 소녀 따라서며
호소하는 목소리에
더는 참을 수 없어
마산은 일어났다
터지는 화산처럼!

일어선 마산은 행진한다.
오빠의 시체를 안은
어린 누이 앞장세우고
부산에서 서울에서
대구에서 인천에서
남조선 모든 도시
모든 농촌들에서

마산은 행진한다—행진한다.

「내 오빠 원쑤를 갚아줘요!」
어린 목소리 온 천지에 메아리를 부르니
一五(15)년 폭정의 모든 상처가
격노의 불ㅅ길을 뿜으며
돌진한다 반역자를 향하여!

처참히 죽은 육친의 시체들을
가슴마다 끌어안은
무수한 어버이들, 형제들, 자녀들이
격랑을 이루어 노호한다.
리승만을 향하여 미제를 향하여 육박한다!

미국제 총탄을 맞받아
젊은이들 나갈 때
할아버지들 흰 수염 휘날리며
지팽이 휘두르며 행진해 온다.
「젊은이들을 죽이지 말라!
역적들아 물러가라!」

백발머리 휘날리며 치마폭을 휘날리며
할머니들 대렬이 육박해 온다
「어린것들을 죽이지 말라!
역적들아 물러가라!」

열 살 어린이들

고사리손에 구호판 써 들고
총칼 앞에 다가온다
「군대들이여! 아버지 어머니에게
총 쏘지 말라!」

란발하는 미국제 총탄이
이들의 피로 거리들을 물들이는데
뒤짐지고 바라보는
미국인 「유엔군」을 보라!
웃어대누나,
너털웃음 웃어대누나!
온 세상 사람들아 보라!
조선에 온 「유엔군」을 똑똑히 보라!

격분한 인민들이 내달린다
형제들의 시체를 넘고
부모처자의 시체를 넘어!
목숨으로 일어선
이들을 막아낼 자 누구냐?!
一五(15)년 악정이 시체로 태산을 쌓았어도
영용한 조선인민은 결사전에
떨쳐 일어나고야 말았다,

격랑은 시체를 넘고 또 넘어
어린이들조차
중땅크 앞에 맨가슴 내대였다,
「쏠 테면 쏘라! 너희는 우리를 막지 못한다!」

자기의 부모형제 겨누는 자 누구냐?!
조선사람이거든 총부리 돌려 잡아
미친 승냥이를 몰아내라
조선사람이거든 하나로 뭉쳐
고문실을 쳐부셔라!
감옥 문을 비틀어라!
우리 강토에서 신음소리에 끝장을 내라!
때 아닌 죽음에 끝장을 내라!
기아와 헐벗음에 끝장을 내라!
리승만 학정에 끝장을 내라!
저주로운 식민지 노예의 사슬
동강을 끊어, 태평양 깊이 처박으라!
국토 량단의 비극에 끝장을 내라!

| 수록지면 |

*『항쟁의 불길』(종합작품집), 조선작가동맹출판사, 1960.
신진순,『은혜로운 품』, 문예출판사, 1971.

교대를 바꾸세나!

로라는 돌아가네,
불꽂 휘날리면서
희열에 가쁜 숨'결
세차게 내뿜으면서!

자, 교대를 바꾸세나
후야근 친구!
철선은 머리칼처럼
박판은 종이'장처럼!
강철 로동자 제2가공 선서에는
새 말 한마디 더 보태얄가 보네!
그렇지 않은가
　　　　글쎄 친구!

인제는 글쎄
살림'군 아낙네들의
한이 없는 소원도 기껏 이루어주라고,
아 글쎄 인제는
갈수록 늘어가는 그들의 온갖 요구
덤까지 더 붙여 갖추어줄 때가 되였다고.

그러니 우리가 괜찮게
제 일을 해놨단 말씀이시지!

하! 하! 하!
그렇지 않은가 글쎄 친구!

강철 로동자
하루같이 다우쳐 댄 18년을
돌이켜 보세나!
잠'결에도 조국강토
철갑으로 무장하는 꿈이였지

깨여서도 3천 리에
공장들과 도시들에 강철을 보낼 그 생각,
교대를 넘겨주며 넘겨받으며
그저 그 생각들 뿐이였었지,

그런데 글쎄 이제는 강철 로동자도
맵시 나는 철제 일용품을
뽐내는 남의 나라 부럽잖게
가지각색 다 만들어내라 하셨지—

그러니 우리가 괜찮게
제 일을 해놨단 말씀이시지!
하! 하! 하!
그렇지 않은가 글쎄 친구!

그렇다면 이번에는
고삭은 제국주의문명의
병든 손'재간과

여기서도 또 한 번
본때 있게 맞붙어볼 일,

수정주의가 무던히 우리를 시기하네,
없는 솜씨에 애쓸 게 없다고!
못 보았나부네!
이를 악물고
재'더미 속에 자립경제 반석으로 꾸려낸
우리네 솜씨를 못 보았나부네!

더 한 번 잘 보라 하세,
마음만 먹으면 이렇게 하는 것이
우리네 직성이라고,
남의 나라 백 년이면 우리는 일 년일세!

다만 우리는 썩어빠진 말세기의 사치는
원치를 않아,
아메리카 류행이야 저 갈 데로 가라지
약동하는 천리마 세대들의 기쁨을
백만에 천만으로 흠뻑 마련하세나!

압연 로라 돌아가네
황황 달는 600톤 강재를
종이'장처럼 밀어내면서
우리네 로라도 신'바람 났네!

불'길을 멈추지 말고

교대를 넘겨받게—,
온 세계가 우리를 보네—,
친우들은 환호로써
원쑤들은 질시로써.

여기두 전선일세!
또 하나의 1211고지에 기'발을 꽂세,
자! 교대를 바꾸세나,
후야근 친구!
그렇지 않은가 후야근 친구!

| 수록지면 |

* 『시문학』 1963년 4집, 1963.11.
신진순, 『은혜로운 품』, 문예출판사, 1971.

상봉

백두산 눈 녹아 굽이치는 강,
두만강 물 우에 쪽배마저 걷고
탐조등 가로 세로 수면을 쓸며
수색대는 강안을 뒤집는다

화경 같은 간첩들의 광'기어린 눈초리들
민가마다 번뜩이고
군견떼 혀를 빼고
치닫고
내리닫고…

빨찌산은 어디로 갔나?
삼천리 강토의 시꺼먼 하늘이
쩍 갈라졌고나!
찬란한 해'발이 용솟음친다
조선사람의 가슴속에서도.

어스름 저녁 호젓한 푸섭에
백발 로인 옷깃을 여미고
숫배기 젊은 초부와 나란이
낯선 사람의 말에 귀 기울인다

나라를 구하려 사려 품은 일념을

불처럼 안고 온 혁명 전사
그 풍모 그 기백에,
거역 못할 지남철에 끌리듯
우쩍 다가앉으며
빨찌산의 두 손을 덤숙 부여잡는다

《정말 어디에 계시오니까?!
김일성 장군,
그가 당신을 보냈나이까?!》

할아버지 옛 식대로 무릎을 꿇고
《그이 아니시오니까!
이 민족,
세기의 갈망에 대답하려는 이,
그이 아니시오니까
삼천만이 그리는 수령
아, 그이 아니시오니까!》

구한국의 옛 병졸은
백발에 묻힌 오늘
그이 이름 가슴에 받들어 외우며
눈물에 젖었고나!

《무엇을 하라 하시더니까?!
어떻게 하라 하시더니까?!
이 쓸모없는 늙은 것다려,
이 철없는 젊은 것다려…》

가슴에서 가슴으로
불씨는 옮겨붙어
료원의 불'길로
삼천리를 휩쓸어갔다

빨찌산은 길 떠나가는데
길 안내 끝마친 늙은이
산상에 높이 올랐다
백발을 휘날리며 보내는 말—

《조선의 빛이여
이름 없는 이 산'골에도
한 몸 언제나 바치려는
한 늙은이 있음을 잊지 마시라!

장하도다, 내 손주 어서 가라!
노도와 같이 일어났으나
이끄는 이 없음으로 헛되이 흘린
민족의 선혈의 값을 찾으러
가라!

위대한 수령 따라
너는 어서 가거라
축복 받은 자식아!》

| 수록지면 |

* 『조선문학』 218호, 1965.10.
신진순, 『은혜로운 품』, 문예출판사, 1971.

단조장

피아노 가야금이
무슨 노래랴!

가열로 황황
화염을 뿜고
종횡무진 날아 튀는
불꽃을 헤치며
프레스 내뿜는 거센 노래가락에야
불덩어리 두드리는
증기함마
제각기 요란한 발구름이
걸맞은 반주,

헤이 참!
피아노 가야금이
무슨 음악이랴!
지진이 일어난 듯
격전이 벌어진 듯
강철의 합주곡 그 음향 속에만
단조공의 심장은 함께 뛰는 것을!

자욱히 일어난 운무 속에서
20톤 강괴가

태양인 양 이글이글 떠오르면
거창한 무쇠집개
티끌처럼 가볍게 가누어 잡고
그 무슨 전설 속의 용사들이냐
날고뛰는 춤판에

우리 소리 앞세우고
으르렁!
천정기중기 달려든다,
와이야 잡아채여 사납게
틀어쥐고서
강철을 길들이는 단조공의 군무 속에
대지도 가락대로 요동칠 때에

칼춤 승무가
무슨 춤이람!
헤이 참!
무슨 춤이람!

단조장은 사나이 일터
단조공은
사나이 중 으뜸가는 사나이
부러워도 저마다는 될 수 없으리!
우리 의례히
거인의 두 어깨를 성새로 결었으니

우리네 끓는 가슴속이야

헤이 참!
그대로 격랑이요
폭풍이 아니던가!

| 수록지면 |

* 『무지개』(종합시집), 조선문학예술총동맹출판사, 1966.
신진순, 『은혜로운 품』, 문예출판사, 1971.

첫 출근

애기엄마 첫 출근
애기 싸서 가뜬히 업고
　안녕하세요?
날아갈 듯 현관문 나서면서
이웃집에 첫 인사도 즐거워,

모두 바쁜 출근길에
모두 곱다는 인사가 기뻐서
애기는 수모자 속에서 실눈,
엄마는 해빛 속에서 실눈,

　안녕하세요?
산전휴가 산후휴가
새 아기 안고 나오니
어느새 온 천지에 록음방초 우거졌네

바로 마침 오늘이 애기명절이라고
북소리 둥둥
곱게 차린 언니들이 마중 오네,

애기는 이제 가서 탁아소 신입생
꽃 보고도 애기 자랑
돌 보고도 애기 자랑하고 싶은데

전선줄에 제비 세 마리 나란이 앉아
지지배배 저희도 반갑다네,

오래 못 본 동무들이 보고 싶어서
오래 비운 일자리가 궁금도 해서
애기엄마 애기 업고 종종걸음 치는데
모두 웃는 얼굴들이
눈앞에 가득하네!

| 수록지면 |

*『문학신문』, 1966.10.21.
신진순, 『은혜로운 품』, 문예출판사, 1971.

봉화리 박우물

푸른 하늘, 흰 구름 담아
넘쳐흐르는가
박우물.

박우물
봉화산 기슭에 솟아올라
수정같이 맑고 단 박우물,

너만 아는
어머님의 행복을
너는 안았지,
너만 아는
어머님의 아름다우심
네 가슴에 영원히 있지.

박우물
아, 어머님의 박우물
산도 들도 깊이 잠든
때 아닌 한밤중
물동이 이고 나오시는 어머님의
가벼우신 발걸음을 네가 들었지

선생님 높으신 뜻

그 가르치심 받고저
찾아오는 전우들 더욱 중해

고달프심 잊으시고
단잠마저 잊으신 어머님

바가지 살며시 물 우에 저어
단풍잎 흘려보내시면
별과 함께 나라 찾을 꿈
정히 퍼 담아 이고 가시던
조선의 어머님을 너는 보았지

어머님의 가지가지 미담을
온 세상이 다 알아도
너만 아는
어머님의 짧으신 행복을 소중히
너는 안았지,

박우물,
봉화산 기슭에 솟아올라
수정같이 맑고 단
어머님의 박우물

너의 곁에
오늘 나 한없이 서 있음은
오직 너만이 드린 맑은 행복
너무도 짧았구나, 너무도 적었구나!

오, 너의 곁에 나 한없이 서 있음은
얼마나 많이 얼마나 뜨겁게
어머님께 드리고 싶으시랴!
그이, 어머님을 위하여
오늘은 못하실 일 세상에 없으시련만!

장도에 오르시며
소사하 초가집에
좁쌀 한 말 메고 가신 아드님
투쟁의 지나는 길에
잠간 들려 나무단 부엌에 쌓아드린 아드님

아드님의 그 지극하신 마음을 안고
박우물,
어머님의 박우물,
나 한없이 네 곁에 섰노라!

공화국 모든 어머니들에게
그이 주시는 사랑
오늘은 누리에 태양빛보다 풍성하건만
그 사랑 모두 합쳐
어머님께 고이고 싶어

그이의 마음을 내가 안고
나 한없이 네 곁에 섰노라!

박우물,

아, 그 옛날의
어머님의 박우물 !

—1971.5

| 수록지면 |

*신진순, 『은혜로운 품』, 문예출판사, 1971.
『위대한 어머님께 드리는 노래—강반석어머님탄생여든돐기념』(종합시집), 녀성출판사, 1972.
『행복하여라 인민의 나라』(종합시집), 문예출판사, 1978.
『해방후서정시선집』(종합시집), 문예출판사, 1979.

로동자구

《돌담을 쌓읍시다,
길을 고쳐 돌포장도 합시다.
선진계급 본새대로
로동자구 뒤번쩍 꾸려봅시다.》
실습 나온 대학생들
팔다리 부르걷고 첫새벽 나섰는데
교대 나가는 늙은 탄부 이르는 말이
《너무 걱정 말게나,
젊은이가 옛일을 몰라서 그러는군!》
옛 자취 더듬어 늙은 탄부 고개 드니
사택마을 유리창들이
아침노을에 방글방글 어서 말하라네.
아이들 뛰여노는 학교마당 가리키며
《바로 저기가 왜놈들의 〈함바〉 자릴세,
바로 저기 산자락에 탄부들의 비 새는
〈하꼬방〉이 있었지,
지하막장에 목숨 맡긴
탄부 신세 아니였던가.
참 정말 젊은이가
옛일을 몰라서 그러는군!》
이만하면 됐다는데,
이제는 세상에 부러울 것 없다 하는데,
그래서 탄 캘 생각밖에는

다른 생각 없다 하는데,

젊은이들 슬기로운 눈동자에 미소 담뿍,
더 많이 더 좋게
더 빨리 더 쉽게 탄을 캐자면
생산문화, 생활문화 다같이
다그쳐야 한다네!

깊은 밤
석탄 캘 생각뿐인 늙은 탄부
마을로 돌아오는 길
길을 몰라 자기 집 문전을
하마 지나갈 번,
마을 복판에 번듯이 새로 놓인
넓고 곧은 길가에
가쯘히 새로 쌓은 돌각담 앞엔
들꽃 옮겨 아롱아롱 달빛에 웃는
자기 집 문전을 하마 지나칠 번!

막장에서 수고 많던
불꽃같은 젊은이
마을사람들 속에 어느새 웃고 섰네!
슬기로운 눈동자에 친절이 담뿍.

《아, 이 사람 젊은이,
여기 또 왔나!
하, 참!

마을이 달라지니
사람 마음 새로와지네,
젊은이 말이 정말 옳으이!
마을도 본때 있게 꾸려보세나!》
목고 한끝 잡아채며
대학생 젊은이의 어깨를 툭툭
《아따 젊은이
일은 얼마든지 할 테니 조직이나 하게나.》
늙은 탄부 앞장서서 발길 옮겼네,
껄껄껄!
유쾌한 웃음소리 뒤에 남기며.

| 수록지면 |

* 『조선문학』 324호, 1974.8.

평론 신진순 시문학의 사상정서적 특성

최영일

신진순(1917~2002)은 위대한 수령님과 경애하는 장군님의 품속에서 당에 충실한 혁명적인 작가로 성장하여 애국렬사로 영생하고 있는 녀류작가이다.

위대한 령도자 김정일 동지께서는 다음과 같이 지적하시였다.

"작가는 혁명의 일시적인 동반자가 아니라 당과 끝까지 운명을 같이하는 영원한 동행자로 될 때에만 가장 값 높고 보람찬 삶을 누릴 수 있다."(『김정일 선집』 제12권, 592~593페지)

백두산 3대 장군의 품속에서 혁명적인 작가로 성장하여 한생을 티 없이 맑고 깨끗한 충정으로 불태운 신진순의 창작활동은 당의 영원한 동행자로서의 빛나는 삶의 자욱으로 수놓아져 있다.

어려서 아버지를 잃고 홀어머니의 슬하에서 자란 신진순은 모진 생활난 속에서도 향학열은 남달리 높아 고향에서 보통학교를 마치고 서울에 올라와 숙명녀자고등보통학교에 입학하였으나 1933년 동맹휴학사건으로 강제출학 당하였다. 다음 해에 배화녀자고등보통학교에 편입하여 졸업한 다음 1936년에 리화녀자전문학교에 입학하여 이 학교를 우수한 성적으로 졸업하고 1940년에 경성제국대학에 입학하였다.

신진순의 창작활동은 리화녀자전문학교 문과 시절부터 시작되였다.

1938년 2월 『조선일보』에 시 「고숙」을 발표한 그는 같은 해에 이 신문 현상모집에 시 「옷」, 단편소설 「첫 가을」을 련이어 당선시켜 문학적 재능을 보여주었다.

그러나 일제 식민지 통치하에서 가난한 녀학생의 재능은 무참히 짓밟혔다.

그는 위대한 수령님의 품에 안겨서야 자기의 문학적 재능을 활짝 꽃피울 수 있었다.

일찌기 동맹휴학사건 때 일제 경찰서 류치장에서 그리고 대학시절 '좌익사건'에 련루되여 3달 동안 감옥생활을 할 때 애국자들로부터 전해 들은 항일의 전설적 영웅이신 김일성 장군님에 대한 흠모심을 안고 1945년 8월 말 평양에 들어온 신진순의 생활에서는 운명적인 전환이 일어났다.

해방 직후부터 절세의 위인들의 사랑과 믿음 속에 성장해온 신진순은 당중앙위원회 후보위원, 조선문학예술총동맹 부위원장의 중책을 지니고 창작활동과 창작지도 사업을 힘 있게 벌려 주체문학예술의 화원을 빛나게 장식하는 데 크게 기여하였다.

신진순은 소설도 적지 않게 창작하였지만 그의 창작활동에서는 시문학이 중요한 자리를 차지한다.

신진순의 시문학에서는 무엇보다도 백두산 3대 장군에 대한 절대적인 신뢰심과 무한한 흠모, 열화와 같은 충정의 마음이 가장 중요한 사상정서적 내용을 이루고 있다.

해방 직후부터 백두산 위인들의 사랑과 믿음을 받으며 걸음걸음 성장해온 신진순은 자기의 시작품들에서 열렬한 수령 신뢰와 흠모의 감정을 절절하게 노래하였다.

그는 서정시들인 「원수님 오실 때는」(1962), 「어디에나 계십니다」(1963), 「온 나라가 꽃동산입니다」(1966), 「찬란한 해빛 아래」(1970), 「태양을 맞이하여」(1970), 「은혜로운 품」(1971), 「만년청춘 빛내시옵기를!」(1972), 「노래하라 평양지하철도여!」(1973), 「우리 수령님, 우리 당」(1975), 「영광을 드립니다」(1984), 「개선광장에」(1985), 「설 인사」(1989), 「『조선문학』 500호에 부치여」(1989) 등의 작품들과 장시 「그이는 조선, 그이는 당」(1971)에서 어버이수령님의 위대성을 격조 높이 칭송하였다.

작품들에서는 어버이수령님을 영생불멸의 주체사상을 창시하시여 우리 인민을 자기 운명의 주인으로 키워주시고 우리 조국을 주체의 나라로 빛내주신 혁명의 수령, 위대한 태양으로 높이 칭송하고 있다.

4개 절로 구성된 장시 「그이는 조선, 그이는 당」에서는 '그이 계시여'가 가지는 의의를 강조하면서 위대한 수령님께서 계시여 사회주의 조선이 있고 당이 있고 승리와 영광이 있음을 서정적으로 노래하였다.

…
피의 동녹으로 사슬을 짓씹던
민족 불멸의 그 심장을 안으시고
그이 탄생하시였다
만경의 땅
가난한 농가집 강변 초옥에,

만경봉에 오색 무지개 비꼈어라, 4월 15일
민족의 미래 인류의 꿈을 안으시고

드디어 그이 오시매

시인은 만경대의 추녀 낮은 초가집에서 탄생하신 어버이수령님께서 어려서부터 아버님과 어머님의 혁명적 교양을 받으시며 절세의 애국자, 민족의 태양으로서의 풍모와 자질을 갖추신 데 대하여 노래하면서 조국과 당, 인류의 미래를 수령님의 존함과 결부하여 격조 높이 구가하였다.

시에서는 "나라 잃은 조선사람", "나라 찾은 조선사람"이 가야 할 길을 위대한 수령님께서 "가시덤불 헤치시며" "피로 더듬어" 찾아주시였음을 강조하면서 그것은 바로 "주체로 빛나는 그이의 길"이라는 사상을 명백히 밝히고 있다.

당의 로선은 그이의 의지
당의 정책은 그이의 명령
…
오직 하나 그이의 혁명사상으로 내달림이라,

'주체의 조국', 조선! 그 력사를 묻지 말라
열네 살 너무도 어리신 때로부터
조국을 한 어깨에 지시고
걸음마다 피 듣는 길, 주체의 길이였어라!

작품은 이러한 시적 형상을 통하여 어버이수령님께서 계시여 조선이 있고 당이 있고 승리와 미래가 있음을 격조 높이 노래하였다.

신진순의 송가적 서정시들에서는 위대한 수령님을 "우리 수령님"으로 절절히 흠모하고 있다. 이것은 그가 50여 년 세월 위대한 수령님으로부터 크나큰 믿음과 사랑을 받아 안으며 성장해온 남다른 체험으로부터 터치게 되는 격정의 목소리인 것이다.

그의 이러한 사상감정은 3.8 국제부녀절을 맞으며 어버이수령님께 올린 「찬란한 해빛 아래」와 수령님의 탄생 60돐을 맞으며 올린 「만년청춘 빛내시옵기를!」, 당 창건 30돐을 맞으며 올린 「우리 수령님, 우리 당」, 수령님의 력사적인 이전 쏘련 및 동유럽 사회주의 나라 방문 성과를 축하하여 올린 「영광을 드립니다」, 1980년대 마지막 해를 맞으며 올린 「설 인사」 등의 헌시들에도 관통되여 있다.

신진순은 자기의 송가적 서정시들에서 일찌기 어린 시절부터 혁명의 길에 나서시여 조국과 민족, 인민의 운명을 구원해주신 수령님, 자신뿐 아니라 온 나라 인민의 운명을 책임지고 보살펴주시는 위대한 수령님을 자애로운 어버이, 민족의 태양으로 높이 격찬하였다.

신진순의 열렬한 수령 신뢰의 감정은 경애하는 장군님을 우러러 칭송한 송가들에서도 뜨겁게 울려나오고 있다.

위대한 장군님의 탄생일을 맞으며 올린 헌시 「2월의 아침에」(1992)에서는 경애하는 장군님을 모신 우리 조국의 긍지와 영광에 대해 구가하면서 장군님을 충직하게 받들어 주체혁명위업을 끝까지 계승 완성해 나갈 천만 군민의 한결같은 결의를 시적으로 일반화하였다.

우리의 친애하는 지도자동지
손잡아 이끄시는 영광의 길에
물불을 가리오리까!

생사를 가리오리까!
목숨으로 받들어
오직 달리오리다!
한 생을 달리오리다!

그 맹세 그 진정을 담아
삼가 이 아침 축원의 인사 드리옵니다
우리의 친애하는 김정일 동지
부디 만년 젊어 계시라

경애하는 장군님을 모시여 륭성 번영하는 김일성 조선의 미래가 있고 주체혁명위업 승리의 확고한 담보가 있다는 것을 자신의 한생의 체험을 통하여 절감한 시인이였기에 위대한 장군님의 건강을 우리 인민의 끝없는 행복 그리고 조국의 찬란한 미래와 결부하여 그토록 격조 높이 노래할 수 있었던 것이다.

그의 이러한 열렬한 충정의 감정은 어버이수령님을 잃고 맞이한 주체84(1995)년 2월 16일에 경애하는 장군님께 올린 헌시 「축하인사 드리옵니다」에도 그대로 뜨겁게 어려 있다.

시에서는 어버이수령님께서 생전에 몸소 쓰신 「광명성 찬가」의 구절구절을 따라 서정을 펼치면서 주체84(1995)년 뜻 깊은 2월의 명절이 가지는 력사적 의의를 가슴 뜨겁게 노래하였다.

시에서는 위대한 장군님 계시여 우리 수령님 영생하시고 어버이수령님의 불멸의 조국해방 업적, 당 창건 업적이 더욱 빛나고 있음을 격조 높이 노래하면서 탄생일을 맞으시는 경애하는 장군님께 온 나라 인민과 세계 진보적 인류의 다함없는 흠모의 마음을 담아 삼가 축하의 인사를 드리고 있다.

시인은 이렇게 어버이수령님께서 개척하신 주체혁명위업을 빛나게 계승 완성해 나가시는 경애하는 장군님의 불멸의 업적에 대한 칭송과 열화와 같은 충정의 마음을 절절하게 노래하였다.

신진순은 항일의 녀성영웅 김정숙 동지를 칭송한 작품들도 창작하였다.

그는 시 「영원한 모습」(1971)에서 한 몸 그대로 방패가 되시여 위대한 수령님을 결사 옹위하신 김정숙 동지의 불멸의 영상을 화폭에 담았다.

작품에서는 김정숙 동지께서 적들의 추격으로부터 아동단원들을 지켜주신 헌신적인 투쟁 내용과 대사하치기 전투에서 위대한 수령님을 한 몸 바쳐 보위하신 불멸의 업적을 통하여 백발백중의 명사수, 수령 결사옹위의 빛나는 화신으로서의 어머님의 모습을 깊이 부각시키고 있다.

시에서는 비록 짧은 생애였지만 우리 군대와 인민의 마음속에 영생하고 계시는 항일의 녀성영웅 김정숙 동지의 위대한 업적을 전투적인 시적 정황 속에서 힘 있게 강조하였다.

시 「어머님은 언제나 함께 계시네」(1976) 에서는 "배움의 나라", "어린이들의 왕국"에 그대로 슴배여 있는 항일의 녀성영웅 김정숙 동지의 지극한 사랑을 노래하면서 어머님의 영생을 우리 조국의 미래인 후대들의 영원한 흠모심과 결부시켜 서정적으로 노래하고 있다.

신진순의 시문학에서는 다음으로 우리 인민의 창조적 로동의 보람과 희열, 생활적 랑만이 주되는 사상정서적 내용을 이루고 있다.

새 조국 건설 시기부터 조국에 대한 열렬한 사랑을 지니고 인민들의 숨결에 심장의 박동을 맞추며 분투하여 온 신진순은 우리 근로자들의 창조적 로동과 생활의 랑만을 시적 형상으로 훌륭히 재현해냈다.

그의 이러한 시작품들에는 로동자, 농민, 3대혁명 소조원들이 서정적 주인공으로 되여 하나의 화폭을 이루고 있다.

그는 해방 직후 서정시 「새 거리에서」(1947)를 창작하여 우리 인민의 행복한 모습을 시적 화폭에 담았다.

작품의 주인공은 두돌잡이 아기를 안고 해방된 조국의 새 거리, 푸르른 잔디밭을 걷는 행복한 녀인이다. 그러나 잔디밭에서 첫걸음마를 떼는 아기를 애무하며 건설의 마치소리 요란한 해방된 조국의 거리를 바라보는 그의 마음은 행복에만 젖어 있지 않다. 녀인은 그전 날 모든 것을 잃었던 헐벗은 거리, 아들을 빼앗긴 어머니들과 남편을 빼앗긴 안해들이 "맴돌아 밤을 밝히던 이 거리"를 보며 고마우신 김일성 장군님에 대한 감사의 정에 목 메인다.

시인은 조국의 아름다운 미래를 제 손으로 가꿔갈 열의를 안고 사회주의 건설 전투에 직접 뛰여들어 애국의 땀을 바쳤으며 그 속에서 창조적 로동의 희열과 랑만, 생활의 기쁨을 마음껏 노래하였다.

서정시 「아침」(1955), 「두 사람 이야기」(1957), 「눈 온 아침」(1958), 「새로 생긴 집 한 채」(1961), 「조국의 서해안에서」(1961), 「단물이 온다」(1961), 「종달새 떴네」(1963), 「노래가 좋아」(1963), 「달밤에」(1963), 「기다림」(1966), 「달려라 처녀야」(1963), 「가을날에」(1958) 등과 련시 「군인협조대」 등의 작품들에서는 전후 농업협동화 시기와 사회주의건설 시기 우리 농촌의 현실을 반영하면서 협동 농민들의 창조적 로동의 보람과 희열, 미래에 대한 랑만을 정이 넘치게 노래하였다.

시 「아침」에서는 반가운 소식을 알리는 듯 깍깍거리는 까치와 속삭이는 서정적 주인공—처녀의 시점에서 나날이 번성해가는 협동조합과 조합원들의 생활적 랑만을 재치 있게 노래하였다.

사랑하는 애인이 벌방에 있어도 나날이 살림살이 늘어나는 고향 산골이 더 좋아 벌방 부럽지 않게 고향을 가꿔갈 열의에 넘쳐 있는 서정적 주인공 조합 처녀의 마음은 얼마나 아름다운가.

시인은 전후 농업협동조합을 조직하고 조합관리위원장을 하면서 체험한 생활에 기초하여 우리 농촌의 현실과 농민들의 사상정신세계, 농촌에 대한 애착의 감정을 다른 시들에서도 진실하게 노래하였다.

신진순의 작품에는 로동계급의 생활과 투쟁을 반영한 시들도 적지 않다.

서정시들인 「평양건설속도는」(1955), 「명절」(1963), 「단조장」(1965), 「단조장에 달이 떴네」(1965), 「교대를 바꾸세나!」(1963), 「첫 출근」(1966) 등의 작품들에서는 우리 로동계급이 발휘해나가는 창조적 적극성과 혁명적 열의가 기백 있게 노래되고 있다.

시 「단조장」에서는 사나이 중에서도 으뜸가는 사나이—단조공이 된 자랑을 안고 가슴에 끓는 피를 로동에 바쳐가는 로동계급의 희열과 랑만이 거세차게 뿜어나오고 있다.

칼춤 승무가
무슨 춤이람!
헤이 참!
무슨 춤이람!

단조장은 사나이 일터
단조공은
사나이 중 으뜸가는 사나이

부러워도 저마다는 될 수 없으리!
우리 의례히
거인의 두 어깨를 성새로 결었으니

우리네 끓는 가슴속이야
헤이 참!
그대로 격랑이요
폭풍이 아니던가!

녀성시인이 썼다고는 믿기 어려울 만큼 거쿨진 사나이—단조공들의 희열에 찬 모습이 생동하게 안겨온다.

신진순의 시들에서는 로동계급의 창조적 로력 투쟁을 로동 현장에서 그리고 그들의 실지 생활 속에서 발견하여 시화한 것이 특징이다.

시 「첫 출근」에서는 산전산후휴가제의 혜택을 받고 휴식하던 녀성로동자가 보답의 마음 안고 일터에 들어서는 모습을 시적으로 형상하였다면 「교대를 바꾸세나!」에서는 혁신의 열의 안고 작업 교대를 하는 로동계급의 생활적 랑만을 그리고 있으며 「단조장에 달이 떴네」에서는 단조공들의 피 끓는 가슴에 따스한 정을 안겨주는 천정기중기 운전공의 사랑스러운 모습을 노래하고 있다.

신진순의 시문학에서는 당의 참된 혁명 전위—3대혁명 소조원들을 형상한 작품들도 이채를 띠고 있다.

서정시들인 「우리 젊은이들」(1974), 「자랑」(1974), 「수령님의 아들들」(1973), 「그 사람들」(1974), 「로동자구」(1974) 등의 작품들에서는 위대한 수령님의 높으신 뜻을 받들고 탄광, 광산, 기업소들에 달려 나가 3대혁명 전위의 본분을 다해가는 소조원들의 불타는 열정과 고상한 미풍을 생활적으로 진실하게 노래하였다.

신진순의 시문학에서는 또한 자주, 민주, 통일을 위해 싸우는 남조선 인민들의 투쟁에 대한 열렬한 지지 성원과 련대의 감정 그리고 통일의 원쑤들인 미제와 남조선 괴뢰 역적에 대한 증오의 감정이 주되는 사상정서적 내용을 이루고 있다.

고향을 남반부에 둔 시인은 싸우는 남녘의 동포들을 언제나 잊지 않고 그들과 투쟁에 함께 나선 심정으로 시 「마산은 행진한다」(1960), 「아, 남녘 땅」(1965), 「싸우는 거리는 아들의 거리」(1965), 「우리와 함께」(1965), 「항쟁의 거리로 오라!」(1967), 「밤은 깊어」(1965), 「심장을 주마」(1965), 「서로 만날 그날에」(1967), 「그대들 대오 속에 나 함께 있노라」(1987), 「영생하리라」(1987), 「40여 년」(1990) 등 많은 작품들을 창작하였다.

신진순의 조국통일 주제 시문학에서는 통일의 열망이 분렬의 비극에 대한 아픔과 결부되여 절절히 울려나오고 있다.

시 「40여 년」에서는 "내 심장에서 흐른 / 40여 년의 피눈물을 / 세월이여 / 그 어디로 날라갔느냐"고 피타는 절규의 물음을 제기하고 남녘의 혈육들을 다시 만날 그날을 위해 함께 싸워갈 굳은 결의를 다지고 있다.

이것은 남조선인민들의 영웅적인 4.19 인민봉기와 광주학생봉기, 3.24, 6.3 구국항쟁에 자기의 심혼을 덧쌓으며 통일의 열기로 마음 불태워온 시인의 열정의 분출이였다.

신진순의 시문학에서는 민족분렬의 원흉인 미제와 그 주구 남조선 괴뢰역도들에 대한 증오의 감정도 격렬하게 표현되고 있다.

풍자시 「존슨이 붙잡는 검불」(1967), 「남조선 '새 총독'」(1987) 등의 작품들에서는 상전과 주구가 벌리는 추악한 웰남파병 증가 모의를 신랄히 조소하였으며 남조선의 실제적 통치자인 미국대사 릴리를 자주, 민주, 통일의 극악한 원쑤로 규탄하였다.

이처럼 신진순은 우리 당이 바라는 훌륭한 작품들을 수없이 창작하여 당원들과 근로자들을 교양하는 데 적극 이바지한 당의 충직한 문필 전사였다.

—『조선어문』 2011-3호, 2011.8

기타 참고문헌

최창걱, 「애국적 지조와 혁명적 신념을 귀중히 여기시여 지식인으로 한생을 빛내인 신진순 동지가 받아안은 고귀한 은정」, 『로동신문』 2000.12.8.

「신진순 동지의 서거에 대한 부고」, 『문학신문』 2002.11.16.

안룡만

1916년 평북 신의주에서 출생했다.
1935년 『조선일보』와 『조선중앙일보』를 통해 시를 발표하기 시작했다.
1975년 작고하였다.
개인시집으로 『안룡만 시선집』(1957) 『새날의 찬가』(1964) 등이 있다.

| 시 8편 |

黨(당)의 旗(기)ㅅ발 밑에

道黨代表(도당대표)에 드리는 노래

이른 봄빛 새여드는 會館(회관)
여기 모여온 代表(대표)들의 입김과
또한 뜨거웁게 타는 눈들이
불붙는 熔鑛爐(용광로) 白熱(백열)의 불도가니처럼
오로지 하나의 情熱(정열)에 끓어올라라

이리 한마음에 모임도 얼마만이뇨
그것은 勝利(승리)로 엮어서 한 해하고 여섯 달
이 땅에 민주의 새나라 싸워 이기려
크낙한 先鋒隊(선봉대)로 뭉쳐 鋼鐵(강철)로 뭉쳐
우리 자랑 높이 쌓아올린 鬪爭(투쟁)의 保壘(보루)여

빛나는 黨(당)의 깃빨 밑
同志(동지)여 그대는 힘차게 자라왔구나
아직 나의 어린 네 經歷(경력) 위에
日曆(일력)이 꽃송이같이 눈송이 눈송이같이 쌓일 때
오오 그날마다를 祖國(조국)과 人民(인민)에게 바친 너의 記錄(기록)

참말로 멀리서 가까이서 모여온 同志(동지)들
모오도 情(정)다웁고 씩씩한 同志(동지)들
그 얼굴 얼굴마다에 자랑이 환―히 비치노니
두메山(산)골 땅굴 속에서 착암기를 들고 싸워온 그대
動脈(동맥)의 이름 높은 機關區(기관구)에서 온 그대

그러고 鴨綠江畔(압록강반) 수많은 地區(지구)와 地區(지구)에서
끓는 討議(토의) 우뢰 같은 拍手(박수)로 뽑혀 보내온 同志(동지)여
여기 우리 隊列(대열)의 꽃인 女子(여자)동무도 있고
싱싱한 풀잎인 양 젊은 靑年(청년)의 얼굴도 있어
아아 오늘은 우리 黨(당) 두 번째 代表會(대표회) 榮光(영광)의 날이로다

나의 가슴에 뛰노는 가슴의 맥박처럼
그대들의 心臟(심장)의 고동은 울리고
그 붉은 心臟(심장) 위에 간직한 새파―란 黨員證(당원증)
젊은 우리의 날 生命(생명)같이 希望(희망)에 싹트는 것―
사랑하는 祖國(조국)이 復興(부흥)으로 부르는 것

하기에 우렁찬 建設(건설)의 앞장에
생산의 戰士(전사)로 영예의 旗手(기수)로 싸워 왔노니
우리는 勤勞(근로)하는 人民(인민)의 先鋒(선봉)이니라
이 땅 太陽(태양)에의 길로 줄기차게 내달아
지난 年輪(연륜) 아름차게 자랐고 來日(내일)도 자랄 黨(당)이더라

겹겹 白雲(백운)이 덮였던 北(북)쪽 山河(산하)에
이른 봄빛 따사로운데 情熱(정열)로 끓는 우리의 모임
뜨겁게 뜨겁게 타는 눈들이 白熱(백열)의 불도가니 되어
맹서도 굳다 大地(대지)에 永遠(영원)한 봄을 가져오려
끝가지 원수와 더부러 싸우리라고

오오 光明(광명)이 約束(약속)된 길의
偉大(위대)한 黨(당)의 旗(기)빨 밑

젊은 戰鬪(전투)의 부대는 오직 앞으로!
歷史(역사)가 가르키는 길로
祖國(조국)이 부르는 길로 나아가도다

| 수록지면 |

*『조국의 깃발』(종합시집), 문화전선사, 1948.
안룡만, 『안룡만 시선집』, 조선작가동맹출판사, 1956.

대지

이 땅의 어느 자그만 마을
어느 이름 없는 동네고
낡은 초가지붕을 가리우는 미루나무
나무 아지마다 봄빛 드리워
눈 녹는 땅도 기쁨에 부풀었다.

손바닥만 한 논밭 몇 마지기 부치기가
어찌두 이리 힘에 겨웠나.
기둥 썩어져가는 마가리 단간마저
우리 것이 아니였거니
어이 닥쳐오는 봄이면 봄마다
밭가는 사람들 눈에 눈물인들 없었겠나.

그러길래 새파란 고향의 하늘을
머리 우에 둥그러니 인 정들은 땅
옛집을 쫓겨, 쫓기워
갓난애 적부터 풀 한 포기라
조약돌 하나와도 더불어 숨쉬던
낯익은 동구 앞, 실개천을 뒤에 두고
북으로 흘러가던 지나간 날이여

—땅은 밭가는 농민에게!
슬픈 향토에 잠자던 모든 괴로운 일,

눈물 나는 마을의 전설일랑
인제사 풀섶 이슬처럼 사라져버리고

무연히 넓은 땅
시원히 맑은 공기,
올가을부터 벼이삭 한 톨에도
웃음이 흐르겠지. 기쁨으로 익어가겠지.

오, 수천 년을 내려오던 이 땅의
녹쓸은 쇠사슬 끊기고
정든 대지, 구수한 흙이여
너는 길이 우리네 품에 안기워라.

—1946.3

| 수록지면 |

* 안룡만, 『안룡만 시선집』, 조선작가동맹출판사, 1956.

파종의 노래

앞산에 아지랑이 가물거리오,
봄도 사월, 밭갈이철일레.
기름진 밭이랑 이랑마다
잔디풀 싹도 뾰죽뾰죽 돋아나네.

에헤야, 밭갈이 나가세.
옆집의 황첨지, 웃마을 김서방,
얼룩이 황소도 따스한 햇볕에
입김이 무럭무럭 영각을 하는구나.

참말루 이 봄은 기쁨의 봄,
할아버지의 할아버지 때부터
대대루 내려오며 내 밭 내 논이라군
거북이 잔등처럼 터진 이 손바닥만치두
못 가져본 우리 신세였다네.

여보, 마누라—
우리 이 봄부턴 내 땅에 씨 뿌리니
참, 기쁨인들 오죽하우
정성인들 어찌 들지 않겠소.

새나라 기둥을 닦는 셈치구
농사꾼들도 밭갈이하세.

농촌위원회 젊구 믿음직한
막둥이—그 녀석두 그러지 않던가.
　—령감님, 한 고랑 밭두
　　묵이잖구 갈아서 나라를 세워요…

그래, 보습이 없어 우리 일이 힘들면
거리 공장 동무들 밤에 낮을 이어
대장간 불에 달구어가며
몇 천 개건 만들어 보내준다지?
토지개혁 공작원으루 왔던 그 사람두
우리네사 농군들 잘 살아갈 이야기 했겠다.

점심 땐 아리랑 가락을
한 곡조 빼기두 하구
요전날 밤 배워둔 조합의 새 노래
멀리 산울림해가니
에헤야, 저무는 봄, 밭 갈아 씨 뿌리는 뒤 따라
복동이 녀석도 자국 밟기에 신바람 났구나.

구수하게 풍기는 흙내음새[1]
흐뭇이 사랑에 벅차고
참말루 기름진 땅은 밭 가는 사람들에게…
이렇게 올해는 풍년지라 뿌리는
씨 한 알에도 기쁨이 솟아라.

—1946.4

1 원문에는 '흙냄음새'로 표기되어 있다. 오식으로 보인다.

| 수록지면 |

* 안룡만,『안룡만 시선집』, 조선작가동맹출판사, 1956.

축제의 날도 가까와

—순아, 오늘부턴 새 생활이
　이 공장에도 찾아왔구나.
초지실 책임인 리동무가
웃음으로 던지는 말에도
순이 젖가슴은 기쁨에 젖는다.

—얘, 영남아, 너두 인제는
　어른과 같이 임금을 받고
—얘, 산월인 여섯 시간 일한단다.
직장 안 공기도 밝게 비치는데
참으로 오늘부터 우리들의 생활은
로동이 그대로 즐거움이 되리라.

이 나라 가난한 어린이
수많은 나이 어린 영남이
늬들에게도 새 살림이 시작되고
열다섯 산월이 두 빰에
기쁨의 열매가 복숭아처럼 열리리.

지나간 세월은 어두워,
어리던 시절부터 삯전 몇 잎에 팔려
종이 추노라, 고무풀 붙이노라
조그만 두 손마저

서리 맞은 꽃처럼 시들었거니
인제사 모든 것이 꿈과도 같아라.

그것은 새로운 력사가 찾아다 준
또 하나 기쁨의 날, 인민의 날,
웃음이 꽃으로 향내 떨치며 흩어질
풍만의 생활의 가지가지 이야기…

별과 샘과 풀포기
이름 없는 풀 한 포기도 기쁨에 젖는
오, 태양에의 길—

자유의 햇살이 이 땅에도 퍼지고
새로운 생활은 벌써
먼 신화가 아니라 우리 곁에서
이렇게 손 저어 웃고 있다.
들려오노니 북쪽나라 아름다운 노래,
수림처럼 무성하는 인민의 노래여.

우리 순이 젖가슴도
오늘은 기쁨에 함폭 젖어
또 하나 무거운 쇠사슬은 끊어졌다.
로력으로 쌓아올리는 건설의 길 우에
꽃피는 축제의 날도 가까와 온다.

—1947.7

| 수록지면 |

* 안룡만, 『안룡만 시선집』, 조선작가동맹출판사, 1956.

나의 따바리총[2]

따바리 불타는 총자루
앞세워 승승장구
三八(삼팔)선을 넘어
원쑤를 몰아 벌써
아득한 천리길

나의 따바리총이여
더웁게 단 총구멍
식혀줄 사이도 없구나

항복하지 않는 원쑤에게
복쑤의 섬멸전에 올라
싸우는 날과 날
놈들을 물리쳐
신생의 깃븜에 안기워 오는
해방구 동트는 아침

침략자를 물리쳐
저무는 저녁에
반짝이는 별빛
맞아주는 어느 지역

2 『영광을 조선인민군에게』 이외의 판본에서 이 시의 제목은 「나의 따발총」으로 변경되었다.

나의 따바리총이여
뜨라 따따…따
불길을 뿜어라 뿜어라
분노의 불길
증오의 화염을!

토-치카 진지에 육박하는
백병전의 돌격을 앞두고
원쑤의 관역을 겨눠
일제히 사격
한 눈을 나즉이 감고 보내는
총탄 총탄…

인민의 이름으로 한 알
조국의 이름으로 또 한 알
원쑤에의 미움에 불길 뿜어라

놈들의 거점 대전 성새
짓부시고 다시 전진
눈앞에 열리는 무연한 벌판
호남평야 너른 벌이여

이곳은 내 사랑하는 동지
우리 당 대렬의
용감했던 동무의 요람터

야산지대 낮은 구름

잔솔닢 우거진 언덕을 타고
빨찌산으로 싸운 청년

진지를 옮아 태백산 준령
떡갈나무 우거진 아지트에서
우리의 진격을 맞아준 청년

굳은 악수와 함께
다시 총자루 어깨에—
(원쑤에게서 빼앗은 엠·원총 자랑하며…)

행군의 길 너는 나에게
락동강 줄기 흘러내린
어느 고요한 마을이 네 고향이랬다

이 나라 용감한
빨찌산 청년

그가 몇 날 전의 포위전에
앞장서 나아가다 쓰러질 때
마지막 부른 목소리
—김일성 장군이시여—
저는 끝까지 승리 속에 전진합니다…

마음의 태양으로
우러러 그리웁던 이름
조국의 이름과 함께

수령을 불렀더니라

나의 따바리총아
사랑하는 동지의 이름으로
또 한 알!
퍼부어라 불길 뿜어라

별빛 총총한 야음을 타서
포복전진의 길
풀 향기 그윽히 풍겨오는
산등성이 잔듸밭
먼동이 트면 이슬도 반짝!
동무의 추억에 빛나고

바라보면 저— 해안선
눈앞에 다가서는
우리나라 남쪽 끝 수평선이여

나의 따바리총! 가자
대구 전주를 거쳐
려수 목포 부산으로
아니 제주도 끝까지
가자 나의 따바리총!

| 수록지면 |

*『영광을 조선인민군에게』(종합시집), 조선인민군 전선문화훈련국, 1950.
『서정시선집』(종합시집), 조선작가동맹출판사, 1955.
안룡만, 『안룡만 시선집』, 조선작가동맹출판사, 1956.

『조선은 하나다』(종합시집), 문예출판사, 1976.
『해방후서정시선집』(종합시집), 문예출판사, 1979.
『조선문학』 692호, 2005.6.

포화소리 드높은 七(칠)백 리 락동강에

락동강 푸른 물결
굽이돌아 七(칠)백 리
흘러흘러 七(칠)백 리
령남의 가을 하늘도
돌격이 벌어져 몇 날이런가

부대는 이 밤
물결을 건넌다. 강을 건넌다.
출렁출렁 파도치며
풍만히 넘치는 물결
낭떠러지 골짝을 스치며
용용히 흐르는 강물—

기름진 옥야천리를 꿰여
어머니의 따사로운 젖줄기인가.
푸르러 맑은 락동강아.

이 나라 고난의 날
살뜰히 정들은 고향 마을과
아름다운 류역의 언덕배기와
사랑하는 요람의 터전을 뒤에 두고
겨레들이 밤이면 밤마다
쪽박을 차고 북행차에 올라

류랑의 슬픈 노래 울리며 가던 강이여

우리 영웅의 대오는 시방
네 물결 네 품을 찾아왔다.
원쑤를 무찔러
장대한 포위 섬멸전의
마지막 결전이 벌어진 곳
아, 정의의 포화소리
은은히 대공을 찢어 드높은
너 七(칠)백 리 락동강에—

영예로운 승리의 제一(일)선
삼엄히 치켜든 총창 앞세워
오늘도 남으로 향한 길 우,
어깨 가지런히 나아가는
빨찌산 청년인 그가
오매에도 못 잊어 그리웁던 고향의 강물,

락동강이여
너는 자랑하라.
푸른 물결 스치는 모래장반을
어린철 보금자리로 자라난 청년이
폭압의 선풍이 휘몰아치던 날
지리산 산발을 타고 넘으며
이깔나무 깊은 밀림 아지트에서
불타는 신념으로 싸워온 이야기를!

눈보라 길로 쌓이는 삼동 긴 한철
주림과 박해에 쫓기면서도 이어진
빨찌산 전투 속에
달빛도 없는 밤 북극성을 우러러
밝아오는 북녘 건설의 땅을 우러러
힘차게 싸워 왔거니

네 물줄기 흘러내리는
성주 고령 황간을 지나
고향의 언덕에 이르렀을 그때,

눈앞에 벌어진 폐허의 마을과
쓰러져 다시 일지 못하는 안해와
목숨을 걸고 싸우던 동무의 무덤 앞에
다시 맹세를 새롭히며
우리 부대의 전진을 앞장서 돌격했도다.

오, 락동강 푸른 물결
영원한 어머니의 흐름이여

포화소리 울린다. 불꽃이 튄다.
사단포는 포효하고
땅크 부대 지동친다.
장엄타. 밤을 이어 싸워진 승리의 포성!
가렬타. 새벽으로 전진한 돌격의 함성!

강철의 성새, 영웅의 대렬은

원쑤를 무찔러 앞으로, 앞으로…
우리 전사들이 울리는 고함 소리에
력사의 새벽이 동트고 승리는 밝아온다.

강아, 네 류역 七(칠)백 리에
동트는 려명과 함께
노래하라. 찬양하라.
우리의 아름다운 강토 우에서
남쪽 끝 수평선 다도해 지나
제주 한라산 저 멀리
조선해협 현해탄 거센 파도 끝까지

평화의 깃발을 날리며
자유의 광망을 뻗치며
승리의 노래 울리며
원쑤를 내몰아 우리는 전진하리라.

영원히 조국의 승리와 함께 빛날
락동강—
영웅의 강이여
청춘의 흐름이여

—1950

| 수록지면 |

* 『서정시선집』(종합시집), 조선작가동맹출판사, 1955.
안룡만, 『안룡만 시선집』, 조선작가동맹출판사, 1956.
『해방후서정시선집』(종합시집), 문예출판사, 1979.

마산포 제사공 누이에게[3]

어느 날 한 장의 신문을
펴들고 나는 보았다.
남해의 수평선이 한눈에 안겨 오는
마산포 바다'가 해안선에
자리 잡은 제사공장 누나들
싸움에 일어선 소식을.

마산포는 그리운 내 고향
구 마산의 선창을 지나
고개 하나 넘어서면
바라보이는 자그마한 공장 그림자—

내 어렸던 날의 이야기였다.
보름'달처럼 얼굴 둥근
우리집 누나가 빚값에 팔려
달 밝은 가을밤 울며 울며
공장 담 안으로 들어갔었다.

그래도 빚을 갚는 날에는
사철 맨발 벗고 노는
어린 동생에게 고무신 한 켤레

3 『조선문학』 이외의 판본에서 이 시의 제목은 「마산포 제사공 누나들에게」로 변경되었다.

사 보내주마고 말하더니
또다시 가을밤 보름'달이
누나의 얼굴처럼 둥글게 비쳐도
아무런 소식 한 장 없던 누나…

그해 겨울 눈 내리는 저녁
기침을 깇으며 집에 돌아와
쓸쓸히 죽어간 우리 누나,
누나의 한 많은 넋이
오늘도 잠들지 못해 누워 있을
내 고향 마산포 바다'가

해안선에 솟아 있는 공장에서
왜놈 때보다 더 가혹한 착취와
모진 고역에 쓰러지고 있을
내 고향 제사공 누나들아,

그대들은 드디어 일어섰구나.
보얀 안개마냥 해'볕 가리워
떠도는 솜'가루와 먼지에 싸여
턱턱 숨이 막히는
하루에도 그것은 열 몇 시간
실을 뽑느라 시달리던 누나들이…

지옥 같은 공장의 담'벽 안
감옥살이 하듯이 갇히운 채
마음대로 문 밖에 나서지도 못 하고

자유 잃은 꽃나이 누나들이
얼마나 참고 참아 왔길래
소리소리 분노로 웨치는 거냐

마산포는 사월의 봉기
도화선에 불을 달은 영웅의 땅,
굴할 줄 모르는 내 고향 사람들이
피 흘리며 쓰러진 거리—

바다'가 모래장반에
이른 봄 봄마다 피여나는
동백꽃 붉은 꽃'잎처럼
제사공 누나들 뜨거운 마음이여
싸움의 불씨를 안고 타올라라.

항쟁의 영웅들 흘린 피
헛되이 짓밟고 인민을 속이는
군사 파쑈 악당들을 향해
노한 파도마냥 웨치며 나아가는
내 고향의 누나들아,

그대들 꽃다운 몸이
그대로 투쟁의 도화선이 되여
남녘 땅 형제들과 함께
타올라라, 싸움의 불'길로!

| 수록지면 |

*『조선문학』 199호, 1964.3.
안룡만, 『새날의 찬가』, 조선문학예술총동맹출판사, 1964.
『잊지 말자, 행복할수록』(종합시집), 문예출판사, 1976.

락원산수도

문지령 아득한 고개'길 넘어서면
성굴령 벼랑이 앞을 막는 산'길,
산'길 굽이굽이 령마루에 올라서니
눈앞에 안기는 비래봉 높은 봉우리…

예가 바로 황금산 자랑 많은 곳
굽어보면 벽동과 동창으로 가는 길이
갈라지는 산턱에 자리잡은 창성은
오붓하니 정다운 자그만 마을인데

때는 초가을 심심산촌에도 좋은 시절
머루 다래 돌'배랑 산열매 무르익어
그윽한 향기 떠도는 골짜기마다엔
젖소 울고 토끼 무리져 뛰노는 산'골,

물어보자, 무릉도원 예 아니뇨?
다름아닌 락원동산 산수도로다.
산과 물이 아련히 그림처럼 떠오르니
한 폭의 아름다운 그림이로다.

어찌 산과 물이 좋아서만 락원이랴.
오랜 세월 버림받던 산열매로
맛 좋은 발효주 만들어 마시며 사람들은

불로주라 부르니 그림 속의 신선 같아라

하얀 차돌을 돌돌 굴리며 흐르는
강물을 끼고 자리잡은 공장들마저
우리 시대 산수도 새 풍경을 보는 양
진정 아름다와라. 황금산의 오늘은!

즐거움 넘치는 새 살림 속에
기쁨으로 꽃 피는 노래의 동산—
아, 그이는 창조하셨네.
이 궁벽한 산촌에 락원산수도

굽이굽이 높은 벼랑'길 감돌아
찾아오신 수상 동지께서는
한낱 색갈과 선으로가 아니라 인간의 생활로
여기 금'빛 찬란한 락원을 펼치셨구나.

| 수록지면 |

* 『시문학』 9집(1963년 3집), 1963.10.
안룡만, 『새날의 찬가』, 조선문학예술총동맹출판사, 1964.
『해방후서정시선집』(종합시집), 문예출판사, 1979.

평론 **투쟁과 랑만의 노래**

『안룡만 시선집』을 읽고

리맥

압록강반에 자기의 생활적 토대를 두고 있는 시인 안룡만은 20여 년간의 시 창작에서 거둔 우수한 성과들을 이 한 권의 선집 속에 묶어놓았는바 이 선집은 우리의 사회주의적 사실주의 시문학 발전에 커다란 기여를 하고 있다.

시인 안룡만은 자기의 시 창작의 첫 시기부터 철저하게 사회주의적 사실주의 창작방법에 의거하였으며 현실의 위대한 거류 속에 뛰여들어 자기의 다정다감한 서정적 내면세계를 자유분방하게 노래하였다.

그의 창작은 1930년대로부터 시작되였다.

이 시기는 김일성 동지를 비롯한 견실한 공산주의자들에 의하여 전개된 항일유격투쟁에 고무되여 국내 방방곡곡에서도 로동운동과 농민운동이 더욱 세찬 불'길을 높이던 시기였으며 또한 우리의 사회주의적 사실주의 문학이 우리 문학의 주류를 이루고 확고하게 자기의 지반 우에서 발전하여 가던 시기인 것이다.

시인 안룡만은 바로 이러한 시기에 직접 혁명적 거류 속에 뛰여든 생활의 한 주인공이기도 하였다.

그는 학생운동에 참가하여 중학교에서 쫓겨났으며 그 후로는 직접 로동생활 속에 뛰여들어 로동운동에 참가하여 자기 자신을 사상적으로 단련하였다.

그의 초기의 작품은 바로 이러한 자신의 생활이 그대로 반영되였다.

가장 매력 있는 지구였다. 강동은…
공장지대 낮은 하늘을 옆에 끼고
아라가와의 흐릿한 물'살을 안은 지대다.
수천 각색 살림의 노래와 감정이
먼지와 연기에 싸인 바람에 스며드는 거리
이곳이 내 첫 어머니였다.

이렇게 시작되여

광막한 대륙의 한 모퉁이에 끼인
이 강산에도 봄이 찾아왔다.
압록강도 녹아 떼'목이 흘러내린다.
조선의 뻗친 젖가슴 속에 꿈을 깨며 자라나는
처녀지의 기록을 품 안에 안아주려고—

오 강동이여
나는 네 회상 속에 불'길을 이루어 간다.

라고 끝난 그의 처녀작 「강동의 품」은 그의 높은 사상성과 예술적 형상성으로 하여 해방 전 우리 사회주의적 사실주의 시문학의 금자탑을 장식한 작품의 하나이며 오늘 우리 인민이 애독하고 있는 작품의 하나로 되고 있다.

시인은 이 짧은 한 편의 서정시 속에서 투사—시인의 열렬한 투쟁정신을 보여주면서 동시에 간고한 시련 속에서도 래일의 확고한 승리의 신심을 품은 당시의 혁명적인 우리 로동계급의 고상한 정신세계를 훌륭히 노래하였다.

사회주의적 사실주의 창작방법이 그 이전의 사실주의와 구별되는 주요한 요인의 하나는 바로 현실을 력사적 구체성 속에서 묘사할 뿐만 아니라 혁명적 발전 속에서 묘사하면서 구체적이며 과학적인 투쟁의 방법까지도 밝혀주는 데 있다.

아직 20년대의 우리의 많은 시인들은 사회주의적 사실주의 창작방법에 의거하면서도 자신의 사상적 제약성으로 말미암아 적지 않게는 내부적인 자체 사상투쟁의 흔적을 적지 않게 보여주었다면 시인 안룡만은 첫 출발부터 명확한 사회주의 리상을 가졌으며 거기서 령감의 원천을 개척하고 있는 것이 특징이다.

그의 이 첫 작품이 보여주는 바와 같이 시선집에는 바로 로동계급의 해방과 자유를 위한 혁명투쟁에 자기의 운명을 위탁하고 있는 시인의 혁명적이며 락관적인 빠포쓰가 세찬 물'결처럼 굽이치고 있다.

저녁의 지구는 소란하다.
서산의 빨간 노을을 비친 강물…
기울어진 황혼이 엷어간다.
저녁 짓는 소리에 섞여 아낙네들의
여덟시—기쁨의 싸이렌을 기다리는

가슴의 즐거운 정열이 떠돈다.
나의 신경은 날카롭게 시달리였다.
지구의 이곳저곳을
살림의 음향과 노래를 찾아 헤매였기로.
어떻게 나의 가슴의 피'줄은 뛰고
감정의 물'결이 이리도 높은 것인가.

………
녹아내리는 대지 속삭이는 바람.
백은색의 공장 연기—
싹트는 풀'잎은 희망을 아뢰고
나는 네 풀, 자연의 향기 속에
근로자들의 가슴을 생각한다.
새 정열로 끓는 감정을 너는 키워가는 것이리.

그는 「저녁의 지구」에서 이와 같이 선명한 색조로 자기의 사상을 밝히면서 락천적인 기백을 다정다감하게 노래하고 있다.

「봄의 캇따부」에서는 또한 자신의 로동생활의 묘사를 통하여 현실에 발을 붙이고 투쟁하고 있는 당대 우리나라의 로동계급의 정신세계를 여실히 노래하고 있다.

…봄의 서곡,
나는 캇따부를 돌린다—.

오늘'밤 분회 첫 모임을 가질
넘치는 기쁨으로 스위치 누른 후
기계소리 곡조 따라
나의 즐거움에 찬 가슴은 뛰논다.

………

나는 사랑치 않을 수 없다.
하얀 증기를 다북히 띄워
봄'볕 스며드는 직장 안 공기—
피대'줄의 소란한 움직임…
이 속에서 녀공들 노래소리가
남공의 귀를 째는 휘파람에 섞인다.

우리는 이 시가 발표되던 30년대 중엽에 부르죠아 반동 작가들에 의하여 형식주의, 자연주의의 각종 반동 작품들이 반동 출판물들의 지면을 채우고 있던 사실을 념두에 둘 때, 카프문학에서 배우면서 철저히 과학적 사회주의 리상에 의거하여 창작을 일관한 안룡만의 창작활동을 자랑스럽게 말하지 않을 수 없다.

그는 형식주의, 자연주의 등 반동문학이 일제의 사상 선전에 복무하는 '무기'로 되고 있을 때, 영광스러운 사회주의적 사실주의 기치를 영예롭게 고수하여 반동문학에 투쟁의 예봉을 돌린 것이다.

안룡만의 시는 혁명적 사상으로써만이 아니라 능숙한 기교와 예술성으로써도 사회주의적 사실주의 창작방법의 우월성을 중시하였다.

해방 전 그의 작품은 작위적인 꾸밈과 허식을 모르며 소박하고 생동하게 자기의 심오한 정신세계를 개방하면서 그의 진실성으로 하여 독자들에게 공감을 불러일으키였다.

「옥의 능금볼」에서 그는

사랑하는 압강 지구의
나직한 숲과 풀포기 우거진 언덕,
여름날 푸른 하늘은
알알이 빛나는 방울의 바다 같다.

련락을 맺은 시내'가 수풀엔
자작나무 느티나무 이파리 늘어져
싱싱한 풀냄새 흐르고
어린잎에 테둘려 오늘도 피였을가?
옥의 량볼에 새겨지는 웃음 자국이—

………
오, 리별에도 오히려 굳세게
더욱 미더운 우리들의 사랑을, 사랑의 열매를

지구의 제비야, 이 밤도
등사판 기름에 파묻혀 삐라를 찍어낼 동무들,
고난의 날을 뚫고 싸워가는 그들의 가슴에
메달처럼 꽂아주어라. 꽂아주어라.

라고 노래하면서 투쟁 속에서 래일의 꿈을 기르고 있는 청춘의 랑만을 꾸김새 없이 혁명적 락천성과 심오한 서정성으로 개방하고 있다.

이와 같이 해방 전의 이 시인의 시가 도달한 높은 사상예술성은 두말할 것도 없이 이 시인이 현실의 관조자거나 또는 다만 목격자인 것이 아니라 직접 혁명의 거류 속에 뛰여든 데 있는 것이다.

우리의 사회주의적 사실주의 문학의 위력은 바로 작가가 현실에 발을 붙이고 과학적인 사회주의 사상을 자기의 신념으로 하고 있는 데 있다.

일제의 가혹한 탄압 속에서 부득불 자기의 창조적 정열을 억제당함으로써 창작활동을 중지하였던 시인 안룡만에게 있어서도 8·15해방은 그의 사회주의적 사실주의 시가의 개화를 가져다주었다.

8·15해방 후 시인은 자유분방하게 자기의 혁명적 정열과 예술적 재능을 발휘하기 시작하였다.

이 땅의 어느 자그만 마을
어느 이름 없는 동네고
낡은 초가지붕을 가리우는 미루나무
나무 아지마다 봄'빛 드리워
눈 녹는 땅도 기쁨에 부풀었다.

손'바닥만 한 논밭 몇 마지기 부치기가
어찌두 이리 힘에 겨웠나.
기둥 썩어져가는 마가리 난간마저
우리 것이 아니였거니
어이 닥쳐오는 봄이면 봄마다

밭가는 사람들 눈에 눈물인들 없었겠나

………

무연히 넓은 땅
시원히 맑은 공기,
올가을부터 벼이삭 한 톨에도
웃음이 흐르겠지. 기쁨으로 익어가겠지.

오, 수천 년을 내려오던 이 땅의
녹쓸은 쇠사슬 끊기고
정든 대지, 구수한 흙이여
너는 길이 우리네 품에 안기여라.

그는 해방된 이 땅 농민들의 감정을 자기의 시 「대지」에서 이렇게 노래하였다.

또한 「동지에의 헌사」에서는 투쟁으로 하여 보람찼던 해방 전의 생활을 회고하면서 전우이며 동지였던 한 당원에게 해방의 기쁨과 감격, 그리고 새로운 투쟁의 맹세를 토로하고 있다.

우리들의 빛나 오르고 자랑스러운
그러나 고난에 찬 싸움으로
그날마다를 누벼가는 수많은 동무들의
뜨거운 입김, 끓는 정열이
꽃처럼 풍기는 회관—당부에서

한 부서를 지켜가는 동지여

………

해방의 날로 너는
다시 이 국경의 강반에서
우리들과 손을 맞잡고
지구의 공장에 세포를 하나 둘 뿌리박아 가는구나.

잠자는 몇 시간을 내놓고
네 생활과 기쁨을 일에 바치여
해방의 첫 겨울은 어려운 고비도 많아
당 회관엔 난로'불도 없이 추운데
한밤을 떨리는 손으로 보고를 꾸미였고

………

사랑하는 동지여
혁명의 아들인 너는 판가리 결전으로
당이 부를 때,
투쟁의 바리케트 우에
자유의 기'발을 높이 날려라

이 동지에게 보낸 헌사는 그대로 시인 자신의 맹세이기도 하며 이 시에서 우리는 해방 직후 어려운 난관과 애로를 뚫고 나아가면서 인민의 앞장에서 민주개혁을 위하여 밤'잠을 모르고 투쟁하던 우리 당원들의 불굴의 기개가 여실히 묘사되고 있다.

해방 후 이 시인이 창작한 시가에서 찾아볼 수 있는 특징의 하나는 역시 해방 전 작품에서부터 보여준 높은 혁명적 정열과 랑만이 맥맥히 굽이치고 있는 점이다.

확실히 시인 안룡만의 개성적 특질은 현실에 튼튼히 발을 붙이고 있는 그의 랑만주의적 요소이다.

이것은 시인의 풍만한 내면세계와 높은 시정신에서 유래되는 특질인 것이다.

그리하여 이 시인의 시에서는 사실주의적 심도보다도 선명한 색조와 폭넓은 상상력과 비유에서의 대담성 등이 특징적으로 나타나고 있다.

별과 샘과 풀포기
이름 없는 풀 한 포기도 기쁨에 젖는
오, 태양에의 길—

자유의 해'살이 이 땅에도 퍼지고
새로운 생활은 벌써
먼 신화가 아니라 우리 곁에서
이렇게 손 저어 웃고 있다

—「축제의 날도 가까와」에서

아직도 산봉엔 흰 눈이 차건만
이른 봄'빛 새여드는 회관은 정열로 끓고
뜨겁게 타는 눈들이 번개를 불러…

맹세도 굳다. 대지 우에 영원한 봄을 가져오려
인민의 원쑤와 끝까지 싸우리라…고.

—「당의 기'발 밑에」에서

기쁨의 한 장, 한 장—
이는 행복의 꽃포기다. 별이다.
그리고 원쑤에게 던지는
　평화의 선언!
　　승리의 총창!

오 새 나라 공채여
우리의 미래, 우리의 희망이여

—「행복의 약속」에서

이상과 같은 표현들에서 보여주고 있는 "태양에의 길", "자유의 해'살", "번개를 불러", "영원한 봄", "행복의 꽃포기다 별이다" 등 묘사는 흔히 개념과 추상으로 하여 진실성을 훼손시킬 수 있는 묘사이나 이 시인에게 있어서는 성공적으로 구사되고 있으며 결코 진실성을 훼손시키지 않고 있다.

이 시인의 이러한 강렬한 혁명적이며 랑만적인 빠포쓰는 위대한 조국해방전쟁 시기의 창작들에서 더욱 개화되여 갔다.

그는 비록 손에 직접 총을 들고 전선에 서 있지는 않았으나 그의 시는 언제나 전사들의 생활 속에서 그들의 생활과 더불어 숨쉬고 있었고 따라서 그는 시로써 전쟁에 참가하였다.

「나의 따발총」에서 그는

먼동이 트면 이슬도 반짝!
동무의 추억에 빛나고
바라보면 저 해안선이
눈앞에 다가서는
우리나라 남쪽 끝 수평선이여

나의 따바리! 가자
대구, 진주를 거쳐
진해, 목포, 부산으로!
아니 제주도 끝까지
가자, 나의 따바리!

라고 노래하면서 싸우는 전사들과 기쁨과 슬픔을 함께 나누고 있으며 전사들과 더불어 조국해방의 위업을 위한 맹세를 다지고 있다.

「포화소리 높은 7백 리 락동강에」에서는 또한 풍만한 상상의 세계에서 영웅적 우리 전사들의 영용한 투쟁 모습을 진실하게 묘사하고 있다.

이와 같이 이 시인은 자기의 시 창작의 전 행정을 통하여 시인이며 동시에 투사로서의 자기의 고상한 내면세계를 노래하고 있으며 랭담과 정지를 모르는 억센 투지와 락천주의적 기백으로써 자기의 시를 예리한 사상투쟁의 무기로 되게 하고 있다.

그러나 이 시선집을 읽으면서 나는 이 시인에게 요구하고 싶은 점도 많다는 것을 감출 수 없다.

왜냐하면 우리의 사회주의적 사실주의 시문학 발전에 큰 기여를 한 이 시인이 어찌하여 최근 년간의 창작에서 저조성을 보여주고 있으며 침체 상태에 머무르고 있는가 하는 것이다.

이 선집에 수록된 전후 기간의 시들과 특히는 최근 시기의 시에서 특히 그러한 감을 절실히 느끼게 된다.

구체적 시편을 일일이 례거하기보다 우선 그 원인을 찾아보는 것이 무엇보다도 중요하다고 생각된다.

사회주의적 사실주의 창작방법은 결코 고정된 틀은 아니며 그도 현실과 함께 발전하는 창작방법인바 그것은 작가들에게 무한한 창작 세계의 개척과 심오성을 담보해 준다.

시인 안룡만의 경우에 있어서는 이러한 창작 세계의 발전 흔적이 적게 나타나고 있다. 이 선집을 읽으면서 우선 너무나도 시'적 소재가 협애하며 그의 형식과 표현수법에서 단조로운 감을 느끼게 되는 것을 어찌할 수 없다.

시'적 소재가 협애하다는 것은 무엇을 의미하는 것인가? 그것은 생활령역이 협애하다는 것을 말할 것이다.

시인 안룡만의 시가 그의 절절한 혁명적 정신과 락천적인 빠포쓰로써 우리에게 많은 긍정적인 시사를 하고 있으나 그것이 구체적 생활 속으로 깊이 들어가지 못한 데서 독자들의 미학적 감정의 수요에 충족을 주지 못하는 결과를 가져오고 있는 것이다.

계속 부단한 현실 탐구의 노력을 기울이지 않을 때 서정시도 자기의 불새와 같은 날개를 펴지 못한다는 것은 응당한 일이다.

시인 안룡만의 경우를 생각할 때 이미 축적된 기성 지식과 생활감정에 매달려 그 기성관념에서 발전하는 현실을 대하고 있는 듯한 감을 느끼게 되는 것이다.

형식은 바로 그의 내용이 결정하여 주는 것으로서 새로운 생활적 내용의 개척은 곧 형식의 다양성을 보장하는 길을 또한 개척하게 해주는 것이다.

이전 시기 시가에 비하여 최근 시기에 이 시인의 서정이 고갈되여 가고 있는 것도 바로 생활과 유리되여 가고 있는 구체적 표현이다.

현실생활은 바로 우리 사회주의적 사실주의 시가의 어머니로서 마르지 않는 서정의 젖줄기는 바로 어머니—현실생활만이 줄 수 있다.

또한 이 시선집을 읽으면서 우리가 교훈을 얻게 되는 것은 우리 시인들이 부단히 맑스—레닌주의 리론과 그의 미학을 심오하게 연구하는 문제가 중요하다는 것을 새삼스럽게 느끼게 한다.

객관적 현실을 정확히 리해할 수 있는 맑스—레닌주의 리론과 그의 미학을 소유하지 못한다면 계속 전진하는 우리의 현실을 우리가 정확히 리해할 수 없는 것이다.

이 시선집에 게재된 최근 년간의 창작에서 특히 새것에 대한 민감성이 예리하지 못하며 고태의연한 감을 주는 것의 원인의 하나는 곧 자신의 미학적 소양을 제고하기 위한 노력이 부족한 결과라고 생각하게 된다.

나는 끝으로 시인 안룡만이 보다 생활 속으로 깊이 침투하고 자기의 예술적 소양을 높이기 위한 투쟁을 완강하게 전개함으로써 자기의 혁명적 시가의 보다 생신하고 다양한 개화를 보장하여 우리의 시문학 발전에 더 큰 기여를 해줄 것을 간절히 바란다.

—『조선문학』 137호, 1959.1

기타 참고문헌

김우철, 「발문」, 『안룡만 시선집』, 조선작가동맹출판사, 1956.
『문학대사전』, 사회과학출판사, 1999.
『조선대백과사전』, 백과사전출판사, 1995~2004.

안창만

1935년 자강도 강계시에서 출생했다.
1955년 전국문학작품현상응모에 1등으로 입상하며 시를 발표하기 시작했다.
개인시집으로 『삼도만의 봄』(서사시)(1987) 『조선은 하나다』(2002) 등이 있다.

| 시 6편 |

백발의 양주공

하얀 위생복 앞섶을 날리며
백발의 로인은 포도주통을 살핀다,
—맛이 더 좋아지는가?
　빛이 더 붉어지는가?

한 잔 맛본 로인의 얼굴
확 달아올라, 마치도 젊음이 되살아난 듯…
그래도 로인은 마음 놓이지 않아
포도주와 밤을 지새워 이야기한다.

창밖은 밤하늘 별이 빛난다.
별에 닿을 듯 치솟은 새 집 새 집들…
아, 로인의 눈엔 이슬이 빛나누나!
진정 삶을 느끼는 로동의 마음에도

이 보람 모르던 지난 세월
로인은 얼마나 살기 고되였던가,
로인의 피를 뽑듯 이 술통에서
부자놈들 살진 배를 채울 적에는—

기쁨에 넘치는 로인의 마음에도
포도주는 철철 넘치는데
홍기 찬 로인은 생각에 잠긴다,

부딪치는 잔마다 자랑 높은 증산의 축배 되게,
젊은이들의 행복한 잔치'술 되게
그리고 달큼한 이 술에 취해선
이 땅의 기쁨을 더 알게 하리라고.

맛은 더욱 달콤해지고
빛은 더욱 붉어만 져도
로인은 술통을 떠나지 않는다
새 생활의 불로주 되긴 상기 멀은 듯싶어

창밖엔 어느새 웃음 짓는 새'별…
또 하루 젊어진
로인을 반겨 웃는다.

| 수록지면 |

* 『청년문학』, 1958.5.
안창만, 『조선은 하나다』, 문학예술출판사, 2002.

그대의 눈'동자에 빛나던 그 모든 것이…

항일투사 리순희 동지에게

그대의 눈동자에 빛나던
그 모든 것이 여기 있노라
자유로운 조국
그이를 모신 사회주의나라
화려한 도시
꽃 피는 산과 들
아이들의 명랑한 웃음소리…

단발머리를 바람에 나붓기며
그 다감하고
정열에 끓는 가슴을 내밀며
승리한 날을 노래 부르듯
미래를 웨치고 웨치던
사형장의 그 언덕에서

그대를 포승 지운
교형리들의 낯짝이 공포에 떨고
그대의 최후를 바래우는
마을사람들의 가슴이 맹세로 불탈 때
그대는 높뛰는 심장을 안고
오늘에로 오늘에로 날아왔어라
간곡한 부탁을 말하는 듯

아, 그대의 맑은 눈동자에 어렸던
그 모든 것이 여기 있노라
투사여,
그 다감한 가슴으로 안으시라
꽃다운 젊음을 바친 이 땅을,
그대의 심정을 이어 싸운
조옥희의 노래소리 울리는
저 사랑하는 구월산을 어루만져도 주며
저기 넓은 운동장에서 뛰노는 아이들의
붉은 넥타이도 바로잡아주며…

일터로 가는 우리 머리 우
저 높은 옥상에 펄럭이는
붉은 기'발 속에서
그대는 언제나 깨우쳐 주는구나
가장 참다운 삶과
가장 아름다운 청춘을!
그대의 눈'동자에 빛나던
그 모든 것이
더더욱 눈부시게 꽃피도록…

| 수록지면 |

* 『문학신문』, 1963.4.12.
안창만, 『조선은 하나다』, 문학예술출판사, 2002.

오가산 밀림에서

려로에 올라 령을 넘는
내 마음을 잡고 놓지 않는구나,
자강 땅의 높은 련봉들을 떠 이고
와수수 설레이는 오가산의 밀림이여
너는 이 고장 사람들의 사투리처럼
거칠면서도 부드러운 그 음향으로
매일과 같이 누구와 이야기하느냐?

불타는 저 태양에게
너의 장엄한 노래를 들려 주느냐
밤마다 은'빛 팔로 너를 애무해 주는
아름다운 달님에게
사나이의 거센 노래를 불러 주느냐
네 가지마다에 반짝이는
별들에게는 또 무슨 이야기를 하느냐?

산'발을 스치는 바람은
네가 내쉬는 숨'결,
산'발을 감도는 안개는
네가 뿜는 입김,
울울창창한 네 기상을 지니고
호랑이가 벼랑을 달린다
너의 온갖 소리를 자장가로 들으며

사슴의 뿔이 자란다

태고연한 밀림—
억센 가지를 펼쳐 든 참나무들이여
아름드리 이깔나무, 가문비나무들이여
너를 수호하는 창검인 양 꼿꼿이
하늘을 찌르며 솟은 락엽송들이여
소나무 숲, 절개의 상징이여
백학처럼 하얀 옷을 펼쳐 입은
소붓한 봇나무들이여

생김생김은 서로 달라도
오직 한 가지 푸른 잎으로
산을 물들이고 하늘을 물들인
대자연이여!
반만 년 긴긴 세월 억천만 번
사나운 우뢰가 너를 후려갈기고
설한풍이 너를 덮치였어도
그 힘찬 뿌리로 땅을 짚고
내 나라 북변에 더 크게 자라면서
설레고 있구나 오가산의 나무들이여

저 높은 하늘에 날으는 수리개는
년륜도 찬란한 네 기둥이 키운 것이다
후조들은 철따라 멀리 날아가지만
더워도 추워도 네 품을 떠나지 않는
저 귀여운 새들의 성미를 너는 가르쳤다

간간이 새여 드는 해'살을 모두 주어
깊은 골짜기에도 진달래를 꽃 피우는
너는 어머니 품같이 자애롭기도 하여라

이 나라 아들들 너를 닮아서
풍파에 쓰러질 줄 모르고
청청한 기백이 하늘에 닿지 않는가,
싱그러운 네 숲에서
이마의 땀은 다 식었으나
가는 길 재촉하는 가슴은
가슴은 뜨겁고, 넓어지누나!
동해를 안은 백두와 금강을 안은
이 가슴에 널직이 자리를 잡고서
오가산 밀림이여, 설레이거라!

—1965.6.23

| 수록지면 |

* 『영광의 길 우에』(종합시집), 조선문학예술총동맹출판사, 1965.
『해방후서정시선집』(종합시집), 문예출판사, 1979.
안창만, 『조선은 하나다』, 문학예술출판사, 2002.

초병

그렇게도 정답게 그렇게도 사랑스럽게
그대가 안고 있는
아, 그것은 자동보총!
그대가 사랑하는 그만큼
원쑤들이 무서워하는 혁명의 무장을
억세게 틀어쥐였구나 이 나라의 초병이여.

사납게 밀려드는 파도를 산산이 부셔버리며
바다가에 치솟은 절벽처럼
그대는 서 있다 원쑤와 가슴을 맞대고—
그대는 지켜 섰다
거창한 생활이 굽이치는 이 땅, 맑고 푸른 저 하늘
위대한 태양 아래 꽃펴나는 귀중한 모든 것을.

증오의 불 이글거리는 그대의 눈동자 앞에
겁에 질린 원쑤놈들
방선 저 너머 제 소굴에 틀여박힐 때
림산마을 아이들을 태운 통학렬차가
산새 우짖는 산굽이를 에돌고
그대가 바라는 그대로 이 땅은
아름다운 노래와 기쁜 얼굴들을 한껏 껴안았어라

비단천 물결 우에 새 혁신을 수놓아가는

직포공 처녀들의 알뜰한 일손을 그대는 보위한다
우리의 존엄을 상징하며
품위 높은 금강석이 쏟아지는 우리의 광산과
우리의 지혜로 끓여내는 붉은 쇠물을 보위한다
제 머리로 사고하고 제 힘으로 나아가는
우리 인민의 성스러운 위업을 보위한다

지주놈의 돌밭에서 가대기를 멘 채 숨진
그대의 할아버지가 품고 간
가슴 저린 그 원한을 풀어주듯이
고향의 논판 우에 높이 쌓이는 벼낟가리,
그 벼낟가리 앞에서 수령님께 감사드리며
그대 어머니의 두 볼에 흐르는
뜨거운 눈이슬을 그대는 지켜 서 있다

그대 마음 때로는
명절처럼 흥성이는 그 어느 거리의 출근길에 오른 듯
무연한 간석지 우에 비끼는 저녁노을 속을 걸어가는 듯
그럴 때면 어째선지
동생에게 넘겨주고 온 뜨락또르 조종간이런 듯
총탁은 더더욱 애틋해지고…

초병이여, 그대는
이 땅에 넘치는 그 모든 생활을 누구보다 사랑하기에
그토록 억세게 총창을 틀어쥐고 있는 것이 아니냐,
목숨 바쳐 보위하는 그것으로 하여 그대는
인민과 함께

자력갱생하는 이 땅의 그 모든 생활
그 모든 재부를 창조함이 아니냐

그대 지금 천리방선에 서 있어도
마음속엔 느껴지리라
그대가 가슴으로 안아 지키는
한없는 행복, 끝없는 기쁨을 마련하시며,
한밤에도 불빛 끄지 않으시는
수령님 계시는
당 중앙의 정문을 지켜 서 있다고

아, 초병이여 그대는 지키고 있어라
수령님께서 서서히 새벽 창문을 여시는
나의 조국… 사회주의강국…
아, 이 땅에서 누리에 퍼져가는 태양의 빛발
위대한 주체사상을 그대는 무장으로 수호한다

그 값 높은 영예로 하여 그대는
인민이 주는 사랑
력사가 주는 영광을 지녔구나
총 든 사람이 지닐 수 있는
가장 빛나는 긍지를 지녔구나, 이 나라의 초병이여.

| 수록지면 |

* 『빛나는 별들－조선인민군창건스물다섯돐기념시집』(종합시집), 문예출판사, 1973.
『조선은 하나다』(종합시집), 문예출판사, 1976.

조선은 하나다

1. 반만 년의 피줄을 이어온 우리는 하나의 민족
   백두산의 줄기가 내리여 이 땅은 하나의 강토
   통일이냐 분렬이냐 엄숙한 이 시각에
   겨레여 나서라 투쟁의 한길로
   조선은 하나다

2. 그 누가 감히 통일을 막느냐 그놈은 미제와 일제
   그 누가 감히 나라를 파느냐 그놈은 박정희 괴뢰
   이 나라 남녘땅에 원한이 사무쳤는데
   그 어찌 참으랴 헤여져 살랴
   조선은 하나다

3. 단결하자 조선민족아 통일의 문을 열자
   혁명의 태양을 따르는 민족의 마음은 하나
   수령님 밝혀주신 5대강령 홰불을 따라
   자주의 한길로 통일의 한길로
   조선은 하나다

통일이냐 분렬이냐 엄숙한 이 시각에
겨레여 나서라 투쟁의 한길로
조선은 하나다

| 수록지면 |

* 『조선문학』 334호, 1975.6.
안창만, 『조선은 하나다』, 문학예술출판사, 2002.

시와 인생

시의 구절은
밤새워 고치고 다시 쓸 수 있어도
내디딘 삶의 자욱
흘러간 인생의 시절은
고칠 수도 다시 쓸 수도 없다네

내 만약
짧은 한순간이라도
안일과 유혹에 빠지면
인생은 천 년을 잃고
삶의 목표는 만 리로 아득하리

| 수록지면 |

* 『조선문학』 447호, 1985.1.
『청년문학』, 1985.1.
『열정』(종합시집), 금성청년출판사, 1986.
『서정시선집(1979~1985)』(종합시집), 문예출판사, 1986.
『1980년대 시선』(종합시집), 문예출판사, 1990.
안창만, 『조선은 하나다』, 문학예술출판사, 2002.
『청춘이여』(종합시집), 금성청년출판사, 2007.

평론 **시집을 통하여 본 시인의 창작적 개성**

최련

위대한 령도자 김정일 동지께서는 다음과 같이 지적하시였다.

"창작가들은 새것에 대한 탐구정신과 독창적인 창조성을 발휘하여 작품창작에서 류사성과 반복성을 극복하고 자기의 개성적 특성을 살려야 합니다."

경애하는 장군님께서 지적하신 바와 같이 창작가들은 작품창작에서 자기의 개성적 특성, 즉 자기 고유의 얼굴과 목소리, 자기 고유의 숨결과 체취를 살려나가야 한다. 자기의 뚜렷한 개성을 이룩한 작가는 례외없이 시대를 남다르게 감수하고 독특한 형상 세계를 펼침으로써 인간생활의 진리를 새롭고 의의 있게 노래한다.

시집 『조선은 하나다』(안창만 작)에서도 시인의 창작적 개성에 대하여 찾아볼 수 있다. 그것은 우선 그 시적 대상의 측면에서 볼 때 새로운 시대와 생활, 그 속에서 사는 인간의 아름다움에 대한 뜨겁고 열렬한 기쁨과 격찬의 감정을 주되는 사상정서로 하고 있다는 것이다.

〈시와 인생〉 편, 〈노래를 부르며 넘어왔노라〉 편 등 시집의 모든 시들에서는 바로 이러한 벅찬 환희와 희열, 기쁨과 랑만의 정서가 뜨겁게 고패치고 있다.

시 「백발의 양주공」에서는 새 시대와 생활에 대한 기쁨과 감사의 정이 매우 인상적인 화폭을 통하여 흘러나오고 있다.

포도주를 뽑는 로인과 그의 가슴속에 살아 숨쉬는 젊음, 피를 뽑는 듯하던 술통에서 기쁨과 젊음을 뽑는 어제와 오늘의 대조를 통해 시는 이 생활에 사는 보람과 기쁨을 가슴 뿌듯하도록 안겨주고 있다.

시인은 이처럼 섬세하고 표상이 강한 생활 세부를 선택하여 시대의 정수적인 감정으로 일반화함으로써 하나의 작은 형상을 통해 거대한 시대와 생활의 환희를 깊은 정서 속에 보여주고 있다.

또한 시 「랑만」에서 시인은 독특한 형상을 통해 시대의 랑만을 감동 깊이 노래하고 있다.

할아버지가 나무를 심는다. 어찌 보면 우습기 짝이 없다. 10년도 채 못 살, 그 나무의 열매를 보지도 못할 로인이 나무를 심는 것이다.

그러나 로인은 미소를 짓는다.

…

별 걱정이네 이 좋은 세월에…
내 넋은 나무뿌리에 살아있겠네
줄기도 내가 굵게 자래우고
열매도 내가 붉게 영글여 주겠네

…

영웅이 되고 위훈의 창조자가 되겠다는 젊은이의 랑만은 이미 우리에게 익숙된 감정이지만 고령의 늙은이가 정성을 기울이며 작은 애솔포기를 심는 형상은 새로운 것이 아닐 수 없다.

여기서 독자는 가슴이 뜨거웁도록 할아버지의 '랑만'을 느낄 수 있다.

이처럼 시 「랑만」의 형상은 이 시대의 본질을, 늙은이[1]까지도 보람을 느끼며 더 일하고 싶은 젊음과 랑만 속에 사는 이 좋은 세월의 그 아름답고 환희로운 참모습을 훌륭히 노래하고 있는 것이다.

아름다운 인간과 아름다운 마음에 대한 시인의 남다른 열정과 지향은 기행 련시 〈아름다운 나라, 아름다운 인간들을 찾아〉에서도 뚜렷이 나타나고 있다.

시 「아름다운 인간들을 찾아」에서 시인은 미풍 선구자들을 찾아 떠난 길을 아프론 기슭보다 더 신비롭고 히말라야 산보다 더 높은 인간 미덕의 상상봉을 찾아가는 길로 묘사하면서 넓으나 넓은 이 행성에서 이같이 즐거운 걸음을 유일하게 걸을 수 있는 긍지와 자부심에 대해 노래함으로써 아름다운 이 시대에 대한 격정을 소리높이 터치고 있다.

련시들 중의 시 「엄마!」에서는 서른두 아이를 데려다 키운 한 녀성에 대하여 노래하고 있다. 시인은 "엄마!"라는 부름에 형상을 집중하면서 인생의 모든 쾌락, 모든 애모쁨을 궂은 일과 바꿔 얻어낸 부름, 매일 서른두 번 불리우는 "엄마!"란 이 말 한마디를 조국에, 장군님께 바친 녀인을 우리 시대의 참된 아름다움을 지닌 인간으로 전형화하였다.

이처럼 시집의 모든 시편들은 그 어떤 주제의 시를 막론하고 모두가 다 아름답고 격동적인 시대와 인간들에 대한 뜨거운 감사와 환희의 감정이 굽이치는 시대의 찬가, 인간 찬가로 일관되여 있다.

---

1 원문에는 '늙인이'로 표기되어 있다. 오식으로 보인다.

시집을 통하여 중요하게 찾아보게 되는 시인의 창작적 개성은 다음으로 깊은 철학적 사색에 기초한 높은 시적 일반화 능력이라고 말할 수 있다.

시 「아버지가 보았음」, 「그대의 눈동자에 빛나던 그 모든 것이」, 시초 〈불굴의 인간들에게 보내는 노래〉, 기행 련시 〈아름다운 나라, 아름다운 인간들을 찾아〉 등의 시편들에서 볼 수 있는 바와 같이 시인은 인간의 삶의 가치와 영생에 대한 깊은 철학적 사색에 기초하여 그것을 훌륭히 형상화함으로써 시적 일반화를 높은 수준에서 실현하고 있다.

시 「아버지가 보았음」에서는 아버지를 잃은 소년의 숙제장에 "아버지가 보았습니다. 김정일"이라고 써 넣어 주시는 장군님의 형상을 통하여 장군님은 곧 우리들 자신이고 우리의 생명이라는 진리와 함께 장군님을 위하여 몸 바쳐 싸운 전사의 생은 그 사랑의 품속에서 영생한다는 인생의 심오한 철학을 밝히고 있으며 시 「그대의 눈동자에 빛나던 그 모든 것이…」에서는 사형장에 선 투사의 눈에 형상을 집중하고 승리를 확신하던 그 눈 우에 빛나던 모든 것이, 즉 화려한 도시며 꽃피는 산과 들이며 아이들의 명랑한 웃음소리가 자유론 조국, 사회주의 내 나라에 다 있다는 형상을 통해 영원한 삶이란 조국과 사회와 집단을 위해 바친 삶이며 육체적 생명은 비록 숨졌어도 념원하던 모든 것이 현실로 꽃핀다면 그 속에 그의 넋, 정치적 생명은 영원히 살아 있다는 영생에 대한 진리를 감명 깊게 해명해주고 있다.

또한 시초 〈불굴의 인간들에게 보내는 노래〉들 중 시 「그는 고향의 목소리를 들었다」에는 무엇이 인간을 불사조와 같이 강한 인간으로 만드는가 하는 심오한 철학이 깃들어있다. 시에서는 고문장에서 미소하는 한 비전향 장기수를 형상하고 있다. 불고문, 물고문… 그 모든 악형

속에서 그는 안해와 어머니를 보며 고향의 시내물 소리와 젊은 날의 추억이 깃든 싱그런 솔숲의 향기를 맡는다. 그의 얼굴에는 미소가 흐르고 교형리들은 전률한다. 이 형상 속에는 낳아주고 길러주고 성스러운 길로 바래주는 고향에 대한 사랑이 인간을 불속에서도 타지 않는 강한 존재로 만들었으며 세월이 흘러도 잊지 않고 자기를 기다리는 그 고향을 가슴에 안고 웃는 불사조는 누구도 거꾸러뜨리지 못한다는 참으로 심오한 인생의 철리가 담겨져 있다.

이 밖에도 시인의 창작적 개성은 시적 환상이 나래치고 주정의 호흡이 크고 높은 데서도 찾아볼 수 있다.

상상력은 시인이 갖추어야 할 가장 중요한 특질 중의 하나이다. 환상이 없으면 아무리 심오한 철학도 주장으로만 남고 아무리 감동적인 생활 세부도 메말라 빛을 잃게 되는 것이다.

시 「젊음이여 영원하라」, 「예순세 개의 별」 등 많은 시편들에서 시인의 자유분방한 환상의 세계와 접하게 된다.

「젊음이여 영원하라」에서는 새해를 벅차게 내다보며 해야 할 일에 가슴 들먹이는 이 시대의 젊음을 내달리는 기차에 비유하면서 그 기차에 시대를 태우고 천리마의 날개를 달아주는 독특한 환상의 세계를 펼치고 있으며 시 「예순세 개의 별」에서는 비전향 장기수들을 “그리움의 빛을 뿜어 철창을 끊어버린 별”로 상상하면서 장군님께서 우리 마음의 하늘에 띄워주신 그 별을 안고 밤하늘의 별을 보면서도 항상 “별 하나 나 하나 예순세 개의 별을 세여간다”는 독특한 시세계를 펼침으로써 그들처럼 인생을 빛나는 별처럼 살려는 지향을 깊은 정서 속에서 형상적으로 노래하고 있다.

「세찬 불길을 안고서」, 「젊음이여 영원하라!」, 「얼마나 좋은가! 청춘을 조국에 바침은」을 비롯한 많은 시들에는 시대에 대한 뜨거운 격정, 세찬 환희, 끓어넘치는 열정이 맥박치고 있다.

호탕하고 자유분방한 시어들은 마치 시인의 심장의 열도로 뜨거운 용광로의 불길 같기도 하고 나붓기는 세찬 기폭 같기도 하다.

"태양에 끄슨 얼굴로 태양과 같이 웃으면서
이 땅 우에 황금빛을 뿌리자"
"분초에 달린 거리일지라도 헤이기 어렵도록
젊음이여, 투쟁과 전진 속에 영원하라!"

그렇다. 참된 시인은 영원한 젊음 속에 산다. 평자는 시인의 창작적 개성에 대한 이상의 미숙한 소견을 끝내면서 그가 더욱 새롭고 아름다운 지향과 사상을 노래하며 투쟁과 전진 속에 끝없는 창작적 열의를 불태우리라고 믿는다.

—『문학신문』, 2004.1.17

기타 참고문헌

김용부, 「조국통일의 한길로 힘차게 부르는 혁명의 노래—가사 「조선은 하나다」에 대하여」, 『조선문학』 336, 1975.8.
최길상, 「위대한 태양을 받들어 빛나는 충성의 해발을 노래한 감동 깊은 형상—서사시 「삼도만의 봄」에 대하여」, 『문학신문』, 1988.12.23.
『조선은 하나다』 편집 후기, 문학예술출판사, 2002.

양운한

1907년 평남 숙천에서 출생했다.
1935년 『조선문단』 및 『동아일보』를 통해 시를 발표하기 시작했다.
1977년 작고하였다.
북에서 출간된 개인시집으로 『황금벌에 서서』(1964)가 있다.

| 시 6편 |

싸우는 아들에게

네 나이 열여덟
나의 아들아

우리 공화국의
영용한 인민군대가 보무도 당당히
수도 서울을 해방시키던 때
너는 나라를 사랑하는 진정에서
선참 의용군 대렬에 뛰여들었었다

책가방을 메던 네 어깨엔
원쑤놈의 심장을 노리여
햇볕에 번뜩이는 날창을 꽂은
영예로운 공화국의 보총을 메고

학생모를 썼던 네 머리엔
조국의 높고 푸른 하늘을 지켜
승리의 앞길을 비치는 오각별 빛나는
공화국의 군모를 눌러쓰고

우리의 고향과 전원에 불을 지르는
목숨과 자유와 행복을 빼앗는
미제 강도들을 무찌르려
일어선 젊은 불길의 대렬 속에

늠늠히 서 가던 네 모습

나의 아들아

조국을 지켜
또 정의를 위하여
청춘과 사랑과 생명을 바쳐
원쑤를 즉쳐 앞으로
앞으로 내닫는
걸음걸음마다에 쌓이는 영예를
결코 사양치 말라

조국은
어린 네에게
너와 대렬을 같이한 전우들에게
총과 탄환을 맡겼고
너의 할아버지 어머니 아버지
어린 동생들
그리고 모든 인민들은
조국의 승리를 굳이 부탁했거늘
피에 굶주린 그놈들에게

보복의 주검을 주라, 주검을!
그리하여 마지막 한 놈까지라도……

나의 아들아

너의 어린 동생 숙이는
따발총 메고 지나가는 행렬을 보면
오빠가 간다고
고사리 같은 손을 내젓는다

남쪽 산
검푸른 솔밭 머리를 예돌아
불길이 치솟는 전선으로 가는
그 젊은 전사들의 행렬을 따라
우리의 뜨거운 마음의 손길이
몰리여 뻗치고 있다

귀여운 아들딸들을 보낸
부모들의 지극한 사랑이
가장 사랑하는 사람을 보낸
아낙네들의 뜨거운 사랑이
후방을 지키며 굳히며
몰리여 가고 있다
네가 싸우는 전선으로

나의 아들아

팔순이 다 되신 너의 할아버지는
너를 서울서 그리고
남해 바닷가 고향에서
다시 만나시기까지
기여코 살아야겠다고 하시더니

야수 같은 적기의 맹폭에
그만 눈도 감지 못하신 채 돌아가셨다.

나의 아들아

돌격에 앞서
몸을 펴고 벌떡 일어서는 순간
부드러운 □람이[1]
땀에 젖은 네 앞가슴 스치거든
원쑤에의 증오를 품으신 채로
네에의 그리움을 안으신 채로
세상을 떠나신 할아버지의
마지막 숨결인 줄을 알라

그 어느 령마루에서
미친개처럼 짖어대는
원쑤의 불아가리를 짓부시기 위하여
아아한 절벽을 기여오르는 밤
붉은 진달래 꽃송이가
너의 상기한 볼을 스치거든
이는 네에게 향한 사랑으로
그 밤을 뜬눈으로 새우는 어버이의
뜨거운 입술인 줄을 느끼여라

오— 그 길이

1 '바람이'로 추정된다.

조국의 영예로 맡겨진
가고 다시 돌아오지 못할
숭고한 그 길이여든

너의 붉은 피 흘러 흘러
바위 속, 속속드리 스며들어
태양빛 찬연히 빛날
그 어느 절정 위
천 년을 지켜 늠늠한 고송처럼
일어서서 외쳐라
이 고지를 끝까지 지켰노라! 고
그리고 또 외쳐라
우리의 수령의 이름을—

한결같이 일어서는
세계의 소박한 인민들의 심장 속에
조국을 지키고
평화를 위하여
용감히 싸운
그 짧고도 깨끗한 너의 귀여운 일생이
영웅의 나라 조선의 꽃으로 피리라
멀고 먼 훗날까지……

—1952.1.15

| 수록지면 |

*『문학예술』, 1952.3.
『영광의 노래—조선인민군창건5주년기념시집』(종합시집), 문예총출판사, 1953.
양운한, 『황금벌에 서서』, 조선문학예술총동맹출판사, 1964.

염전[2]

바다는 소리치며 달려오네
그 무엇에라도 쫓기는 듯
넓은 모래불 뒤덮으며
숨이 하늘에 닿아 달려오네.

달려온 바다는 하소연하네
길고 긴 염전의 푸른 뚝동을
하얀 파도의 손'길로 두드리며
바다는 억울해 하소연하네.

—분해요, 원쑤가 도사린 남녘 땅
바다'가를 두루두루 거쳐서 오는 길에
주안, 소래, 군자의 염전을 보았건만
모두 원쑤에게 짓밟히는 고장이예요.

어서 문을 열어주세요!
쌀은 사회주의라, 연안 평야엔
벼포기 푸르싱싱 자라 물'결치는데
바다라 어찌 보고만 있으리까!

염전이여, 문을 여세요!

---

2 『황금벌에 서서』에서 이 시의 제목은 「연백 염전에서」로 바뀌었다.

옥백미 같은 소금을 낳아
사회주의에 바치려는 바다의 이 마음
어서 문 열고 맞아주세요!

원쑤의 총'소리 때 없이 들려오는
함박섬, 교동도 멀리 지켜보며
바다의 하소연 귀 재워 듣던 염전은
사십 리 뚝동의 갑문을 열며 말하네.

ㅡ조국의 바다여, 바다'물이여!
사회주의 건설은 그대도 부른다!
어서 흘러들라, 흘러들라!
나의 넓고도 아늑한 품 안으로.

전진하는 조국의 즐거운 살림의 맛
더한층 돋구기 위해선
남녘땅의 쓰거운 살림의 맛
깨끗이 가시기 위해선
바다여 낳으라 백금의 싸락ㅡ소금을.

| 수록지면 |

* 『문학신문』, 1958.7.31.
양운한, 『황금벌에 서서』, 조선문학예술총동맹출판사, 1964.

옥류교[3]

옥 같이 맑은 물이 구슬처럼 흘러선가
옥류교 옥류교
양덕 맹산 흐르는 물에
무지개인 양 비낀 다리
그럴사 좋구나, 네 이름이 참 좋구나!

천리마의 우리 시대
나는 듯 빠른 솜씨 그 뉘라서 모르랴
왜놈들은 강 아래 저 검은 다리
일곱 해를 걸렸건만
천리마 우리 기수들은 일곱 달에 놓았구나, 일곱 달에
천만 년 무궁할 이 옥류교를

그 어느 신선이 무명필 펼친 듯
릉라도 안고 돌며
청류벽 스치는 푸른 물—
대동강, 허리에 가로 걸린 백옥 같은 다리

옥류교 한복판에 내 섰노니
바라보아 금수 련봉이 그림 같고
둘러보아 층층 높솟은 궁전들이

3 입수한 『문학신문』 판본의 판독이 어려워 『황금벌에 서서』를 저본으로 삼았다. 부분적으로 개작되었다.

화려할사 우리의 민주 수도

릉라도 모란봉 바라볼수록
그 경개 하도 좋아
산에 취하고 물에 취하고
화려한 수도에 또 황홀했노니
비취빛 란간을 쓸어보고 만져보며
갈 길을 잊고 내 여기 섰음이여

때는 얼마나 흘렀는가
온 하늘의 모든 별 예 모아온 듯
어느덧 수도 평양이 불야성 이뤘구나!
불'빛에 어린 대동강아
네가 바로 천상의 은하 그 아니런가?!

둥실 떠 있구나 은하 우에
옥류교 옥류교
삼천만 다 같이 누리고저 불같은 념원에
천리마 다우쳐 이룩한 너
민주 수도 한복판에 자랑으로 솟았구나
우리 시대의 로동계급의 위훈으로.

—1960.11

| 수록지면 |

『문학신문』, 1960.12.13.
* 양운한, 『황금벌에 서서』, 조선문학예술총동맹출판사, 1964.

생물체

눈까비 휘날리며 불어오는 바람에
들려오는구나! 쩡 쩡 얼음'장 터지는 소리,
시계의 태엽을 조이듯
소대한 고비의 추위가 이 밤을 조이는데,

까마득히 솟은 원질 공장 꼭대기
마지막 도리에 다진 콩크리트 철근에
지그시 스위치를 대이고 허리를 펴며
나는 듣는다, 철근을 타고 흐르는
전류의 윙—윙—소리…

접어드는 혹한을 물리치며
얼쿠지 않고
콩크리트를 굳혀가는 전류, 전류…
이것은 분명 하나의 물리적 현상이다!

그러나 나는 느낀다, 스위치를 대이자
손끝에서 팔뚝으로
팔뚝에서 심장으로
윙—하고 울려오는 소리와 더불어
전류가 아니라
나의 뜨거운 숨'결이 흘러감을.

이리하여 압록강 이 기슭에
공장이 또 하나 살아 일어선다!
숨을 쉬며…
노래를 부르며…

내 잠시 생각에 잠겨 눈앞에 그리노니
당의 의지로 높뛰는 심장들이 달려와
뜨거운 생명 부어 일으키는 70여 개의 쩨흐—
이 공장지구는 정녕 하나의 거창한 생물체어니,

이 생물체 안으로 은하처럼 흘러드는
서해안의 광막한 갈밭, 갈밭…
갈밭은 변하여 비단으로 흘러나가는구나!
장미'빛 노을마냥 산야를 덮으며
비단의 폭마다 백학을 훨훨 날리며,

아, 흘러가라, 뜨거운 숨'결이여!
이 아름다운 조국 강토 우에,
건설자—우리는 벌써 숨'결을 부어
영원히 살아있을 공장과 도시—
그 많은 거창한 생물체들을 일궈 세웠구나!
흘러가라, 나의 영예여! 생명이여!

나는 본다, 건설자의 영예와 생명을 이어
우리의 조국을 비단으로 덮으며, 영원히!
영원히 살아 숨쉴 또 하나의 방대한 생물체—
압록강 이 기슭에 나래 펼치는 대공장지구를.

—1961.1

| 수록지면 |

* 『조선문학』 166호, 1961.6.
양운한, 『황금벌에 서서』, 조선문학예술총동맹출판사, 1964.

첫 기둥을 세우고[4]

압록강 넓은 기슭 푸른 하늘 밑에
드디여 일궈 세웠구나, 20메터 높이의
아름드리 콩크리트 첫 기둥을
《방적》의 5층과 어깨도 나란이…

얼씨구 좋아라, 북소리 둥둥…
모두 기둥을 싸고 돌며 춤을 추는데
한 젊은이 줄사다리를 타고
올라간다, 까마득한 기둥 꼭대기로,

몇 번이였던가, 령하 30도 설한풍에도
불같은 젊은이여! 남 먼저 웃동을 벗어던지고
혹한을 밀어제끼며 물속에 뛰여든 것은.
하여 우리 모두 그대의 뒤를 따라
지심 깊이 파고 다진 오백여 개의 기초—
그 우에 첫 기둥 오늘에사 세웠다.

어서 올라가라, 건설자의 자랑을 안고
그대 손에 붉은 기 쥐여 준
늙은 우리의 분조장
그대를 지켜보며 눈물이 글썽했구나!

---

4 이 시는 시초 〈비단궁전건설 시초〉 중 한 편이다.

정녕 가슴에 메아리쳐 왔음이리, 이제는 옛'일—
왜정 시절에 둘도 없었던 그의 벗 아, 그대의 아버지—
남의 곁방에서 숨지며 한 마지막 말…

…여보게, 나는 이름 난 목수
남의 집 기둥이야 하 많이 세웠건만
나의 집 기둥만은 못 세워본 신세
뜻만은 그래도 자나깨나
내 나라의 큰 기둥 세워보고 싶었네…

어찌 하나뿐이였으랴, 이러한 아버지!
나라의 먼 앞날을 두고
하고 싶은 일 가슴에 지닌 채
거칠은 력사를 헤치다 간 조상과 선렬들
천이랴 만이랴, 하늘에 별 같은 그 수,
아, 오늘에사 그분들의 소원을 이루노니

얼씨고 좋아라, 북소리 둥둥…
모두 기둥을 싸고 돌며 춤을 추는데
그 젊은이 줄사다리를 타고
내려온다, 기둥 꼭대기에 붉은 기 꽂고!

펄펄 펄… 하늘 높이
붉은 기 나붓기는 콩크리트 기둥 아래
늙은 우리의 분조장
젊은이 어깨 우에 그 큰 손 얹으며
…여보게, 임자 아버지의 그 소원

오늘에사 임자가 이루었네…

바라기만 하고 끝내 이루지 못한 채
먹구름 속에 파묻혔던 그들의 소원
고스란히 지니고 거연히 일떠선 기둥이여,
억만 년 서 있으라, 비단궁전 높이 떠받들고!

| 수록지면 |

* 『조선문학』 180호, 1962.8.
양운한, 『황금벌에 서서』, 조선문학예술총동맹출판사, 1964.

황금벌에 서서

맑고 높아진 가을하늘 아래
따스한 해'별 잔등에 받으며
내 여기 서 있다, 황금의 물'결 늠실거리는
협동의 넓은 벌 한복판에.

어데를 둘러보아도 만풍년!
구수한 낟알의 냄새 풍기며 가는
저 바람아 조심해 다고
네가 흥치며 설레이는 서슬에
이 벌이 아무리 크고 넓어도
하마 넘을 듯하구나, 쏟아질 듯하구나!
듬뿍 실린 황금의 곡식이.

나는 이 벌에서 태여난 농민
가난을 씹으며 검은 머리 희였다
올해 같은 만고대풍 보지 못했노니
벌이여, 내가 웃어 네가 설레이는가,
네가 설레여 내가 웃는가,

만풍의 황금 물'결 처절썩…
그분이 이 벌에 뿌리신 행복,
이내 가슴에 철철 차고 넘치는데
다정하신 그분이 또

조용히 찾아오시는구나, 나의 마음에…

바로 오늘처럼 지난 해토 무렵
붉은 노을이 이 벌에 포장을 치던 날
몸소 여기 오시여
논'둑을 걸으시며 생각에 잠겨
멀리 가까이 눈'길을 보내시다
메마른 흙 한 줌 비벼도 보시더니
문뜩 걸음을 멈추고 손을 들어
저기 저 산 넘의 강물을 불러오시던 그분!

그분이 여기 오시는구나!
태양의 빛발처럼
너그러운 그 웃음 온 누리에 뿌리며 뿌리며…
천 이랑 만 이랑 금물'결 설레이는 벌
논머리 밭머리 두렁'길에,

아 여기 오시는구나! 연안, 재령
운전, 함주, 열두 삼천이…
벌이란 벌마다 산이란 산마다
두세 해에야 거둘 곡식
단 한 해에 낳은 우리의 대지에
대지를 그분의 뜻대로 가꾼 농민들의 마음에

황금의 벌이여, 기름진 대지여!
천 갈래 만 갈래로 뻗은 아지마다에
무르익은 오곡백과 머리를 숙인다

자, 이 땅에 없었던 만고대풍 높이 받들어
큰 절을 드리자!
행복을 안겨준 우리의 수령 그분에게.

—1961.9

| 수록지면 |

* 양운한, 『황금벌에 서서』, 조선문학예술총동맹출판사, 1964.
『해방후서정시선집』(종합시집), 문예출판사, 1979.

평론 번영하는 시대의 반영

시집 『황금'벌에 서서』에 대하여

리정구

오랜 시인 양운한의 첫 시집이 나왔다.

『황금'벌에 서서』라 이름한 이 시집에는 우리나라 사회주의 농촌 건설에 깃든 이야기, 비단궁전건설을 위한 우리 로동계급의 투쟁과 생활, 조국의 자연에 대한 송가, 조국통일 념원을 노래한 시편들, 그리고 시인이 해방 전에 쓴 약간의 시편 등 30여 편의 서정시가 수록되여 있다.

어느 시인을 막론하고 로동당 시대에 살며 희망과 환희에 넘쳐 보람찬 생활을 향유하고 있는 사람이라면 기필코 그는 오늘의 우리 조국의 번영하는 현실을 노래하지 않을 수 없을 것이다.

이와 같이 이 시인의 시집에도 천리마 시대, 오늘의 번영하는 우리 시대의 현실이 잘 반영되여 있다.

필자는 이 시인의 과거에 대하여 잘 알지 못한다. 그러나 그가 우리와 함께 압박과 천대의 암담한 암흑 속에서 자기의 청춘 시절을 보냈으리라는 것은 쉽게 짐작할 수 있다.

그는 해방 전에 창작한 「구두」라는 시 속에서 지난날 실직자의 한 사람으로서 정처 없이 거리로 흘러 다니던 자기의 서글픈 모습을 다음과 같이 그리고 있다.

바람 부는 거리
그림자 어린 아스팔트 우에로
오늘 저녁도 구멍 난 나의 구두는
취직 전선의 패배자—나를 싣고
철드럭거리며 가련다
나무'가지에 놀던 참새 무리는
제각기 저녁 바람을 타고
푸른 깃을 찾아가고
푸른 하늘'길을 떠난 해는
저 다니던 궤도를 타고
서산 너머로 간다거든
무직자를 실은 나의 구두는
어디로 가려는고?

여기에는 끝없는 슬픔과 설음을 자아내는 착취 사회의 진면모가 잘 노래되여 있다.

그러나 이것은 그에게 있어서 영원히 되풀이할 수 없는 과거에 속한다.

오늘에 있어서 그는 완전히 다른 시대에 살고 있다.

만약에 지난날 그가 비'바람 일고 눈보라 날리는 들판에 서 있었다면 오늘 그는 당의 따뜻한 해'빛을 온몸에 받으며 오곡백과 물'결치는 황금'벌에 서 있다. 넘칠 듯 쏟아질 듯 황금 물'결 늠실거리는 벌판에 서서 그는 이미 불행과 슬픔이 아니라 행복과 환희에 설레는 가슴을 억제할 줄 모르는 자신을 느끼며 농민의 한 사람으로서 다음과 같이 노래한다.

어디를 둘러보아도 만풍년!
구수한 낟알의 냄새 풍기며 가는
저 바람아 조심해 다고
네가 흥치며 설레이는 서슬에
이 벌이 아무리 크고 넓어도
하마 넘을 듯하구나, 쏟아질 듯하구나!
듬뿍 실린 황금의 곡식이

나는 이 벌에서 태여난 농민
가난을 씹으며 검은 머리 희였다만
올해 같은 만고대풍 보지 못했나니
벌이여, 내가 웃어 네가 설레이는가
내가 설레여 네가 웃는가

— 시 「'황금'벌에 서서」

여기에는 미지의 번영과 인간의 행복의 끝없는 □□이 있다.

시인은 다만 농촌에서만 우리 시대의 이와 같은 번영을 노래하는 것이 아니라 그는 또한 우리의 도시들에서 "남의 집 기둥"을 하 많이 세웠으나 "나의 집 기둥"만은 세워 본 적이 없는 우리의 로동계급들이 어떻게 흥겨운 노래와 자랑 속에서 "내 나라의 큰 기둥"을 세우고 있으며 또한 자기 나라 수도를 아름답게 건설하고 있는가에 대하여 이야기하고 있다.

이리하여 우리의 로동계급들에 의하여 많은 도시들에 비단궁전은 세워졌으며 우리의 수도 평양은 조국의 력사에서 일찌기 보지 못한 화려한 도시로 꾸며졌다.

낡은 도시에서 자기의 청춘 시절을 보낸 시인은 자기 앞에 전개된 화려한 수도의 광경에 새삼스럽게 경탄을 마지못하며 백옥 같은 다리—옥류교에 가던 길을 멈추고 잠시 황홀경에 잠긴다.

릉라도 모란봉 바라볼수록
그 경개 하도 좋아
산에 취하고 물에 취하고
화려한 수도에 또 황홀했노니
비취'빛 란간을 쓸어보고 만져보며
갈 길을 잊고 내 여기 섰음이여

이리하여 이 시집은 시인이 우리의 도시와 농촌에서, 우리 조국의 산과 들에서 "우리의 조상들이 꿈으로만 그리던 천리마 시대 오늘"의 륭성 발전을 보는 감격과 기쁨을 노래하고 있다.

시집에서 각별히 이채를 나타내고 있는 것은 금강산 시편을 비롯한 우리나라 산천풍경에 대한 자연 묘사다. 그중에서도 시 「옥류교」에서 대동강변의 한 경치를 묘사한 다음과 같은 구절은 거의 한 폭의 신선한 그림을 련상케 한다.

그 어느 신선이 무명필 펼친 듯
릉라도 안고 돌며
청류벽 스치는 푸른 물—
대동강, 허리에 가로걸린 백옥 같은 다리—
………

바라보아 금수 련봉이 그림 같고
둘러보아 층층 높솟은 궁전들이
화려할사 우리의 민주 수도…

조국산천에 대한 이와 같은 섬세한 묘사는 독자들로 하여금 자기 나라 자연을 더욱 아름답게 보게 해주며 그에 대한 애착심을 더욱 깊게 해준다.

자연과 사물에 대한 시인의 섬세한 필치는 이 시집에서 많은 경우에 그로 하여금 대상의 형상화에서 의인법에 의탁하게 하고 있다.

시집에서 그는 벼'모, 벌판, 바람, 구두, 강, 물, 폭포, 암석 등 광범한 범위의 묘사 대상들에 대하여 의인법을 사용하고 있을 뿐만 아니라 지어 그는 시 「연백 염전에서」와 같이 바다와 염전과 같은 거대한 자연에 대해서까지 인간적 성질을 부여하고 서로 대화하는 형식으로 묘사하고 있다.

이와 같은 방법은 확실히 대상에게 생물성을 부여하고 형상의 선명성을 돕는 데 이바지하고 있다.

례하면 「구두」, 「만물상」 등 작품들에서의 의인법 사용이 그러하다.

시집에서 시인이 사용한 또 하나의 특징적인 방법은 서정시에서의 서사적 묘사의 광범한 도입이다. 시집에 수록된 거의 대부분의 서정시에 시인은 다양한 생활적 자료와 정황들의 외부적 묘사를 주고 있으며 지어 일정한 이야기와 사건들을 인입하고 있다. 이와 같은 방법은 대상에 대한 의인법의 사용과 아울러 이 시집의 많은 작품들의 시'적 형상에 회화적 선명성을 부여하며 작품에 표현된 사상감정을 인상적으로 해명하는 데 특별한 힘으로 되고 있다. 례하면 오늘의 우리에게 행복과 안녕을 가져다주신 수령의 은덕을 흠모하는 경건한 심정을 표현한 「천선대에서」, 기타 비단궁전 건설을 위한 우리의 로동계급의 생활과 투쟁을 묘사한 시들에서 특히 그러하다.

이상은 이 시집에서 볼 수 있는 시인의 창작 상 특색들과 □□들이라 하겠다.

그러나 우리는 시인의 앞으로의 창작을 위하여 이 시집에 나타나고 있는 몇 가지 창작 상 결함들에 대해서도 반드시 지적해야 하겠다.

우선 시집에 수록된 부분적 작품들에는 시'적 계기가 명확하지 못한 작품들이 있다.

이런 작품들에서는 의례히 주제가 집중적으로 해명되지 못하고 형상의 초점이 흐리며 산만하다. 례하면 시 「강보를 떠나가는 벼'모」와 「눈」이 이러한 부류에 속하는 작품들인바 전자에서는 시인이 랭상모를 키운 농민들의 지성과 이앙의 기쁨을 유기적으로 결합시키지 못하고 있으며 후자에서는 방탕한 부르죠아적 신사에 대한 저주와 증오의 감정을 눈 내리는 가두의 정황에 옳게 결합시키지 못하고 있는 데 그 원인이 있는 것 같다.

다음으로 지적해야 할 것은 시 「산 넘에, 령 넘에」에서 볼 수 있는 것과 같은 창작에서의 추상성이다.

이 작품은 시인이 어느 산간 마을에서 빠스를 기다리고 있는 한 처녀 원예사를 만나서 그가 "가는 길"을 축복한 시다. 그러면 처녀는 과연 어디로 가는 길일가—시인은 추측하고 처녀는 대답한다.

…고향으로 가는 길일가
아니면 과학과 슬기를 닦으러 떠났던

그리운 어머니의 품을 찾아가는 길일가,
아니라네, 고향도 어머니도 아니라네
그러면 남달리 그 누가 있는 곳이기에
곳이 그리워 가는 길일가.

—아닙니다 그것보다도 우선
내가 가야 할 곳이기에 가는 것입니다

이 시에서 밝혀진 것은 다만 이것뿐이다. 시인은 이 시의 □□을 통하여 처녀가 무엇 하러 어디로 가는가에 대하여 구체적으로 말하지 않고 다만 "정녕 가야 할 바로 그곳으로", "혁명의 길"로 간다고만 일반적으로 강조하고 있다. 바로 이와 같은 추상성으로 말미암아 이 시에서 처녀의 행동과 진로에 대한 시인의 감탄과 찬양은 구체적 계기를 잃고 허공에 떠 있다.

창작에서 개성적인 것의 무시, 추상성은 죽음이라는 것은 일반적 상식으로 되여 있다. 시인은 이에 대하여 각별한 주의를 돌려야 하겠다.

마감으로, 나는 앞에서 시인의 창작에서 서정시에서의 서사적 묘사의 도입이 시'적 형상에 회화성을 부여하는 하나의 장점으로 되여 있다고 말했다. 그러나 이것은 조건부인 것이다.

서정시에서 서사적 묘사의 도입은 그것이 대상에 대한 시인의 서정적 침투와 완전히 결합될 때만이 효과를 나타내는 것이다. 만약에 서사적 묘사가 시인의 주정과 유리되여 있거나 그것을 배제하고 있는 경우에는 그 작품은 서정시로서의 사명을 그만두는 것이다.

그러나 시인의 시집에는 순전히 생활적 재료들이 객관적 묘사로만 구성된 시작품들이 부분적으로 있다. 례하면 염전 로동자들의 로동의 즐거움을 노래한 시 「견우와 직녀」, 조국통일 념원을 노래한 시 「사진」 기타 「잉크병」과 같은 작품들이 그것이다. 주로 사건과 인물을 등장시키고 그들의 호상 관계와 행동과 대화를 그 자체의 움직이는 과정으로서 시인의 서정적 체험이 덜한 객관적으로 묘사해 나간 이와 같은 작품들은 서정시로는 아주 약하다. 우리는 이러한 작품 대신에 오히려 「우리의 직장장 박동무」, 「위대한 구상」과 같은 시인의 작품들이 이 시집에서 빠지지 않았더라면, 좋았으리라고 생각한다.

이상 간단하게 시집 『황금'벌에 서서』에 수록된 작품을 통하여 시인의 창작에 대하여 소감을 말하였다.

오늘 우리는 영원히 번영하는 로동당 시대에 살고 있다. 모든 슬프고 외로왔던 지난날의 우리의 신세는 이제 와서는 한날 옛'이야기에 지나지 않는다. 우리는 즐겁고 행복하고 자유스러운 락원에 살고 있다.

나는 시인이 자기 창작에 더욱 정진하여 번영하는 우리 시대를 더욱 훌륭하게 반영한 제2, 제3의 시집을 내놓을 것을 바라마지 않는다.

—『문학신문』, 1964.7.7

기타 참고문헌

『조선대백과사전』, 백과사전출판사, 1995~2004.

오영재

1935년 전남 장성에서 출생했다.
1950년 월북하였다.
1958년부터 시를 발표하기 시작한 것으로 추정된다.
2011년 작고하였다.
개인시집으로 『행복한 땅에서』(1973) 『철의 서사시』(서사시, 1981)
『대동강』(장편서사시)(1985) 『내 민족 내 피줄』(2005)
『흰 눈 덮인 고향집』(2006) 등이 있다.

| 시 10편 |

또 하루

로장은 이 날도
은근한 눈매로 로 안을 들여다본다.
천천히 쇠'물을 찍어 담배를 붙여 물며
혼자서 히죽이 웃음 짓는다.
…이 로에서는 오늘도
5개년 계획을 2년 반으로 앞당기고 있다.

로 건설 직장에선 작업 총화가 있었다,
여너때 다름없이
계획은 곱도 넘겨 했지만
안전띠 없이 높은 곳에 올랐다고
성미 급한 브리가다장은 한 연공을
사정없이 지적했다.

공작 직장에서는 커다란 속보를 내여 걸었다,
들어온 지 사흘 되는 녀견습공이
회전로 부속을 깎아 내였다고…
속보판 앞에서 떠들던 처녀 한 패
즐겁게 웃으며 목욕탕으로 향해 간다,
유보도 우에 긴 그림자를 끄을며,

이럴 때면 날아드는 작업 보고에
교환수의 손끝에선 불이 인다

로동에서 영웅 된 지배인은
큼직한 글씨로 받아 적는다,
203프로, 272프로, 285프로…

구내에 짙어가는 저녁노을'빛
변함없이 울리는
수천 가지 강철의 음향…
이렇게 지나가는 또 하루…
아아, 평범하고 위대한 날이여!
얼마나 크고 큰 승리와 위훈으로
너의 나날은 빛나는 것이냐!

나는 기억하고 보낸다
그처럼 평범하게 지내는 너의 하루하루 속에
공산주의라는
크고 영원한 것이 이룩되고 있음을
그날을 절반으로 당겨오고 있음을…
기억하고 보낸다—
늙은 로장은 그 짙은 담배 연기 속에…
브리가다장은 그 높은 말 속에…
처녀 선반공들은 그 명랑한 웃음 속에…

| **수록지면** |

* 『조선문학』 143호, 1959.7.
오영재, 『행복한 땅에서』, 문예출판사, 1973.

조국이 사랑하는 처녀

어느 고장에서나 흔히 보는
너는 수수한 농장의 처녀.
일이 힘들지 않는가고 사람들이 물으면…
설레설레 고개를 가로저으며
너는 언제나 조용히 웃어 보였다.
그 웃음 어린 모습에는 소박함과 순진함이 어려
너는 언제나 그윽하고 다정했다.
열두삼천리'벌 바람에 다 스러지고
밝은 이 땅의 해빛에 그슬은
너의 두 볼은 티 없이 고운데
살며시 내려 깐 수줍은 두 눈은
말 없는 기쁨을 감추고 있었다.
여름이면 기나긴 이랑마다 스민 너의 발'자욱
겨울이면 새벽마다 눈 우에 찍히운 너의 발'자욱
열두삼천리 넓은 벌 그 어데라 너의 발'길이 미치지 않은 곳이 있으랴
너에게는 네가 좋아하는 빛갈의 고운 옷도 많아도
언제나 누빈 솜저고리에 무지개'빛 머리'수건
신성한 전야의 로동이 너의 하루의 일과로 익혀졌고
한 알의 낟알을 심어 수천 알로 주렁지우는
풍요한 수확을 조국에 바치며
너의 생활은 하냥 즐거웠다.
너의 가슴은 봄날의 아지랑이 설레이는 가슴
너의 가슴은 투명한 비닐 속에 파릇파릇 돋아나는 랭상모 새싹이 하

느적이는 가슴
너의 가슴은 하늘'가 무연히 황금 물'결 출렁이며 파도치는 가슴

아아 무수한 버력의 산을 헤쳐 사회주의가 얻어 낸
너는 맑고 굳고 빛나는 수정알.
가버린 시대의 녀인들이 가지는 흐린 동자는 영원히 사라지고
너의 눈'빛은 조선의 하늘처럼 맑다.
모내기철에 혼자서 이만 평을 꽂아 낸
너의 손을 수상님이 어루만져 주시고 치하해 주실 때
너의 눈에서 흘러내리는 것은 그대로 아름다운 구슬이였다
다 하지 못한 일을 두고는
두고두고 가슴에 맺혀 너는 잊지 못해도
해 놓은 기적 같은 일을 두고는 계산을 따질 줄 몰라.
놀랍게 차례지는 분배 몫을 보며
네가 하는 말이 사랑스럽다
—나라에서 거저 주는 것만 같다고,
………………
수고도 많다… 농사짓느라 처녀야 수고도 많다
너의 힘 다 바쳐 조국을 섬기는 것,
그 밖에 네가 바라는 것 아무 것도 없기에
사랑스런 처녀야!
조국은 무던히도 귀중한 그 무엇인가를 너에게 많이도 주고 싶다.
더 즐겁고 더 유쾌한 회관과 구락부의 밤을
그리고 더 아름답고 고운 너의 손을 가꾸고 싶다.
전야를 달리는 제초기 우에서
붉게 타는 저녁노을을 바라보며
네가 불러 보는… 사랑의 노래를 조국은 듣고 싶다

농촌 기계화의 웅대한 구상을 안고
어느 농기계 중대의 창안자와도 밤을 밝히며
겨우내 벗지 않는 너의 누빈 솜저고리와 무지개'빛 머리'수건을 조국은 생각한다.
아름답다, 조국이 사랑하는 처녀는 아름다와라
네가 손으로 하던 일들이
모두 기계로 대신하게 될 때
좋은 날과 좋은 해들이 너를 맞아주고
너를 안고 조국이 달려가는 미래의 락원에서
너는 더 행복한 화원을 가꾸게 될 것이다.
그때면 그 꽃을 너에 비기며
사람들은 더 아름다운 노래를 너에게 불러줄 것이다.

—1963.1. 숙천에서

| 수록지면 |

*『조선문학』 187호, 1963.3.
『천리마나라』(종합시집), 조선문학예술총동맹출판사, 1964.
『아름다운 강산』(종합시집), 조선문화예술총동맹출판사, 1966.
오영재, 『행복한 땅에서』, 문예출판사, 1973.
『해방후서정시선집』(종합시집), 문예출판사, 1979.
『청년문학』 556호, 2005.3.
오영재, 『내 민족 내 피줄—6.15공동선언실천을 위한 민족작가대회기념』, 문학예술출판사, 2005.
오영재, 『흰 눈 덮인 고향집』, 교육도서출판사, 2006.

미래를 구원하라!

해질 무렵 노을 비낀 창'가에서 고즈너기 울리는
어머니의 자장가로 그가 잠든 것은 아니다.
차디찬 콩크리트벽에 의지한 채 여윈 두 무릎 우에 머리를 묻고
숨'결도 가냘프게 소년은 잠들었다.
어둠이 스며드는 거리, 저녁 눈 소리 없이 내려앉는 길'가에서.

온종일 일'감을 찾아 헤매던 때절은 목판, 모지라진 구두'솔
너무도 처량한 생활의 도구를 앞에 놓고
저도 모르게 소년은 잠들었다.
온 남녘땅을 휩쓸은 기아와 혹한에 지쳐…

사람들이여, 걸음을 멈추자, 이 고아의 누울 곳 없는 잠'자리 앞에서
바람 부는 아침부터 쓸쓸한 석양의 저물녘까지
추위에 떨고 있던 그 작은 손을 녹여줄
한 줄기 따스한 입김이 없는 이 매정한 땅에서

모든 것을 주어야 할,
모든 것을 받아야만 할 우리의 어린 세대들
두 볼과 티 없는 눈'길
그 두 볼에 누가 설음의 자국을 찍어 놓았으며
그 두 눈에 누가 어두운 그늘을 박아 넣었는가.
다만 자기들의 어린 잔등에 지워진
무거운 이 고통을 숙명으로만 간주하는

그 천진한 마음을 그 누가 짓밟고 있는가!

너무도 많은 것을 알지 못하고
너무도 일찍부터 생활의 수난을 겪으며,
너무도 눈물겨운 사람의 사랑을 받으며,
자기에게 피를 나누어준 하나밖에 없는 어머니를 어디다 두고
그만 잠들었느냐, 바람 부는 이 서글픈 거리에서

뽀얀 재'빛 하늘에는 무정한 어둠만이 짙어가는데
살'점이 드러난 여윈 잔등에, 빨간 두 볼에 하염없이 내리는 눈'송이들도
방울방울 눈물로 맺혀 흐른다.
아, 마지막 연약한 온기마저 빼앗기고 있는 이 고아의 두 볼에
그 눈물이 고드름으로 써늘히 얼어붙을 때
그 누가 굳어진 어린 혼을 달래일 수 있으랴,

자식들을 가진 아버지, 어머니들이여
이 아이의 작은 목숨 하나 위해 식은 밥 한 덩이 안겨주지 못하는
메마른 땅, 이 추운 바람받이에
이처럼 값없이 버림을 받으려고 자식들을 낳아서 길러왔던가.
저주롭고 한 많은 세상을 항거하며 자식들의 장래나마 눈물겹게 바랬던
그 미래가 우리들의 눈앞에서 멍이 들고 모독당하고 쓰러져가고 있다.
미래의 영웅들과 천재들이 싹으로부터 짓밟히고 있다.

하늘의 별들도 무색하여 자취를 감춘 이 어둠의 장막이
영원히 소년의 망막을 덮기 전에

사람들이여, 그의 잠을 깨우라,
껴안으라, 광장과 거리에 귀한 선혈을 뿌리며
우리 이제도록 싸워온 그 대'가가 바로 이것이였던가.
천 년 고목의 뿌리에서 진한 피눈물이 흐른다.
이름 모를 무수한 골목과 길'가에서
이처럼 빛 없이 쓰러져 간 수만의 어린 생명들로 하여
짓밟힌 강토의 거칠은 산악과 황량한 벌판이 운다.
미래를 구원하라, 민족을 구원하라!
답답한 이 하늘, 매정한 땅에, 썩어가는 땅에
혁명의 번개여, 비끼라!
우뢰여, 압제의 정권을 부시라, 참된 삶을 수호하자!

…사나운 혹한을 부르며 남녘의 밤은 깊어가는데,
흩날리는 눈'발 아래 깨여날 줄 모르는 나어린 소년,
그의 언 볼 우에 끊임없이 녹아 흐르는 흐린 물'방울…
그 언제 한번 함박꽃처럼 웃어본 일 없는
너무도 메마른 어린 가슴이
스러져가는 어렴풋한 꿈속에서 소리 없이 한 밤을 울고 있다…

| 수록지면 |

* 『문학신문』, 1965.5.18.
오영재, 『행복한 땅에서』, 문예출판사, 1973.

이 기슭을 거닐 후대들에게[1]

팔목 시계는 밤 2시를 가리킨다.
릉라도 섬 기슭을 누비며 흘러간
이백촉 작업등이 강'바람에 춤춘다.

젖은 몰탈 우에 삽자루를 깔고 앉아
작업모를 벗어 이마의 땀을 훔치면
밤하늘의 별들이 곱다.

어데서 흘러와 어데로 흘러가는지
불'빛 아래 어리광 부리며 기슭을 스치는 강물을
취한 듯이 바라보는 밤, 말없이 깜박이는 두어 점 담배'불…

백 년 후에 이 기슭을 거닐 후대들이여
만년대계의 몰탈이 굳어지는 이 시각
모든 것은 아직 다 이루어지지 않았건만
그대들에게 물려줄 밤이 너무도 아름답구나

청춘을 보석처럼 박아 넣은 이 기슭 영원히
가지가지 행복의 꽃그늘 세대를 이어 짙어갈 때
우리 다만 바란다면, 후대들이여
끊임없이 흘러갈 그 무수한 밤마다에

1 이 시는 시초 〈릉라도 건설의 노래〉 중 한 편이다.

이 밤의 아름다움을
이 밤의 아름다움을 더해 주고 싶다.

| 수록지면 |

*『문학신문』, 1965.7.27.
오영재, 『행복한 땅에서』, 문예출판사, 1973.
오영재, 『내 민족 내 피줄—6.15공동선언실천을 위한 민족작가대회기념』, 문학예술출판사, 2005.
오영재, 『흰 눈 덮인 고향집』, 교육도서출판사, 2006.

복수자의 선언

락원과 지옥이 한 조상 땅에 자리 잡고
괴롭게 굴러간 세월이였다
못 가는 고향을 두고 몸부림치며
사나이들의 눈에 소리 없이 진한 피가 맺히던 밤들이였다
헤여지자 아프게 흘러간 낮과 밤이여, 소리치며 답답한 한가슴을 헤치자

하루에도 백리 미국놈의 뒤통수를 조기며 나가던
50년 싸움의 나날에
나는 피도 흘려보았고 때로 견디기 어려운 아픔도 겪어보았다
오, 그러나 그 아픔도 피 흐르는 순간의 그 고통도
피가 타는 이 시각의 고통에 비길 바 아니였구나

스물도 되기 전에 떠나온 집을 설흔이 넘어서도 못 간다면
이 총창은 무엇 때문에 내가 쥐고 섰는 것인가
물 마른 계곡의 거칠은 강바닥처럼
가슴속에서 분노한 화산의 용암들이 머리를 쳐든다.
아메리카여, 너의 앞에 어떤 복수자가 서 있는가를
보라, 죽음이 두렵다면, 그렇다, 가련한 아메리카여
이 땅의 선량하고 순결한 가슴들을 무참히 짓뭉개며
피로 얼룩진 아메리카여

경상도가 고향인 친구의 어머니가 우리 곁을 떠나시던 날

두고 온 맏이와 셋째의 이름을 슬피 불렀다.
살아서 고향에 가보고 싶다고 나를 붙잡고 눈물 닦던 그 주름진 손이
고요히 가슴 우에 놓여 있었다.
용서하시라, 눈감지 못하고 운명한 그 눈을
친구가 조용히 감겨줄 때 왜 우리는 울 수 없었던가.
아, 사람들이여, 왜 쏟아지는 눈물을 참아야 했던가.

스므 해나 고이고 고인 죽어서도 덜 길 없는 무거운 가슴을
그 무엇으로도 고요히 잠재워줄 수 없었구나.
그 무거운 가슴을 즐거운 날이면 잠시 달래여 놓고 싶었건만
내 얼굴에, 볼에, 어깨에 끊임없이 스치는
살 오른 작은 손이 그만 가슴을 휘저어놓아
그러한 밤이면, 그러한 밤이면 아— 그 밤이 길었다.

잠자는 아이들의 행복한 숨결을 들으며
우리는 온밤 무엇을 생각했던가
이 무거운 가슴을 저 어린 가슴들에 떠옮겨 놓고
우리도 눈감지 못하고 친구의 어머니처럼 후대들과 작별해야 할 것인가.
그들이 우리의 눈을 조용히 감겨주기를 바래야 할 것인가

행복의 따사로운 해빛이 온몸에 쏟아지던 그 나날에도
우리는 그 속에 몸을 잠구지 못했노라.
기쁨이 더할수록 우리의 증오도 함께 자랐고
백여만 동지들의 크나큰 힘을 느끼며 보복의 시각을 벼르었노라
삼천만의 념원이, 온 세계의 깨끗한 심정들의 호소가
우리를 판가리싸움에로 불러왔노라

혁명은 준엄한 시각에 들어서노라
《미제침략자들을 소탕하라!》
엄숙한 조국의 명령을 우리는 기다린다
용맹과 슬기와 위훈으로 빛나는 분노한 조선의 넋이
원쑤의 앙가슴에 날창을 꽂고
포성이 메아리치는 삼남의 령마루에서 남해를 안으리라

가리라, 고향이여, 어머니여,
만나자, 아우여, 누이들이여,
목메여 부르기조차 괴로운 이름들이여,
듣고 싶다, 남해의 파도소리, 대나무 설레임 소리
감알이 빨갛게 무르익을 그 가을
전라도 아리랑의 구성진 노래가락—
아, 이 모든 것을 내가 안고 모대기기에는
나의 가슴이여, 너는 너무도 작았었다.

더는 이 쓰디쓴 세월을 깨물며
더는 나이를 먹을 수 없어라
친할머니를 모르고 자라는 어린 가슴들에
하나의 나이를 더 보태주는 괴로운 설과 설을 다시 더 맞을 수 없어라
이 무서운 고통과 비극을 안고 이제 더 가야 한다면
무정한 세월이여, 수억만 년 변함없던 지구의 공전이여,
우리는 장수의 노한 칼을 뽑아들고 너를 멈춰 세우리라

단두대도 교수대도 두려움 없이
우리는 혁명과 영원히 운명을 같이하리라
한목숨 기꺼이 바쳐 우리의 후대들에게

통일된 우리 땅을 물려준다면
우리의 한생은 삼천리 조국의 하늘 우에 영생하리라.

미제 원쑤의 검은 피가 강물처럼 넘쳐 태평양으로 흐르던
그날의 고지 우에 나를 다시 세워달라
스므 해 상처받은 조국의 가슴이 후련토록 흐르고 흐를 때까지
나는 이 시를 끝맺을 길 없노라
아메리카여, 우리, 복수자들은 너의 죽음을 짓밟고 달려가리라.
총창이 가슴에 울어 저리도록 가슴에 울어
그날까지 온 조선은 잠을 자지 않으리라.

| 수록지면 |

*『문학신문』, 1966.12.2.
오영재, 『행복한 땅에서』, 문예출판사, 1973.
『잊지 말자, 행복할수록』(종합시집), 문예출판사, 1976.
『해방후서정시선집』(종합시집), 문예출판사, 1979.
오영재, 『내 민족 내 피줄—6.15공동선언실천을 위한 민족작가대회기념』, 문학예술출판사, 2005.
오영재, 『흰 눈 덮인 고향집』, 교육도서출판사, 2006.

돌격대의 전투장[2]

머리 우에서 뜨겁게 내리쪼이던
한낮의 태양도
우리의 돌격전 앞에서 무색해졌다,
땀에 젖을 대로 젖어…
이제는 더 젖을 것도 없는 우리들에겐
태양이여 너는 한갖
하늘 중천에 그려놓은 한 점의 빨간 그림이다.

억수로 퍼붓는 소낙비도
결사전가의 노래 속에 숨을 죽였다,
폭양에 살이 익고
그 무엇에건 어차피 젖은
우리 돌격대원들 앞에선
소낙비여, 너도 한갖
우리의 단 몸을 식혀주는
하늘의 샤와다.

암반이여 맞서보자,
돌격대원들이 물러서지 않는 한
너는 부서지리라.

2 이 시의 끝에는 '수도건설시초(1)'이라 표기되어 있다. 시집 『행복한 땅에서』에서 이 시는 〈수도건설청년돌격대 시초〉 중 한 편으로 수록되었다.

지하수여, 터질 테면 터져보라,
분대의 익살군들은
헤염치는 시늉을 하며
림시 수영장을 경영하겠단다.

그들의 생각도 좋다, 날씨도 덥거니
그러나 청춘의 뜨거운 심장들이
지하수도 말리우고 태워버리려니,

전우들아
소매를 높이 들어 내려치라 정대를
쩡쩡 정날이 박히는 소리
천지를 진감하며 울리는 발파소리
그렇다, 조선의 청춘들이 호흡하는 소리는
이렇듯 조용치 않다.

교대가 없다.
원쑤를 물리치고
통일의 락원을 이룩하기 전에는
다음 세대와 우리 교대를 하지 않으리라.

청춘들이여, 여기로 오라.
해볕에 탄 건강한 두 어깨로
로동과 국방의 탑을 받들고 일어서는 곳,
사람들이 어제까지 이룩한 그 계선을 뚫고
타래치는 혁명의 폭풍 속에 전진하는 곳
남녀의 형제들을 뜨겁게 안을

그 가슴들이 넓어지고 억세게 다져지는 곳,

여기로 오라.
웃음과 랑만이 넘치는 곳,
청춘의 한 몸을 서슴없이 바치고 싶은
우리 조국, 우리 당, 우리 수령께서 주신
여기는 보람찬 우리 일터,
수도건설청년돌격대의 전투초소다.

| **수록지면** |

* 『문학신문』, 1968. 1. 23.
오영재, 『행복한 땅에서』, 문예출판사, 1973.

주체의 태양

제국주의 략탈자들의 광란 속에서
식민지세계의 흑운은 짙어가고
그 암흑의 장막 밑에서
조선은 노예의 피눈물을 뿌리며
짓밟힌 고통과 설음에 몸을 떨고 있었다.

의병의 창을 벼렸던 야장간들에
또다시 굴욕의 풀무는 울고
무쇠의 연장들이
외미다 비명 속에 몸을 떨며
야장의 집게 밑에 단몸을 식힐 때
뜻있던 사람들도 넋을 잃고
향방 없는 망국의 어둠 속을 정처 없이 떠나갔다.

얼어붙은 땅 우로
얼어붙은 가슴들이 걸으며
마지막으로 눈 덮인 국경의 강을 건너갈 때
그 누가 이 침묵의 강, 슬픔의 강에서
단 한 줄기의 물소리나마 들을 수 있었을 것인가.

아, 제 나라 사람들과 제 땅에 대한
그 모든 믿음이 사라져간 시대의 마지막 계선에서
자신들 스스로도 믿을 수 없었던

암담하고 뒤졌던 이 나라 인민들에게
자신의 운명을 자신의 손으로 개척할
두뇌를 주고 정신을 주신
혁명의 위대한 수령 김일성 동지의 주체사상이여!

이 위대한 주체사상으로
버림받던 이 인민들을 깨우치시며
그이께서 투쟁의 길로 이끌어 가신
그 길은
인민혁명사에 류례 없던 간고한 로정이였건만
세기를 두고 력사의 밖으로 내던져진 인민들에게
생의 맥박을 주시고 숨결을 주신
위대한 개척의 새 길이였거니,

이 주체의 위대한 혁명사상은
조선의 눈동자에 내려 덮인 어둠을 가셔주고
산야에, 거리에
억울히 흘린 피 우에 흐르던
원한의 피눈물을 가셔주었노라

희망 없는 눈동자, 절망의 한숨 속에
무덤도 없이 사라질 자기의 래일을 보며
노예의 멍에 밑에 끌려가던 탄광과 부두의 로동자들
뿔뿔이 흩어져 저마다 살길을 찾아
떠다니던 농군들에게
빛과 권리, 땅과 노래를 주었노라
민족수난의 그 고개마루에

황금의 열매를 주렁지웠노라

혁명과 건설, 투쟁과 생활의 그 모든 것이
력사의 전진에 공헌하는
주체의 내 조국, 주체의 우리 인민이여!

가대기와 호미로 농사짓던 쓸쓸한 벌에서
남의 나라를 부러워하던 이 조선에
자력갱생의 기치 높이 일떠선
사회주의 공업국의 무진한 재부를 보며
민족의 크나큰 긍지와 존엄을 보며
세계가 따르는 위대한 혁명사상이여!
영원을 강요당한 이 나라의 침묵의 강, 슬픔의 강에
희망의 물소리와 행복의 봄노래를 불러온
이 불멸의 혁명사상은
굴욕과 무지 속에서 동면하던 대륙과 인민들을 깨우고
폭풍 속에서 솟아오르는 거대한 격랑이 되여
두텁게 얼어 덮인 식민주의의 얼음장을 깨뜨리며
오늘은 력사의 한복판으로 도도히 굽이쳐 흐르고 있어라.

수령님을 위해 한목숨 바쳐 싸운
항일의 밀림 속 신념의 대오를 떠싣고
그이께서 이 땅 우에 펼쳐주신
위대한 사회주의 전취물을 안고
자기 나라 혁명을 자기 인민이 책임지는
그 높은 자각을 사람들의 가슴마다에 안겨주며
세계혁명의 수레바퀴를 힘차게 떠밀고 나아가거니

아, 조선의 암흑 속에서 타오른
이 위대한 홰불은
세기의 어둠을 거두고…
걷히는 어둠 속에 열리는
위대한 주체시대의 푸른 하늘에
김일성 동지!
그이는 태양으로 빛난다
력사와 인민의 불행을 가시며
세기와 세기 우에 높이 솟아
김일성 동지!
그이는 위대한 주체의 태양!
인류의 영원한 미래인 공산주의를 낳으며
찬란히 누리를 밝히고 계시여라!

| 수록지면 |

*『우리 인민은 행복합니다』(종합시집), 문예출판사, 1972.
오영재, 『행복한 땅에서』, 문예출판사, 1973.
『인민의 념원』(종합시집), 문예출판사, 1976.

새벽도 세 시가 넘었는데[3]

새벽도 세 시가 넘었는데,
별들도 밤이 깊어 잠들었는데
소년단원들이 또 왔다
기발을 들고
  북을 울리며
    노래를 부르며…

그 작고 어린 발을 옮기며
주강직장에서 기계직장으로
기계직장에서 조립직장으로
어제 왔던 소년단원들이 또 왔다.

—아버지, 어머니, 오빠, 언니들
  만 5천 톤 고지를 기어이 점령해주세요
한밤중에 울리는 그 간절한 목소리들이
수천 가지 기계의 음향보다 더 높다

쇠밥을 쓸어주는 그 손길이 송구해
기계를 닦아주는 그 마음이 기특해
애들의 일손을 말리는 투박한 손길들이여 !
—어서 돌아가거라

3 이 시는 〈천리마 룡성기계공장 현지 특집〉 중 한 편이다.

편히 쉬거라
너희들에게까지 수고를 끼치누나,

한밤중 …
새벽도 세 시가 넘었는데
수령님의 그 뜻이
그렇듯 크고 뜨거워서
잠 많은 아이들도 잠을 잊었는가

너무도 밝고 고운
소년단원들의 이 밤의 그 웃음이
억센 사나이들의 가슴을 울리고
기중기 우에서 조향간을 쥔
언니들의 눈앞을 흐려주누나

아, 충성에 맑고 충성에 가슴 뜨거운 룡성의 한밤이여,
수령님의 품에 안겨 싸우며 자라는
행복한 로동계급이 아니고서는
그 누가 이렇듯 아름다운 밤을 마련할 수 있을 것인가

천장에 닿은 우람한 기계들과
분주히 오가는 기름 묻은 작업복들 사이로
춤추며 펄럭이는 붉은 넥타이!
아, 그것은 정녕
이 밤에 핀,
충성과 맹세의 이 밤이 피운
아름다운 꽃들이였다

| 수록지면 |

*『조선문학』 304호, 1972.12.
오영재, 『행복한 땅에서』, 문예출판사, 1973.

세상에 오직 하나

가는 길이 멀어서
홀로는 못 가
내 한생 따르며 의지하는
그런 손길이 있습니다

안아주어 살뜰할 때도
꾸중으로 엄할 때도
운명의 피줄처럼 쥐고 따르는
그런 손길입니다

그 손길 잡고 가면
천만의 억센 손이 받들어주는 듯
진펄길도 힘겨운 줄 모르고
깊은 강도 두려운 줄 모릅니다

아, 당이여
그대 손길 잡고 가면
크나큰 사랑이 끝없이 흘러들어
전사의 작은 이 가슴에도
영웅의 용맹이 샘솟고

그대의 심원한 진리
내 눈을 밝히여

천하를 굽어보고
만리를 내다보나니

내 만약 그 손을 놓는다면
생명의 피줄은 끊기고
어느 풀덤불 속에 쓰러졌을 것입니다
머리 우에 하늘도 없고
밝은 해도 없을 것입니다

한없이 정답고
은혜로운 당이여
이 가슴에 울리는 그대 목소리는
봄우뢰처럼 환희롭고

내 볼에 스치는 그대 숨결은
복 받은 새날의 훈향처럼 정답습니다
그 길에서 지켜보는 그대 눈길은
우주의 영원한 빛과도 같습니다

하여 내 눈에 보이고
이 가슴에 가득히 들어찬 것은
당이여
그대 모습
그대 생각뿐

나의 힘
나의 지혜

나의 열정이 뿌리를 둔
거대한 생명의 모체
그 손길 잡고 따르면
가슴은 언제나 청춘의 더운 피로 끓어
영생의 삶이 빛을 뿌립니다

그래서 그 손길에
내 기꺼이 운명을 맡겼습니다
영원히 믿고 살
고마운 품
이 세상에 오직 하나이기에

한생을 놓을 수 없는
그 손을 잡고 혁명의 길을 갑니다
내가 받들고
내가 따르는
우리 당밖에 나는 모르기에
이 세상에 우리 당이 제일이기에

| **수록지면** |

*『문학신문』, 1988.2.16.
『새 아침—향도의 해발을 우러러 12』(종합시집), 문예출판사, 1989.
『1980년대 시선』(종합시집), 문예출판사, 1990.
『청춘시집』(종합시집), 문학예술종합출판사, 1993.
『향도의 빛발 아래 (3)』(종합시집), 문예출판사, 1993.
오영재, 『흰 눈 덮인 고향집』, 교육도서출판사, 2006.

작별[4]

소년의 때를 채 벗지 못한
열여섯 어린 시절에 나는
남해바다가에서
의용군으로 총을 메고
어려운 싸움길에 들어섰던 몸

진공과 적후의 준엄한 불비 속에서
언제 한번 제 얼굴 비춰 본 적 있었던가
그런 짬인들 없었고
나에겐 또한 한 쪼박 거울도 없었으니

50년 12월에 평양을 해방하고
며칠간 휴식을 얻게 되였을 때에야
나는 내가 든 동녀맹위원장 집
웃방의 바람벽에 걸려 있는
폭풍에 반나마 깨여진 쪽거울에
자기의 얼굴을 처음 비춰 보았다

솜털이 보시시했던
내 얼굴은 어디 가고
웬 낯선 청년이 넌 누구냔 듯

4 이 시는 시초 〈옛 병사시절에 대한 추억〉 중 한 편이다.

의문을 가득 품고
나를 물끄러미 바라보고 있었다

어느새 돋아났는가
거밋거밋한 수염들
없어야 할 것이 생겨난 듯
그 수염을 허거프게 쓸어 보며
나는 잠시 생각에 잠겼나니
아 이젠 가버렸구나 영영
나의 소년시절이

어데까지 따라왔느냐
홍안의 그 소년은
적과의 접전으로 귀뿌리가 따겁던
락동강의 그 모래언덕까지였더냐
태백산줄기를 넘을 때
잠시 배낭에 기대여 쪽잠에 들던
그 락엽 지던 산마루까지였더냐
아니면 적후 제2전선활동으로
양구를 해방하던 서리 낀 그 아침이였더냐

이제는 내가 올 길은 다 왔다고
청년기의 문턱으로 나를 넘겨주며
부디 잘 가라
멈춰 서서 석별의 손을 흔들며
포연 덮인 산야에 흩어져 간
그 지점이 분명 있었으련만

모르고 왔구나
사랑스런 소년아

불현듯 내 두 볼로 눈물이 흘러 내렸거니
내 지금도 그 눈물의 의미를 알 수 없어라
기뻐서도 아니고 슬퍼서도 아닌 그 눈물
그렇다면 그렇다면 그것은 무슨 눈물이였을가

인사도 없이 보내고만
그 소년에 대한 죄스러운 생각에서였던지
아니면 성스러운 조국수호전에서
총을 메고 철들어 청춘기를 맞은
그것이 그리도 보람 높아서였던지…

| **수록지면** |

*『조선문학』 666호, 2003.4.
『내 민족 내 피줄—6.15공동선언실천을 위한 민족작가대회기념』, 문학예술출판사, 2005.
오영재, 『흰 눈 덮인 고향집』, 교육도서출판사, 2006.

평론 시인들의 얼굴을 생각하며

개인시집들을 펼치고

류만

시인들의 개인시집을 읽는 것은 마치도 생활에서 새 친구를 사귀는 것과 같다고 할가. 그렇게 반갑고 의의 있는 일이다.

독자들은 시인의 고심과 탐구의 자취가 있는 그래서 시인의 얼굴이 있고 체취가 풍기는 그런 시집을 좋아하며 또 요구한다.

시인이 진정으로 창작적 개성이 산 이런 좋은 시집을 내자면 자신이 시인으로서의 자기를 잘 알 뿐 아니라 특히 독자들이 본 자기 자신을 잘 아는 것이 중요하다.

어떤 시인들은 시집까지 냈으니 자기에게는 개성이 뚜렷하다고 자부할 수 있지만 독자들이 보건대는 다르게 생각되는 경우가 있으며 또 어떤 시인들은 자기가 생각하는 개성적 특성과 독자들이 생각하는 그것과는 다른 결과가 나타나는 경우도 있는 것이다.

이것은 시인들로 하여금 독자들이 본 자신을 잘 아는 것이 개성적 면모를 바로잡고 련마해 나가는 데서 매우 유익한 일이라는 것을 말하여준다.

이런 견지에서 나는 독자의 한 사람으로서 개인시집을 펼치고 시인의 개성과 관련하여 생각되는 바를 이야기하려고 한다.

(…중략…)[1]

×

시집 『행복한 땅에서』를 읽으면서 먼저 생각되는 것이 시인 오영재의 창작적 개성에 대하여 한마디로 말한다는 것은 사실상 어려운 일이라는 것이다. 하긴 1973년에 나온 이 시집을 두고 오늘에 와서 시인에 대해서 말한다는 것도 문제이지만 보다는 그의 시세계가 결코 그런 여지와 가능성을 주지 않기 때문이다.

그렇다고 해서 그의 시세계가 종잡을 수 없다는 것은 아니다. 매우 변화무쌍하고 다양다채롭기는 하지만 가만히 음미해보면 갈래 많은 그 시들도 그에 관통하는 고유한 세계가 있다.

아마 우리 시단에서 이 시인만큼 시세계가 다양하고 변화무쌍하며 시인적인 자질이 폭넓은 령역에서 드러난 시인은 흔치 않을 것이다.

그의 시집과 그 이후의 시들을 통털어 볼 때 그는 그 어느 시인보다도 시대에 자신을 부단히 따라 세우면서 시대정신에 민감한 시인이다. 그에게는 당과 수령을 칭송한 송가작품도 있고 조국을 노래한 시도 있으며 창조적 로동에 대한 시도 있고 조국통일에 대한 시도 있다. 또 전쟁의 준엄한 격전장을 노래한 시도 있고 전후의 보람찬 병사생활을 노래한 시도 있으며 시대에 대하여 인간과 그 생활에 대하여 사색을 펼친 시도 있다. 그런가 하면 매 시기 당이 제시한 정책적 방침을 제때에 반영하여 창작된 전투적이며 호소적인 작품도 있고 미제와 남조선괴뢰들에 대한 규탄의 감정을 토로한 작품도 있다.

특히 최근에 오면서 그의 시세계는 우리 시대 인민들의 주도적 감정

1 이 부분에서는 김상오의 시집 『나의 조국』을 다루고 있다.

을 폭넓게 일반화하는 데로 지향된 특징을 보이고 있는데 이 모든 것은 이 시인의 시대정신에 대한 적극성, 민감성을 뚜렷이 보여준다.

그리고 시형상의 견지에서 볼 때도 그의 시에는 서정시와 가사도 있고 정론시와 풍자시, 담시도 있으며 장시와 서정서사시도 있고 서사시도 있다. 또한 명상시, 기행시 등 다양한 양상적 특징을 두드러지게 보여주는 작품들도 있다.

그의 시세계가 단순하지 않고 다양하고 변화무쌍하며 형상 역시 시 형식과 양상의 넓은 령역을 포괄하고 있다고 하는 것은 바로 이러한 사정을 념두에 두고 하는 말이다.

이런 의미에서 시집 『행복한 땅에서』와 그 이후의 시들을 통하여 보여진 시인 오영재의 모습은 일반적인 견지에서 변화하는 현실에 부단히 시창작을 따라 세우면서 다양한 주제, 다양한 형식을 통하여 시인적인 개성을 드러내는 작가라고 말할 수 있다.

이 시인의 시들을 통털어 놓고 볼 때 그의 얼굴은 크게 두 측면에서 두드러지고 있다.

시집 『행복한 땅에서』와 그 이후의 시들을 통해서 시인 오영재는 무엇보다도 다정다감하고 열정적이며 랑만적인 시인으로 독자들에게 알려져 있다.

전화의 나날에 병사생활의 소박한 첫 시들을 발표하면서 고심어린 탐구로 미지의 시세계를 톺아오던 그는 1963년에 시 「조국이 사랑하는 처녀」를 통하여 마침내 자기의 시인적 얼굴을 드러냈다고 말할 수 있다. 이 시는 우리 시단에 이채롭게 피여난 한 떨기 꽃인 동시에 시인의 얼굴이 선명히 드러난 시였다.

이 시에서 시인은 우리 시대의 평범한 인간, 평범한 생활에서 아름다움을 찾는 고상한 시인적 안목과 함께 생활의 진실을 다감한 정서로 류다른 열정과 흥분, 랑만적 색채로 노래하는 특기를 보여주었다.

친애하는 지도자 김정일 동지께서는 다음과 같이 지적하시였다.

"시에서 사상은 정서를 통해서 흘러나와야 한다. 시형상의 힘은 사람들을 정서적으로 공감시키는 데 있는 것이다."

정서는 시에 반드시 있어야 하는 것이다. 정서를 떠나서는 시를 생각할 수 없다.

따라서 굳이 시인 오영재를 두고 정시의 다정다감성에 대하여 말하는 것은 그의 시에서는 이것이 유난한 광채를 뿌리기 때문이다.

시 「조국이 사랑하는 처녀」를 보면 독자들 앞에 천리마 시대 농촌의 그 어디에 가나 흔히 볼 수 있는 그런 소박한 처녀가 서 있는데도 어찌하여 그는 그리도 사랑스럽게 느껴지고 높은 곳에서 돋보이는 것인가.

그것은 시인이 생김새와 옷가지, 일솜씨와 생활에서 그 처녀의 보석같이 빛나는 정신의 아름다움을 보았기 때문이다. 시인은 우리 모두의 생김새와 다름없는 처녀의 수집음을 머금은 두 눈, 누빈 솜저고리며 무지개빛 머리수건에서 그에 내비친 심장의 뜨거움, 로동에 대한 사랑과 미래에 대한 아름다운 꿈을 보았으며 마침내는 그를 시대의 높은 언덕에 내세웠다. 이것은 시인이 우리 주위에서 벌어지는 일상생활에서 시를 감수할 줄 알고 남다른 흥분을 간직하며 그것을 시대의 미학적 리상으로 뽑어올릴 줄 안다는 것을 의미한다.

평범한 것에서 시를 발견하고 그것을 자기 심장의 흥분된 느낌으로 다양하게 노래하는 여기에 이 시인의 시에서의 다정다감한 정서의 특징이 있다. 때문에 어떤 대상을 노래하든 그의 시에는 대상이 환기하는 정서와 시인의 심장의 박동, 호흡 간에 간격이 없으며 시 「조국이 사랑하는 처녀」에서 보는 바와 같이 대상을 심장으로 체험하고 그 체험을 다감한 정서로 다양하게 노래함으로써 언제나 대상이 간직한 정서적 특성을 깊은 뜻을 담아 생활의 정서로, 시적 정서로 유기적인 련관 속에서 노래하고 있는 것이 느껴진다.

이 시에 구현된 다정다감한 시세계는 이 시인의 창조적 로동과 생활을 노래한 다른 많은 시들에서도 보게 되는데 시초 〈릉라도 건설의 노래〉와 〈수도건설청년돌격대 시초〉는 다정다감성이 랑만적 열정과 유기적으로 결합되여 있는 것이 특징이다. 그런데 이러한 랑만적 열정은 그의 시들에서 보는 바와 같이 웨치는 '소리'의 높이에 있는 것이 아니라 심장으로 체험하고 심장으로 뽑어 올리는 그 강렬한 느낌 속에 있는 것이다.

시인 오영재의 시에서의 이러한 다정다감성, 랑만적 열정을 두고 생각할 때 다른 측면에서 그것이 시인적 관찰의 예리성과 섬세성, 체험의 감성적 심도와 떼여놓고 생각할 수 없다는 것을 이야기할 필요가 있다.

여기에 이 시인이 최근에 창작한 「아기엄마의 사죄」라는 한 편의 시가 있다.

…일요일의 공원길, 아기를 데리고 거닐던 어머니가 잠간 헛눈을 판 사이 나비를 쫓아 아장아장 잔디를 밟으며 잔디밭에 들어가는 아기, 누가 보는 사람 없어도 주단 같은 공원의 잔디를 차마 밟을 수 없어 안타까이 아기를 부르며 가슴조이는 어머니, 마침내 돌아온 아기를 안고 순간이나마 아기가 잔디를 밟게 한 자책감으로 여기에 잔디를 입히고 공원을 향유하는 모든 사람들에게, 평양의 아름다움 앞에 깊이 사죄하는 어머니…

이것이 이 시의 전부이다. 웬만한 시인 같아서는 눈에 차지도 않고 또 흔히 스쳐버릴 수도 있는 그런 평범한 생활의 한 세부가 이 시인에게서는 우리 시대 인간의 정신적 미와 그 높이를 가늠하는 숭고한 시세계로 승화되였다.

이 시인의 창작 전반을 두고 볼 때 이 시는 독특한 양상을 보여주고 있기는 하나 앞에서 언급한 시를 비롯하여 로동과 생활에 대한 시들 그리고 시초 〈대동강을 거닐며〉를 비롯한 많은 서정시들에서 느껴지는 것이 바로 이것이다.

그리하여 이 시인은 예민한 시적 관찰과 뜨거운 체험과 흥분, 풍부한 감성을 지니고 우리 시대 인간의 숭고한 정신세계와 그 생활을 다정다감한 정서로 랑만적 열정을 가지고 노래하는 그런 시인의 모습으로 개성적 얼굴을 드러내고 있는 것이다.

시집 『행복한 땅에서』와 그 이후의 시들을 통해서 시인 오영재는 또한 뜨거운 열정과 심오한 사색의 세계를 높은 격조로 펼치는 자유분방한 시인의 모습으로 독자들에게 안겨온다.

이것은 당과 수령의 위대성을 노래한 송가적인 작품들을 비롯한 우리 시대 인민들의 주도적 감정을 일반화한 작품들에서 그리고 우리 인민들의 통일 열망과 원쑤들에 대한 준엄한 단죄와 규탄의 기백을 토로한 작품들에서 두드러지게 나타나고 있다.

시집에 들어 있는 경애하는 수령님의 위대성을 칭송한 「수령께 드리는 송가」, 「주체의 태양」, 「태양은 누리를 비친다」가 그러하며 「복수자의 선언」을 비롯하여 조국통일에 대한 지향과 열망을 토로한 작품들이 그 뚜렷한 실례로 된다.

이러한 특성은 시인이 최근에 창작한 「나의 신념」, 「세상에 오직 하나」와 같이 당과 수령을 믿고 따르며 당과 수령께 영원히 충성 다해가는 우리 시대 인민들의 주도적 감정을 토로한 작품들에서도 보다 심화되여 나타나고 있는데 이 모든 경우에 시의 격조는 깊은 사색과 철학을 담은 다감한 정서로 물들여지면서 시의 격조가 웅심 깊게 열정적으로 울리는 것이 특징이다.

아, 당이여 그대 없이
이 몸을 어디에 의지하고
내 한생을 살아가랴
나는 그대의 아들
그대를 따름은
오직 하나의 내 신념

참답게 살고 싶어
아름답게 지고 싶어
이 가슴에 의지로 간직한 이 신념
그것은
지녀서 내가 있고
잃으면 내가 없는 것
…
평범한 날의 백 마디 말과
맹세의 눈물이 대신할 수 있으랴
신념이여, 그것은
엄혹한 날 준엄한 생의 기로에서
서슴없이 내대는 전사의 심장

언제나 자신을 그 길 우에 세워보며
당이여, 성스런 그대 기폭에 얼굴을 묻나니
죽음으로 이 지조 지킬 수 있다면
아까울 것 있으랴, 이 한 목숨

온갖 달콤한 유혹의 손이
내 옷소매를 잡아끈다 해도
바람 따라 돛을 달지 않으리
당이여 그대만이 변함없는
오직 하나 내 신념의 항도성이기에

— 시 「나의 신념」에서

시인은 우리 시대 인간의 신념을 두고 그것을 인간의 운명문제와 련관시켜 파고들면서 신념이 미칠 수 있는 공간, 신념이 뜻하는 인간의 지성과 정신, 사상의 모든 령역을 자유롭게 배회하면서 그 신념의 뜨거움, 불변함과 영원함을 노래하고 있다.

이렇게 놓고 보면 이 시인에게서의 사색은 집요하달만치 매우 끈질긴 것이다. 왜냐하면 신념을 상식으로가 아니라 신념이 뜻하는 세계를 끝까지 파고들어 인간 정신의 아름다움과 숭고함을 웅심 깊게 펼쳐보였기 때문이다. 따라서 그의 시들에서의 사색과 환상, 격조는 시로 하여금 철학적 깊이와 무게를 가지고 사람들의 가슴에 파고들어 숭고한 격정에 젖게 하며 높뛰는 심장의 박동을 안고 우리 시대 인간들이 서야 할 시대정신의 아름다운 경지에로 열렬히 지향하게 한다.

리성의 조명으로 철학적 사색을 심화하여 대상이 뜻하는 세계를 그 심오한 경지에까지 다양한 측면에서 심오하게 파고드는 여기에 그의 시들에서 보게 되는 독특한 세계의 다른 한 측면이 있다.

이러한 특성은 다른 시들에서도 찾아보게 된다.

시 「세상에 오직 하나」에서는 당의 품을 노래하면서 그것을 "운명의 피줄"로, "운명의 샘, 진리의 샘"으로 그리고 "힘과 지혜, 생명의 문체"로 사색과 환상의 나래를 펼치였는데 이것은 당의 품과 자신의 운명을 련관시키는 우리 시대 인간들의 생각이 미칠 수 있는 또 반드시 그렇게 되여야 하는 그런 심오한 운명과 인생의 경지를 철학적 사색으로 깊이 파헤쳐 보인 심오한 정서세계로 된다.

그의 시에서의 이러한 심오한 사색의 세계는 시에서 대상 자체를 현상적으로 아기자기하게 노래한 데서 온 것이 아니다. 그는 대상 자체를 아기자기하게 노래하는 그런 시인은 아니다. 즉 그에게는 일정한 생활소재를 시적으로 그리면서 거기에서 느낀 주정을 토로하는 그런 시가 매우 드물다.

물론 그에게도 시 「또 하루」 등에서와 같이 전반부에서는 일정한 '공정'을 그리고 마지막에 '결구'를 토로하는 식의 시가 없지 않으나 이 경우를 보면 대체로 시들이 성공하지 못하였다는 것을 느끼게 된다. 이것은 시인이 자기의 체질에 맞지 않게 흥분이 없이 시를 쓴 경우인 것이다.

그의 시에서의 사색은 대부분 경우 대상에서 체험된 감정을 심화시키고 승화시켜 심장으로 뿜어 올리는 데서 생겨난다. 때문에 그의 시들을 읽어보면 일정한 대상, 생활소재에 대한 그 어떤 '설명'은 없지만 열정적으로 뿜어져 나오는 주정을 통하여 그 모든 대상, 생활소재들이 그 사색과 열정, 격조의 바탕에 깔려있다는 것이 알린다. 이러한 사정으로 그의 시는 사색과 환상의 세계가 넓고 자유분방한 특성을 보여준다고 말할 수 있다. 시 「세월과 함께 빛나는 집」, 「주체의 태양」, 「당에 끝없이 충실할 때」 등이 이러한 특성을 집중적으로 보여주고 있다.

이와 함께 우리는 이 시인에게서 나타나고 있는 사색과 환상의 폭과 깊이, 높은 격조는 곧 언어표현의 깊이이며 폭이며 격조라는 데 대해서 강조할 필요가 있다. 그만큼 위대한 대상을 노래하여 사회정치적 문제를 다루는 시들에서 그는 '작고' 보다 정서적이며 랑만적인 시어들이 아니라 뜻이 넓고 진폭이 크고 호흡이 높은 그런 언어표현들을 즐겨 골라 쓰고 있는 것이다.

임의의 실례로 시 「태양은 누리를 비친다」의 첫 몇 련에서만 보더라도 "아세아대륙의 동방에서 태평양을 향하여 힘 있게 뻗어나간 조선", "아세아의 분노", "세기의 설음", "봉건의 밤", "장안의 기둥들이 눈물에 얼룩지던 망국의 곡성", "근로의 호미" 등은 그러한 특성을 잘 보여준다.

물론 이 시인의 시집과 그 이후에 나온 시들을 읽어보면 그가 모든 경우에 다 자기의 얼굴이 있게 시를 쓰는 것이 아니며 또 얼굴이 내비치는 경우에도 그 시가 모두 만족스럽게 되였다고 말할 수는 없다.

그의 시들에 때로는 설명투가 있으며 때로는 심장에서 샘솟는 정서가 아닌 '채색'된 정서의 흔적도 있다.

이런 시들을 가만히 음미해보면 그에게서 특징적인 체험의 열도가 있고 리성은 있지만 심장의 흥분과 무르익은 사색의 열정이 결여되여 있는 것이다. 또한 「조국이 사랑하는 처녀」나 「복수자의 선언」에서와 같이 우리 시단에서 류달리 긴 시행으로 성공한 시를 창작한 반면에 그의 일부 시들은 시행의 길이가 필요 이상 길어져 지루한 느낌도 주는 때가 있다. 이 경우를 보면 시인이 주정만 생각하지 운률에 대해 때때로 무관심한다는 인상을 가지게 한다.

물론 앞에서 본 바와 같이 뜨거운 체험과 열정이 낳은 시행의 '길이'는 성공했지만 반면에 체험과 열정이 빈약하고 리성의 웨침이 앞선 시행의 '길이'는 시가 시로 되게 하는 데서 장애로 되는 것이다.

이런 견지에서 이 시인의 경우 자기의 얼굴을 더 확연히 드러내자면 매 시편을 창작하면서 뜨거운 체험과 느낌을 간직하고 심장의 열정을 뿜어 올리는 그 장점을 계속 살리며 다변적인 것은 긍정적인 측면이 많으나 그것이 람발되여 운률에 대한 홀시를 초래하지 않도록 좀 더 심사숙고하는 것이 필요하리라고 생각한다.

—『조선문학』 508호, 1990.2

기타 참고문헌

윤석범, 「격류를 헤쳐나가는 시대의 노래—「복수자의 선언」을 중심으로」, 『문학신문』, 1966.12.30.
허수산, 「우리에게 힘을 주는 시—「복수자의 선언」을 읽고」, 『문학신문』, 1967.1.13.
손승태, 「대동강과 더불어 길이 전해질 조국에 대한 사랑의 서사시—장편서사시 『대동강』에 대하여」, 『조선문학』 469, 1986.11.
리수립, 「영원한 동행자의 불타는 심장—시인 오영재와 그의 창작 세계」, 『조선문학』 569, 1995.3.
류만, 「시인은 누구나 시를 쓰고 있다. 그러나…(3)—시의 다양성 문제를 생각하며」, 『조선문학』, 2003.1.
편집부, 「시집을 내면서」, 『흰 눈 덮인 고향집』, 교육도서출판사, 2006.
『문학대사전』, 사회과학출판사, 1999.
『조선대백과사전』, 백과사전출판사, 1995~2004.

오영환

1960년부터 시를 발표하기 시작한 것으로 추정된다.
개인시집으로 『숨쉬는 땅』(1988)이 있다.

| 시 8편 |

사람들의 발길이 끊어진 길에서

행군으로 한밤을 지새는 날엔
날 밝는 고장이 휴식하는 곳이였네
내 어이 알았으랴 병사복 차림으로
낯익은 정양소 앞에 다시 설 줄을

세상의 관심 밖에 나앉아 있는
정양소 앞길엔 풀들이 자라나
정양생을 기다리다 지쳐버렸을
의사와 간호원들을 눈앞에 그려주었네

평화로운 시절과 다름없이
오늘도 렬차 시간에 맞추어
뻐스는 역두로 달려갔건만
이 아침도 빈 차로 돌아오고 있었네

고사포 파편도 떨어지지 않건만
사람들의 발길은 끊어져
호수가의 뽀트들은 주인 없이 흔들리고
정각과 긴 의자들엔 락엽만이 뒤설레였네

조국 땅 북쪽에 깃든 정적 속에서
나는 불렀네 옛 정양생들의 이름을
오락장에 나붙은 시간표대로

다시 이 강산 정기를 한껏 마시라고

나의 목소리 산발에 날아오르자
전선고지들에 터지는 함성들이
산줄기 따라 메아리쳐왔네
《조국을 사수하자!》고

오, 나는 들었네
조국에 위험이 닥쳐오면
병자도 허약자도 없는
위대한 인민의 목소리를 들었네!

—1953

| 수록지면 |

* 오영환, 『숨쉬는 땅』, 문예출판사, 1988.

우편국에서

눈 내리는 저녁,
중년 사나이 하나
모자에 어깨에 눈을 털며
우편국의 문을 열고 들어섰다.

눈보라와 함께 전화에 다가선 그는
뜨거운 입김을 수화기에 뿜어
멀고 먼 제 조합 불러놓고
천장과 온 창문이 울리도록 웨쳤다.

《…양 무린 어느 골짝에 있소?…
눈사태에 피해는 없소?…
잘 했소! 장하군!》
《…유치원엔 불이 잘 들어오?…》

련'이어 그는 묻고 또 묻는다.
수도에 출장 온 그사이
《…길호의 입당은 결정됐는가?》
《…복순이 첫 아기 순산했는가?》

그다음 부기장을 바꾸어 달라는데
밭에들 나가고 없다는 대답.
들에 실어낸 엄청난 퇴비 무지를

그는 보는 듯 껄껄 웃어 대누나!

우편국 콩크리트 바닥을
제 고장 벌인 듯 그는 거닌다.
이렇게 쉼 없이 그는 걸었으리라
보'둑과 오솔'길과 집집의 문전을!

랭상모판의 문틀 짜는 늙은이들과,
전등 밑에 종자 고르는 녀인들과,
눈벌판에 소토 굽는 청년들과
그는 함께 상론하며 걸어간다!

산천 안개 흐르는 축사에서는
발 저는 어미소 곁에 밤을 새려는,
눈물이 글썽한 사양공 처녀를
어깨 떠밀어 집으로 들어 보내며…

목이며 어깨에 매달리는
유치원 어린것들에게
산과 시내'가의 이름도 가르쳐주며,
거기 과수원을 공상하며 걸어간다.

기계로 무장할 래일을 두고
뜨락또르 강습소로 떠나가는,
축산 대학으로 떠나가는
그 복손들 굳게 잡아주며 그는 걸어간다.

조합의 온 생명과 재산을
이 강토, 한 구획 땅 우의 백년대계를
그는 시간도 공간도 헤아림 없이
량 어깨에 걸머지고 나가거니

미덥다, 미덥다 관리위원장!
웃음으로 하여 흩어진 그대 눈'섭에,
이마에 일어선 굵은 혈관에
휘황한 조국의 앞날이 숨쉬누나!

| 수록지면 |

* 『조선문학』 170호, 1961.10.
오영환, 『숨쉬는 땅』, 문예출판사, 1988.

차돌

내가 전선을 탄원하던 날
신체검사 받으려 줄을 섰는데
내 앞에 선 소년의 허리춤에는
차돌 세 개 감춰져 있었더라

그 친구 의젓이 저울에 올라서서
제법 저울금을 들여다볼 때
의사는 어이없고 동정 가는 듯
《여, 친구 그래도 모자라는군.》

소년은 못 들은 척 고개 쳐들고
전선 있는 그쪽을 바라보면서
제가 갈 곳 오직 그쪽이라고
결연히 버티고 서 있었더라

소년은 화광과 포연에 휩싸인 듯
어깨에 포판을 짊어진 듯
며칠을 굶고 견디여내는 듯
갈수록 주먹을 부르쥐였더라

하지만 소년은 끝내 밀려나
우리들이 대렬 지어 떠나갈 때
잘 가라 손짓도 없이 웨쳤더라

《전선에서 다시 만납시다!》

우리가 화선에 당도할 때까지
그 목소리 쟁쟁히 울려왔더라
차돌 무게에 비할 바 없는
무거운 짐이 우리께 지워져 있어

그 소년 다시는 만나지 못했어도
지금은 공민증 품었을 그 청년
그 어디에 있든 이 땅 우에서
제 몫 몇 배를 해내고 있으리라!

—1961

| 수록지면 |

* 오영환, 『숨쉬는 땅』, 문예출판사, 1988.

태양의 하루'길[1]

나는 하루일 끝마치고 집으로 가는 사람
긴 그림자를 뒤'강에 던지고
들 끝에 바다 끝에 타는 해와
나는야 마주 웃는다.

태양의 하루'길이 끝난다.
광석을 나르는 벽지의 삭도들 우에
공장지구의 유리지붕들 우에
농촌건설대의 천막들 우에…

태양의 하루'길이 끝난다.
바람'결 실랑이치는 푸른 논들에,
포장하는 도로의 골탄 연기 속에,
새 구역—위성도시 피뢰침들 우에…

나라의 큰 창고문들이 열리고
저울과 자와 수판들 우에서
하루 사이 땅 우에 쌓인 재부들이
미끄럼치며 련'이어 들어간다.

탈의실 거울 앞에 웃고 나선 얼굴들이,

1 시집 『숨쉬는 땅』에서 이 시의 제목은 「하루길」로 변경되었다.

산촌 물에 목물 얹고 두렁'길에 오른 얼굴들이
첫 별 이고 기중기의 층계를 내리는 얼굴들이
그 수만 얼굴들이 저 노을을 본다.

장엄한 구름을 물들인 저 하늘은
기적 같은 이 나라의 로동의 한 페지!
나는 노래하며 가노라
나와 한 시각에 《애국가》를 들었고
나와 한 시각에 보람찬 하루의 일 끝마친
나의 벗들과 함께 나는 노래하며 가노라

아침노을과 저녁노을 사이
그 시간은 길지 않건만
조국은 얼마나 더 아름다워졌는가!
조국은 얼마나 더 멀리 전진했는가!

축복하노라, 나의 조국이여!
내가 일생 두고 못다 볼 곳곳에,
반에 반도 통성 못한 벗들 앞에
행복과 영광을 축복하노라

| 수록지면 |

*『문학신문』, 1963.7.9.
오영환, 『숨쉬는 땅』, 문예출판사, 1988.

쾌청한 날

포플라 닐닐이 늘어선 언덕에서
작업반장은 푸른 들 향해 소리친다
《윤옥아– 공민증 받으러 오란다》

올찬 그 목소리에
놀란 백학 하나 훨 날아올라
논뚝을 달려가는 윤옥의 머리 우로
들판을 앞질러 날아간다.

수로에 어리비끼는 윤옥의 키를,
땅에 찍히는 그 발'자국의 크기를
온 들판이 바라본다–
컸구나, 양양한 때다!

엊그제 동창들과 헤여진 네 얼굴
벌써 태양이 어루만져 불그레하구나
곱다, 종일 웃고도 남아 있는
네 얼굴의 웃음이 좋다

너 이제 집으로 뛰여 들어가
새 옷 차림하고 거울 앞에 서리라
어른 티가 난다고 너를 놀려주던
농장원들의 표정을 등 뒤에 느끼며

너는 다시 얼굴을 감싸쥘 테지

참말로 세월은 빠르다—
마당에 철'길 들어온 날
둥근 달 이고 침목마다 뛰뛰던 네가,
처음 이 벌에 뜨락또르 실려 올 때
그 뒤'바퀴에 키를 재보던 네가
오늘은 실농'군으로 공민증을 받누나

조국의 해방과 동갑하고 자란 너
네 일'손을 보고는 네 나이 숫볼 수 없다
나이대접 받아야 할 늙은이들도,
일에 이골이 밴 장정들도
진심으로 너를 향촌의 주인으로 보더라

자, 길을 떠나라
한생을 정하고 나라를 섬길
너의 고욱한 심장의 고동을 듣노라
우리는 듣노라
소녀와 작별하는 너의 숫저운 맹세를
은혜론 집과 농장과 나라 앞에 바칠
너의 손과 어깨와 가슴 크기도 해라!

오늘 너의 일분일초는 아름다워라
고향의 이 작은 길이
조국의 모든 길에 잇닿아 흘러간 것을,
사람은 사람마다 일로써 손잡은 것을

명백히 깨달으며 너는 간다

떳떳이 공민증을 받거라
너는 해 솟는 나라에 생을 받은,
가난을 몰아낸 땅에 청춘을 맞는
번영과 문명의 시대에 태여난
조선 공민이다!

| 수록지면 |

* 『문학신문』, 1963.8.16.
『해방후서정시선집』(종합시집), 문예출판사, 1979.
오영환, 『숨쉬는 땅』, 문예출판사, 1988.

옛 전선 사령관

밤차가 정차하는 동안
나는 김책 역두를 걷는다…
옛 전선 사령관의 이름 가진 역을
혹여 잠든 채 지나쳐 버릴 듯싶어
크고 작은 역들을 세며 왔다.

정겨운 역이여, 정차 시간이 짧아라
조국의 모든 역들과 다름없이
여기도 정차 시간은 실무에 필요한 한 순간
서두는 마음 없이 걷고 싶어라
한강 도하의 날에 만났던 그 모습 가까이,
해방된 서울의 눈물을 보던 그의 미소 가까이
오래 머물러 걷고 싶어라

마음에 익은 목소리 다시 듣게 되는 순간
생각나라, 물젖은 몸으로
그가 나에게 들려주던 말—
《남해의 파도 소리도 함께 듣자
나는 그것을 믿고 있다
거기서 다시 만나자, 용감한 사람아!》

전선이 조국 땅 한가운데 있을 때
그가 나에게 화광에 비쳐 준 말은

그의 숨'결과 함께 지워지지 않고
이 강토 우에 아직 떠돌고 있다!

아— 조국의 빛나는 년대기 속에
커다란 운명 지닌 투사들이
하나 둘 우리 곁을 떠나갔구나!
그가 장렬히 전사하던 날—
군모 구겨 쥐며 눈물 훔친 나는
우리가 잃은 그 보상을 못 다한 채
나는 그의 향촌을 걷고 있구나!

하지만 믿고 싶다, 굳게 믿고 싶다.
나는 잠간 초소를 떠난 사람,
그 어디에 있든 나는 먼저
강대한 조국의 국방력의 일원!

나는 그의 앞에서 군인선서 했고
1948년의 바다'가 훈련소로부터
그의 음성을 조국의 목소리로 들었다.
전 생애로써 혁명에 복무한 그를
나는 어디서나 거울삼아 비쳐 본다.

그의 곁에서 자신을 찾은 날들은
나에게 무상한 행복의 순간들이였다.
그와 더불어 눈에 익힌 조국 땅—
승리자로 걸은 그 모든 길이며
전투, 행군, 휴식을 엇바꾸던

그 모든 고장들을 영원히
그의 형상과 함께 간직하고 산다.

언제 어디를 걸어가든
그 길 따라가고 또 가면
힘겨웠으나 자랑에 찼던 고지들이 있고
그와 감격을 나눈 곳들이 있다는 생각으로
웃음도 크고, 걸음도 크게
머리 높이 들고 이 땅을 간다

잘 있으라, 정겨운 역이여!
나의 참된 생활과 인연 있는 그분처럼
조국 만세의 영광의 날을 향해
나의 하루하루도
차바퀴 밑으로 흘러가는 침목들 간격같이
혁명의 목적지에 이어 가리라!

그는 오늘도 나를 부추기며
전화의 날 그 위장망 그대로,
김일성 동지의 충직한 전사로
밤 깃든 도시를 쉼 없이 가고 있다—
은하수 왕양히 흐르는 망양정에서,
밤바다 잠들 줄 모르는 기슭에서,
화광을 터뜨리는 제강소 구내에서
남쪽 겨레들을 바라보고 있다!

다시 해방된 서울의 만세소리 듣는 듯

그때 그 걸음, 그 환희, 그 눈'길로
그는 온 도시를 통찰하며 판단하며
온 나라를 무장시키고 있다!

나는 그가 일생을 바친
그 위업의 끝을 맺으리라
그가 일생을 바쳐 보고 싶었던—
침략자를 몰아낸 하나의 조국에
우리의 창조물로 꽈악 채우리라!

| 수록지면 |

*『조선문학』 202호, 1964.6.
오영환, 『숨쉬는 땅』, 문예출판사, 1988.

백사장의 무수한 발자국들은

주소들을 나누고 헤어지는 백사장,
또 다른 휴양객들이 여기 오리라
모래불 끝까지 뻗어간 발자국들이
물바래에 젖도록 나를 이끄네

크고 작은 이 무수한 발자국들은
희망이 그 무엇인가를 묻는,
저 수평선의 속삭임을 파도가 날라올 제
다시 한 번 아이 되여본 흔적이라네

저기 그믈그믈한 푸른 섬 너머
포구로 돌아오는 배고동 소리와
물새들의 울음에 귀 기울이면서
나서 한번 시인이 되여본 흔적이라네

밤이면 달빛에 멱 감는 솔밭과
별도 달음질해 오는 이 기슭은
해마다 보는 사람의 넘치는 힘이라고
사람마다 영생을 꿈꾸고 간 흔적이라네

해빛 뛰노는 억만 물결 앞에서
그 넓이와 깊이와 아름다움 앞에서
나서 행복했고 죽어서 못다 갚을

조국의 은혜를 안고 간 흔적이라네

—1966.5

| 수록지면 |

* 『무지개』(종합시집), 조선문학예술총동맹출판사, 1966.
오영환, 『숨쉬는 땅』, 문예출판사, 1988.

탄부의 집

새집들이 한 탄부도시여
이 밤에 내리는 함박눈과 함께
내 들여다보노라
행복한 창문들을

거울을 걸어놓을 자리
옷장을 들여놓을 자리
젊은 탄부 어이 모르랴만
사랑하는 안해와 의논하누나

주소도 새로운 집
새 며느리 도우러 온 어머니도
집안에 탄부세대가 여기서 시작된다고
아들의 탄부복을 다시 걸어보누나

새 고장에 자리 잡고 웃어보는
그 마음들이 보배롭구나
백년을 내다보고 천 년을 내다보며
모든 것 제자리에 정하였구나

안주 탄전의 억만 보화 우에
삶의 보금자리를 정하고
땅 밑의 탄맥이 끝나는 날까지

제대군인 탄부 여기서 살련다

나서 자란 고향도 쾌히 떠날 줄 알고
어머니 슬하도 떠날 줄 아는
참된 삶의 그 자욱자욱
당의 부름에 귀 기울이며 살련다

아름다워라
제대군인 탄부여
헐치 않은 나날로 한생을 엮으려는 마음
이를 데 없구나 참된 그 맹세

아들을 낳아도
그 맹세를 물려주고
딸을 낳아도
그 맹세를 이어주려누나

아, 탄부의 집은
땅 밑의 보화보다
땅 우의 보화가 더 많음을
나에게 깨우쳐주누나!

영웅들을 낳으라
나라의 보배들이 사는 집이여
영웅들을 키우라
어버이수령님 지어주신 사랑의 집이여

| 수록지면 |

* 『조선문학』 439호, 1984.5.
오영환, 『숨쉬는 땅』, 문예출판사, 1988.

평론

시인의 얼굴을 생각하며 (2)

류만

친애하는 지도자 김정일 동지께서는 다음과 같이 지적하시였다.

"틀에 박힌 시를 쓰지 말아야 합니다."

뭐라고 꼭 찍어 말할 수는 없지만 한 번 읽어도 인상 깊이 남는 그런 시들이 있다. 일상생활의 이야기인 듯하면서도 새삼스러운 감흥을 주며 가슴 후덥게 하고 흐뭇한 정서를 안겨주는 그런 시들이…

시집 『숨쉬는 땅』을 읽으면서 시인 오영환의 시가 그런 시들이라고 생각하였다.

시인 오영환은 결코 많은 시를 쓴 시인은 아니다. 그러나 인상 깊은 시로써 그는 독자들에게 알려져 있다. 그의 시세계를 살펴보기 전에 먼저 시집 제목이라든가 수십 년 간에 창작한 시작품들을 묶은 것만 보아도 그가 무엇인가 남들과는 다르게 모가 나게 특색 있게 해보려는 시도와 탐구적 자세를 가지고 있다는 것이 알린다. 그는 이번 시집을 다른 시인들이 시집을 내면서 흔히 하듯이 주제별 분류가 아니라 자기 창작의 로정을 10년을 단위로 20대 작품, 30대 작품, 40대 작품, 50대 작품 하는 식으로 묶었다. 여기서 무슨 개성이 있다는 것은 아니고 또 시집을 어떻게 묶는가 하는 것은 시인 나름이지만 그러나 우리는 이러한 분류가 이 시인의 시 창작에서의 개성적인 탐구, 자기 식의 독창적인 탐구와 떼여놓고 생각할 수 없다는 것을 강조하게 되는 바이다.

시집을 창작 로정의 년대에 따라 묶은 것은 한 시인의 성장과 개성을 리해하는 데서 직관적 표상을 주는 것으로 하여 흥미있는 일이라고 보아진다. 시집 『숨쉬는 땅』을 읽으면 확실히 사회적 인간으로서의 인생의 로정에서뿐 아니라 시인으로서의 시 창작 로정에도 '년령'이 어쩔 수 없이 작용한다는 것이 느껴진다. 이 시인의 경우에도 대체로 30대 중반기를 기점으로 하여 전후반기의 시세계에서 일련의 차이를 감득할 수 있는데 전반기의 작품들이 보다 동적이고 발랄하고 랑만적인 사색과 정서로 특징지어진다면 후반기 시들에 오면서 그런 것이 보다 진중한 사색과 정서로 변화되고 있는 것을 볼 수 있다. 따라서 시집을 읽으면서 우리는 다른 시인들과 구별되는 시인 오영환의 얼굴은 보다 인상적인 시들로 두드러지는 20대, 30대의 작품들에서 현저하게 알아볼 수 있었다는 것을 부언하는 바이다.

시인 오영환의 시들을 두고 인상적이라고 하게 되는 것은 무엇보다도 그의 시에서 풍겨오는 특유한 생활적인 향취 때문이다.

일반적으로 생활에 토대하며 생활적인 감정으로 일관시키는 것은 시 창작의 기본요구이다. 그러나 시인마다 체험된 생활과 정서적 감정을 일반화하는 그 다양성으로 하여 시들에서 풍기는 생활적 향취는 각양각색이다.

시집 『숨쉬는 땅』에서 풍기는 그 생활적 향취는 류다른 랑만으로 채색된 생활정서의 풍만함이라고 생각한다. 시집의 시들을 읽으면 시인에게 생활에 대한 남다른 감수와 생활 묘사에서의 특기가 있다는 것이 알린다. 그의 시에서 생활은 주로 세부 또는 일화적인 것으로 특징지어지는데 그것은 결코 그 어떤 기이하고 유별난 세부인 것은 아니다. 반면에 일상적이며 범상한 생활의 세부, 일화로 특징지어진다.

그런데도 그의 시들에서 그 생활 세부와 일화들이 류다른 매력을 가지고 숭고한 세계를 펼치는 데 이바지하게 되는 것은 시인이 거기에서 남이 못 보는 '특이한' 것을 보며 그것을 자기의 독특한 랑만과 환상의 세계로 승화시켜 일반화하는 솜씨를 가지고 있기 때문이다.

그러한 특징을 보여주는 작품의 하나가 시 「우편국에서」이다. 작품에서는 어느 눈 내리는 저녁 출장 온 한 중년사나이가 모자며 어깨에 얹힌 눈을 털며 우편국에 들어서서 제 고장에 전화를 거는 생활적인 이야기가 그려져 있다.

눈송이들과 함께 전화에 다가서서
뜨거운 입김을 수화기에 뿜어
멀고 먼 제 조합 불러놓고
천정과 창문이 울리도록 웨쳤다

"…양무린 어느 골짝에 있소?"
련이어 그는 묻고 또 묻는다
수도에 온 그사이
"길호의 입당은 결정됐는가?"
"복순이 첫 애기 순산했는가?"

그다음 부기장을 바꾸어 달라는데
밭에들 나가고 없다는 대답

들에 실어낸 엄청난 두엄무지를
그는 보는 듯 껄껄 웃어댄다

우편국 콩크리트 바닥을
제 고장 벌인 듯 그는 거닌다

출장지에서 전화를 거는 관리위원장으로서는 긴급한 사업용무도 있었을 것이고 시외전화의 제한된 시간의 촉박도 받았을 것이다. 그러나 우리는 이 시에서 사업에서의 책임감뿐 아니라 농장 살림살이의 주부로서 생활의 구석구석을 보살피는 미더운 관리위원장을 보게 된다. 공중전화소에서의 별치 않은 이야기를 통하여 사업으로 혈기 넘치고 생활이 주는 만족으로 흐뭇해진 관리위원장의 모습이 방불하게 안겨오는 것은 바로 시인이 특색 있는 생활 세부들을 시적으로 잘 형상하였기 때문이다.

이러한 특성은 「차돌」, 「탈곡장」, 「밤비 지나간 북변도로에서」, 「백사장의 무수한 발자국들은」 등 그의 많은 시들에서 공통적으로 찾아볼 수 있다.

시인은 세부적이며 일화적인 생활을 노래함에 있어서도 그것을 서정토로에 안받침하는 식으로가 아니라 시 「우편국에서」에서 보는 바와 같이 생활 그 자체에 대한 묘사를 주면서 거기에 서정 토로를 유기적으로 배합하면서 시대정신을 뽑어 올리고 있는 것이다.

때문에 그의 시들을 보면 생활을 '조심스럽게', '점잖게', '엄숙'해서 이것저것 '재'면서 그리는 것이 아니라 처음부터 아무런 꾸밈도 가식도 없이 아예 생활에 대한 직접적인 개방으로, 그 생활을 확 드러내면서 '걸쭉하게' 그리고 있는 것을 느끼게 된다. 생활에 대한 이런 꾸밈없는 직접적이며 진실한 개방은 처음부터 독자들을 시세계에 끌어들이며 그 생활세계와 어울려 토로되는 시인의 서정세계는 그만큼 독자들의 감흥을 불러일으키게 되는 것이다.

이처럼 그의 시들은 대체로 생활적인 세부 또는 일화로 꾸려져있는 것이 특징이다. 그러나 그 세부나 일화에 대한 시적 묘사가 그 자체로서 그치는 것은 아니다. 중요한 것은 거기에 우리의 시대정신을 강하게 튕겨주며 인간정신을 고상하고 아름다운 경지에로 승화시키는 랑만적 열정이 세차게 나래치고 있다는 것이다.

그의 시들에서는 랑만적 정서가 류달리 강하게 풍기는데 그것은 찬란한 미래에 대한 확인이나 지향에서라기보다 오늘의 생활의 만족과 기쁨, 열렬한 긍정에서 오는 것이며 그것이 때로 미래와 결부되기도 하지만 이때의 랑만은 도래할 미래를 지향하는 데서보다는 오늘의 생활 속에 배태되고 있는 미래적인 것에 대한 환희의 감정으로 풍만하게 표현되고 있는 것이 특징이다.

여기에 전선을 탄원하던 날 차돌 세 개를 허리춤에 감추고 신체검사를 했으나 합격하지 못한 소년에 대한 이야기와 새해 년하장을 보내는 시인의 심정을 노래한 두 편의 시가 있다.

하지만 소년은 끝내 밀려나
우리들이 대렬 지어 지나갈 때
잘 가라 손짓도 없이 웨쳤더라
"전선에서 다시 만납시다!"

우리가 화선에 당도할 때까지
그 목소리 쟁쟁히 울려왔더라

차돌 무게에 비할 바 없는
무거운 짐이 우리에게 지워져 있어

그 소년 다시는 만나지 못했어도
지금은 공민증 품었을 그 청년
그 어디에 있든 이 땅 우에서
제 몫 몇 배를 해내고 있으리라!

— 시 「차돌」에서

섣달의 마지막 눈을 밟으며
년하장 한 뭉치를 우편통에 넣노라
우편통, 문안과 축원의 작은 집이여
이미 빽빽이 들어찼구나
…
이제 묵은해의 수염만 밀면
우리 못 다한 일 하나도 없거니
날아가라, 자랑찬 사연이여
읽으라, 벗들이여
…
벗들이여, 바라노라
우리 시대의 출근부에 적힌
그 모든 이름들이
이 혁혁한 시대에 빛나기를

— 시 「우리는 빛나는 해들을 산다」에서

그처럼 소원하여 마지않던 신체검사에서 비록 불합격이 되여 대오를 따라가지 못하게 된 몸이지만 전선에서 다시 만나자고 웨치는 소년, 지금은 어디서 제 몫 몇 배를 하고 있을 소년의 그 정신에 생활의 미래에 대한 꿈과 미래를 꽃피우려는 열망이 나래치고 있는 것이며 자랑과 축원의 마음이 가득 찬 우편통에 묵은해의 수염을 밀지 못한 것을 내놓고는 못 다한 일이 하나도 없고 출근부에 적힌 모든 이름이 빛나기를 바라는 거기에 보다 아름답고 찬란한 미래에 대한 확인과 축원의 감정이 소용돌이치고 있는 것이다.

두 시의 이 구절들에서 우리는 미래에 대한 호소를 직접 읽는 것은 아니여도 그러나 그런 호소에 못지않는 생활의 드높은 숨결과 맥박, 래일까지도 안고 오늘을 락관하며 힘차게, 줄기차게 살며 시대 앞에 지닌 의무와 책임감을 다하여 가는 인간들의 숭고한 생활세계를 느낀다. 우리 생활 속의 랑만이, 우리 시의 랑만이 이런 것이 아니겠는가.

이런 면에서 우리는 이 시집의 시들을 읽으면서 시인이 생활을 세부적으로 그리면서 그것을 랑만적 정서로 채색하는 솜씨를 가지고 있으며 따라서 그의 시들은 랑만적 정서가 진하게 풍기는 특유한 생활적인 향취로 하여 시인의 얼굴을 인상 깊게 되새겨주는 것이다.

시집을 읽으면서 이 시인의 시들이 인상적이다고 말하게 되는 것은 생활에 대한 이러한 세부적 묘사와 관련되면서 또한 그의 시들에서 시적 표현들이 매우 특색 있게 씌여지고 있는 사정과 관련된다.

이 시인의 사색과 탐구의 령역은 생활 속에서 특색 있는 세부, 일화를 찾아내는 데만 있는 것이 아니라 그러한 세부, 일화가 모가 나도록 특색 있는 표현들을 쓰는 데도 매우 섬세하게 미치고 있다. 때문에 그의 시들을 읽으면 그가 시적 표현에 류다른 관심을 돌리고 있다는 것이 알리며 그것이 시에서 확연히 느껴진다. 사실 시에서 모든 표현들이 새롭게 씌여진다면 그 이상 리상적인 경우는 없지만 그러나 짧은 시에서 새로운 시적 표현이 몇 개만 씌여져도 그 시의 '맛'은 벌써 달라진다.

이 시인의 시에서의 시적 표현에 대하여 말한다면 그것은 기발하다고 하기보다는 묘하다고 하는 것이 더 적중할 것이다. 그러면서도 매우 특이하고 모가 난다. 지어 '엉뚱하게'까지 느껴지는 경우도 있다. 그러면서도 그 하나하나의 표현들은 생활에 대한 깊은 사색과 섬세한 관찰, 자유분방한 환상과 감성적인 체험이 낳은 것이라는 생각을 지울 수 없게 한다.

몇 가지 례를 들어보자.

오, 나는 들었네
조국에 위험이 닥쳐오면
병자도 허약자도 없는
위대한 인민의 목소리를 들었네!

— 시 「사람들의 발길이 끊어진 길에서」에서

국경
내 나라의 산과 길이
내 민족의 풍속과 말이
여기서 끝난다

— 시 「압록강 려객선 우에서」에서

나라의 큰 창고문들이 열리고

저울과 자와 수판들 우에서
하루 사이 이 땅에 쌓인 재부들이
미끄럼치며 련이어 들어간다

— 시 「하루길」에서

주소들을 나누고 헤여지는 백사장
…
크고 작은 이 무수한 발자국들은
희망이 무엇인가 물어보려고
저 수평선에서 달려온 파도 앞에서
다시 한 번 아이 되여 본 흔적이라네

— 시 「백사장의 무수한 발자국들은」에서

이 시련들은 어떤 것은 첫 련이고 어떤 것은 결구이며 또 어떤 것은 가운데 련이기도 하다. 그러나 이 시련들은 그 어디에 놓이건 곱씹어 읽어보면 의미적으로나 형상적으로나 뜻이 깊고 새롭다. 청신한 기분을 주며 흐뭇한 만족을 주며 정겨운 인상을 준다.

어떤 시에서나 흔히 찾아볼 수 있는 그런 표현이 아니다. 단어와 시행과 시련으로 나타난 말마디 이상의 깊고 넓은 뜻이 간직되여 있으며 누구나 쉽게 생각할 수 없는 그런 '묘한' 표현들이 독자들의 감성을 자극하고 상상과 련상의 나래를 펼치게 한다.

…평화적 건설 시기엔 사람들의 발길이 끊길 새가 없던 정양소가 전쟁이 닥쳐오자 한적한 곳으로 되였으니 정말 조국이 위험에 처한 때에 누구나 가장 어려운 곳으로 달려나가는 것이 우리 인민이 아닌가. 이것

을 두고 시인은 "조국에 위험이 닥쳐오면 병자도 허약자도 없는" 우리 인민이라고 노래하였다. 병자도 허약자도 없다는 이 표현이 병자와 허약자를 치료하는 정양소에서 그것도 조국이 겪는 전쟁의 준엄한 환경 속에서 울려나왔다고 할 때 얼마나 의미심장하게 울리는 것인가. 열 마디, 백 마디의 그 어떤 다른 표현보다도 이 표현이 주는 감성의 뜨거움과 형상적 의미는 매우 크고 넓다. 이런 표현을 두고 생동하다고 하고 감칠맛이 있다고 하며 형상적이라고 하는 것이 아니겠는가.

이것은 비단 시 「사람들의 발길이 끊어진 길에서」의 시련뿐 아니라 인용된 다른 시의 시련들에서 그대로 받게 되는 느낌이다. 아울러 우리는 이 시인이 비록 련까지는 몰라도 구체적인 시행들에서 이런 특색 있는 표현들을 모색해서 적극 씀으로써 형상적 효과를 크게 하고 시의 '맛'을 돋구면서 강한 인상을 남기고 있다는 것을 지적하여야 할 것이다.

례컨대 다음과 같은 표현들은 그 실례로 될 수 있을 것이다.

…동창에 유리 넣는 못 박는 소리, 골짜기마다 추위가 웅크리고 있는데, 웃음으로 하여 흩어진 그대 눈섭에, 모두의 옷차림에 생활의 윤택이 흐르고 메달과 훈장들은 조선의 정신을 말해줍니다, 장엄히 물들인 저 하늘은 기적 같은 이 나라의 로동의 한 페지, 반에 반도 통성 못한 동시대인들 앞에, 단 하루 늘늘이 살아간 날 없이, 조국의 력사는 충실한 아들들을 키와 년령의 순서로는 세우지 않았구나, 곱다, 종일 웃고도 남아 있는 네 얼굴의 웃음이 좋다, 나의 체중과 키와 심장의 크기를 조국에 보고하던 의사의 얼굴, 모든 원쑤들을 꿇어앉힐 눈초리로, 철길도 늘어지는 여름이건만 그대 눈초리만은 풀리지 않는다, 정녕 3대혁명소조원들은 되찾은 우리의 젊음입니다, 살을 간지럽히는 바람결, 아침은 하루의 시작이건만 내 나라엔 해종일 머물러 있어라, 열매에 흰 봉지 씌운

층층 과원, 상장들에 찍힌 직인들은 법적으로 그를 확인해주고, 세칸방 울리는 코 고는 소리…

이러한 표현들은 시인의 체취가 강하게 느껴지는 참으로 자유분방한 표현이다. 어떤 표현들은 생활의 섬세한 세부를 감성적으로 드러내고 있으며 어떤 표현들은 형상적인 과장과 비유로 깊은 뜻을 웅심 깊게 드러내고 있다. 여기에서는 크고 뜨거운 것이 느껴지며 강한 여운이 남는다. 그러나 이것은 결코 '소리'의 '크기'에 의해서가 아니라 사색의 심연, 열정의 뜨거움, 심장의 크기에서 생겨난 것이다. 때문에 그 하나하나의 표현들이 시에 청신한 기운을 돋구고 시의 '맛'과 '색채'를 배가시켜주는 것이다.

이처럼 시집 『숨쉬는 땅』에 실린 시들은 세부적인 생활에 대한 생동한 묘사, 짙은 랑만적 열정, 생활적 정서의 풍만성, 특색 있는 시적 표현 등으로 하여 시인의 개성적인 면모를 잘 드러내고 있다.

물론 이러한 면모가 모든 시들에서 한결같은 것은 아니다. 앞에서도 이야기하였지만 그의 시들에서는 사색이 깊고 넓으며 자유분방한 것으로 나타나고 있는데 그것이 성공한 시들을 보면 그 대부분은 그에게서 장점이라고 할 수 있는 세부적인 생활에 대한 감성적인 체험과 결부되여 있는 경우이다.

이런 면에서 이 시인의 시들에서 우리는 예나 제나 진지하게 추구되는 사색을 느끼면서도 어떤 때에는 그것이 일반적이라고 생각하게 되는 경우를 당하는 일도 있는데 그런 시들을 보면 례외없이 그 사색이 그에게 고유한 세부적인 생활에 대한 특색 있는 탐구와 묘사와 결부되지 못하고 일반적인 표상에 기초하고 있는 것을 볼 수 있다. 시 「비행장에서」, 「나래치는 검덕이여!」, 「오, 부르쥔 주먹들이여」 등이 그렇게 생각되는 작품들이다.

이 시들에서 시인은 생활에 대한 깊은 파악에 기초하여 생동한 세부들을 잡아쥐지 못하였기 때문에 어딘가 사색의 흔적을 느끼게 하면서도 그것이 랑만적 정서로 승화되지 못하고 뜨겁고 절절하지 못한, 따라서 서정 토로가 일반적인 경우에서 벗어 못난 결과를 빚어냈던 것이다.

물론 한 시인에게 있어서 20대나 50대나 시 창작이 한결같을 수는 없다. 그러나 '년령'에 따르는 변화를 예상한다 할지라도 시인으로서는 개성적인 면모를 보다 세련시키고 풍부하게 하는 데로 지향되여야 할 것이다. 이런 견지에서 우리는 이 시인이 자유분방한 사색과 환상, 생활에 대한 예민한 감수, 세부에 대한 능란한 구사, 언어표현에서의 장끼를 계속 살리면서 20대, 30대의 그 열정과 기백으로 자기의 개성적 면모를 보여주는 특색 있는 시들을 계속 왕성하게 창작해주길 바라는 바이다.

—『조선문학』 516호, 1990.10

기타 참고문헌

김상오, 「1분간을 위하여—'신인'의 의미에 대한 간략한 고찰」, 『조선문학』 525, 1991.7.

장혜명

1958년(혹은 59년) 출생하였다.
1980년부터 시를 발표하기 시작한 것으로 추정된다.
개인시집으로 『삶과 자유 앞에』(2002) 『나의 삼천리』(2005) 등이 있다.

| 시 5편 |

남녘의 학우들에게

한 나라 한 강토 안에서
하나의 피줄을 나눈 겨레에게조차
가슴 절절한 소원을
대자보로 알려야 하는
남녘의 학우들아

날 밝자 원쑤들은
그마저 끌어내려
애국의 글발은 가뭇없이 사라졌어도
그대들의 념원은 온 민족이 읽었나니

마음은 벌써
그대들과 어깨 겯고
국토종단 대행진 길에 오른 우리들이다
체육대회장으로 달려가는 우리들이다

아, 상봉의 그날
우리 서로 축구도 하게 된다면
날아오는 공은 그물에 걸리도록 내버려두자
뿐이 아니라
그립던 가슴들을 부둥켜안고
환희의 원무를 펼치자

세계의 면전에서
서로 다른 표식을 달고
마주 서야 했던
민족의 아픔을 씻어야 할 우리가 아니냐!

아버지가 살던 고향을
남의 나라 지명인 양
귀 설게 들으며 자라온
우리는 갈라진 겨레의 자손들

분렬의 이 비극을
다음 세대에 떠넘기고
우리 또한 아버지, 어머니가 되여
머리 우에 백발을 얹어야 한다면
겨레 앞에, 력사 앞에
우리보다 더한 죄인 또 어데 있으랴

남녘의 학우들이여
청년 지성인들이여
어서 빨리 한 자리에 모여 앉아
통일조선의 새 길을 열자
이 나라 종단인
백두에서 한나까지
통일대행진을 하자
하여 끊어졌던 민족의 피줄기
우리의 가슴을 타고 흐르게 하자

아, 념원은 끓어 넘치나
전할 길 없어
더는 미룰 수 없는 이 숙망
저 하늘에 실어 보내노니

남녘의 학우들아
머리 우의 하늘이 맑게 개인 날이면
너희들에게로 달려가는 우리의 마음 비껴
그 하늘이 그리도 푸르른 줄 믿어 다오
상봉의 그날 위해 용감히 싸워 다오

폭우 쏟아지고 비바람 세찬 날이면
그대들의 앞길 막아 나서는
원쑤에 대한 우리의 증오가 서려
그 하늘이 그리도 서슬 찬 줄 알아 다오
통일 위업을 위한 길에서 굴하지 말아 다오

아아—
나의 겨레, 나의 형제
남녘의 내 동무들아…

—1988

| 수록지면 |

*장혜명, 『삶과 자유 앞에』, 평양출판사, 2002.
장혜명, 『나의 삼천리—6.15공동선언실천을 위한 민족작가대회기념』, 문학예술출판사, 2005.

투쟁은 승리할 때까지

솟아오르는 해빛을 온몸에 받으며
우리 교정길에 오른 이 아침도
항쟁의 거리로 달려가고 있을
남녘의 학우들아

오늘은 또
어느 거리
어느 광장에서
피 흘리며 싸우고 있느냐

책가방 대신
손에 손에 돌멩이를 틀어쥐고
책장을 펼치듯
프랑카트를 펼치며—

장하다
비발치는 최루탄 헤치며
휘두르는 곤봉 가슴으로 밀며
과감히 나아가는 길
그 길에 원쑤가 막아서면
분연히 배를 갈라
항거의 선혈 휘뿌리는
그보다 더 비장한 애국의 장거

력사는 아직 알지 못한다

항쟁의 대오에
한줄기 격려의 불길로 된다면
한 몸 서슴없이 바치는
그처럼 뜨거운 애국의 심장들은
이 세상 어느 하늘 아래에도 없으리

배움의 푸른 꿈 안고
대학으로 왔건만
청춘의 심장이 풀어야 할 문제는
교과서에가 아니라
분렬된 조국의 비극에 있었거니

파쑈의 광풍 아래 몸부림치는
남녘을 떠메고
걸음마다 피를 뿌리며
통일의 한길로 달음쳐 온 청춘들아

투쟁의 불길 더욱 높이라
원쑤는 저절로 멸망하지 않고
통일은 그 누가 가져다주지 않거니
투쟁은 통일될 때까지!

놈들이 그 아무리 발악해도
그대들은 외롭지 않다
정의는 그대들 편에 있거니

투쟁은 승리할 때까지!

아, 통일된 조국의 푸른 하늘 아래서
출석부의 첫 자리에
떠나간 렬사들의 이름 올리고
그 아래
그대들과 우리 이름 나란히 올리고
함께 공부할 그날은 오직 그대들 손에 달려 있거니

나아가라, 나아가라
더욱 힘차게 나아가라
분단의 철책 밑뿌리채 찍어 던지며—
미제와 그 앞잡이들을 짓밟아 버리며—

투쟁은 승리할 때까지!
투쟁은 통일될 때까지!

—1988

| 수록지면 |

*장혜명, 『삶과 자유 앞에』, 평양출판사, 2002.

어머니에게[1]

별빛마저 서글픈 이 밤
철창 너머 멀리 캄캄한 허공은
어머니의 얼굴로 가득 찼나이다
엄준하고 잔약한 그 얼굴이
나를 굽어보시나이다

어머니시여 두메오지에서
년년 홀로 사시는 어머니시여
이 밤도 잠 못 드시는 그 넋이
여기 철창가에 찾아온 것이나 아니옵니까?

《폭도》의 어머니라 당하는
그 모진 구박과 천대는 어떻게 견디시나이까
숯으로 타버린 가슴속에
또 피눈물인들 그 얼마나 떨어졌나이까

한 방울 눈물도 없으신 그 얼굴이
한마디 말씀도 없이 내 마음 이끌고
열두 해 전 어린 시절로 가나이다

어디선가 아들만은 행복한 운명을 만나라고

1 이 시는 시초 〈옥중수기–한 남조선 대학생의 옥중수기 중에서〉 중의 한 편이다.

아버지 없는 홀손으로
쪼개인 푼전을 다시 쪼개시여
기대와 믿음에 차
책보를 메워주시던 어머니

어머니는 허리 굽혀
생전처음 내 발에 고무신을 신겨주시고
터지는 울음
나는 입술에 감아 피나도록 깨물고…

선 채로 내 돌로 굳어진단들 잊겠나이까
불쑥 다 자란 어른처럼
어머니를 불쌍하게 생각했던 그날을
가슴 미여지는 날카로운 슬픔에
뭉청 내 유년시절이 동강났던 그 아침을

언젠가 학교에서 돌아와
—착하고 부지런한 사람 잘산다는데
엄마는 착하고 부지런하지 않나요?—
그날에 하신 말씀 울려오나이다
—착하고 부지런해도 못사는 세상이란다

불효자식 그 말씀 어기고
《폭도》가 되였다면 이놈을 후려치소서
허나 그 옛날 어머니의 소원이, 변함없을 그 소원이
참답게 살려는 내 바람이, 내 조국의 운명이
나를 《폭도》로 만들었나이다

《폭도》의 어머니시여!
《폭도》인 탓에 나는 부끄럽지 않나이다
어머니의 아들로 떳떳하나이다

눈물을 거두시고 흰머리를 높이 드시고
《폭도》를 낳아 키우신
《폭도》의 어머니만이 간직할 수 있는
하늘가에 맞닿는 그 높은 긍지를
차오르는 만조의 강변처럼 가슴 가득히 안으시고

아들의 마음속이 아니라 내 조국 방방곡곡
어머니들과 젊은이들의 마음속으로 걸어가시라
철창가의 어머니 영상이시여!

| 수록지면 |

* 『80년대의 숨결』(종합작품집), 금성청년출판사, 1990.
장혜명, 『삶과 자유 앞에』, 평양출판사, 2002.

투쟁의 도시 광주에

아아, 피의 도시 광주여
나는 아직
그대의 아들딸들에게 바치는
진혼시를 쓰지 못했다

꽃나이 가슴들을 덮은 봉분으로 하여
더 높아졌다는 무등산
그 봉분들이 비바람에 깎이우며
다시 10여 년 세월이 흘렀어도
내 마음은 아직
그대들과 영결하지 않았기에

자주, 민주를 불러
통일조국을 불러
피 끓는 가슴 노도로 내밀고
항쟁의 거리에 떨쳐나섰던 용사들

무한궤도에 깔려
살이 터지고 뼈가 부서지면서도
화염방사기에 맞아 재가 되면서도
통일이여, 어서 오라
아아, 세월을 넘어 오늘도 들려오는
그날의 웨침소리여

금남로의 네거리에
거꾸로 매달렸던 녀대생의 머리채처럼
푸른 아지를 실실이 드리우고
5월의 봄바람에 흐느끼며
복수를! 복수를 부르는
아아, 초목이여 산천이여

렬사들이 마지막 눈길에 고이 그려보며 간
통일의 새아침 안아오기 전에
천백 배 복수를 갚기 전에
우리 무엇으로서 그네들의 넋을
진혼할 수 있단 말인가

통일의 제단에
피여나는 청춘을 얹고 간
민족의 장한 아들딸들의 넋은
그 무슨 《위령탑》이나
몇 푼의 보상금으로는 우롱할 수 없는 것

내 조국의 허리에 가로질린
분단의 장벽을 활활 걷어내고
북남겨레 얼싸안을 그날에야
그대의 아들딸들은 고이 눈감으려니

그날에 나는 쓰리라
무등산을 찾아
렬사들의 영령 앞에 무릎을 꿇고

눈물의 진혼시를 읊으리라
그네들이 그처럼 바라고 바라던
통일의 기쁜 소식 목메여 아뢰리라

아아!
자주와 민주의 어머니도시
아직은 눈물의 진혼시가 아니라
북남삼천리에 통일을
통일을 불러 몸부림치는 도시 광주여!

| 수록지면 |

*『조선문학』 523호, 1991.5.

추석달[2]

달아달아 뜨지 말아
추석달아 뜨지 말아

세월의 붕대로도 아물리지 못하는
옛 상처를 건드리지 말어라

둥둥 떠오르는 너를 보면
둥그렇던 아들의 그 얼굴이 떠올라서…

은은한 네 빛발 흘러내리면
사랑하던 사람의 그 눈빛이 사무쳐 와서…

뜨지 말아 추석달아 설음의 가슴 목 놓아 풀어볼
추석은 아직 오지도 않은 것을

오리 오리 네 빛발마다에
무등산 원혼들의 복수를 실어

아, 복수를 실어 이 밤
《청와대》의 정수리에 벼락을 쳐라

---

2 이 시는 시초 〈추석날의 무등산〉 중의 한 편이다.

| 수록지면 |

* 김재원 · 김일규 · 장혜명 · 황성하, 『혁신의 나날에—4인시집』, 문학예술종합출판사, 1997.
장혜명, 『삶과 자유 앞에』, 평양출판사, 2002.

평론 # 조국통일의 열원과 시인의 시정신

한 시인의 통일 주제 시편들을 아끼는 마음에서

최희건

위대한 령도자 김정일 동지께서는 다음과 같이 지적하시였다.

"주체의 문예관은 창작을 단순한 직업으로가 아니라 혁명사업으로 보며 당과 수령에게 끝없이 충실한 참다운 혁명가, 조국과 인민에게 끝없이 충실한 열렬한 애국자만이 진실로 혁명적이며 인민적인 우수한 문학예술작품을 창작할 수 있다고 본다."

위대한 장군님의 가르치심에는 창작의 주인인 작가의 창작과 그 성과를 결정하는 근본요인을 그들의 사상의식에서 찾고 있는 주체적 관점과 립장이 밝혀져 있다.

문학예술작품은 작가의 사상의식의 반영이다. 조국통일 주제의 시작품을 창작하는 작가와 그들의 시작품들을 두고 작가의 량심과 시인의 시정신 문제를 론하게 되는 것은 시인과 그의 시작품의 필연적 관계, 시인의 사상의식의 반영형태로서의 시작품의 사상미학적 특성을 리해하는 데서 근본문제로 되기 때문이다.

조국통일 주제의 시작품들을 적지않게 써온 시인들 가운데 열혈의 젊은 시인 장혜명이 시인들과 독자들의 주목과 기대 속에 있다는 것은 매우 기쁜 일이다.

원숙한 시인으로 자기를 완성하기에 애쓰는 그는 우리 시단에서 관록 있거나 그 어떤 요란한 시로써 독자들에게 알려진 시인도 아니다.

그는 조국과 겨레가 당하는 민족분렬의 비극을 두고 피멍이 지도록 가슴 치며 쓴 시편들로 하여 자주, 민주, 통일을 부르며 항쟁의 피를 뿌리고 간 남녘의 청년렬사들의 넋을 붙안고 눈물 젖은 추도의 시들을 수많이 읊은 것으로 하여, 북과 남, 해외의 청년학생들과 어깨 겯고 저 백두산에서부터 시작된 조국통일 대행진 대오에서 목이 쉬도록 통일노래를 부르고 통일시를 읊고 통일구호를 부르며 맺어진 그 우정과 사랑으로 하여 동포청년 학생들과 친숙해진 시인의 한 사람이다.

주체78(1989)년 2월 16일 오전 부산대학교 정문에 그가 쓴 시가 나붙었다는 보도가 전해진 바 있다.

"서울에서의 방송보도에 의하면 2월 16일 오전 부산대학교 정문에 김일성종합대학의 한 학생이 지은 시가 나붙어 사람들의 주의를 끌었다.

「남녘의 학우들에게」라는 제목으로 된 시는 가로 5m, 세로 70cm가량의 프랑카드에 씌여져 있다 한다. 시는 북남대학생들이 서로 만나 조국통일을 앞당길 데 대해 허심탄회하게 론의하며 '팀스피리트' 합동군사연습을 반대해 나설 데 대한 내용으로 되여 있다 한다.

이 시는 한 재미교포잡지에 실린 것인데 지난해부터 서울의 각 대학들에 대자보 등을 통해 이미 나붙은 바 있으며 이번에 부산대학교에도 게시된 것이라고 한다."

그는 시인이기에 앞서 정의감에 불타는 열혈의 청년대학생이였으며 동포애, 민족애로 불타는 량심적인 공민이며 동지들에 대한 우정과 사랑으로 심장을 태운 북남, 해외 학우들의 진실한 벗으로 살고 있다.

이러한 정의감, 민족애, 량심, 주장과 사랑의 사상감정은 누구나 지닐 수 있는 것이지만, 그러나 누구나 쉽게 간직할 수 있고 지킬 수 있는 것은 아니다.

그러한 사상과 뜻, 정과 열은 물론 교육을 통해서도 형성 발현되기도 하지만 그것이 자기의 사상과 뜻으로, 정과 열과 피로 완전히 체질화되고 숭고한 리념과 지조로 간직되자면 부단한 사상정신적 수양과 수련을 필요로 하는 것이다.

특히 시인이라는 높은 지성과 인격을 소유해야 하는 경우에는 학교교육과 사회적 교양에 진정한 의미에서의 인간으로 자기를 완성시키기 위한 자체수양, 자체투쟁을 동반하지 않으면 안 된다.

누가 장혜명이라는 청년시절의 시인에게 통일 주제의 시를 쓰라고 과제를 준 일도 없었으며 이 시인에게 통일 주제 작품으로 이름을 날려 보려는 그 어떤 '창작적 야심'이 있어 이 분야에 창작의 눈을 돌린 것도 아니다.

그러면 시인의 통일의 열원은 무엇이겠는가? 이것을 아는 것은 이 시인의 통일 주제 시편들에 끓는 열과 피를 느끼고 그의 시정신을 리해하는 데서 그 출발점으로 될 것이다.

나는 우선 시인의 통일 열원을 그의 열렬한 민족애로 보았는바 그것은 그의 혁명적 량심에서부터 생겨난 것이라고 믿는다.

위대한 수령 김일성 동지께서는 일찌기 우리들의 량심이란 곧 조국에 대한 애국적 량심, 로동계급의 사회적 해방을 위한 불요불굴의 투지, 두려움을 모르는 대담성과 강의성, 모든 곤난을 극복하는 인내성, 영웅성 등의 집중적인 표현으로 되는바 바로 이것을 혁명적 량심이라고 가르치시였다.

이것이 민족애의 륜리적 본질이며 혁명적인 륜리관이다.

이 젊은 시인의 조국통일의 열원과 그의 불타는 시정신은 여기에 기초를 두고 있다고 본다.

일반적으로 량심이란 소여의 사회적 집단 앞에 지닌 책임과 의무를 다하려는 륜리도덕적 의식이다.

시인의 혁명적 량심, 이 륜리도덕적 의식이 력사와 시대 앞에 지닌 자기의 공민적, 시인적 사명과 책임감을 자각하는 사상정신, 심리세계를 보여주는 한 편의 시초가 그에게 있었다.

그것이 그가 대학졸업시절에 쓴 시초 〈대학이여! 축복을 받아다오〉이다.

시초에 들어 있는 시 「대학생이 사는 곳」에서 시인은 "…해빛 밝은 강의실에 앉아 / 가벼이 / 책장을 펼치는 나날에 / 조국과 시대 앞에 지닌 사명감으로 / 어깨는 무거웁고 심장은" 높뛴다고 하였다. 그리고 시 「방학의 나날에」서 그는 들일에 탄 어머니의 자그마한 손길이 자기 손잔등의 피줄을 어루만지실 때 자기만이 혼자 즐거움을 누리다 온 것만 같아 송구스러워 온밤 잠들지 못하였다고, "수도의 거리 대학의 창가에서 / 이 성실한 어버이세대들의 수고를 / 내 잠시라도 잊은 적은 없었던가!"고 자문하는 것이다.

하기에 그는 시 「대학이여, 너는 무엇을 주었는가」에서 이렇게 읊었다. 이 시에서 그는 "작은 지도에는 이름조차 못 올라 / 아는 사람보다 / 모르는 사람 더 많은 / 산간마을 소년이였던 나에게" / 대학은 "조국의 사랑을 가늠할 줄 아는 / 성장의 나이를 주었다"고 노래하였다. 또한 세상에 태여나 처음으로 "사랑하는 국어로 / 가슴속 소용돌이를 / 시줄에 담아" 읊던 교실에서 "한없는 조국의 사랑에 / 백발토록 / 축복의 노래를 지어 보답하리라"고, "이 땅에 제국주의가 있는 한 / 사랑을 간직하기 위해서만이 아니라 / 서슬 푸른 증오를 내뿜기 위해 / 심장이 있다는 것을 깨우쳤"노라고 하였던 것이다.

그러한 그였기에 그는 마지막 시 「교문을 나서며」에서 "…그대가 키워 낸 / 수천만 아들 중에서 / 그 몇 번째일지 내 몰라도 / 그들 모두처럼 / 너의 이름에 욕됨이 없을" 것이라고 목숨 같은 맹세를 남기였다.

대학시절 그의 시초에서 본 바와 같이 미래의 시인의 혁명적 량심, 시인으로서의 그의 륜리도덕적 의식은 시대와 력사 앞에 지닌 자기의 공민적, 시인적 사명과 책임을 자각하는 속에서 형성되여 왔었다.

인간으로서의 그의 공민적 사상감정이나 시인으로서의 사명과 책임감은 다 같이 생활을 통해 체감한 것이며 그것을 키워준 조국에 대한 사랑과 의리의 사상감정으로서 정을 못 잊고 의리를 못 저버리는 천품적인 정의심을 낳게 하였다.

나는 시인의 혁명적 량심, 숭고한 그 륜리도덕적 의식의 형성을 이런 각도에서 고찰하였다.

대학시절부터 '정'과 '열'과 '의'로 순결한 량심을 간직하기에 애쓰고 시대와 력사 앞에 지닌 사명과 책임을 자각하며 자기를 시인으로 완성시켜 가려는 수양과 수련과정을 그의 여러 시편들에서 엿볼 수 있었다. 그의 첫 시초 하나만 실례 들어 본다.

땀 흘리며 바삐 달리는 조국의 숨결도 "아직은 수자로만 배우는" 시인은 결코 "창문 높은 강당에서 / 자연의 법칙만을" 론하지는 않았으며 "활자로 찍힌 / 생활의 리치만을" 받아들이지는 않았다고 하였다. 여기에는 벌써 시인의 지향과 지성의 세계가 비껴 있다.

그러면 그가 론하고 익힌 것은 무엇이였던가? 그것은 책갈피마다에 례사롭게 씌여 있는 글줄, "그 한 줄의 진리를 지키기 위해선 / 목숨도 내대야 함을 / 심장 우에 철심으로 박아 세우고", "졸업증서에 오르는 / 때로 만족치 못한 성적을 두고는 / 조국에 바친 / 의리와 성실성의 점수로 / 량심에 매겨 보며 / 잠 못 드는 밤도 우리에게 있노라"고 한 바로 그러한 혁명적 량심이였다. 힘겨울 때도 있고 우리의 젊은 힘을 간절히 바란 때도 있었으련만 조국은 수년 세월 고스란히 사랑으로 우리를 키워주었으니 "펼치는 래일의 설계도를 향해 / 그대가 우리를 부를 때 / 떳떳이 바칠 수 있는 / 힘과 지혜와 슬기를 / 오늘에 다 키우지 못한다면" 조국을 빛내야 할 자기네들의 이름, 자기네들의 청춘은 빛을 잃고 묻혀버리고 말 것이라 하였으니 그것은 시대와 력사 앞에 지닌 사명과 책임을 느끼는 시인의 절절하고 심각한 깨달음인 것이다.

그래서 그는 종종 배움의 창가에 마주 앉아 가슴속에 내리는 희망의 별과 정답게 속삭이군 하였다. 그때마다 그는 "명상에 잠겨 / 먼 앞날의 나의 모습 그려보면 / 주름 덮인 얼굴이 마주 쳐다보아도 / 마음만은 오늘처럼 젊어" 있을 것이라고, 래일에 자기는 "누구나 할 수 없는 크나큰 일감을 / 선뜻 믿고 조국이 맡겨주는 / 그런 사람으로 살리라"고 되뇌이며 잠 못 드는 마음 누를 길 없어 하였다.

이것은 시인이 늘 자기의 시에서 썼듯이 조국의 사랑을 가늠할 줄 알고 받아 안은 그 사랑과 은총에 보답의 눈물을 흘릴 줄 아는 순결한 량심, 그에게 봄싹과도 같이 남모르게 고이 깃들어 가는 참스러운 륜리도덕적 의식이 형성되여 가고 있었다는 것을 말해준다.

그렇듯 시인의 심장에 고패를 치던 그 마음이 바로 수령과 당, 조국과 인민에게 바치려는 충정으로 끓었다.

그 열혈을 안고 그러한 량심과 지성과 리념으로 가슴 태우던 시절에 '정'과 '열'과 '의'로 살고저 정의에 사랑을 기울이고 불의에 도전하고 죽음에 항거하며 원쑤에 대한 불타는 증오로 그는 그 대학시절에 첫 통일주제의 시 「남녘의 학우들에게」를 썼었다. 그러므로 우리 여기서 시인이 어떤 연유로 하여 통일 주제의 시를 쓰게 되였으며 그 동기와 계기가 어디에 있었는가를 구태여 묻지를 말자.

그는 저 남녘에 고향을 두지도 않았으며 서울과 광주, 부산… 그 어느 곳에도 한 점 혈육이 없으며 그 어떤 연고가 있는 학우 하나 없다. 하지만 그에게는 남녘의 학우들의 수많은 이름이 오른 시편들이 많고 만났던 학우들을 다시 떠나보낼 때 눈물 흘리며 지은 시들도 많고 항쟁의 거리 우에 더운 피를 뿌리다 숨진 청년렬사들의 희생 앞에서 부른 노래도 많다.

그래도 독자들이 그런 시와 노래를 시인이 짓게 된 까닭과 동기를 기어코 알고 싶다면 시인을 대신해 대답을 줄 수도 있다. 까닭이 있다면 그가 14살 되던 소년시절에 온 삼천리가 7.4북남공동성명을 받아 안고 환희에 넘쳐 잠 못 들던 그날 고성기가 걸려 있던 고향마을 들메나무 밑에서 방송원의 열띤 목소리를 들으며 동네 어른들처럼 흘러내리는 눈물을 남몰래 주먹으로 훔쳤던 일이 있었다. 그리고 대학시절엔 북남해외청년학생들과 함께 저 백두산에서부터 시작한 조국통일대행진에 참가했던 일과 '전대협' 대표 림수경을 비롯한 남녘의 여러 통일의 사절들과 나눈 우정, 덧붙인다면 저 판문점에서 북남해외청년학생들의 눈물 젖은 마음을 담아 평양 신미리 애국렬사릉의 흙과 광주 망월동 렬사묘소의 흙을 함께 뿌리며 합토비를 세운 그 앞에서 추모시를 읊었던 사연… 이것이 전부다.

그러나 그것은 그가 이미 통일의 시들을 적지 않게 지어 부른 뒤에 있은 일들이였다. 그러니 그것은 까닭으로도 동기와 계기로도 되는 것이 아니다.

시인이 어린 소년시절에 7.4북남공동성명을 뜨거운 충격 속에 받아 안던 그 7월로부터 세월이 흘러 그 소년들도 이젠 아버지가 되고 시인 자신도 이젠 그 못 잊을 고향의 들메나무 밑을 멀리 떠나 어느덧 마흔 나이를 퍽 넘겼어도 아직도 오지 못한 통일, 반통일세력들에 의해 이룩되지 못한 통일을 기어이 안아 오고저 통일 열원의 붓을 으스러지게 틀어쥔 것이다.

이 글을 쓰는 나도 이 시인이 통일 주제의 시를 쓰게 된 까닭을 몰랐었다. 내가 그 까닭과 연유를 알게 된 것은 시인의 시를 통하여 깨달은 때부터였다.

언젠가 시인이 쓴 시 「통일의 새 아침 안아오리」 라는 시 구절들이 떠오른다.

"앉아서 절로 오기만을 기다린 너였다면… / 통일아, 너를 불러 목메는 가슴 / 이처럼 찢기지는 않으리", "남들보다 피가 뜨겁지 못해 / 이날껏 갈라져 사는 것이라면 / 내 조국의 허리를 동강낸 분렬의 장벽아 / 우리 그것을 두고 / 이처럼 원통해 하지도 않으리" 눈물이 고여 오르는 구절이다.

바로 시인은 온 삼천리가 분렬의 고통에 몸부림치는 땅에서, "갈라진 땅에서 태여난 세대의 아들딸들이 / 통일의 감격이 아니라 / 짓밟히는 남녘의 소식에 눈물짓고 있어", "통일을 불러 피가 타는 이 땅에 / 더는 분렬의 아픔 새길 수 없어" 자기 한생의 사랑이고 소원인 통일을 위해, 분렬의 장벽을 쾅—쾅 들부셔 허물어 뜨리고저 피 끓고 치 떨리는 증오를 안고 불같은 통일 열망의 붓을 하늘 높이 쳐들고 통일시, 통일노래의 드높은 연단에 뛰쳐 오른 것이다!

이것이 시인 장혜명이 통일의 시, 통일의 노래를 부른 까닭과 연유일 것이다. 이 시인의 통일의 열원이며 그의 시정신일 것이다.

진정 이 시인의 '정'과 '열', '피'와 '넋'이 애족, 애민, 애국의 사상감정으로 활활 타올라 시인의 통일의 열원으로 된 것이며 이 불타는 사랑의 사상감정을 안고 나래친 것이 시인의 시정신이였다.

시인의 시정신이란 바로 시인의 '넋'과 '열', '피'와 '넋'을 원소로 하여 불타는 신념과 주장의 나래이며 시대의 지향과 리상을 안고 나붓기는 기발이다.

시인의 이러한 통일의 열원과 시정신은 피어린 헌신과 희생도 마다하지 않고 서슴없이 나설 수 있게 할 때만이 신념과 주장의 나래, 시대의 지향과 리상의 기발로 될 수 있다. 이러한 헌신과 희생의 정신이 반영되여 있는 시인의 한 편의 시가 여기에 있다. 남조선 한 대학생의 옥중수기로 된 시 〈옥중수기〉 중 시 「감방에서」를 읊어 보자.

"여기엔 없다, 번거로운, 생활의 문이, 통일의 날에야, 활짝 열릴 문, 아직은 자물쇠에 걸리고, / 다만, 하늘과 땅과, 공기마저 옥물어 찢은 / 마치, 승냥이 이발과도 같은, 창살 사려문, 한 쪼박 철창이 있을 뿐 / 주야장장 악몽 속에 시달리라고, 꿈에선들 죽어선들, 자유롭지 말라고, 백열의 불소나기, 쏟아져 내리는, 아비규환의 지옥도, 전률할 여기, / 새롭지 않다!, 그대로 감옥인, 이 땅임에야, 두렵지 않다!, 항쟁의 거리로 달려나가던, 그날에 벌써, 죽음을 딛고 선, 통일의 신념, 내 가슴속에 있거니."

시의 전문이다. 본 바와 같이 서정적 주인공의 통일성전에 바치는 헌신과 희생정신이 얼마나 뜨겁게 흐르고 있는가, 그 부르짖음은 자주, 민주, 통일을 웨치다가 철사에 묶인 남조선 애국청년학생들의 결사의 신념과 불타는 항거정신으로서 그 사상감정은 이 시인의 이여의 모든 통일 주제 시편들에 일관하게 굽이치는 시정신이다.

애국심 가득 찬 가슴을 치뚫고 솟음치는 피의 절규에는 유린당한 삶, 짓밟힌 자유를 붙안고 통탄하며 그 삶과 자기를 찾고저 아까운 목숨 아끼지 않는 항쟁투사들의 애국열, 통일열을 이 시인은 무엇으로 보았던가?

시인은 그것을 자주성을 위한 투쟁에서 발현된 신념과 의지, 지향과 리상으로 보았다. 『주체문학론』에 밝혀진 바와 같이 착취사회에서 자주성을 위한 인민대중의 투쟁은 간고하고도 시련에 찬 투쟁이다. 그 투쟁은 가슴 아픈 희생과 실패, 참을 수 없는 고통과 불행을 동반하지 않을 수 없다. 하지만 그 희생과 실패, 고통과 불행을 헛되고 비극적인 것으로 보아서는 안 된다.

시인은 시 「감방에서」의 서정적 주인공의 희생과 고통을 비극적인 것으로, 헛되인 희생으로가 아니라 그 고통과 희생을 이겨내고 민주가 있고 자주가 있는 통일조국을 위한 투쟁으로, 그 통일조국에서 기어이 살리라는 영생의 신념과 리상으로 보았다.

중세기의 시인 단떼는 『신곡』에서 인간이 사회적 온갖 고통과 불행에서 구원되고 행복을 찾자면 리성으로 자신을 도덕적으로 완성하고 신앙에 충실하면 '지옥'에서 '천당'으로 간다고 하였다.

단떼의 그리스도교 정신의 '산아'인 '지옥'에서 '천당'에로의 '승천'은 인간의 리성의 힘, 도덕적 완성으로 얻을 수 있다는 것이다.

단떼의 그리스도교 리념대로 리성과 도덕적 완성으로 인간 생지옥인 남조선 사회의 악정에서 벗어날 수 있다면 남조선의 청년학생들이 민주, 자주, 통일을 위한 항쟁에서 왜 피를 뿌릴 것인가. '〈한국〉의 오스벤찡'이라고 하는 청주보안감호소에 갇혔던 리인모를 비롯한 숱한 비전향장기수들이나 '죽어 상여로 나가는 곳'들인 남조선의 교도소와 감옥에 묻힌 우리의 젊은 항쟁용사들이 리성이 없고 도덕적 완성을 모른 탓에 죽음으로써 깨끗이 살려고 했으며 투쟁으로 민주, 자주, 통일을 얻자고 하는 것이랴.

주체의 시정신은 리성의 힘도, 도덕적 완성도 아니며 오직 두려움 모르는 헌신의 정신과 서슴을 모르는 희생정신을 요구한다. 자기 시의 주인공들을 견결한 신념과 리상의 체현자라고 본 시인은 〈옥중수기〉의 다음 시 「삶과 자유 앞에」에서 자유 없는 삶의 고초가 천백 번 죽음보다 더하리라고 생각하였기에 학원의 자유와 민주를 불러 항쟁용사들은 마주 오는 총칼을 향해 대오를 뭇고 화염방사기에 맞아 재가 되고 무한궤도에 깔려 젊은 목숨들이 피를 뿌리며 쓰러져도 꿈에도 소원이고 죽어도 소원인 통일은 이 나라 겨레를 살리는 통일이라 웨쳤으며 그래서 통일을 일러 시인은 "자유의 나래", "민주의 초석", "이 겨레의 숨줄"이라고 가슴 터치며 "오! 삶과 자유, 그 앞에 통일이여 네가 있도다"라고 목 놓아 웨쳤으니, 우리는 항쟁의 거리, 항쟁대오 앞에서 통일을 부르며 달리는 투쟁의 가수, 대오의 기수 되여 나가는 시인의 모습을 눈앞에 보는 듯 싶은 것이다.

진정 민족과 겨레가 당하는 고통과 불행과 비극에 뼈아파 하고 남녘 학생들을 못 잊어 정에 끓고 열에 벅차고 피와 넋이 타는 그의 통일 주제 시편들은 열렬한 사람만이 간직할 수 있는 진실한 사상감정이며 시대의 지향과 숨결로 호흡하며 자기의 피를 방울방울 짜서 쓴 목숨 같은 것이다.

시 「남녘의 학우들에게」, 「투쟁은 승리할 때까지」, 「통일의 새 아침 안아 오리」, 「투쟁의 도시 광주에」, 「장벽은 무너져야 한다」 등의 시편들에는 남녘 청년학생들의 피의 절규, 노도치는 분노, 서슬푸른 증오로 하여 그 사상감정은 굽이치는 대하의 격류 같고, 노호하는 우뢰와 번개 같고 벼려진 창날과도 같이 느껴지는 것이다.

이로 하여 이 시인의 시정신을 불타는 시의 나래, 나붓기는 시의 기발이라 하는 것이다. 이 시인의 통일 주제 시편들에게 느껴지는 절규, 분노, 증오와 같은 예리하고 격렬하고 랭철한 사상감정은 그대로 내 나라 땅을 동강낸 미제와 분렬주의자들을 두고 느끼는 우리 민족과 겨레의 공통된 주도적 사상감정이다.

불후의 고전적 로작 『주체문학론』에 밝혀진 바와 같이 시대의 주도적인 감정은 시대의 기본 흐름과 인민대중의 정서적 지향을 반영한 감정이다. 나라의 자주성을 짓밟으려는 온갖 원쑤들에 대한 증오심과 조국을 통일하려는 불타는 열망을 비롯하여 주체혁명위업 수행을 위한 투쟁에서 발현된 전형적인 사상감정은 다 우리 시대의 주도적 사상감정이다. 이 시인의 통일 주제의 시편들에 일관하게 흐르고 있는 사랑과 증오의 사상감정은 인간과 생활에 대한 시인의 열렬한 사랑에 전적으로 바탕을 둔 것이다. 사랑이 있고야 증오가 있다.

시인의 시에는 눈물겨운 인간 사랑의 시, 애정을 담은 시편들이 적지 않다.

시 〈옥중수기〉 중 시 「어머니에게」는 그 대표적 실례로 된다.

시의 매 시줄들은 시인의 뜨거운 사랑의 불에 타고 사랑의 눈물에 젖어 있다. 사랑의 불, 사랑의 눈물은 이 시인의 시들을 살리는 생명의 원소이다. 내 조용히 시인의 사랑의 불에 타보고 사랑의 눈물에 젖어 본다.

…별빛마저 서글픈 밤에 철창 너머 멀리 캄캄한 허공에 엄준하고 잔약한 어머니의 그리운 얼굴이 사무치게 어려온다. '폭도'의 어머니로 억울한 구박과 천대를 받으며 눈물조차 못 흘리고 숯으로 타서 재가 앉은 가슴에 시름만이 서리서리 얽혀 있는 학우의 어머니, '나'의 그 어머니… "어디선가 아들만은 행복한 운명을 만나라고, 아버지 없는 홀손으로, 쪼개인 푼전을 다시 쪼개시여, 기대와 믿음에 차, 책보를 메워주시던 어머

니.” 그러하신 어머니를 생각하면 “선 채로 내 돌로 굳어진단들” 어이 잊으며 착하게 부지런하게 살아온 어머니와 아들이였기에 착하게만 살려했던 그 아들이 어머니의 말씀을 어기고 ‘폭도’가 되였다면 어머니시여, 마땅히 불효한 아들을 매를 들어 후려치시라고 눈물겹게 하는 그 호소!

‘폭도’를 낳지 않은 어머니가 ‘폭도’의 어머니 되고, 착하고 어질은 아들이 ‘폭도’가 되여 옥에 갇혀 억울하게 죽음을 강요당해야 하는 원한에 찬 남녘땅, 어머니가 바라던 그 희망과 오늘의 절망을 두고 “그 옛날 어머니의 소원이, 변함없을 그 소원이, 참답게 살려는 내 바람이, 내 조국의 운명이” 이 아들을 결국은 ‘폭도’로 만들었으니 ‘폭도’의 어머니시여! ‘폭도’인 탓에 아들은 부끄럽지 않아 어머니의 아들로 떳떳하다고, 하기에 “눈물을 거두시고 흰머리를 높이 드시고”, ‘폭도’를 낳아 키우신 긍지를 “차오르는 만조의 강변처럼 가슴 가득히 안으시고” “내 조국 방방곡곡, 어머니들과 젊은이들의 마음속으로 걸어가시라”고 하는 시인의 가슴에는 식지도 마르지도 아니하는, 진정으로 아들다운 효도의 뜨거운 눈물이 가득 고였으니 묻노라 독자여, 이런 시야말로 나를 울게 하고 그대를 울게 하는 사랑과 눈물의 시가 아니겠는가!

이 시인의 사랑의 시에는 고향에 대한 애정, 동지와 벗들에게 바치는 사랑의 시들도 적지 않다. 대학시절 어느 방학 때 고향의 동구길을 걸으며 사랑 없이는 찾지를 못하고 다지는 맹세 남김이 없이는 떠나지를 못한다는 시 「고향에서」와 같은 시편들, 하던 일 마저 끝내느라 늦어지는 아들을 기다려 잠 못 드는 어머니와 “무릎 우에 책을 펴놓고 마음속 기다림을 읽고 있는” 젊은 안해가 있고 자식이 있는 가정에 대한 애틋한 사랑 어린 시 「불빛」과 같은 서정시들, “긴긴 날을 하루같이, 남편의 팔다리가 되여주고 궂은 시중 웃으며 들어주는” 영예군인 안해의 정성이 담긴 시 「그대의 사랑은…」과 "출장길 끝나 집에 온 저녁"이면 낯가림 한다는 두살잡이 아들녀석이 아장아장 팔을 벌리고 무작정 품에 안길 적에 느끼는 아버지의 무한한 사랑을 쏟아낸 시 「낯가림」과 같은 생활적인 시들도 있다. 고향의 사랑하는 어머니와 안해와 자식들, 동지들과 벗들에게 바치는 그 '정'과 '열'과 '피'가 있어 분렬의 화근인 미제와 그 앞잡이 괴뢰도당의 머리 우에 뿜어 활활 타는 '증오의 불'이 있는 것이다. 가장 사랑할 줄 아는 인간만이 가장 증오할 줄 아는 것이다. 시인의 애국, 애족, 애민의 열이 적개심을 낳은 것이다.

우리의 소원이고 열망이고 목숨인 통일의 열원을 두고 그것을 시인의 정과 열, 피와 넋이라고 하는 근거가 바로 여기에 있다.

시인 장혜명의 통일의 열원과 시정신이 최대로 집착되고 정화된 시편들 가운데서 시초들인 〈눈물의 상봉〉과 〈추석날의 무등산〉은 그의 선배 시인들인 오영재의 시 「복수자의 선언」과 동기춘의 「인생과 조국」과 나란히 하고 싶은 시편들이다.

시초 〈눈물의 상봉〉과 〈추석날의 무등산〉은 사랑과 눈물이 교차되고 사랑과 증오가 교차되여 붉고 진한 하나의 피덩이로 느껴지는 시들이다.

"마흔세 해만에 돌아오는 남편 앞에, 왜 이제야 오시느냐, 한마디 푸념도 없이, 오히려 쏟아지는 눈물마저, 남몰래 감추는 영웅의 안해" 앞에서 그 녀인을 대신하여 시인이 울고 있음을 보게 된다.

기약할 수 없는 상봉의 날을 기다려 기다려 30년, 40년을 하루같이 바친 이 나라 녀인의 순결한 사랑과 한번 지켜 버림 없었고 꺾이지 아니한 그 곧고 억센 절개는 30년, 40년을 죽음의 옥에서도 전향하지 않은 리인모의 신념과 의지와 다를 바 없었다. 그가 죽음과 전향의 갈림길마다에서 가슴속에 량심의 맑은 눈물을 흘릴 수 있었고 외로움은 때 없이 가슴을 허비고 청춘은 속절없이 흘러가도 먼먼 추억의 한끝에 추연히 어려오는 안해의 이쁜 모습을 마음속에 안고 후회 없는 백발을 머리 우에 얹을 수 있은 것도 애오라지 안해의 그 사랑을 조국의 마음으로 간직하고 살았기 때문이며 그런 안해와 자식들을 맡아 키워주신 어버이수령님과 장군님의 은혜를 신념과 의리로 지켜왔기 때문이다.

진정 고마움에 눈물짓고 감사에 흐느껴 우는 백발의 로인과 녀인 앞에서 시인은 눈물 젖은 붓으로 "영웅의 안해여, 그대는 이 나라 모든 사나이들의 가슴속에", "목숨은 버릴지언정 저버리지 못할, 아, 조국의 모습을!" 길이길이 아로새겨 주었노라고 썼었다.

이 세상에 하나뿐인 그런 사랑과 신념과 의지의 화신들이 "푸른 청춘에 헤여졌다가, 하얀 백발이 되여 만나는" 부부의 상봉 앞에서 시인은 울지만 않았거니! 독자들이여, 바라보라 사랑도 가장 불타는 사랑으로, 증오도 가장 불타는 증오로 가슴 타 섰던 시인의 모습을!

"감방 안에서도 진달래를 피우며, 진달래의 노래를" 불렀고, "안해가 이슬이라면, 눈에 넣고 다니겠다던 아, 그런 사람을", "앙상히 뼈만 남은 가슴이 부서질가봐" 안해와 딸도 차마 아버지 품에 안기지도 못하게 만든 철천지원쑤들에게 추호도 자비를 바라지 말라고, "설사 내 앞에 무릎 꿇고 애원한다 해도", "나의 총창은 떨림이 없으리라"고, 이런 원쑤들의 씨를 말리울 때까지 원쑤들의 검은 염통을 찌르고 또 찌르리라고 치떨며 부르짖은 시 「인간의 이름으로」는 그대로 불의 시—증오의 시였다.

시인은 그런 증오의 불을 안고 시초 〈추석날의 무등산〉을 썼고 피눈물 젖은 목소리로 추도시들인 「복수의 칼을 들라!」, 「복수의 철추를!」, 「우리의 눈엔 불이 흐른다」, 「통일애국의 넋은 영생하리」를 읊었던 것이다.

박종철, 조성만, 한국원, 리한렬, 강경대… 그 렬사들의 령전에 바쳐진 추도시들은 이 시인의 통일 주제 시편들 가운데서도 가장 가슴 아프게 쓴 시들이였다.

그의 모든 시들은 감정의 열도가 매우 강렬하며 감정의 파렬성이 세차며 뿜어 솟구치는 감정 분출의 세기와 압이 매우 강한 것으로 하여 읊어볼 맛이 있다.

그의 시작품들이 가지고 있는 이러한 감정의 열도, 파렬성, 그 세기와 압은 물론 시인의 시적 표현력, 그 형상 능력에 있는 것은 사실이나 그에 앞서 인간과 생활에 대한 시인의 사랑의 사상과 원쑤에 대한 증오 사상의 반영과 '결정'으로 보아야 할 것이다.

감정의 그 폭발성과 파렬성, 감성이 분출하는 그 세기와 압은 시인의 가슴에서 타는 감정의 끓음이며 장약되고 축적되고 폭발하는 감정의 깊이와 무게이다. 감정의 세찬 끓음이 없이는 감정의 강렬한 열도를 느낄 수 없으며 장약되고 축적된 감정의 깊이와 무게가 없이는 감정이 분출되는 그 세기와 압을 느낄 수 없다.

시작품들에서 나타나는 감정의 열도, 세기와 압은 시인의 사상감정의 열도와 세기와 압이다.

추도시들에서 몇 구절 읊어 보자.

"독야청청 소나무도 푸르름 벗고 / 피눈물같이 검붉은 락엽을 떨구라", "청상의 젊은 안해 젖가슴 밑에 / 피덩어리 생명을 묻어두고", "울어 울어 또 울어 / 우리 몸의 마지막 쪼각까지 / 눈물로 녹아내린다", "우리 흘린 눈물 다 모은다면 / 한강물이 제 깊다 하지 못하련만", "가슴속에 눈물을 누르고 / 울지 않는 사람들의 / 그 눈물의 값이 어떤 것인가를 / 살인악당들이 개죽음으로 알게 하리라", "한을 못 푼 넋은 죽어서도 눈 감지 못한다", "살인마들의 정수리에 내려칠 / 벼락의 칼날을 벼리고",

"애 어린 자식의 시신 앞에 / 어머니가 머리 풀고 초상을 치러야 하느냐", "티 하나 묻지 않은 그 가슴 우에도 흙은 덮이더란 말인가", "청청하늘이여 / 천둥우뢰를 주먹처럼 높이 들어 / 비분의 먹장구름 덧쌓인 / 네 가슴 쾅—쾅— 두드려 / 억만 비줄기를 눈물로 쏟으라", "떨리는 주먹에 복수를 감아쥐고", "렬사들의 령혼이 지켜보는 / 이 합토비 앞에서 / 목숨 같은 맹약을 다지나니"…

이상의 시구절들에서만도 우리는 이 시인의 감정의 열도와 그 세기와 압을 느끼기에 아쉽지 않다.

이 시인의 통일 주제의 시창작과 그의 시작품들이 우리에게 시사해 주는 것은 무엇인가.

그것은 작가의 창작생활에서 작품창작의 대상—즉 생활의 령역과 소재, 주제는 작가의 사회력사적, 시대적 임무에 대한 사명과 책임감에 의하여 선택된다는 것이다. 그러므로 생활령역이나 소재, 주제는 작가의 그 어떤 기질이나 심리, 창작적 취미와 경향에 의하여 선택되고 창작이 수행되는 것이 아니다.

물론 작가의 창작생활에서 작가의 창조적 경험이나 예술적 취미와 기호는 일정하게 작용하기는 한다.

그러나 이것을 기본으로 보거나 절대시할 수는 없다. 경험이나 취미, 기호는 작품창작에서 그 개성을 살리는 데 일정하게 도모되며 기여하게 되는 보조적인 작용을 하는 것으로 하여 나무람 할 수 없고 무시할 수 없는 것일 뿐이다.

앞에서도 언급한 바와 같이 시인이 자기의 력사적, 시대적 사명과 책임을 피와 살로 체감하고 자각하는 량심, 그 륜리도덕적 의식은 생리적 기질과 심리의 반영은 아닌 것이다.

인간의 량심은 일반적으로 두 가지의 도덕적 의식구조를 가지는바 그 하나는 자기 행위에 대한 도덕적인 가치판단 의식이며 다른 하나는 자기가 수행한 행위를 통하여 체험하게 되는 륜리도덕적 감정이다. 량심의 의식구조를 이루는 데서 중요한 것은 사회 공동의 리익과 사회생활의 요구와 규범에 따라 행동하도록 부추겨 주는 도덕적 의지인 것이다. 이 시인이 지닌 혁명적 량심은 분렬된 조국 앞에 지닌 자기의 공민적, 시인적 사명과 책임에 대한 자각에 기초하여 우리 민족의 숙원이며 우리 인민의 절박하고 당면한 혁명과업인 조국의 자주적 평화통일이라는 념원과 지향에 맞는 행동을 선택하게 하였다. 그것은 그렇게 선택하고 수행한 행위에 대하여 만족하고 보람을 느끼며 자기 선택의 정당성을 인정함으로써 그가 선택한 길을 계속 걸으려고 하는 정신도덕적 의지를 내용으로 하는 륜리도덕적 의식인 것이다.

이 혁명적 량심, 륜리도덕적 의식에 의하여 시인 장혜명이 선택하게 된 것이 바로 통일 주제의 문학이였다.

그가 대학시절, 바로 그때에 쓰지 않고서는 아니되였던 시 「남녘의 학우들에게」를 나는 그런 선택이였다고 본다.

그런데 일부 독자들은 그가 통일 주제의 시를 쓰게 된 까닭과 그 어떤 연유, 동기와 계기가 있었기 때문이라고 생각하였거나 몇몇 시인들은 그것을 그의 인간생리적 기질과 그 심리의 발현, 예술적 취미, 기호, 경향으로 보아 온 적도 있었다. 이것은 시인들의 창작을 그들의 생활 경위나 그 어떤 연유, 실질적 동기와만 련관시켜 보려 한 제한성이며 또한 작가의 인간적 개성을 그들의 창작생활과 작품에 미치는 작용으로 절대시하는 잘못된 견해이며 관점이다.

『주체문학론』에 명백히 밝혀진 바와 같이 우리는 문학예술창작에서도 사상론을 주장하고 있다. 문학예술창작은 사상이 결정한다. 애국적인 작가만이 애국적인 작품을 쓸 수 있고 혁명적 작가만이 혁명적인 작품을 쓸 수 있다.

이 시인의 통일의 열원은 사랑과 증오의 사상감정에 있으며 그의 시정신은 통일의 신념과 주장, 통일의 지향과 리상에 있다.

나는 그가 어버이수령님께서 생전에 그처럼 심려하셨던 조국통일 문제를 두고, 수령님께서 우리에게 남기고 가신 간곡한 유훈을 가슴에 새겨 안고 몸부림하며 피와 살과 넋을 태워 통일의 시를 지으려는 그 뜻과 량심이 소중하고 장하게 여겨져서 허물은 좀 있어도 그의 시편 하나하나를 귀중히 여기게 된다. 나는 시인의 뜨거운 심장과 남다른 창작적 재능과 순결한 창작적 량심을 믿어 의심치 않거니, 시인이여 그대는 우리 수령님의 통일 유훈이 력력히 새겨지고 우리 장군님의 통일 의지가 력력히 새겨진 통일 신념의 노래, 통일 리상의 노래를 지으라!

송이송이 불같이 타고 떨기떨기 향기로운 '시의 붉은 꽃'을 엮으라!

바라노니, 시인이여 그대 불타는 시의 푸른 넋을 안고 식지도 꺼지지도 않는 시의 불을 안고 통일의 노래 부르고 불러 자기의 목소리, 자기의 모습을 더 뚜렷이 하라! 주체의 강성대국 건설마당에 나붓기는 기발 같은 시를 위해, 분렬의 장벽 허물어뜨리는 폭탄 같은 시를 위해 시인이여, 열혈의 시인이여, 그대의 불타는 통일 열원, 시의 푸른 나래를 펼쳐 도약하고 도약하여 완성에서 더 높은 완성에로 치달아 오르라—나의 사랑인 통일시인이여…

—『조선문학』 646호, 2001.8

전동우

1931년 함남 금야(영홍)에서 출생하였다.
1953년 민청창립기념작품현상응모에 1등으로 당선하며 시를 발표하기 시작했다.
1999년 작고하였다.
개인시집으로 『청춘』(1961) 『나를 부르는 소리』(2001) 등이 있다.

| 시 10편 |

여름밤의 이야기

밤 깊어 삼태성도 기울었는데
모닥불 피는 초가집 마당—
어린 손자는 할아버지 무릎가에
밤 가도록 이야기를 듣고 있었다.

오늘도 하루나절 짚세기를 끌고
할아버지 따라 오르나린 두메밭—
김매기에 지친 몸 노그라져도
소년은 잠자코 듣고만 있었다.

—넘어도 넘어도 가없는 숲이란다,
　한낮에도 햇빛을 가리우는 깊은 산 속에서
　조국의 광복을 위한 수만 군사들
　낮에도 밤에도 창을 갈고 있는데……

—한 번 출진의 군호 소리 산을 울리며
　의연히 나타난 젊은 장군,
　한 손을 높이 들어 원쑤를 가리키며
　사랑하는 조국땅에 군사를 부른다.

소년은 이런 밤 잠이 오지 않았다
눈만 감아도 울창한 그 수풀,
멀리서 들려오는 호랑이 울음소리,

그리고 높은 바위 우 망을 보는 그림자

소년은 이런 밤 잠이 오지 않았다,
언제나 입가엔 웃음이 흐르셔도
서릿발 장검에 번개가 번뜩이면
원쑤의 무리들 풀잎처럼 쓰러진다고—

별빛 총총한 여름밤마다
얼마나 그의 품이 그리웠으랴
살아서 한번 장군의 품속에
안길 수 있다면, 아 안길 수 있다면!

모질고 긴 세월은 흘러도
가슴속 깊은 곳에 그리던 이름
괴로울 때에도, 슬플 때에도
자기 힘을 믿도록 가르쳐준 이름,

언제 어디서나 이 이름 부르며
김일성 장군을 부르며 소년은 자랐다
소년은 자랐다— 원쑤의 가슴팍에
서리 어린 총창을 쳐박는 돌격전에서

불비 쏟아 붓는 가렬한 도하전
어느 산마루와 들판의 싸움마다에
죽음을 모르는 용감한 병사는
김일성 원수를 부르며 앞으로 나아갔다.

하여, 하늘을 떠밀듯 전승의 례포가
조국의 고지마다 울려 퍼지던 날,
가슴에 수북한 훈장을 자랑하며
저를 키워주신 아버지 앞에 나섰을 때

병사는 생각하였다, 벌거숭이 시절
잊지 못할 여름밤의 그 이야기를
병사는 알았다! 승리와 김일성 원수
이는 영원히 하나의 이름이란 것을!

| 수록지면 |

*『영광의 날』(종합시집), 조선작가동맹출판사, 1954.
『서정시선집』(종합시집), 조선작가동맹출판사, 1955.
전동우, 『청춘』, 조선작가동맹출판사, 1961.
전동우, 『나를 부르는 소리』, 문학예술종합출판사, 2001.

세 유격대원의 이야기

한 항일 유격대원의 수기에서

잎 떨어진 나무아지 떨고 있었다…
동북의 이른 봄, 얼음 아직 덮인 산협.
붉은 해는 산 넘어 떨어졌는데
밀영지는 아직도 먼 사흘 길—
조선인민혁명군의 대원 세 사람
산골짜기 외딴집에 찾아 들었다.

잠시 길을 물으려고 찾아 든 곳은
뜨락에 우물 하나 있는 중국 초가집,
그 몇 번 찾아서야 거적문 새로
놀라는 목소리… 어서 들어오란다.
불빛에 비친 것은 녀인의 부은 얼굴,
고생 어린 잔주름에 피곤한 눈언저리.

남정 없는 집인 듯 방 안은 쓸쓸해
아랫목엔 어린 오누이 잠들어 있고…
그런데 그런데 방이 이리 싸늘함은
틀림없이 끼니가 떨어진 지 오랜 집.
보리고개라는 것은 딴 이야기
아직은 눈석이도 저만큼인데!

말없이 서로 눈을 주고받던 대원들
길을 묻잔 그 말은 엄두도 못 내

가슴마다 가슴마다 저리게 보는 것은
압록강 넘어 누이 생각, 고향집 생각—
그렇다, 어떠랴, 사흘 닷새 굶어도
이 중국 누이를 구해야 한다!

세 사람은 저저마다 괴나리를 벗었다.
앞으로 사흘은 견뎌야 할 군량,
자루마다 샅샅이 뒤집어 털었는데
그것도 밀가루가 겨우 두 되박—
—적어서 죄송하나 받아 두시우…
—아이들이 눕지 않게 해 주시우…

세 유격대원은 일제히 일어섰다.
창백한 얼굴에 눈물이 주르르
녀인은 매달리듯 손을 부여잡는구나,
고마운 이름들을 어서 말해 달라누나.
바람은 산골짜기에 세차게 불고
머리 우엔 은하수, 차거운 파도 소리…

오오, 차디찬 동북의 이른 봄 밤이여!
산이여! 숲이여! 고난의 시절이여!
기억해 두자, 그 녀인이 흘린 눈물,
기억해 두자, 세 대원이 남긴 이름,
혈육인 오빠들이 누이에게 말했거니
—김일성 부대 대원들입니다!

—1958.3

| 수록지면 |

* 『전우에게 영광을』(종합시집), 조선작가동맹출판사, 1958.
『붉은기'발 휘날린다』(종합시집), 조선작가동맹출판사, 1959.
전동우, 『청춘』, 조선작가동맹출판사, 1961.
전동우, 『나를 부르는 소리』, 문학예술종합출판사, 2001.

수령의 전사들

흥분된 얼굴들이, 불붙는 심장들이
하나로 어울려 타 끓는 회의장,
수령의 현지 교시 실천을 말하는
당 총회 연단은 그대로 불'덩어리.

—아버지는 내가 세 살 때 돌아가셨소.
　아버지는 수령의 충직한 전사였소,
　아버지의 못 다한 혁명 과업이
　내 작은 두 어깨에 걸머져 있소.

스무 살 안팎의 한 젊은이
굵은 목소리로 말하기 시작한다.
주먹이 가끔 가슴 우에 얹혀질 때
장내는 조용히 설레인다.

—아버지의 얼굴을 나는 알지 못하오,
　그러나 나는 아오, 난 알고 있소,
　그가 남긴 마지막 부탁
　수령의 충직한 전사가 되라 한…

그대, 5호로의 선동원,
만경대의 학창에서 달려온 젊은이
어려운 일 선참으로 도맡아 잘하던

나 젊은 용해공, 그대로구나!

—그런데 나는 아직 충실하지 못했소,
  나를 길러주신 어버이 수령 앞에…
  전력의 톤당 소비량이 많은 것두
  나는 가슴 찢어지도록 아파 안 했소…

동무여, 그대야 남보다 잘하지 않았던가,
그대의 로는 제일 성적이 높지 않은가,
그대는 보수, 장입 시간을 단축시키고
혁신의 선두에 서 있지 않은가!

내 절로 그대 앞에 머리 숙여지노라,
그대보다는 내가 더 뒤떨어진 용해공,
그런데 그대는 가슴을 두드리며
준렬하게 채찍질을 하고 있거니,

동무여, 한 킬로와트시의 전력을 두고
한 그람의 강철 생산 미달을 두고
내 가슴 찢어지도록 아파 안 했노라,
쇠'물만큼 불타지 못했노라.

아! 우리는 수령의 붉은 전사,
몸과 마음 붉게 붉게 더 불타자!
수령의 손'길따라 더 멀리 앞으로,
공산주의 노을이 비끼는 조국 땅을
우리 붉은 쇠'물로 활짝 꽃피우자!

—1959.3

| 수록지면 |

*『조선문학』 141호, 1959.5.
『당이 부르는 길로—조선로동당창건15주년기념시집』(종합시집), 조선작가동맹출판사, 1960.

어머니

한밤중 두엄을 나르는 뜨락또르 소리만
눈 덮인 벌판에서 멎을 줄을 모르는데
당신은 머리수건도 상기 안 벗으시고
이슥토록 새끼만 꼬고 계십니다요.

다 큰 손자놈들 잠자는 얼굴을
이렇게 머리맡에 보는 게 좋아
때로는 새낏발을 저만큼 밀어 놓고
이불깃을 꽁꽁 눌러 주십니다요,

나는 압니다, 어머니시여!
당신의 아들은 마을 세포위원장,
미국놈들은 무참히 그를 학살했건만
당신은 오늘도 그 아들의 그 어머니,

당신의 머리에는 흰 것이 더 얹히고
이마에 주름살도 몰라보게 깊어졌건만
당신은 변함없이 로동당원의 어머니,
세포위원장의 어머니.

그렇습니다, 백발인 당신이
달마다 받아 오던 식량공급표를
스스로 군에 가서 손수 바치시고

그 손에 로력수첩을 펼치신 것은
깊고 깊은 사랑의 힘이였으니,

당신이 굽으신 허리를 두드려 펴시며
종소리보다 먼저 깨여 나간 그곳은
논머리뿐입디까,
목화밭뿐입디까.

쉬운 일에만 언제나 저를 따돌린다고
쩍하면 관리위원장만 나무라더니
젊은 아낙들처럼 허리춤도 동여매고
모내기에 김매기에 또 두엄내기에
일손도 신명나고 즐거우시다는 어머니—

이 겨울밤엔 또 잠을 잊었습니까!
한 발, 두 발 새낏[1]를 세는 그 목소리는
나직이 마음속에 부르짖는 소립니까!
—아들아, 이건 네 몫이고, 이건 내 몫이다…

이젠 쉬시라구요, 그만 꼬시라구요!
곤하실 몸 어서 좀 누우시라구요!
벌써 방 하나 새낏발이 수북히 쌓였건만
그래도 당신은 자꾸 모자라는 것만 같아
밤이 이슥한 줄도 모르십니다려,
바람이 잦은 줄도 모르십니다려…

---

1 '새끼'의 오타로 보인다.

그러나 어머니시여!
나는 압니다, 당신이 꼬시는 새끼가
하루밤에 비록 많지는 않다 해도
그것이 수천 수만 톨의 새끼보다도
더 크고 더 귀한 나라의 재산이 될 줄,

나는 압니다,
이렇게 밤 시간을 아끼시는 당신의 일손은
그것이 수천 수만 공수의 로력보다도
더 크고 더 귀한 조합의 힘이 될 줄,

밤에도 머리에서 수건을 벗지 않으심은
죽은 아들 앞에서, 큰 손자들 앞에서
온 조합과 온 나라 앞에서
흰 머리 보이지 않으시려는
당신의 높고 높은 마음인 줄을!

—1961.5

| 수록지면 |

*『당에 영광을』(종합시집), 조선작가동맹출판사, 1961.
전동우, 『나를 부르는 소리』, 문학예술종합출판사, 2001.

크나큰 사랑

그분들에게도 집이 있었다,
겨울밤, 눈보라 휘몰아칠 때
아궁에 불을 가득 지피여 놓고
뜨뜻이 아래'목에 누울 수 있던…
쓰러져 가는 오막살이 구석이라도
누워 발을 펴고 잘 수가 있던…

그분들에게도 자녀들이 있었다,
그분들에게도 어버이가 있었다.
배를 드러내 놓은 어린 철부지들
철따라 새 옷도 입혀 주고 싶었던…
남의 밭'이랑에서 허리 굽은 어버이
늘그막 여생만은 쉽지 않도록
끼니마다 상도 차려 올리고 싶었던…

그러나 그분들은 집을 멀리 떠났어라,
사랑하는 자녀들과 어버이 곁을 떠나
밀림 속에 눈을 깔고 밤을 잤어라,
눈 우에 맨땅 우에 수백 수천 밤
요도 없이, 베개도 없이
때로는 우등'불조차 없이.

그분들은 집을 떠나 먼 수천 리

이역 땅 밀림을 집으로 살았어라,
전투로 나갈 때, 행군의 길 떠날 때,
어려울 때, 괴로울 때
일여드레 굶었을 때,
그분들이 가슴에 쟁쟁히 들은 것은
어린것들이 아버지를 부르는 소리,
어버이들이 아들을 부르는 소리.

쓰러지면 다시 땅을 차고 일어났어라,
아홉 번 쓰러지면 열 번 일어났어라,
열 번 죽고 백 번 다시 살아났어라,
그리고는 말없이 가볍게 웃었어라,
자기 앞에 차례 온 멀건 죽그릇은
또다시 전우에게, 전우에게 내밀며.

오오, 그분들은 집에 대하여
자식들에 대하여, 어버이에 대하여
그 뉘보다 극진하고 극진했던 사람들,
그분들의 사랑은 더 크고 컸어라! 조국 앞에서!
그분들은 크나큰 사랑을 위해
눈 우에도 후덥게 잘 줄 알았고
굶어도 배부르다 생각할 줄 알았고
목숨도 기꺼이 바칠 줄을 알았거니,

항일 빨찌산—
선렬들은 우리에게 가르쳤구나,
집을… 자녀들을… 어버이들을

어떻게 사랑해야 할 것인가를!
그분들은 오늘도, 가르치고 있구나.
어떻게 사랑해야 할 것인가를!

—1961

| **수록지면** |

*『조선문학』 170호, 1961.10.
전동우, 『나를 부르는 소리』, 문학예술종합출판사, 2001.

불타는 베네수엘라의 하늘에

밝은 한낮에도 노을은 탄다,
너 베네수엘라의 붉은 하늘이여!
오늘은 또 몇 번째
미국놈들의 송유관을 불사르느냐.
오늘은 또 어데서
그놈들의 머리 우에 불을 쏟느냐.

너의 푸른 야자수 그늘에도 노을은 어리고
너의 유전에 뿜어나는 분수에도 노을은 어렸다.
자동총을 겨누고 엎드린 나젊은 폭파수여!
카라카스의 거리, 그대의 집 창문에도 노을은 비꼈다.
어머니는 창가에 달려 나와 저 하늘을 쳐다보며
집 떠난 아들에게 어머니의 뜨거운 인사를 보낸다.

독재자의 감옥 철창가에도 노을은 어리고
애국자들의 얼굴마다에 노을은 붉게 물들었다.
자동총을 두르며 돌진하는 젊은 대원이여!
피로 얼룩진 고문대와 단두대에 불이 붙는다.
옥문을 깨고 나온 그대의 아버지, 그대의 형들
그대와 나란히 불타는 노을을 기발처럼 안고 간다.

너, 불타는 베네수엘라의 하늘이여!
불길은 솟아 너의 온 하늘에

크나큰 기발을 펼쳐놓았구나,
저것은 이제 고고성을 울릴 새 베네수엘라,
새 대지를 싸안을 강보가 아니냐!
탄생하는 새 조국의 옷자락이 아니냐!

저것은 이제 학대와 멸시 속에 눈물로 얼룩졌던
어머니들의 얼굴을 닦아줄 행복의 수건이 아니냐
저것은 또 이제 너의 헐벗고 불행한 어린것들이
가슴마다 자랑차게 휘날릴 희망의 넥타이가 아니냐,
오오, 저것은 이제 뜯길 대로 뜯긴 멍든 대지의 가슴에
끓는 피를 부어주고 힘을 부어줄 새 조국의 피발이 아니냐!

타올라라, 불길이여 붉은 노을이여!
타올라라 베네수엘라의 붉은 하늘이여!
원쑤의 머리 우에 불을 쏟으라!

온통 배속에 너의 석유를 처넣은
미국놈들이 그 석유에 타죽게 하라!
한 놈의 원쑤라도 남아 있는 그날까지는
너의 땅 우에 푸른 하늘이 없게 하라!
너의 땅 우에 푸른 하늘이 없게 하라!

—1963

| 수록지면 |

* 『판가리싸움에』(종합시집), 문예출판사, 1968.
전동우, 『나를 부르는 소리』, 문학예술종합출판사, 2001.

영원한 전사[2]

《중사, 리수복!…》
《공화국 영웅 리수복 동무는,
1951년 9월 29일
조국의 자유를 위한 성스러운 싸움에서
장렬히 전사하였습니다!》…

특무장의 호명에 영웅을 대신하여
장중히 대답하는 부소대장의 목소리—
중대는 듣는다, 저녁 점검 시각마다
살아 있는 영웅의 쟁쟁한 목소리를.

그렇다, 지금 특무장 앞에
중사 리수복이 차렷하고 서 있다.
바로 제 침대 앞,
예나제나 변함없는 자기 자리에,
조국이 정해 준 자기 위치에…

영웅은 바로 이 침대에서
기상 구령 울리면 자리차고 일어나
사격 훈련장으로 중대와 함께 간다.
이 침대에서 일어나

2 이 시는 시초 〈전사의 노래〉 중 한 편이다.

중대의 채마밭에 거름도 뿌려 주고
저녁이면 군복에 목달개도 갈아 단다

아아, 불 뿜는 원쑤의 화구 앞으로
가슴을 내대인 영웅의 나이는
그때 열아홉…
지금도 열아홉…

싸움의 날에 그가 가슴을 벌려
날아오던 적탄을 막아 주었던,
동생들이 오늘은 그와 한 나이…
한 분대의 다정한 동갑들이 되였다.

얼마나 많은 중대의 전우들이
그의 곁에서 제대하여 떠나갔던가,
그 몇 차례 벌써 손아래 동생들이
엇바뀌며 그의 곁에 서군 했던가.

오오, 크나큰 공훈을 청사에 남긴
영웅은 영원히 제대하지 않노라!
젊음을 누구보다 귀중히 여길 줄 안
영웅은 나이를 먹지 않노라!…

| 수록지면 |

* 『조선문학』 209호, 1965.1.
『해방후서정시선집』(종합시집), 문예출판사, 1979.
전동우, 『나를 부르는 소리』, 문학예술종합출판사, 2001.

나를 부르는 소리

나무잎소리도 나를 부르는 소리
시내물소리도 나를 부르는 소리
먼 길을 갈 적엔 속삭이는 그 소리
쉬지 말고 가라고 쉬지 말고 가라고
누가 누가 나를 부르네 귀속말로 다정히
쉬지 말고 가라고 쉬지 말고 가라고

비방울소리도 나를 부르는 소리
찬 바람소리도 나를 부르는 소리
험한 령 갈 적엔 속삭이는 그 소리
길을 곧추 가라고 길을 곧추 가라고
누가 누가 나를 부르네 귀속말로 다정히
길을 곧추 가라고 길을 곧추 가라고

이 마음 지치면 그 소리를 못 들어
더운 피 식으면 그 소리를 못 들어
낮에도 밤에도 속삭이는 그 소리
큰 걸음을 떼라고 큰 걸음을 떼라고
누가 누가 나를 부르네 귀속말로 다정히
아 어머니 나를 키운 어머니

당이여 그대 아니면 누가 나를 부르랴
그대가 아니면 누가 나를 부르랴

| 수록지면 |

* 전동우, 『나를 부르는 소리』, 문학예술종합출판사, 2001.
『조선문학』 708호, 2006.10.

고향집 추억

추억은 고향집 앞뜰의 시내물소리
추억은 어머니 다듬던 산나물향기
아 추억은 그 향기에 실리여 오는
아 군복 입은 어머니의 밝은 그 미소

추억은 고향집 뒤산의 붉은 진달래
추억은 어머니 들려주던 옛말이야기
아 추억은 그 옛말에 실리여 오는
아 군복 입은 어머니의 밝은 그 미소

추억은 고향집 밀림의 설레임 소리
추억은 어머니 쓰시던 나무의 글발
아 추억은 그 글발에 실리여 오는
아 군복 입은 어머니의 밝은 그 미소

| 수록지면 |

* 전동우, 『나를 부르는 소리』, 문학예술종합출판사, 2001.

지새지 말아 다오 평양의 밤아

고요한 강물 우에 불빛이 흐르네
못 잊을 추억을 안고 내 마음 설레네
끝없이 걷고 싶어라 내 사랑 평양의 밤아
지새지 말아 다오 아름다운 평양의 밤아

깨끗한 구슬땀을 내 여기 바치였네
청춘의 푸른 꿈도 여기서 꽃 피웠네
끝없이 걷고 싶어라 내 사랑 평양의 밤아
지새지 말아 다오 아름다운 평양의 밤아

위훈의 그 사연을 어이 다 말하랴
래일을 속삭이며 이 밤은 깊어가네
끝없이 걷고 싶어라 내 사랑 평양의 밤아
지새지 말아 다오 아름다운 평양의 밤아

| 수록지면 |

* 전동우, 『나를 부르는 소리』, 문학예술종합출판사, 2001.

평론 위대한 스승의 슬하에서 명작이 태여난다[3]

박춘택

(1)

작가 전동우는 위대한 령도자 김정일 동지께서 밝혀주신 주체의 시학으로 시대의 명작, 주옥같은 명가사들을 수많이 창작하여 가사문학의 화원을 빛나게 장식하는 데 특출한 기여를 한 우리 군대와 인민이 사랑하는 재능 있는 시인이였다.

전동우가 그처럼 수많은 명가사들을 세상에 남길 수 있은 것은 경애하는 장군님과 같은 위대한 스승을 모시고 창작한 행운 때문인 것이다.

위대한 령도자 김정일 동지께서는 다음과 같이 지적하시였다.

"당의 령도를 떠나서는 작가들이 시대의 요구와 인민의 지향에 맞게 창작활동을 벌려나갈 수 없다."

전동우가 제아무리 재능 있는 시인이라고 하여도 그 재능을 아껴주고 키워주고 내세워주는 품이 없었다면 그가 오늘과 같이 우리 군대와 인민의 기억 속에 길이 남아있는 재능 있는 시인으로 될 수 없었을 것이다.

3 (1)과 (2)로 분재된 글이다.

위대한 장군님께서 전동우를 처음으로 알게 되신 것은 30여 년 전 어느 날이였다.

문학예술혁명을 현명하게 이끄시여 주체문학예술의 대전성기를 펼쳐나가고 계시는 위대한 장군님께 신포조선소(당시) 선체수리 직장에서 로동자로 있던 한 시인이 삼가 편지를 올리였다.

시인은 경애하는 장군님께 편지를 올리자니 죄송스럽기 그지없다고 하면서 평생 위대한 장군님을 모시고 혁명의 노래를 부르는 것이 간절한 소원이라고 썼다.

한없이 고결한 사랑과 믿음을 지니신 위대한 장군님께서는 이름 없는 한 로동자 출신 시인의 간절한 소원을 깊이 헤아려주시여 그를 조선영화문화창작사 가사창작실 작가로 불러주시였다. 이때부터 그는 열정적으로 영화주제가 창작에 재능을 바쳤다.

위대한 장군님께서는 붓대로 당의 위업을 받들려는 작가를 따뜻이 품에 안으시고 그가 써내는 한 편 한 편의 가사를 동지가 되고 스승이 되시여 세심히 지도해 주시였다.

가사 「전사의 길」이 철학성이 깊고 정서가 있는 시대의 명가사로 완성된 것도 위대한 장군님의 세심한 지도를 떼여놓고 결코 생각할 수 없다. 전동우가 그 가사를 써냈을 때 가사 초고를 보아주신 위대한 장군님께서는 가사의 구절구절을 지금과 같이 "전사가 가는 길 후회가 없다네", "먼 길을 왔다고 돌아보지 말라", "높은 령 넘었다 멈춰서지 말라"로 고쳐주시였으며 새로 형상한 이 노래를 들어보신 후에는 가사에 있는 "나 하나의 행복 찾아 머나먼 길 왔던가"라는 표현이 혁명가의 품위와 세계를 낮아지게 하는 감을 준다고 명철하게 지적하시면서 "나"자를 빼고 "하나의 행복 찾아"로 다시금 다듬어주시였다.

조국애에 대한 세계적인 명곡인 「지새지 말아 다오 평양의 밤아」도 위대한 스승의 자애 깊은 손길이 있어 기념비적 명작으로 빛나게 되였다.

사실 전동우는 평양에 대한 노래를 지으려고 오래전부터 모대기였으나 형상 방도를 찾지 못한 채 날과 달을 보내고 있었다.

이러한 때 위대한 장군님께서는 평양에 대한 노래를 지으려고 모대기는 작가의 고충을 헤아리시고 평양을 노래하되 평양의 밤을 가지고 노래를 만들어야 한다는 귀중한 가르치심을 주시였다.

전동우는 그 말씀을 받아안고 무릎을 쳤다. 평양의 밤, 정녕 거기에는 우리 군대와 인민이 심장에 간직하고 있는 모든 추억과 정서가 다 비껴 있는 것이였다.

한없이 겸허하신 위대한 장군님께서는 노래 「지새지 말아 다오 평양의 밤아」가 완성되였을 때 자신께서 바치신 로고와 심혈을 다 잊으시고 누구보다 기뻐하시며 우리 인민의 뜨거운 마음과 긍지가 담겨 있는 노래, 자신께서 제일 좋아하시는 노래라고 분에 넘치는 평가를 주시였다.

예술영화 〈보증〉의 주제가 가사 「그대밖에 내 몰라라」, 「밤하늘에 내리는 눈송이야」, 「나는 영원히 그대의 아들」을 비롯한 수많은 명가사들은 작가 전동우를 주체문단의 화원에 영원히 시들 줄 모르는 꽃으로 피워주시려고 우리 장군님께서 기울이신 크나큰 사랑을 뜨겁게 전하고 있다.

위인의 손길 아래에서만 시대의 명작이 태여난다. 전동우가 가사창작의 첫 시기부터 주옥같은 명가사들을 써내게 된 것은 그가 남달리 비상한 재능을 가지고 있어서가 결코 아니였다. 위인을 모시고 위인의 탁월한 령도 따라 가사창작의 길에 나섰기 때문이였다. 그의 시적 재능은 위대한 스승의 세심하고 정력적인 지도에 의해 꽃펴난 것이였다.

전동우는 수많은 명가사 창작으로 군대와 인민이 아는 시인으로 되였다.

예술영화 〈월미도〉에 나오는 노래의 가사 「나는 알았네」는 조국은 곧 위대한 수령님의 품이라는 문학적 종자를 시적으로 훌륭히 표현한 우리 시대의 명작이다.

위대한 장군님께서는 이 노래가 나오자 이 가사에는 직선적인 표현이 하나도 없지만 당과 수령, 조국에 대한 깊은 정서를 잘 표현하였다고 거듭거듭 과분한 평가를 주시였다.

전동우는 자기 가사에서 언제나 조선의 정신, 조선적인 향취가 나타나도록 하는 데 온갖 심혈을 다 기울인 시인이였다. 가사 「어머니 생각」, 「푸른 버드나무」 등 그의 수많은 명가사들을 살펴보면 거기엔 우리 군대와 인민의 소박하고 강의한 성품과 세월의 찬바람, 찬서리를 맞아도 스러지지 않고 굽히지도 꺾이지도 않는 민족적 기개와 푸른 기상이 시줄마다에 서려 있다. 그래서 우리 군대와 인민들이 그의 가사에서 깊은 인상을 받는 것이며 그처럼 애송하는 것이다.

전동우는 가사를 언제나 생활적이면서도 철학성이 있게 쓰는 것을 일관하게 견지하였다.

그는 가사형상에서 생활 세부, 시적 세부를 통하여 사람들에게 깊은 사색의 세계를 안겨주며 깊은 정서를 느끼게 하며 거기에서 생활의 진리, 생활의 철학을 받아안도록 하기 위하여 힘썼다.

가사 「고향집 추억」에는 추억의 세계가 있고 사색과 정서가 있다. 그것은 정확한 추억의 시적 세부에 의해 담보되고 있다. 가사에서 "시내물소리", "산나물향기", "군복 입은 어머니의 밝은 그 미소", "붉은 진달래", "옛말이야기"들은 추억의 구체적 대상이며 세부들이다. 그것들은 어제나 오늘이나 현실적으로 느낄 수 있는 추억의 대상으로서 현실 그 자체의 정서적 색갈이다. 시인은 바로 현실의 그 자연적인 정서적 색갈에서 뜻 깊은 의미를 발견하였던 것이다.

가사를 생활적으로, 생활의 구체적 세부 형상으로 철학성 있게 쓰는 문제를 그는 자기의 모든 가사들에서 실현하였다.

예술영화 〈추억의 노래〉의 주제가 가사 「누가 나에게 가르쳤던가」는 그 대표적 작품이다.

위대한 장군님께서는 「누가 나에게 가르쳤던가」의 가사에는 철학이 있다고 하시면서 이 가사에서 "나의 전우 물려준 피 젖은 기발 / 나에게 말해줬네 조국이라고" 라는 구절이 특히 좋고, 이 구절이 바로 가사 「누가 나에게 가르쳤던가」에서 핵이라고 높이 평가하시였다.

조국의 귀중함을 누가 가르쳤는가 하는 물음에 전우가 물려준 피 젖은 기발이 말해주었다고 한 이 생활적이며 시적인 세부 형상이야말로 형상의 발견이였다.

(2)

우리 군대와 인민들의 기억 속에 남는 좋은 가사작품들을 많이 쓴 전동우의 창작생활은 우리 시대의 작가들이 선군혁명위업을 필봉으로 어떻게 받들어야 하며 선군혁명동지의 붓대는 어떻게 벼려야 하는가 하는 물음에 무게 있는 대답을 주고 있다.

위대한 령도자 김정일 동지께서는 다음과 같이 지적하시였다.

“작가는 창작적 재능과 지혜로 당의 위업을 높이 받들어나가는 충실한 방조자가 되여야 한다.”

시인 전동우는 경애하는 장군님께서 바라시는 좋은 가사를 많이 쓰는 것이야말로 위대한 동지 앞에 지키는 한 작가의 숭고한 의리와 량심이며 의무라는 것을 일생의 좌우명으로 새겨 안고 창작에 온 넋을 바쳤다. 그의 심장은 언제나 자애로운 스승, 위대한 동지를 따라 붓대를 억세게 틀어잡고 이 세상 끝까지 충직하게 한길을 가리라는 맹세로 세차게 고동쳤다.

어느 해 설날 전동우를 부르신 경애하는 장군님께서는 영예의 ‘김일성상’ 계관인이 된 그를 뜨겁게 축하해주시며 동무는 좋은 가사를 써서 당원들과 근로자들을 교양하는 데 크게 이바지하였기 때문에 영예의 ‘김일성상’을 받을 자격이 있다고, 동무는 예술영화 〈월미도〉의 주제가 「나는 알았네」를 비롯하여 좋은 가사를 많이 썼다고, 좋은 가사를 많이 써서 대중교양에 이바지한 데 대하여 감사를 준다고 뜨겁게 말씀하시였다.

위대한 장군님께서는 감격에 눈시울을 적시는 전동우를 정겹게 바라보시며 동무는 예술영화 〈추억의 노래〉의 주제가 「누가 나에게 가르쳤던가」의 가사도 내용 있게 잘 썼다고, 그 노래는 지난해에 나온 노래들 가운데서 제일 잘된 명곡 중의 하나이라고, …동무는 노래가사를 평범하면서도 소박하게 잘 쓴다고, 가사는 소박하게 써야 한다고 말씀하시였다.

그 누구도 따를 수 없는 예술적 천품을 지니신 문학예술의 영재이신 경애하는 장군님의 이렇듯 높은 평가야말로 작가에게 있어서 그 무엇에도 비길 수 없는 큰 영광이고 행복인 것이다.

전동우의 가슴은 경애하는 장군님에 대한 감사의 정으로 젖어들었다.

위대한 장군님께서는 작가 전동우를 혁명적인 작가, 로동계급화된 작가로 키우시려고 크나큰 심혈을 기울여 주시였다.

주체20(1931)년 4월 20일 함경남도 금야군 세동리에서 소작살이하는 가난한 농가에서 태여난 전동우는 나라 없는 설음도 맛보고 배고프고 추운 고생도 해보았으며 힘든 로동이나 피를 뿌리는 전투도 겪어보았다. 그렇다고 해서 사람이 저절로 혁명화, 로동계급화되는 것은 결코 아니다. 전동우의 경우가 그것을 보여주었다.

사실 그에게는 성격적 결함이 있었는바 창작과 생활 간의 모순으로부터 남다른 정신적 고충을 겪었다. 그는 감성을 리성으로 억제하는 힘이 부족하였고 창작에서는 주견과 배짱이 있었으나 생활에서는 소심하였고 고지식하였으나 자기본위적이였다. 이것은 인간 전동우와 시인 전동우를 일치시키기 힘들어 했던 그의 생활적 모순이였다.

사람의 인간적 품격의 형성은 경력이 문제가 아니라 혁명적 수양을 어떻게 하는가가 기본인 것이다. 당의 크나큰 믿음과 사랑 속에서 근심걱정 없는 창작의 나날을 보내는 과정에 그의 사상생활에서 오점이 나타나고 붓끝이 무디여진 때가 있었다. 이것을 제때에 포착하신 분이 바로 경애하는 장군님이시였다. 슬하의 모든 전사들을 혁명성이 강하고 로동계급화된 투사로 키워주시는 경애하는 장군님께서는 전동우의 사업과 생활을 친히 료해해 보시고 참으로 귀중한 수양과 단련의 기회를 마련해주시였다. 그리하여 그는 무산광산의 로동계급 속으로 들어가게 되였다.

그는 바로 거기에서 백두의 혁명정신과 순결하고 투철한 로동계급의 충실성과 혁명적 의지를 가슴깊이 새기게 되였다. 오직 당과 수령, 조국과 인민의 리익을 위하여 용감히 투쟁하며 그와 어긋나는 일에서는 추호의 양보도 타협도 모르는 무산광산 로동자들의 투철한 계급성과 혁명적 자각에서 그는 자기에게 무엇이 부족하고 무엇이 필요한가를 새롭게 느끼게 되였다.

전동우에게는 낡은 지식인적인 근성이 있고 혁명가적 품성이 부족하였다. 그런 사상적 약점을 전동우 자신도 알고 있었으나 고치기 힘들어하였다.

그는 시를 쓰는 데서 재간이 있었으나 그 낡은 지식인 근성과 혁명성의 부족으로 생활에서 탈선되는 때가 여러 번 있었다. 그는 무산광산 로동계급 속에 깊이 들어가 자기의 이러한 사상적 약점을 극복하기 위하여 노력하였다.

무산광산 로동계급 속에서 혁명적으로 단련되고 인민들의 생활을 깊이 체험하고 돌아온 그는 뜻밖에도 위대한 장군님을 만나뵙게 되였다.

경애하는 장군님께서는 그를 뜨겁게 맞아주시면서 무산의 로동계급 속에 들어가 무엇을 배웠는가고 다정히 물으시였다. 그가 목메여 올리는 대답을 들으시며 환히 웃으시던 경애하는 장군님께서는 인간수업을 하였다니 말을 잘하였다, 로동계급 속에 들어가 많이 배웠을 것이다라고 따뜻이 말씀하시였다. 그러시면서 무산의 로동계급 속에서 인간수업을 잘하고 왔으니 앞으로 좋은 글을 더 많이 쓰리라고 믿는다고 기대에 찬 시선으로 그를 바라보시였다.

전동우가 인민을 더 잘 알게 되고 시인으로서의 자기의 작가적 사명감을 더욱 깊이 깨닫게 된 것은 그가 무산의 로동계급 속에서 자신을 단련할 때부터였다. 그의 평탄치 않은 인생행로와 다단한 그의 창작생활에서 그 기간은 그가 인간으로서, 작가로서 자기를 새롭게 변모시킨 나날이였다.

사랑하는 자식을 엄한 매로 키우는 웅심 깊은 어머니처럼 우리 작가들을 키우고 보살피시는 위대한 어버이의 품에서 시인의 붓대는 신념의 무기로 날카롭게 벼리여졌다.

명가사 「나를 부르는 소리」는 이렇게 되여 세상에 나오게 되였다. 이 가사는 경애하는 장군님을 인간으로 따르고 생활로 따르고 목숨으로 따르려는 그의 신념과 의지, 령도자에 대한 그의 열렬한 도덕의리심을 노래한 것이였다.

경애하는 장군님의 위대한 사상과 숭고한 뜻과 무한대한 인간에 대한 사랑을 심장으로 더 깊이 체득한 그는 장군님의 기쁨인 노래를 위하여 자기의 생을 불태워 줄달음치며 창작하였다. 진정 그가 가사창작에 그처럼 뜨거운 넋을 바치며 지칠 줄 모르는 사색과 탐구로 낮과 밤을 이어온 것은 그의 사상정신적 성장의 결과였다.

시인의 그러한 사상정신적 성장과 작가적 사명감으로 하여 그는 가사 「추억」, 「청춘」, 「어머니 생각」과 같은 인민적인 노래가사들을 세상에 내놓았으며 가사 「푸른 버드나무」, 「나의 하늘 나의 바다 나의 대지여」, 「내 언제 다 알가」, 「병사소식 전해다오」 등 주옥같은 시대의 명가사들을 련이어 내놓았다.

시인 전동우가 세상을 떠났을 때 경애하는 장군님께서는 나라 일에 그처럼 바쁘신 가운데서도 떠나간 전사를 못 잊어 가슴아파 하시면서 전동우 동무가 사망하였는데 참 안됐다고, 전동우 동무는 재간 있는 시인이였다고, 그는 좋은 가사를 많이 썼다고 거듭거듭 추억하시였다. 그러시면서 장군님께서는 내가 전동우 동무의 사망과 관련하여 그를 애국렬사릉에 안치하도록 하였는데 옆에 있던 일군들이 모두 좋아하였다고, 그만큼 그는 일을 많이 하였다고 하늘같은 믿음과 사랑을 안겨주시였다.

참으로 눈물 없이는 받아 안을 수 없는 뜨거운 은정의 말씀에 가족들은 감사의 눈물을 흘리며 흐느껴 울었다.

위대한 장군님께서는 그 후에도 여러 차례 시인을 회고하시면서 전동우 동무는 좋은 작품을 많이 썼다고, 그는 인민들의 기억 속에 남는 철학적인 작품을 많이 썼다고, 그는 당과 조국을 위하여 좋은 작품을 많이 썼다고 절절하게 말씀하시였다.

진정 시인은 살아있을 때에도 영광만을 받아 안고 살았던 인간이였고 죽어서도 영광 속에 영생하는 시인이다.

위대한 장군님의 귀중한 그 말씀은 인간으로서, 시인으로서 그가 받아 안은 그 무엇에도 견주지 못할 크나큰 행복이고 영광이며 그의 창작적 생애에 대한 빛나는 총화이다.

우리 작가들에게 있어서 위대한 령도자가 추억하고 당과 인민이 잊지 못하는 것보다 더 고귀한 삶과 영광이 또 어데 있으랴.

작가 전동우의 값 높은 창작생활은 경애하는 장군님이시야말로 선군의 붓대를 잡은 우리 작가들을 당 건설과 활동의 영원한 동행자, 충실한 방조자, 훌륭한 조언자, 당 문예로선의 철저한 옹호자, 적극적인 관철자로 억세게 키우신 위대한 스승이시며 친근한 동지이심을 격조 높이 보여주고 있다.

—『조선문학』 710~711호, 2006.12~2007.1

기타 참고문헌

『청춘』 저자의 략력, 조선작가동맹출판사, 1961.
김하, 「인간의 노래」, 『문학신문』, 1964.10.6.
최희건, 「재능있는 시인 전동우」, 『통일문학』 53~54호, 2002.6.9.
「언제나 「나를 부르는 소리」를 들으며—김일성상 계관인 시인 전동우 동무」, 『문학신문』, 2005.7.16.
『문학대사전』, 사회과학출판사, 1999.
『조선대백과사전』, 백과사전출판사, 1995~2004.

정문향

1919년 함북 무산에서 출생했다.
1946년부터 시를 발표하기 시작했다.
1993년 작고하였다.
개인시집 『승리의 길에서』(1955) 『조국에 대한 생각』(1959) 『새 세대의 노래』(서사시, 1970) 『날이 가고 세월이 갈수록』(1978) 『눈보라』(서사시, 1986)등이 있다.

| 시 10편 |

푸른 들로[1]

山(산)봉오리 셋이래서
三兄弟(삼형제)바위[2]라고 부르는
太古(태고)의 일홈을 지닌 채
언제나
푸른 벌판을 그리는 착한 哀願(애원)이 있엇다

山(산)돼지가 덮이는
山峽(산협) 뛰야기에 가늘게 섬긴
半作(반작) 풋보리이삭마저 뜨더먹으면
늙은것들은 죽는 날을
어린것들은 뚝멀구철을
애타서 애타서 기다리든 三月(삼월) 해

代(대)를 이어 가난한 祖上(조상)의
胎夢(태몽)에 사는 三兄弟(삼형제)바위에
기어코 찾아온 太極旗(태극기)
太極旗(태극기)와 함께 찾아온 土地改革(토지개혁)

이제 돌담 빗긴

---

1 『승리의 길에서』 이후 판본부터 이 시의 제목은 「푸른 벌로 간다」로 변경되었다. 본문 역시 대폭 개작되었다.
2 원문에는 '바의'라고 표기되어 있다. 시의 다른 부분에는 '바위'로 표기되어 있어 이를 따랐다.

아득한 등성이를 타고
그리던 푸른 벌판 위에
내 땅을 내가 가는 진정 기쁨은 솟는다

사립문을 비스듬이 열고 안해의 웃는 얼골을 엿보며[3]
구수한 풋강냉이 냄새를 맡으며
부글부글 끓어나는
土(토)장국을 마시며 마음 놓고
이날을 사는 진정 기쁨은 찾아왔다

三兄弟(삼형제)바위
세 갈래 길을 돌아
代(대)를 이어온 祖上(조상)이 가난한 哀願(애원)을 풀며
우리는 푸른 벌로 간다
半作(반작)이 없는 푸른 벌로
내 땅을 내가 가는
푸른 벌로 간다

| 수록지면 |

*『조국－해방1주년기념시집』(종합시집), 함북예술연맹, 1946.
『전초－시인22인집』(종합시집), 문화전선사, 1947.
정문향, 『승리의 길에서』, 조선작가동맹출판사, 1955.
『서정시선집』(종합시집), 조선작가동맹출판사, 1955.
『해 솟는 벌』(종합시집), 조선작가동맹출판사, 1956.
정문향, 『날이 가고 세월이 갈수록』, 문예출판사, 1978.

---

3 원문에는 다음 행의 첫 글자인 '구'자가 이어서 표기되어 있다. 이 부분은 거의 비슷한 판본인 『전초』의 교열을 따랐다.

勝利(승리)의 宣言(선언)

北朝鮮勞動黨咸北道黨代表會(북조선노동당 함북도당대표회)에 드린 詩(시)

工場(공장)의 선반대 앞에서도
堀進坑道(굴진갱도)의 먼—끝장에서도
우리와 함께 오늘을 맞이하는 동무들

지금 어느 바다의 漁船(어선) 위에서도
눈 속에 덮인 아득한 筏木場(벌목장)에서도
나의 동무들의 뜨거운 가슴속
높은 자랑과 함께 이 時間(시간)은 記憶(기억)된다

마을과 거리
온갖 地區(지구)와 일터와 時間(시간)으로부터
數萬同志(수만 동지)의 뜨거운 마음과 마음을 지니고
우리는 榮譽(영예)의 이 자리에 선다

祖國(조국)의 前哨(전초)에 억세인 鬪志(투지)를 갈며
勝利(승리)의 宣言(선언)을 들고
또다시 偉大(위대)한 앞날을 향하는
우리의 이름은 勤勞(근로)의 前衛(전위)
北朝鮮勞動黨(북조선노동당)의 이름으로 부르라

지금
저— 붉은 보료의 연단 앞에
싸워온 勝利(승리)를 밝히고

또한 랭수의 컵을 기우리며
村落(촌락)의 파종을 말하고
어느 礦山(광산)의 콤푸렛싸—를 이야기함도
우리는 오늘 우리 祖國(조국)의 運命(운명)이 맡겨진
우리의 偉大(위대)한 黨(당)을 위하여
우리의 당을 굳게 믿는
朝鮮人民(조선인민)을 위하여 말한다

빛나는 祖國(조국)의 歷史(역사)에 떨친
우리의 英勇(영용)한 首領(수령)과
鋼鐵(강철) 같은 우리의 隊列(대열)—
항시 祖國(조국)의 勝利(승리)와 人民(인민)의 앞장에
우리의 同志(동지)는 나섰고
우리의 細胞(세포)들은 무수한 밤을 밝히며 왔다

무너진 추녀에서
다 쓰러진 들판에서
세우고 주어 모으며
우리는 싸워왔다

우리들은 熔礦爐(용광로)의 火熱(화열)을 안고 웃었고
採光窓(채광창)에 밝아온 朝鮮(조선)의 하늘도 보았다
오늘도
깊은 地坑(지갱) 어느 炭層(탄층)에 귀를 대이며
우리의 동무들은 듣는다
저— 붉은 보료의 연단 앞에
또 하나의 勝利(승리)의 宣言(선언)을

偉大(위대)한 黨(당)의 결정을 듣는다

| 수록지면 |

*『조국의 깃발』(종합시집), 문화전선사, 1948.
정문향, 『승리의 길에서』, 조선작가동맹출판사, 1955.
『서정시선집』(종합시집), 조선작가동맹출판사, 1955.
『당의 기치 높이』(종합시집), 조선작가동맹출판사, 1956.

代議員(대의원)이 나서는 構內(구내)

噴水(분수)를 뿜어올리는 뜰악 한가운데
우리는 푸른 잔디를 깔았다

은행나무를 비껴
둥그런 野外舞臺(야외무대)의 높은 正面(정면)
우리 앞에는 지금
우리의 젊은 共和國(공화국)의 國旗(국기)가 휘날리고 있다

한없이 높은 자랑이
가슴마다 미어지는 構內(구내)의 廣場(광장)
우리는 지금 피로써 싸운
온갖 영예와 승리로
激動(격동)하는 이 모든 투지와 굳은 맹서로
우리 共和國(공화국)의 最高主權(최고주권)에 나설
우리의 代議員(대의원) 立候補(입후보)를 내세운다

끓어 번지는 가슴속
우리의 뜨거운 四肢(사지)와 모든 行動(행동)은
지금 저— 휘날리는
三色(삼색)의 旗幅(기폭)을 우러러
五角(오각)별의 方向(방향)을 내다보고 있다

꾸부러진 鐵筋(철근)이 녹아나린

재덤이 속에서
우리는 몬지와 毒(독)한 내음새와 나려쪼이는 불빛 아래
원쑤가 불태운 이 工場(공장)을 세웠고
보이라의 殘骸(잔해)를 뫃으며
터저나간 硫酸(유산)탕크를 찾으며
저— 하늘 한끝에 솟은
굴뚝에 煙氣(연기)를 피웠거니—

지금 쿵—쿵 울려오는
어느 汽罐(기관)의 무거운 動力(동력)도
날새게 도라치는 조그만한 모—터들도
모두 다 우리 同志(동지)들의
뜨거운 숨결이다

어느 하난들
새로운 것이 않이리—

저—포푸라 그늘 밑
많은 들窓(창)이 열려진 아래
지금 날센 손길을 물고
地球(지구)를 휘감는 실오리들이
비빨처럼 나리는 것도
쏘다저 나리는 부드러운 실뎀이 속에
情(정)다운 이 나라의 體溫(체온)이 감기는 것도
모두 다 싸움으로 찾은 人民(인민)의 幸福(행복)

넓다란 幅(폭)을 울리며 도라치는 皮帶(피대)

어느 高壓線(고압선)을 지나는 電流(전류)를 뿜으며
바람이 푸른 그늘을 새여온다

우리는 이 構內(구내)의 한복판에
지금 참을 수 없는 鼓動(고동) 속에
귀를 모으고 있다

『진근』이
『나는 리진근이를 내세운다』……

수없이 많은 눈동자와 입술과 손길들은
지금 그를 위하여 터졌다

氣壓(기압)을 높인
어느 보이라의 무거운 동음이 울려오는 속에
우리의 립후보는 나섰다

『리진근이』
그는 보이라와 함께 살아온 사람
그는 허무러진 보이라를 추어세운 이름

豆粕(두박)과 冷水(냉수)와 흘러나리는 땀을 씨부며
저— 높은 天井(천정)을 기여
녹쓰른 鐵管(철관)에 낯을 부비든
우리 동무의 한 사람

수만수천의 同志(동지)들 속에

그의 이름은 있었고
언제나 圖表(도표)의 높은 位置(위치)에

그의 힘줄은 祖國(조국)을 위하여 뻐첫다
이 構內(구내)의 모든 記憶(기억) 속에
그는 지금 멈춰서고 있다

이글이글 타번지는
고된 火熱(화열) 속에
원쑤의 상판을 태우는
그의 憤怒(분노)와 憎惡(증오)는
지금 터지는 저–동력이 내뿜는 소리다

무수한 殘骸(잔해)와
지독스러운 죽엄이 굴르는
조국의 남쪽
격동하는 수만 동포들의 가슴에 보내는
그의 뜨거운 마음은
저–높은 汽壓(기압)에 소사치고 있다

祖國(조국)에 밭이는 數萬數千(수만수천)의 사람들 속에서
그는 보이라를 만들었다

두 팔뚝과 몸둥아리와
그의 뜨거운 心臟(심장)은
祖國(조국)을 爲(위)하여 저 鐵管(철관)에 김을 뿌렷고
추어세운 모든 動力(동력)은 이 工場(공장)을 돌렸다

조국과 인민을 위하여
巨然(거연)이 솟은 저－굴뚝 아래
우리는 지금 고동하는 높은 汽壓(기압)이 흔들려오는 속에
그의 이름을 불러
우리 共和國(공화국) 최고인민회의의
代議員(대의원) 立候補(입후보)로 추천한다
우리는 共和國(공화국)의 영예로운
公民(공민)의 權利(권리)로
높은 자랑과 우리의 굳은 결의로
우리와 함께 싸워온
우리 로동자의 한 사람
지금 그의 이름 앞에
構內(구내)가 터지는 이 拍手(박수)를 보낸다

| 수록지면 |

*『문학예술』 2-1호, 1949.1.
정문향, 『승리의 길에서』, 조선작가동맹출판사, 1955.
『서정시선집』(종합시집), 조선작가동맹출판사, 1955.
정문향, 『날이 가고 세월이 갈수록』, 문예출판사, 1978.
『해방후서정시선집』(종합시집), 문예출판사, 1979.

다시 한 번 그는 바라보았다

타고 남은 쓸쓸한 마을은
깊은 눈 속에 잠기였고
바람은 휘몰아치며
그 우를 뒤덮었다
그는 걸어갔다

헝클어진 머리, 벗기운 맨발로
차디찬 눈데미 우를,
원쑤의 날창에 밀리며
그는 말없이 걸었다.

문 여는 소리
고요한 말소리
어디서 들리는 듯,

나지막한 울타리
높이 솟은 추녀 끝
그리고 나고 자라던 모든 일……

그는 생각났다.
바로 문 열면 내다보이던
무연한 벌판이,
남편을 기다리던

송아지 울던 저녁이—

그 모든 것이
그 모든 것이
지금은 눈 속에 묻혀
원쑤의 발굽 밑에 짓밟혀 있다.

울창하던 나무 숲
손 흔들며 남편을 보내던
그 길로 그는 걷는다

다시는 보여오지 않을
그 나무 숲 아래로
타는 듯 간절한 사랑을 가슴에
걸어가는 안해—.

×

소박한 안해의 간절한 사랑은
적들이 쳐드는 그 시각까지도
밥을 지어 이여 나르며
눈 덮인 전호 속에 전사들을 찾았다

어디에서나 남편도
그렇게 싸우고 있을
그 일을 생각하며—

복쑤의 타는 조용한 눈으로
기여드는 원쑤의 정찰을
놈마다 스물한 놈을 잡았고
또다시 나선 인민 정찰의 길에서
그는 야밤 원쑤의 포위 속에 들었다

—군대가 있는 곳을 대라—
짐승들은 그의 눈앞에서
그의 집을 불살랐다

불빛이 서리는 날창을
가슴에 대이며
악에 받친 짐승들은 고함을 쳤다
—살고 싶거던 말하라—

그러나 타는 듯
입을 다물며
눈을 감지 않는
그의 대답은 단 한 마디

—인민군대는 어디에나 있다
남편도 나도 그렇다,
조국을 위하여
우리는 하나도 다르지 않다—

비껴든 날창에
조소어린 눈빛

황겁한 원쑤들은 밧줄을 잡아채며
떨리는 손으로 그를 끌어냈다.

×

타고 남은 마을 깊은 눈길로
입술을 악물며
그는 걸어갔다,
온몸에 서려드는 아픔을 참으며

몇 천 배 몇 만 배
반드시 원한을 갚아줄
남편의 발걸음 소리
이 길로 오리라 믿고 믿으며……

그를 생각하며 이 길에 멈춰설
지나는 사람들의 말소리를 듣는 듯
높이 뛰는 가슴을 여미며
그는 나무에 기대여 섰다

흔들리는 나무 숲
휘몰아치는 눈보라 속에
헝클어진 머리칼을
기폭처럼 휘날리며—

불처럼 타는 눈으로
그는 내다보았다

나고 자란 회양리
그 언덕을,

눈보라 걷을
아름다운 조국의 하늘
뛰는 가슴으로
그는 다시 한 번 바라보았다

원쑤의 머리 우에
마지막 멸망의 불벼락을 내릴
그 하늘을
다시 한 번 뛰는 가슴으로—.

—1951.12

| 수록지면 |

* 정문향, 『승리의 길에서』, 조선작가동맹출판사, 1955.
『서정시선집』(종합시집), 조선작가동맹출판사, 1955.
정문향, 『날이 가고 세월이 갈수록』, 문예출판사, 1978.

벌목부의 호소[4]

더부룩한 구렛나루를
까스불에 비취며
좁은 통로를 헤치고
벌목부는 앞으로 나왔다

새 분기의 과업을 제기한
긴장한 장내를
뚜벅뚜벅
마치 아무 일도 두렵지 않은 듯—

굵다란 손으로 사양 없이
연단을 짚으며
천천히 다가서며 그는 말한다
나직하고 침착한 말로—

전쟁에서 겪어내고 당하고
그리고 이겨낸 많은 일을,
새로운 건설을 위하여
어떻게 일해야 할 것을
솔직히 말하고 싶은 것—

4 시집 『날이 가고 세월이 갈수록』에서 이 시의 제목은 「벌목공의 호소」로 변경되었다.

벌목부는 주먹으로 연탁을 두드렸다
생각해도 견딜 수 없는
원쑤들의 죄악을……
그리고 말을 이였다

—동무들 나는 다른 것을 생각지 않소
  나는 벌목부요 二○(20)년 동안,
  그러나 二○(20)년 동안
  내가 베여낸 나무는
  어디서도 찾을 수 없이 된 셈이요—

—우리의 마을과 거리들이 어떻게 되였소
  우리는 이것을 새로 세워야 한단 말이요—

흥분을 누르려는 그의 목소리는
억제해 낼 수 없었고
강직한 벌목부의 두 눈에는
불빛이 타올랐다

밀림을 흔드는 눈보라 소리—
장내는 가벼운 기침까지도 삼가며
그 말을 듣는다
전선으로 떠날 때 그의 아들이 하였다는 말
그리고 그가 앉았던 자리에서
일어나 연단에 나왔다는 그의 말,

두 팔을 가슴 위로 높이 올리며

불빛이 타는 벌목부의 눈은
모든 기쁨을 내다보는 듯
그리고 말했다
—나는 참말로 잠을 자지 않고 살고 싶다—

더 많은 재목을,
더 높은 기준량을,
당과 정부가 요구하는 이것은
얼마나 더 크고 좋은 앞날을
우리에게 가리키는 것이냐!

소박한 벌목부는
감격 넘쳐 주먹을 쥐였다
—이제 우리가 무엇을 못할 것인가!
전쟁을 이겨낸 우리가—

벌목부는 장내를 돌아보며 말한다
동무들!
채택할 결정서에 나의 이름을 써달라
「김득실」이 두 배의 책임량을
넘쳐 낼 것을
김일성 원수에게 맹세한다고……

구렛나루를 감추며
강직한 눈에
기쁨이 넘쳐 젊어진 듯한
「김득실 령감」의 머리 위에서

수령의 초상은 웃음을 지으시며 서계셨다

장내는 일시에 일어섰다
수령 앞에 맹세를 위하여
정숙히 서 있는 김득실이와 같이—

그리고 구석구석에서 외쳤다
입으로가 아니라 붉은 심장으로
—새 분기의 계획은 두 배로 넘치자
　우리는 수령 앞에 맹세하고 있다—

| 수록지면 |

* 『건설의 노래』(종합시집), 조선작가동맹출판사, 1954.
정문향, 『승리의 길에서』, 조선작가동맹출판사, 1955.
정문향, 『날이 가고 세월이 갈수록』, 문예출판사, 1978.

새들은 숲으로 간다

교대 고동이
저녁녘 구내를 흔드는
하늘 중천에
새들이 날아 퍼진다

즐거움에 겨워 깃을 치며
감돌아 멀리 사라지며
작별의 인사를 보내는 듯
흰 가슴들을 높이 추켜들며—.

얼마만이냐! 원쑤의 포화에
불에 탄 바닷가의 숲에서,
습기 찬 용광로의 부서진 철탑에 의지하여
싸움 속에 살아온 새들아!

다시 일어선 열풍로의
훈훈한 방부제 냄새
녹쓸었던 철관에
다시 흐르는 증기 소리—.

모든 것을 다시 추켜세운 구내 우로
새들이 난다.
그 모진 싸움 속에서도 가슴 드놀지 않던

제철공들의 무쇠의 가슴을 치며, 가슴을 흔들며—
우리 이 자리를 지켜
오늘을 맞는 것처럼,
평화로운 조국의 하늘가에—

어데로 가도 기쁘고 즐거울 바다와 산과 들,
그리움에 찬 보금자리를 다시 찾아
새들은 숲으로 간다
제철공들의 그 무쇠의 가슴을 흔들며…….

—1954

| 수록지면 |

* 정문향, 『승리의 길에서』, 조선작가동맹출판사, 1955.
『아름다운 강산』(종합시집), 조선문화예술총동맹출판사, 1966.
정문향, 『날이 가고 세월이 갈수록』, 문예출판사, 1978.
『해방후서정시선집』(종합시집), 문예출판사, 1979.

날이 가고 세월이 갈수록

날이 가고 세월이 갈수록
더욱더 생생하고
가슴 뜨겁게 느껴지누나.

발밑을 스치는 물소리도,
떠가는 구름 빛도 보면 볼수록
내 심장에 젖어드는 조국 땅—

나는 한 나이에 두 제도와 시대를 살았기에
지나간 날의 압박과 고통을 내 몸으로 알았기에,
나는 오늘에 사는 행복과 이 보람을 더욱 똑똑히 안다.

길가에 들려오는 기대 소리에도, 울려 퍼지는 고동 소리에도,
거저는 지날 수 없도록
조국이여… 너는 나에게 크나큰 생활의 보람을 주었다.

얼마나 어려운 고난을 지나
너는 우리에게 이 모든 것을 주었느냐!
힘에 겨웁고 가슴 쓰리던 그 옛날에도

가혹한 전투의 날에도,
너로 하여 우리는 견디며 싸웠고,
너로 하여 우리의 모든 것은 한없이 귀중하였다.

날이 가고 세월이 갈수록
더욱더 생생하고 가슴 뜨겁게
너는 나의 심장을 뛰게 하는구나!

더욱더 많은 일로 나는 너에게
더 큰 기쁨을 주려고 일한다.
아, 래일은 얼마나 더 큰 일로 너는
나에게 기쁨을 줄 것이냐!

—1956

| 수록지면 |

* 정문향, 『조국에 대한 생각』, 조선작가동맹출판사, 1959.
정문향, 『날이 가고 세월이 갈수록』, 문예출판사, 1978.

조국 땅 한끝에

창문에 이따금 마쳐 가는 폭격 소리
크지 않은 청사의 검소한 방 안–
그이는 다시 천천히 살펴보신다,
탁상 우에 한 장의 종이장을,
조국 땅 한끝에 먼 개간지를.

눈보라, 얼어붙는 물줄기
아직도 남아 있을 길 없는 무인지경
그 산발에, 하늘 가리운 숲 속에
–어떻게 길은 내였는가!
–얼마나 어려운 고생들을 참았는가!

불빛 가리운 밀영지
잠 못 드시던 야밤의 전투–.
그 언덕 그 기슭에, 갈아 헤친 땅 우에,
첫 이름 붙이는 농장, 수천 로동자의 기쁨….

생각에 잠기신 그이 안광을 스치며 떠올랐다,
설레는 대지 끝에, 푸른 안개 속에
흰 머리 휘날리던 산마루,
간고한 날에 피 흘리며 보내고 떠나던
조국의 아들딸들, 옛 전우들.

깊은 의자에 몸 잠그시는
그이 손길은 마치 흔들리는 듯,
조용히 그어 가는 붓자국 소리—
『김일성 농장』 자신의 이름자 우에
몸소 줄 그으며 다시 써넣는 『五(5)호』….

아 누가 알았으랴
언제나 자신을 잊으시는 그이
누가 알았으랴! 조국 땅 하늘 끝에 먼 개간지—
그 땅이 그 옛날 몸소 이끄시던 그 대오
피어린 암호 속에 부르던 『五(5)호 전구』
아 오늘의 『五(5)호 농장』이 되였음을…

| 수록지면 |

* 『아침은 빛나라—조선민주주의인민공화국창건10주년기념』(종합시집), 조선작가동맹출판사, 1958.
『붉은기'발 휘날린다』(종합시집), 조선작가동맹출판사, 1959.
정문향, 『조국에 대한 생각』, 조선작가동맹출판사, 1959.

시대에 대한 생각

생각하는 사이에 어느덧
옛일로 되여버린 생각을 버리며
다시 생각하는 마음이여!

마치 아득한 옛말과도 같다
초가집을 놓고
함석과 기와집을 이야기하던 일은,

그렇듯 아찔하게 솟아
가슴을 놀래우던 큰 집도
어마어마하게 생각되던 큰일도
이제는 흔히 있는 보통 일로 되였구나!

아, 제 한 일을 제 스스로 쳐다보며
먼 미래가 어느덧
먼 과거로 되여 떠오르는 모든 나날의 기쁨이여!

시간의 흐름으로도
밤과 낮으로도 헤아릴 수 없다
젊음과 늙음도 오직 그의 한 일과 할 일에서 느껴지나니—

심장으로 심장을 뛰게 하는 혁명의 나래여!
장백의 눈길과 밀영의 초막으로부터

오늘의 포도석을 깔고 사회주의를 건설한 손길이여!

너는 한 홉의 미시가루로
온 땅 우에 황금 파도를 불러일으켰고
한 자루의 총으로 백만의 대렬을 전투에로 묶어세운 깃발,

마치 그 무슨 전류와도 같다
심장에서 심장으로
시간에서 시간을 불러일으키며
세기를 뛰여넘는 혁명의 나래여!

그 어떤 힘과 속도로도
비겨 말할 수 없으리라, 천리마의 시대
그것은 바로 재일 수 없는 당의 사상이며
그것은 바로 오늘에서 래일로 가는
우리의 나래이기 때문에…—

—1961.5

| 수록지면 |

*『당에 영광을』(종합시집), 조선작가동맹출판사, 1961.
『아름다운 강산』(종합시집), 조선문화예술총동맹출판사, 1966.
정문향, 『날이 가고 세월이 갈수록』, 문예출판사, 1978.
『해방후서정시선집』(종합시집), 문예출판사, 1979.

그대 말없이 서 있어도

아무도 알 수 없게
그대는 말없이 서 있어도
그대 머리 우엔 흰 구름이 날고,
밤이면 총총한 별'빛이
이슬을 뿜으며 그대 옷자락에 반짝인다.
그대 서 있는 자리 몇 발자국 땅이여도
봄이면 그대 발밑에서 꽃들이 피고
가을이면 배부른 새들이 깃을 치며
그대 어깨 우를 감돈다.
소나무 숲과 산벼랑과
먼발치로 흘러가는 개울물 소리뿐
그대는 마치 혼자처럼 서 있어도
그대 귀에는 끊임없이 속삭이는 소리 들리고
잠시도 멎을 수 없이
그대의 눈길은, 마주치는 시선과 맞서고 있다
그대 곁에서는 정갱이를 엇갈며
아이들이 떠들고,
나비가 날고,
어머니들 조용히 뜨게코를 세고,
그 누군가 발파를 서두르며
땅 밑에선 코 노래를 부른다.
그대 비에 젖으며 있을 때,
그대 땀 흘리고 있을 때,

그대 언 땅을 밟고 있을 때,
밭에서는 곡식들이 설레이고
바다에선 배들이 돌아오고
연공들은 하늘로 날아오른다.
타빈들이 돌고, 치차가 돌고,
창 밖에는 눈이 내리고,
시큼한 단내를 풍기며 무쇠가 녹는다.
그대는 한 뙈기의 땅을 위해 목숨 걸고 싸우던
어제날의 머슴과 소작군이
뜨락또르를 틀어잡고 제 땅을 갈고 있는
그 무연한 논벌을 지킨다.
그대는, 등이 휘도록 땅에 엎드려
한 되'박의 낟알을 애원하던 사람들이
산 같은 쌀'더미를 제 고'간에 가려 놓은
그 집들을 지킨다.
그대는, 무수한 눈물과 피를 흘리며 지킨
그 바다와 산과 강을 지킨다.
재로 되였던 땅 우에 입술을 씹으며
다시 세운 그 공장과 철탑과,
번쩍이는 유리창들을 지킨다.
그대는 입술에 감도는 우유를 마시며
스적이는 비단옷을 입으며
풀뿌리를 씹던 옛일과,
허리 가리울 누더기조차 없던 겨울밤을
두고두고 마음속에 못 잊는
그 마음을 잊지 않고 지킨다.
그대는 지게와 달구지가 자동차로 변하고

갈'대숲과 바위돌이 비단으로 변하고
떠도는 구름이 논물이 되여 흘러가도
성차지 않아 밤을 낮으로 바꾸며 달리는
그 땀과 시간과 나날을 지킨다.
그 어느 순간에도 그대는 맞서고 있다.
우리를 해치려는 수천수만 명의 적과,
마치 아무 일 없는 듯
그대 말없이 서 있어도
그대는 방아쇠 우에 손을 얹고,
지구가 보이지 않게 돌고 있듯이
언제나 온 조국 땅을 샅샅이 돈다.
그대에게는 봄과 여름이 따로 없고
그대에게는 낮과 밤도 따로 없다.
그대는 오직 세상에 하나밖에 없는
조국을 지킨다.
그 때문에 그대는 말없이 서 있고
그 때문에 그대는 붉은 피를 가지고 있고
그 때문에 그대는 눈과 귀를 가지고 있고
그 때문에 그 때문에 초병이여!
그대의 손에는 자국마다 피로 물들이며
조국을 구원한
당과 수령이 그대에 맡긴
그 총이 쥐여 있다.
번개와 우뢰 같은 그 맥박이 그대 가슴에 뛰고 있다.

| 수록지면 |

*『조선문학』 188호, 1963.4.

『천리마 나라』(종합시집), 조선문학예술총동맹출판사, 1964.
정문향, 『날이 가고 세월이 갈수록』, 문예출판사, 1978.
『해방후서정시선집』(종합시집), 문예출판사, 1979.

평론 시대와 더불어 빛나는 자욱을 남긴 시인

시인 정문향의 시문학을 두고

리수립

시인 정문향은 시와 더불어 한생을 살아온 재능 있는 서정시인이였으며 해방 후 시문학사에 빛나는 자욱을 남긴 시대의 가수였다.

시인은 친애하는 지도자동지께서 안겨주신 '김일성상' 계관인의 값높은 영예를 지니고 그 은덕에 보답하고저 생의 마지막 시기까지 주체적 시문학의 발전을 위하여 무진 애를 썼다.

막역한 사이였던 어느 한 시인에게 병상에서 보낸 그의 편지에는 병마를 두고 "…정말 안타깝습니다!"라는 말이 적혀 있었다 한다.

날이 갈수록 더더욱 좋아지는 격동하는 시대에 마음껏 일할 수 없게 된 시인의 몸부림이 안겨오는 고백이다.

시인이 노래하며 살아온 시대는 해방 후의 보람찬 민주건설과 준엄한 조국해방전쟁 그리고 장엄한 전후복구와 사회주의건설의 여러 단계였다.

시인은 자기의 서정적 화폭들로써 이러한 여러 시대와 걸음을 함께 하면서 시대를 대표하는 아름답고 풍만한 시의 열매를 남겼다.

시인에게는 우리 작가들과 인민들이 다 아는 해방 후의 시기별 대표작들이 있다. 시 「푸른 벌로 간다」에서부터 「다시 한 번 그는 바라보았다」 그리고 「새들은 숲으로 간다」로부터 다시 「시대에 대한 생각」 등 여러 시편들은 례외없이 그 시대의 주도적 감정을 개성적인 체험으로 주정화한 서정시의 령롱한 구슬로 빛나고 있으니 한 시인이 자기 생애에 이러한 기여를 문학사에 남긴다는 것은 쉽지 않은 일이다.

친애하는 지도자 김정일 동지께서는 다음과 같이 지적하시였다.

"작가는 명작과 함께 영생합니다."

시인은 정녕 자기 시와 더불어 인민의 기억 속에 길이 남게 될 것이다.

1

정문향의 창작을 관통한 주도적 열정은 인간에 대한 남달리 뜨거운 사랑의 열정이며 그 사랑으로 새 사회의 주인, 자기 운명의 주인으로 당당하게 등장한 근로인민을 한가슴에 안고 터친 기개와 자부의 열정이다.

이러한 시인의 열정은 위대한 수령님을 운명의 태양으로 높이 모신 한없는 열정과 우리 당의 령도를 받는 한없는 긍지와 잇닿아 뜨겁고 웅심 깊게 끓어 번졌다.

인간 사랑의 열정으로 그토록 뜨거웠던 시인의 심장은 무엇보다도 인간 사랑의 태양이시고 인민의 자애로운 어버이이신 위대한 수령 김일성 동지에 대한 무한한 존경과 우리 당에 대한 충성의 열정으로 높뛰고 있었다.

인민의 생활감정을 대변하는 시인의 목소리는 어쩔 수 없이 어버이 수령님을 우러르는 뜨겁고도 숭엄한 세계에로 치달아 올랐다.

시 「푸른 벌로 간다」에서 농민—서정적 주인공이 “무엇으로 보답하랴 무엇을 아끼랴 빼앗긴 내 땅을 찾아주신 그이 앞에”라고 감사와 격정을 터치고 있는 것은 그러한 례로 된다.

시인에게는 운명의 주인 된 인민의 사상감정을 긍지 높이 노래하면서 어버이수령님과 우리 당을 우러러 충성의 열정을 터친 작품이 많고 경애하는 수령님의 위대성과 숭고한 인간 세계를 인민에 대한 믿음과 사랑으로 뜨겁게 노래한 작품들도 많다.

「수령님 앞에 드리는 맹세」, 「조국 땅 한끝에」, 「맹세」, 「그날의 그 대오와 같이」, 「남녘땅의 그날을 내다보며」와 같은 시들은 그러한 대표적 작품이다.

시 「조국 땅 한끝에」는 백두산 기슭에 새 농장이 일떠섰을 때 그 대지 우에 포연을 헤치며 땀을 뿌린 인민들과 항일전에 피 흘린 동지들을 생각하시며 자신의 존함을 농장에 모시려는 인민들의 간절한 소망을 굳이 물리치시는 어버이수령님의 숭고한 영상을 모시고 있다.

이 숭고한 시적 화폭은 어버이수령님을 우러르는 시인의 흠모의 열정이 인민을 끝없이 사랑하는 숭고한 열정과 하나로 얽혀 세차게 굽이치고 있음을 잘 말해주고 있다.

어버이수령님에 대한 시인의 다함없는 열정은 서정시의 작은 그릇을 넘어 서사시와 같은 큰 시형식을 찾게 하였다. 그가 생애의 후반기에 위대한 수령님의 숭고한 형상을 모시고 흠모와 존경, 충성의 열정을 격조 높이 터친 서사시 「눈보라」, 「불멸의 자욱」(시인 리맥과 합작) 등을 창작한 사실이 그것을 잘 말해준다.

운명의 주인으로 된 근로인민대중의 자부심의 열정이 위대한 수령님을 어버이로 모신 무한한 행복의 열정과 하나로 얽혀 웅심 깊고 열렬한 흐름으로 관통되고 있는 여기에 시인 정문향의 시세계의 근본 특징과 창작적 개성이 있다.

이러한 시인의 개성은 시대와 더불어 빛나는 자욱을 남긴 그의 대표작들에서 더욱 뚜렷해졌다.

숨죽었던 공장을 살려내고 대의원 립후보로 떳떳이 나서는 로동계급과 그를 한결같이 지지하는 군중의 벅찬 감정을 담은 시 「대의원이 나서는 구내」, 달려드는 적들을 막아 싸우다 사형장으로 머리 높이 들고 나가는 향토의 주인, 기개 높은 조선 녀성을 뜨거운 애정 담아 노래한 시 「다시 한 번 그는 바라보았다」, 복구건설의 담당자로서 할 바를 스스로 찾고 대중 앞에 혁신을 호소하는 소박하고 웅심 깊은 벌목공의 목소리가 울리는 시 「벌목공의 호소」, 폐허 우에 용광로를 일떠세워 주인 구실을 떳떳이 해낸 제철로동계급의 자부의 열정을 대공에로 가없이 펴지는 뭇새의 날음처럼 랑만적으로 개방한 시 「새들은 숲으로 간다」, 아득하게 바라보이던 미래를 머나먼 과거로 뒤떨군 천리마의 주인공 된 긍지와 자부의 열정이 샘솟아 넘치는 시 「시대에 대한 생각」…

이 다양한 생활정서의 밑바탕에 용암처럼 흐르고 있는 것은 인간에 대한, 근로인민에 대한 사랑의 열정이였다.

이 주도적 열정은 시인으로 하여금 력사의 새 시대, 인민대중 중심의 새로운 현실을 본격적으로 심도 깊이 노래하게 한 정서적 원천으로, 담보로 되였다.

시인의 해방 전 청년 시절은 나라 잃은 우리 민족이 피눈물을 뿌린 만주 땅에서 흘러갔다. 시인은 수난의 땅에서 천대받고 압박받는 우리 겨레, 우리 근로자들에 대한 동정의 열정으로 가슴 태우며 살았다.

해방과 함께 시인의 눈앞에는 지난날의 수난자인 그들이 주권과 생산수단을 틀어쥐고 새 조국 건설의 주인으로 나서는 놀라운 현실이 펼쳐졌다.

이제 그들은 동정의 대상이 아닌 찬탄의 대상으로, 시인의 사랑과 존경을 받는 아름답고 힘찬 노래의 원천으로 등장하였다.

시인은 사랑하는 그들 속에서 살며 노래를 불렀다. 시인의 시편들을 주의깊이 살펴보면 그 시행들에서 혁신자—영웅의 실재한 원형들을 만날 수 있다.

시 「대의원이 나서는 구내」에는 립후보로 추천되는 리진근이라는 이름을 가진 로력 혁신자가 등장하고 있으며 시 「벌목공의 호소」에서는 당시 림업 부문에서 혁신자로 널리 알려졌던 어느 한 벌목 로동자의 이름을 볼 수 있다.

그뿐이 아니다. 시 「다시 한 번 그는 바라보았다」에는 전선 병사의 안해가 스물한 놈의 원쑤를 잡아낸 사실과 그 고장 지명이 회양리라는 것까지도 밝혀져 있다. 이것은 현실과 시인의 적극적인 관계를 말해주는 특징적인 사실들이다.

시인의 정열적 통감의 대상은 언제나 혁명과 건설의 앞장에 선 투사—산 인간들이였으며 시인의 가슴속에는 언제나 근로자 대중의 슬기와 힘에 대한 진심으로부터의 존경과 매혹이 솟구쳐 오르고 있었다.

시인 정문향을 추억하는 많은 사람들은 그 남다른 군중성, 대중과의 친화력에 대하여 말한다. 그는 언제나 대중과 잘 휩쓸리였으며 그들과 있기를 좋아하였다. 시인은 년령을 초월하여 젊은 세대들과도 소박하게, 허심하게 교감하였다.

세상에 널리 알려져 있는 시인 김시권이 아직은 영예전상자병원의 침대 우에서 미숙한 습작품을 끄적이며 모대기고 있을 때, 다른 작가들보다 먼저 달려가 어머니당의 뜨거운 사랑을 이야기해주며 그를 고무해주고 창작적 열정을 북돋아준 사람이 정문향이였음을 아는 사람은 얼마 되지 않는다.

여기에는 자라나는 후비에 대한 애정만이 아닌 큰 감정이 있다고 생각한다. 그것은 사회생활의 모든 분야에서 주인으로 되고 있는 근로자들과 청년들에 대한 사랑과 고무이다. 이것이야말로 생활에 대한 시인의 정서적 체험이 시대의 주도적 감정을 확고히 타고 나갈 수 있게 떠밀어준 근본요인이였다.

시적 열정의 내용과 색조는 시인마다 각이하며 그것이 시세계를 창조하는 데서 발휘하는 생명력과 가치도 한결같지 않다.

시문학의 창조에서 시적 열정의 생명력을 규제하는 근본조건은 시인이 력사의 주체—근로인민대중과 어떻게 관계하는가 하는 데 있다. 시인의 심장이 주체의 혁명적 군중관으로 고동치고 시대의 주인공인 근로인민대중의 지향과 열정을 정면으로 안고 나갈 때 시문학은 언제나 시대정신으로 나래치게 된다.

정문향의 창작적 개성, 시인의 시의 주도적 열정이 지닌 생명력과 가치가 바로 여기에 있는 것이다.

해방 후 우리 혁명과 건설의 여러 력사적 단계들에서 시인이 발전하는 시대와 더불어 언제나 매 시기를 대표하는 명작들을 내놓을 수 있은 근본비결은 여기에 있었던 것이다.

2

…

문 여는 소리
고요한 말소리
어디서 들리는 듯…

나지막한 울타리
높이 솟은 추녀 끝
그리고 나서 자라던 모든 일…

그는 생각났다
바로 문 열면 내다보이던
무연한 벌판이
남편을 기다리던
송아지 울던 저녁이—
…

시 「다시 한 번 그는 바라보았다」 중의 이 구절을 대할 때마다 나에게는 어느 해 여름 우산장 창작실에서 시인이 들려주던 이야기가 회상되군 한다.

내가 시인의 손가락 부상 자리를 두고 시 「나는 붕대를 풀었다」의 창작 동기가 된 상처인가고 물었을 때 그것이 실마리가 되여 시인은 조국해방전쟁의 첫 해 겨울을 회상하였으며 그때 평양으로 가서 시인 조기천과 처음으로 상봉한 이야기를 꺼냈었다. 당시는 시 「다시 한 번 그는 바라보았다」가 발표된 뒤였다고 한다. 그때 어느 회의장에선가 시인을 반갑게 맞아준 시인 조기천은 허심하고 열정적인 성격 그대로 앞에 인용한 그 몇 구절을 뜨금으로 외우면서 도대체 동무의 어디에서 그처럼 섬세한 시구절이 나오는가고 면구할 정도로 거듭 감탄을 터치더라는 것이였다.

웅건한 호흡과 호소적인 열정으로 시대를 한가슴에 안고 웨치던 시인 조기천에게는 이처럼 섬세한 감각으로 생활의 선명한 표상을 만들어내는 시인 정문향의 특기가 무척 인상에 남았을 것이다.

하지만 시인의 재능은 여기에만 그친 것이 아니였다. 시인은 섬세한 감각으로써 정서를 무르익히고 생활을 주정화하여 감각과 정서가 하나로 융합된 시세계를 창조하는 명수였다.

시인의 대표작인 시 「새들은 숲으로 간다」에는 복구된 용광로의 상공에 날아 퍼지는 새들의 자유롭고 행복한 날음을 보여주는 생동한 감각적 화폭이 있다. 이것은 자연정경을 화폭적으로 노래한 것이면서도 인간 감정의 정서적 표현에로 철저히 지향되여 있다.

시는 새들의 자유롭고 랑만적인 나래침을 감각적인 화폭으로 제시하고 거기에 반응하며 교감하는 제철공들의 뜨겁고도 격정적인 정신세계를 심화 발전시켜 나가면서 풍만한 서정으로 충만되고 있었다.

정서적 감흥을 주는 자연정경과 서정적 주인공의 숭고한 정신세계의 융합에서 우러나오는 심금을 울리는 정서적 감화력, 바로 이것이 시의 풍부한 서정성을 유감없이 담보하고 있다.

객관세계에 대한 섬세한 감각적 파악을 시대적 주인공의 사상감정에 대한 웅심 깊은 추구에로 몰아가며 시대적 주인공의 사상감정을 생활에 대한 감각적인 표현과 유기적으로 결합시켜 개방함으로써 감각과 정서, 화폭과 주정을 통일하여 시대의 주도적 감정을 참신한 개성적 체험으로 부각하는 여기에 시인의 정서적 사고의 특성과 그것이 서정성을 살리는 데서 가지는 남다른 우월성이 있다.

정문향의 시적 개성, 정서적 사고방식은 서정성 구현의 3대 요소라고 할 수 있는 감각, 정서, 예지의 결합에서 정서가 주도적 위치에 나서고 감각이 그 출발점에 놓이며 지성이 정서의 밑바탕에서 우러나는 그러한 리상적인 경지를 보여주었다. 시인은 참신하고 선명한 화폭을 창조하면서 감각의 섬세성을 체질화하기 위해 애썼으며 시대의 선구자들의 숭고한 내면세계에 주정을 합치면서 정서가 불타고 지성이 우러나게 노력함으로써 감각, 정서, 예지의 결정체를 훌륭히 마련하군 하였다.

우리는 또한 시인의 창작 로정에서 현실을 섬세한 감각으로 포착하면서 주정을 화폭적으로 표현하려고 지향한 시편들과 함께 시대가 낳은 전형적 인간의 내면세계를 진지하게 추구하고 개방한 작품들을 찾아보게 된다.

해방 후 시집 『건국보』에 발표된 시 「아이들이 있는 풍경」에는 해방된 새날을 호흡하면서 창공에 날리는 흰 구름과 달리기를 하는 어린이들의 활기찬 세계가 참신하게 그려져 있다. 「신개지의 봄」, 「수남지구의 아침」 등 시편들도 이와 같은 계렬을 이루면서 객관세계에 대한 감각적인 표상과 그것의 주정화를 위한 시인의 노력을 엿보게 한다.

한편 시 「대의원이 나서는 구내」로부터 「다시 한 번 그는 바라보았다」, 「벌목공의 호소」 등에로 이어지는 시적 사고에서는 다른 하나의 경향, 창조적 로동과 조국 보위에 나선 사람들의 숭고한 사상감정을 주정화하려는 노력을 보여주었다. 이처럼 객관세계에 대한 감각적이며 표상적인 추구와 시대적 주인공의 내면세계에 대한 지성적인 추구가 주정화를 위한 노력 속에 융합되여 드디여 하나의 정서적 사고방식으로 확립되여 나타난 것을 시 「새들은 숲으로 간다」와 「그대 말없이 서 있어도」에서 기쁘게 볼 수 있다.

시인의 시세계, 정서적 사고는 감각의 뿌리가 깊고 지성이 짙게 배인 풍만한 정서와 열정인 것으로 하여 위력하였다. 시인은 언제나 리념에서 출발하는 웅변조의 주장이 아니라 생활의 생신한 감각과 산 인간의 숭고한 사상감정에 뿌리박은 참다운 서정을 터치였다.

하기에 시인을 명실공히 서정시인으로 부를 당당한 근거가 있다.

3

친애하는 지도자 김정일 동지께서는 불후의 고전적 로작 『주체문학론』에서 시문학의 음악성을 강화하기 위하여 진지하게 노력할 데 대하여 밝혀주시였다.

시인 정문향은 정서를 담보하고 그것을 음악적으로 승화시켜 개방하는데 마땅한 회화성과 음악성이 결합된 시문체를 독자적으로 확립하였다.

시인의 문체는 생활을 선명하게 그려나가면서 생활정서를 다정한 음조로 노래하고 류창한 억양에 담아 터치는 특징이 있었다. 그것은 담담하고 성실한 음조로 시문장을 엮은 시인 박세영, 김북원, 대리석을 쪼아가듯 글발마다에 깐깐한 신경을 쏟은 시인 조벽암, 리용악, 대줄기와도 같이 씨원씨원하게 문맥을 다루어 나간 시인 조기천, 박산운 등의 시문체와 확연히 구별되였다.

> 즐거움에 겨워 깃을 치며
> 감돌아 멀리 사라지며
> 작별의 인사를 보내는 듯
> 흰 앞가슴을 높이 추켜들며
> …

시 「새들은 숲으로 간다」에서 새들의 랑만적인 나래침을 화폭적으로 주고 있는 이 시련에서 시행 끝에 반복되는 '며'의 률동적인 변화는 작별이 아쉬워 제철소의 상공을 에돌면서 점차로 멀어지는 새들의 선회하는 날음을 선명하게 안겨주면서 서정적 주인공의 사상감정을 어제날의 회상에로 떠밀어 가는 감정 조직의 기능도 놀고 있다. 이처럼 회화적이고 음악적인 시문체는 시 「그대 말없이 서 있어도」에서 행복한 생활의 다양한 움직임과 그것을 수호하는 초병의 드팀없는 자세와 의지의 대조를 '~고'의 반복과 '~때'의 반복의 음악적 대조로써 해결하고 있는데서도 볼 수 있다.

생활의 음향과 률동을 생활의 주체인 시인의 생활감정의 음악적인 률조로 전환시키는 이러한 음악적인 시문체에서 특징적인 것은 그 현대감이다.

시인의 시문장은 운률적이면서도 고티가 느껴지지 않는 현대적인 것이였다. 시인은 재래식 음수률의 구속을 절대화하거나 시형의 좁은 공간에서 따분한 대응구에 기계적으로 매달리는 등의 현상을 경계하였으며 다양한 반복법을 시행과 시행 사이, 련과 련 사이에서 폭넓게, 씨원

씨원하게 활용하면서 어디까지나 시적 감정의 흐름새에 어울리는 운률 조성에 관심하였다.

시인의 음악적인 시문체에서 특히 인상적인 것은 간명한 서정구조로써 감정의 축적을 마련한 다음 축적된 감정선을 폭발시키는 최절정에서 앙양된 감정을 정열적으로 탄주하는 기법이다.

시인은 감정 체험을 착잡하게, 지루하게 널어놓는 현상을 경계하였으며 종자에로 지향하는 감정의 집약과 개방, 축적과 폭발의 과정을 감명하게 째이게 조성하였다. 하면서도 시인의 주되는 관심은 언제나 감정의 최절정을 강조하는 데 있었다.

그것을 시 「그대 말없이 서 있어도」에서 볼 수 있다. 시인은 여기서 "그대는"이라는 시어 반복을 감정의 열도를 표현하며 강조하는 효과적인 수단으로 활용하였다.

이 시어는 감정을 제시하고 정황을 그려주는 첫 부분에서는 2~3행을 주기로 자주 반복되다가 초병의 내면세계를 파고들어 사색적으로 노래한 중간부에서는 4~5행 건너 느린 주기로 반복되며 최절정 부분에서는 "그 때문에 그대는"이라는 련속 반복적인 강한 음조까지 조성하면서 매행에 한 차례씩 서두에서 4회씩이나 반복된다.

…

그대는 오직 하나밖에 없는
위대한 사회주의 조국을 지킨다
그 때문에 그대는 말없이 서 있고
그 때문에 그대의 몸엔 붉은 피가 감돌고
그 때문에 그대는 눈과 귀를 가지고 있고

그 때문에 그 때문에 초병이여!
그대의 손에는 혁명의 무장이 쥐여져 있다
…

련속 반복으로 울리는 이 음악적인 률조는 마치 피아노 연주가가 감정의 앙양부를 열정적으로 강하게 탄주하는 듯한 효과를 조성하고 있다.

감정의 최절정부에 대한 이러한 강타의 수법은 시 「새들은 숲으로 간다」의 5련에서 '가슴'이라는 단어를 두 번 반복하면서 두 시행을 호흡상 하나로 련접시키고 시행 내부의 음정군을 짧게 끊어줌으로써 감격으로 고동치는 로동계급의 심장의 높뛰는 맥박을 인상적으로 돋구어준 데서도 특징적으로 나타났다.

이처럼 생활의 회화적 표상을 시적 세부로써 선명하고 간결하게 부각하면서 그 속에서 생활의 음향과 률조를 포착하여 서정적 주인공의 주정으로 전환시키며 감정선을 곧바로 최절정에 몰아가 정열적으로 탄주하는 시인의 묘기는 다른 사람들이 배워야 할 것이다.

시인의 독특한 형상 기교, 고유한 문체가 우리에게 소중한 것은 그것이 선명하고 간결한 문학, 집약시켜 터치는 문학으로서의 시의 본도, 그 예술적 생리에 맞는 시풍이고 시체이라는 데 있다.

시인 정문향은 생활의 본질을 느끼고 받아들이는 데서, 정서적인 사고방식에서 그리고 시문체에서 독특하고 힘 있는 개성으로 오늘도 우리 앞에 서 있다.

시대의 주도적 감정을 굳건히 타고 생활과 밀착된 정서적 사고방식과 시의 생리에 맞는 문체를 구사한 시인의 창작적 개성은 오늘과 래일의 시문단에 참으로 소중한 것을 주고 있다.

우리의 많은 독자들은 오늘도 「새들은 숲으로 간다」와 같이 기억에 잊혀지지 않는 시작품들을 더 많이 창작해 줄 것을 시인들에게 요구하고 있다.

시인은 비록 우리 곁을 떠나갔으나 그 창작적 개성은 친애하는 지도자 김정일 동지의 현명한 령도로 찬란히 개화 발전하는 주체의 시문학과 더불어 영원히 빛날 것이다.

—『문학신문』, 1994.12.16

기타 참고문헌

전동우, 「시집 『승리의 길』에서 대하여」, 『조선문학』, 1955.8.
『조국에 대한 생각』 저자의 략력, 조선작가동맹출판사, 1959.
리성덕, 「시대정신과 시인의 모습」, 『조선문학』 642, 2001.4.
『문학대사전』, 사회과학출판사, 1999.
『조선대백과사전』, 백과사전출판사, 1995~2004.

정서촌

1923년 평북 의주에서 출생하였다.
1949년부터 시를 발표하기 시작한 것으로 추정된다.
2006년 작고하였다.
개인시집으로 『가무재 고개』(1958) 『아름다운 우리나라』(동시집)(1958)
『날이 밝는다』(1976) 『정서촌 시선집』(1999) 등이 있다.

| 시 8편 |

가무재 고개

타는 듯 붉게
단풍이 물들은
가무재 시오리 고개를
사라지는 아들의 뒷모습 바라보며
어머니는 령마루에서 움직이지 않았다.

몇 번이고, 또
몇 번이고
고요한 음성 산 깊이 울리며
손길을 저어 부르심은
밤 밝혀 다짐한
부디 이겨서 오라는 그 말씀,

이번에는 내쳐 간다고
먹었던 마음을 다시
돌아보며는
어머니는 그냥
박힌 듯 서 있어,

한라산 봉우리에
선참으로 날리라고
한 뜸 한 뜸 어두운 눈을 밝혀
밤새 마련해 주신 깃발,

깃발을 품은 가슴이
자꾸만 뜨거워져
멍이 박힌 손을 부르쥐고
앞으로 향해 나는 달렸다.

그것은 지난해 가을
산골서 나고 산골서 자란 내가
난생 처음 젊음의
영예를 느끼던 그날,

호미 자루 대신
총을 들어쥐고
흙 묻은 흰 옷을 훌훌 벗어
늠름한 군복으로 떨쳐입고
나는 당당히 부럽던 대렬에 섞였다.

원쑤와의 처절한
싸움의 불ㅅ길 속을 헤쳐
락동강 피어린 물줄기를 굽어보며
전우들과 더불어 지금 나는
남쪽 산 고지에 서 있다.

어느 하룬들
어머니의 마음을 잊었으랴,
단풍잎 붉게 타는
가무재 고개를 잊었으랴.

지금도 나의 눈에는
령마루에서 사라지지 않는
어머니의 모습이 삼삼히 떠오른다

어찌 나와
나의 어머니뿐이랴,
이 나라의 수많은 가무재 고개에서
어머니들은 손길 저어 아들을 보냈고,
충실한 아들들은 령을 넘어 싸움터로 달렸거니

뜨거운 어머니의 사랑이
내 마음속에 살아 있기에
그 어디서나 나는
조국의 이름을 지켰고,
원쑤의 총탄 속을
헤치며 나아갔다.

어머니의 참된 마음을
눈물로 감촉했기에
원쑤의 발굽에 밟히고 또
채우는
많은 어머니의 아픈 마음과
아들딸들을 위해
나의 한 목숨을 아끼지 않았다.

어느 산골과 마을과 거리에도
사나운 풍상에 얼굴은 지쳤으나

고향의 어머니처럼 다정한 어머니들과
언제 한번 본 길 없건만
무릎에 길러낸 친아들인 양
서로 가슴을 헤치고 밤을 새웠거니

그러나 나의 품속에는
어머니가 주신 한 가지 념원
깃발이 있나니,

오늘도 고향의 어머니는 다만
가무재 고개를 개선의 노래로
산울림하며 돌아올
아들의 모습을 그려 고난을 이기리라.

그렇다, 진격의 날이 밝으면
원쑤의 고지와 고지를 넘어
저기 핏물 어린 락동강을 단숨에 건너
조국 땅의 끝까지 나는 달려가리라,

눈물 어린 눈으로 가무재 고개에서
고향의 어머니가 우러러 보게
가슴속 고동치는 깃발을
높이 날리리라,
밝아오는 아침노을 속에…

—1950

| 수록지면 |

*『서정시선집』(종합시집), 조선작가동맹출판사, 1955.
정서촌, 『가무재 고개』, 조선작가동맹출판사, 1958.
정서촌, 『날이 밝는다』, 문예출판사, 1976.
정서촌, 『정서촌 시선집』, 문학예술종합출판사, 1999.

그 청춘은 살아 있다

황순복 전사의 불멸의 위훈을 노래함

맹호처럼 달려간 자국마다
아직 그의 숨결이 살아 있는
산기슭을 더듬어
타다 남은 초목들도 머리 숙인
사람들이여 여기
고지에 오르라

이 땅에 피여난
한 떨기 싱싱한 청춘이
그악히 불 뿜는
원쑤의 화점을 끌어안고
돌처럼 굳어졌다

조국을 불러 항상
고지에서 고지로
고동쳐 흐르던 더운 피는
원쑤의 화구를 적시여
화구와 함께 식었고

가면 다시 돌아오지 못할
마지막 길에서 부른
만세 소리
아직도 쩡 쩡

골짜기를 울리는 듯……

부대의 진격로를 열어 헤치는
습격조원으로 선참
탄띠를 졸라매고 다가나선
그는 열아홉
아직 앞날이 먼
이 땅의 청춘

그에게도 항상
마음속에 사모쳐 잊을 수 없는
나서 자란 고향이 있고
싸움에 지친 몸
별을 이불 삼아 지새는
어느 바위 밑 눈보라의 밤에도
언 몸을 어루만져주는 어버이의
뜨거운 사랑이 있거니

그렇것만 보다 뜨거운 불덩어리가
가슴속에서 그를
불러일으켰기에
청춘도
목숨도
끝없을 앞날의 행복과 더불어
조국에 맡긴 채 그는
돌아오지 못할 길을 서슴치 않고 나섰다

원쑤의 더러운 발자국이 찍힌
한 줌 한 줌 흙에
뛰는 맥박을 묻으며
차디찬 돌뿌리를 뜨거운
입김으로 녹여가며
원쑤 앞에 다가선 그
그의 성낸 잇발은 물어뜯듯
수류탄 안전침을 뽑아 제쳤다

하나
또 하나
련이여 하늘을 찢는 폭음과 함께
원쑤의 불아가리는 다물어졌는데
웬일인가
마지막 불구멍은 그대로
살아서 짖어대지 않는가

만져보아도 다시 훑어보아도
이미 수류탄은 없고
발을 구르며 뒤에서는
전우들이 진격을 재촉하는 듯
………
아 순간은 백 년인가 천 년인가
헤아릴 수 없이 아득한데
귓전을 울려 쟁쟁한
뼈 속에 젖어드는 목소리
　―조국을 위해서는

물 속도
불 속도
두려워 말라—

그것은
그것은 오매에도 잊지 못하는
언제나 진두에서 용맹을 불러주시는
수령의 말씀
꿈속에서 소스라쳐 깬 듯 그는
눈을 크게 치뜨고 벌떡 일어섰다
초연을 헤치고 다정하게 다가오는
조국의 푸른 하늘이며
머얼리 뒤에 두고 온
어머니 고향이며
그리고 뜨거운 손길로 보내준
전우들의 모습을 마지막 그리며
폭풍처럼 사나웁게
원쑤의 화구를 겨누어 달려갔다
—그렇다 내 몸이
내 몸이 수류탄이 되리라—

사람들이여 그는 여기
원쑤의 토찌까를 끌어안고
다시 못 올 청춘을
수류탄이 되여 쓰러졌다
산발을 주름잡아 달리던
그의 붉은 심장은

원쑤의 불줄기를 짓누르고
여기 멎어 있다

그러나 사람들이여
그의 심장은 멎은 것이 아니다
그의 청춘은 죽은 것이 아니다
그가 열어준 불길을 넘어
만세를 외치며 나가는
숱한 전우들 가슴속에
그의 심장은 백 배로
천 배로 고동친다

이를 갈며 일어선
삼천만의 끓는 가슴속에
열아홉 그 청춘은
그가 마지막 품고 간
어머니 조국의 이름과 더불어
자랑으로 살리라.

| **수록지면** |

* 『문학예술』, 1952.3.
정서촌, 『가무재 고개』, 조선작가동맹출판사, 1958.
정서촌, 『날이 밝는다』, 문예출판사, 1976.
정서촌, 『정서촌 시선집』, 문학예술종합출판사, 1999.

등불

넓고 넓은 아득한 들판에
함박눈은 내리여 내리고 쌓여
마을과 마을들은 덤덤한 채
겨울밤은 고요히 깊어간다,

깊어가는 이 밤, 가무재 마을에선
집집마다 초롱초롱 등불이 밝고,
그중에도 유난히 항로의 등대처럼
덕삼이네 집 들창은 휘황하여라.

텁수룩한 구레나룻 춘보 령감이며
전선에서 돌아온 땅크병 덕삼이며
모두 다정한 한 집안 식구처럼
모여 앉은 방 안에 더운 김이 서린다.

그렇다, 좁디좁은 지경을 사이 두고
얼마나한 세월을 서로 살았던가,
수없이 갈래갈래 찢어진 논배미에
저마끔 물을 대며 힘든 농사 지었던가,

…이제는 가래삽을 깊숙히 박아
어젯날 논두렁을 허물 때가 왔다,
뜨락또르 왕왕 휘몰아 나가며

황금의 지평선을 열을 때가 왔다,

이렇게 서로 무릎을 맞대이고
이들은 힘을 합치고 있다,
밖에서는 펄펄 눈이 내리는데
『새봄』 협동조합 규약을 꾸미고 있다,

바로 이들이 머지않은 어젯날
눈이 시도록 환한 제 땅 우에
처음으로 힘 있게 서 보던 사람들,
농촌위원회를 조직했던 사람들,

다시 오늘밤은 사래 긴 이랑과
거기서 껴안을 아름찬 수확을 위해
매듭이 굵은 큼직한 손으로
행복의 조목들을 적어 넣는다.

규약을 적으며 이들은 보고 있다,
눈 쌓여 잠잠한 무연한 들판에
벌써 협동 로력의 첫 씨앗이
우적우적 언 땅을 헤치며 돋아나고 있음을…

밤은 소리 없이 깊어가는데
집집이 등불을 밝혀 놓고
가무재 마을에선 온밤
명절처럼 자지 않고 홍성거린다.

—1954.1

| 수록지면 |

* 정서촌, 『가무재고개』, 조선작가동맹출판사, 1958.
정서촌, 『날이 밝는다』, 문예출판사, 1976.
정서촌, 『정서촌 시선집』, 문학예술종합출판사, 1999.

날이 밝는다!

백두산 아름드리 원시림을 찍어서
벽이며 지붕이며 쌓아올린 귀틀집,
등잔불 깜빡이는 나직한 방에서
그이는 동상처럼 움직이지 않았다.

밤은 무척 깊었으리…
울부짖던 눈보라도 뜸해지고
승냥이 울음소리도 잠잠해지고
태고연한 침묵만이 밀림 속에 흐르는데,

밤은 무척 깊었으리…
난로 우에 끓던 더운 물도 잦아들고
등불에 흔들리는 그의 모습 비끼인
창가에는 허옇게 성에가 불리는데,

깊디깊은 사색의 심연에서 깨여난
그의 손은 조용히 턱에서 물러난다,
연필을 달리여 물결을 일으키는
그의 책상 우에 한 장의 지도여,

얼음을 깨물며 가야 할 행군
첩첩히 다가서는 준령도 많아라,
그러나 기어이 그것들을 넘어서야

조국으로 개선할 승리의 길,

간고한 그 길을 열어놓기 위해
김장군은 위대한 구상을 하신다,
오, 이 밤 채찍에 쓰러지는
동포들의 신음소리 귓전에 들으시며….

그이는 지그시 연필에 힘을 주어
원쑤들의 진지에 화살표를 집중한다,
—가자, 어서 대오를 이끌고
 가자, 튼튼히 무장을 갖추고

…이렇게 깊어간 장백의 밤이
몇 밤이나 되던가, 몇 천 밤이나 되던가
등에 걸친 외투깃을 추켜올리며
장군께서 밀영의 창문을 여실 때

아, 날이 밝는다,
백두산 밀림에서 조국의 태양이 솟는다!

—1959.2

| 수록지면 |

* 『붉은기'발 휘날린다』(종합시집), 조선작가동맹출판사, 1959.
『아름다운 강산』(종합시집), 조선문화예술총동맹출판사, 1966.
『수령께 드리는 노래』(종합시집), 도쿄 : 학우서방, 1967.
『수령께 드리는 송가』(종합시집), 도쿄 : 근로단체출판사, 1967.
『백두산이 보인다』(종합시집), 문예출판사, 1972.
정서촌, 『날이 밝는다』, 문예출판사, 1976.
정서촌, 『정서촌 시선집』, 문학예술종합출판사, 1999.

원쑤들이 바리케트를 쌓고 있다

서울시민들에게

원쑤들이 바리케트를 쌓고 있다.
동대문과 광화문, 서울의 한복판을 휩쓸며
폭풍을 안고 밀려가는 그 막을 수 없는 노한 물'결을 막아 보려고.
원쑤들이 이제는 바리케트를 쌓고 있다.
태양을 등진 두터운 담'벽 안에 당신들을 가두고
무거운 쇠사슬로 손발을 얽어 놓던 그놈들이
오늘은 넓은 땅을 내여 주고 어쩔 수 없어
제 스스로 좁디좁은 울타리 속에 기여들고 있다.

바로 어제까지 그놈들은 네 활개를 치며
서울의 온 장안을 구두'발로 짓밟지 않았는가
바로 어제까지 그놈들은 당신들 더운 가슴에
총'구멍을 대이고 제멋대로 으르렁대지 않았는가.

열다섯 해— 그렇다! 열다섯 해 긴긴 세월…
당신들은 많은 것을 그들에게 주기만 하였다.
붉은 피를, 귀중한 청춘을, 밝은 웃음을,
학원의 문을 열고 들어설 자유도,
그리고 당신들은 철없는 아기의 맑은 눈'동자마저
모조리 빼앗기지 않았는가!

이제는 세임을 결산할 때가 왔구나!
모든 것을 당신들이 되받아 낼 때가 왔구나

가슴속에 맺힌 원한의 치부책을 펼쳐 들라,
더는 남을 것 없는 당신들 붉은 손에
돌과 총을 들어쥐라! 억세게! 튼튼하게!
불'길은 이미 사나운 바람을 안았다.
불'길은 이미 꺼질 수 없는 화염을 하늘에 치솟고 있다.
마산에서, 부산에서, 대구와 청주에서
인천의 부두'가에서, 남녘의 모든 땅에서
불'길은 타올라 원쑤의 소굴을 재'가루로 날리고 있다.

서울의 한 모퉁이 막다른 골목에서
원쑤들이 지금 바리케트를 쌓고 있다.
온 겨레가 폭풍처럼 원쑤를 휘몰아 갔나니
묵묵하던 북악산도 이제는 몸부림치며 일떠섰나니

형제들이여! 아직도 막아서는 원쑤의 총'부리들을 꺾어 던지라!
무기고를 산산이 들부시라!
원쑤들 머리 우에 화약통을 터치라!
기울어진 경무대 기둥을 단김에 쳐 넘기라!

원쑤들이 지금 바리케트를 쌓고 있다.
겁에 질려 놈들이 그 안에 떨고 있다.
서울의 형제들이여, 지체 말라!
한 걸음 한 걸음 가까이 더 가까이 죄여들라!
놈들이 쌓는 바리케트—그것이 놈들의 마지막 무덤이 되게 하라!
그것이 남녘땅에 암흑을 가져온 놈들
피 묻은 력사의 종지부가 되게 하라!

| 수록지면 |

*『문학신문』, 1960.4.22.
『항쟁의 불길』(종합작품집), 조선작가동맹출판사, 1960.
『판가리싸움에』(종합시집), 문예출판사, 1968.
정서촌, 『날이 밝는다』, 문예출판사, 1976.
정서촌, 『정서촌 시선집』, 문학예술종합출판사, 1999.

하늘의 별들이 다 아는 처녀

내 앞에 한 처녀가 서 있습니다,
그는 탈곡장에서 한창 벼를 훑다가
잠시 쉬일 참에 이렇게 만났으나
수줍은 듯 좀체 얼굴을 들지 않습니다.

가을볕에 그스른 갸름한 이마와
유난히 반짝이는 맑은 눈'동자와
그리고 웃을 때는 더욱 두 볼에 애티가 어리여
볼수록 그저 귀엽기만 한 처녀입니다.

만일 그의 목에 붉은 넥타이를 매여 준다면
소년단원 또래와도 흠없이 섞일 수 있는
어리고 작은 그 가슴에
안아 일으킨 땅이 너무도 넓습니다.

…열아홉 해, 조국의 흙을 밟고 자랐지만
다시금 처녀는 곰곰히 생각했더랍니다.
수령님 주신 씨앗을 남김없이 묻기 위해선
그 많은 땅이 아직 넉넉치 못한 것임을…

그래 한밤이면 살며시 사립문을 헤치고
처녀는 재'등 넘어 묵밭으로 걸어갔습니다.
아무도 여태 보습날을 대여보지 않은

아직은 조합의 계획에도 들어 있지 않은

처녀는 삽날로 굳은 땅을 깨치고
치마폭이 처지도록 돌을 싸안았습니다.
이마에서 흐르는 굵은 땀방울은
찬 흙을 적시고 다시 적시였습니다,

누구도 그것을 본 사람은 없습니다,
과업을 준 사람, 로력수첩에 점수를 적어주는 사람도,
다만 처녀는 스스로 책임량을 정하고
밤마다 마음으로 수령에게 그것을 보고했습니다.

이리하여 우리 조국 한 지점에
황금같이 귀중한 새 땅을 보태인
지금은 청산리 온 들판이 다 아는
하늘의 별들이 다 아는 처녀

처녀는 오히려 얼굴을 들지 않습니다,
그러나 나는 그를 굽어보는 것이 아닙니다.
열아홉 처녀의 고결한 그 정신을
내 자신 높이 높이 우러러보는 것입니다.

| 수록지면 |

* 『조선문학』 161호, 1961.1.
『아름다운 강산』(종합시집), 조선문화예술총동맹출판사, 1966.
정서촌, 『날이 밝는다』, 문예출판사, 1976.
『해방후서정시선집』(종합시집), 문예출판사, 1979.
정서촌, 『정서촌 시선집』, 문학예술종합출판사, 1999.
『조선문학』 689호, 2005.3.

조국

노한 불'길은 보천의 시가를 휩쓸고 있는데,
빨찌산들 한밤에 다시 행군하였네,
그리운 땅, 울창한 수림 속에 자국을 남기며,
총을 메고 한 걸음, 한 걸음 멀리 떠나갔네.

앞에는 장강, 다시 또다시 뒤를 돌아보며
조국의 마지막 지점인 산'기슭을 내릴 때,
길'가의 오막집 한 채 사립문 열리더니
맨발 채로 할머니 한 분 길을 막아섰네.

한생을 돌처럼 살아온 이 나라의 할머니,
대원들을 껴안고 쓰다듬으며 뜨거운 눈물 흘렸네.
아니 눈물을 삼키고, 해'빛과 비'바람에 그슬은
대원들 이마에서 굵은 땀방울 씻어주었네.
살뜰히 살뜰히 깊은 상처도 어루만져 주었네.

얼마나 멀고 험한 길을 걸어왔으랴!
이제 가면 다시 돌아올 그날은 언제이랴!
앞에는 장강, 어서 가자 어서 가자 기슭을 치는데,
돌'부리에 채이며 할머니는 오솔'길 더듬었네.

마치도 태산을 머리에 떠이고 오는 듯,
할머니는 가쁜 숨 쉬며 물 한 동이 길어왔네.

—내 고장의 물이네 빼근히 이가 시릴 걸세,
뚝배기에 퍼서 허물없이 대원들께 권하였네.

대원들은 마시였네, 동이에 넘치는 차디찬 물을.
한 모금 한 방울도 남기지 않았네.
그리고 떠나갔네, 어머니 땅 마지막 기슭에서
모자 벗어 공손히 작별인사 드리고.

아, 그 밤 기약 없이 떠나가는 아들딸들을
조국은 이렇게 배웅했나니,
마르지 않았더라! 빨찌산들 심장에 젖어든 물은.
밀림을 헤쳐 준엄한 세월과 행군을 거쳐
승리하고 돌아오는 그날까지도

세상에 흐르는 장강보다도 대해보다도
한량없이 깊었더라, 할머니가 퍼주던 뚝배기의 물은….

| 수록지면 |

* 『조선문학』 192호, 1963.8.
정서촌, 『날이 밝는다』, 문예출판사, 1976.
정서촌, 『정서촌 시선집』, 문학예술종합출판사, 1999.
『조선문학』 752호, 2010.6.

조선

너의 가슴엔 칼날이 꽂혀 있었고
너의 몸에선 더운 피가 흘러내렸다,
해도 달도 별도 뜨지 않고
철이 되여도 꽃은 피지 않았다.

숨 막히던 삼천리강산
조선아, 너는
반만 년 력사에서 가장 암담하던
그 수난의 날에,
한 아들을 세상에 낳았다.

설한풍 사나운 밤이면
가난한 아래'목에 잠을 재우며
가물거리는 등잔 밑에서
구슬픈 조선의 노래를 너는 불러주었다.

열네 살에 아들은 집을 떠나
창창한 압록강 물'결을 건넜다,
너무도 일찌기, 빼앗긴 조국의 아픔을 안고…
그때 너는 한 켤레의 짚신을 삼아주며
피 같은 눈물로 그의 손'등을 적시였다.

그 손에 무거운 총을 쥐고

그 짚신에 든든히 감발을 하고
세상에 아직 그 누구도 걸어 보지 않은
하늘땅 울부짖는 만고의 밀림 속으로
아들은 대렬을 이끌고 걸어갔다.

쓰러지며 부축하며 다시 일어서
바위'돌에 칼을 갈아 날을 세워
원쑤의 정수리에 번개를 칠 때
조선아, 너의 심장엔 피가 뛰였고
너의 머리 우엔 려명이 비껴 왔다.

너의 땅 밑엔 생명의 씨앗이 자랐고
너의 모든 강'줄기와 사나운 여울물은
두터운 얼음'장을 깨뜨리며 들부시며
콸콸 바다를 향해 도도히 굽이쳐 흘렀다.

아, 너는 뜨거운 눈물을 씻으며
장강을 건너 다시 돌아온 아들을 맞이했거니,
오늘은 세상 모든 사람들이 우러러보는
가장 영광스러운 땅에
너는 솟아 있구나, 황금 옷자락 너울거리며

조선아, 자유의 강산아
준엄한 수난을 겪던 암담하던 그날
가난한 초가집 낮은 지붕 아래
네가 낳은 위대한 아들은
폭풍을 안고 백두 령봉에 거연히 서서

해와 달과 별을 너의 머리 우에 얹어 주었다.

| 수록지면 |

*『조선문학』 212호, 1965.4.
정서촌, 『날이 밝는다』, 문예출판사, 1976.
『해방후서정시선집』(종합시집), 문예출판사, 1979.
『조선문학』 663호, 2003.1.
『조선문학』 743호, 2009.9.

평론 그날의 그 맹세로 한생을 빛내인 시인

신경애

흔히 사람들은 시를 가리켜 아름다움의 상징이라고들 말한다. 아름다움에 대한 지향과 례찬의 마음이 서정으로 울리기 때문이리라. 그 때문이여서인지 아름다움을 창조하는 시인의 생도 아름답기 마련이라는 것이 사람들의 일반적인 생각이다. 허나 시인이라고 하여 그의 삶과 한생의 걸음걸음이 다 아름다움으로 충만되여 있는 것인가.

이 물음에 우리는 두서없이 단언한다.

아름다움을 창조하는 시인의 삶은 위대한 수령, 위대한 령도자의 사랑과 믿음 속에 살 때 그리고 그 믿음과 사랑에 보답의 헌신을 따라 세울 때만이 아름다운 삶으로 영원히 빛날 수 있다고…

위대한 령도자 김정일 동지께서는 다음과 같이 지적하시였다.

"우리나라에서 작가의 활동은 당과 수령의 위업 수행과 밀접히 련결되여 있다."

위대한 선군태양의 빛발 아래 날로 번영하는 우리 선군시문학의 혁혁한 성과를 생각할 때면 가사 「소년단 행진곡」과 「아무도 몰라」, 「로동당은 우리의 향도자」, 시 「날이 밝는다」, 「가무재 고개」와 같은 추억에 남는 작품들로 주체시문학 발전에 뚜렷한 자욱을 남긴 '김일성상' 계관인인 시인 정서촌을 떠올리군 한다.

오늘도 사람들의 기억 속에 뚜렷이 새겨져 있는 그의 시창작 활동에서 류달리 특징적인 것은 백두산 3대 장군을 칭송한 작품, 수령송가 창작으로 한생을 줄기차게 달음쳐 온 것이다.

수령송가 창작! 이것은 그의 창작적 지향이고 한생의 목표이고 삶의 신조였다.

그의 한생은 위대한 장군님의 사랑으로 엮어진 헌시 창작으로 빛나는 한생이였다.

1960년대가 저물어가던 주체58(1969)년 12월 어느 날 경애하는 장군님께서는 지금까지는 새해 아침에 음악 무용 작품만을 가지고 공연하여 왔는데 이번에는 수령님께 만수축원의 인사를 올리는 세배시를 랑송하자고 한다고 하시며 헌시 창작에서 나서는 구체적인 가르치심을 주시였다.

경애하는 장군님의 말씀을 자기의 창작과제로 맡아 안은 정서촌 동무는 끝없는 창작적 흥분과 지칠 줄 모르는 열정 속에 며칠 밤을 꼬박 밝혀 헌시를 창작 완성하였다.

그가 창작한 작품을 보아주시고 가필도 해주신 경애하는 장군님께서는 주체59(1970)년 1월 새해 아침 그를 몸 가까이 부르시여 이번에 어버이수령님께 드리는 헌시를 쓰느라고 수고가 많았다고, 수령님께서 헌시 랑송을 들으시고 매우 만족해 하시였다고 말씀하시였다. 그러시면서 시인에게 있어서 어버이수령님께 기쁨을 드리는 일보다 더 영광스러운 일이 어디 있겠는가, 수령님을 떠나서는 시인들의 존재란 있을 수 없다고 하시며 앞으로 수령님을 위하여 좋은 작품을 많이 쓰라고 따뜻이 고무해 주시였다.

경애하는 장군님의 말씀을 받아 안는 순간 그의 가슴속에서는 지나온 한생의 추억과 뜨거운 격정이 끓어올랐다.

가난한 소작농의 아들로 태여나 10대의 어린 나이에 가정의 생활난을 걸머지고 고역에 시달리던 나날, 월사금을 물지 못해 퇴학당하던 일, 갖은 멸시와 천대, 굴욕만을 강요하던 해방 전의 험악한 그 세월과 그토록 갈망하던 위대한 태양의 품에 안겨 진정한 인간의 삶과 희망을 꽃피워온 행복한 나날들이 엇바뀌여 떠올랐다.

(장군님! 나의 이 심장은 오로지 만대에 길이 빛날 위대한 태양의 노래만을 한생토록 지을 것입니다.)

조국해방의 력사적 사변을 안아온 위대한 수령님을 칭송한 시 「력사의 날」, 「인민의 태양 김일성장군」으로 출발한 정서촌 동무의 수령송가 창작은 이때부터 더욱 높은 단계에로 승화되기 시작했다.

위대한 장군님께서 안겨주신 시인의 사명을 인생의 좌우명으로, 신념과 량심, 의리로 간직한 그는 장군님 우러러 굳게 다진 마음속 언약을 지켜 헌시 창작에 깨끗한 충정과 불타는 열정을 깡그리 바쳐나갔다.

위대한 장군님의 한없는 믿음은 헌시 「불멸의 력사」, 「어버이수령님의 만수무강을 삼가 축원합니다!」, 「어버이수령님께 드리는 헌시」들을 련이어 써내게 하였다. 그러던 어느 날 어버이수령님을 모시고 진행할 새해경축 공연을 지도하고 계시던 경애하는 장군님께서는 또다시 그를 부르시여 만면에 환한 미소를 담으시고 헌시를 쓰느라고 수고가 많았다고, 헌시를 쓰던 중 제일 잘 썼다고 과분한 치하의 말씀을 주시였다.

위대한 장군님의 세심한 보살핌 속에 그가 창작한 헌시작품들은 시인의 남다른 열정과 기교이기 전에 위대한 태양이 안겨준 사랑의 결실이였다. 그것은 절세의 위인들에 대한 매혹의 세계, 이 세상 가장 걸출하고 위대한 혁명의 수령들에 대한 송축의 열정, 충정의 세계였다.

참으로 정서촌 동무의 시인으로서의 성장의 한 걸음 한 걸음은 경애하는 장군님의 크나큰 사랑과 믿음, 따사로운 손길 아래 이루어졌다.

어버이수령님과 경애하는 장군님은 시인에게 있어서 운명의 은인이시고 인생의 자애로운 어버이이시였다.

하기에 위대한 장군님의 위인적 풍모에 매혹된 그의 심장에서는 시 「해돋이」, 「조선의 영광」, 가사 「고향집에 피여난 김정일화」를 비롯하여 경애하는 장군님을 칭송한 송가들이 시대마다에 뜨겁게 굽이친 인민의 지향을 담으며 끝없이 터져 나왔다.

그가 창작한 작품들은 위대한 수령, 위대한 령도자에 대한 시대와 인민들의 무한한 흠모심이 낳은 력사의 필연이였고 자기 령도자와의 언약을 지켜 충정 다하려는 시인의 열렬한 심장의 분출이였다.

하기에 림종을 앞둔 시기 혼미해지는 의식 속에서도 토 한 자 틀리지 않게 그가 부른 노래도 영생불멸의 혁명송가들인 「김일성장군의 노래」와 「김정일 장군의 노래」였고 마지막으로 남긴 말도 위대한 장군님을 다시 한 번 만나 뵙고 감사의 인사를 올리고 싶다는 간절한 소망이였다.

아무리 좋은 씨앗이라 해도 품어줄 대지가 있어야 꽃피고 열매를 맺을 수 있듯이 시인의 뛰여난 재능과 소질도 안아주고 보살펴주는 운명의 위대한 태양의 품속에 안길 때만이 그 생이 가장 아름답고 영생하는 법이다.

위대한 수령님을 위하여 좋은 작품을 많이 쓰라 하신 경애하는 장군님의 말씀을 심장의 언약으로 간직하고 그 언약을 지켜 수령결사옹위의 붓대로 한생을 빛내인 정서촌 동무의 삶은 그가 가장 깨끗하고 진실한 마음으로 노래한 수령송가 작품들과 더불어 선군혁명문학의 창조자들의 대오 속에, 당의 영원한 동행자들의 대오 속에 영생하고 있다.

그의 한생은 오늘도 우리의 심장에 깊이깊이 새겨주고 있다. —위대한 장군님을 떠나서는 시인의 삶이란 없다고…

—『문학신문』 2008.3.15

기타 참고문헌

『가무재 고개』 후기, 조선작가동맹출판사, 1958.

박성국, 「강성대국의 새날도 이렇게 밝아온다」, 『조선문학』 643, 2001.5.

「정서촌 동지의 서거에 대한 부고」, 『문학신문』, 2006.8.19.

조기천

1913년 러시아 연해주(혹은 함북 회령)에서 출생했다
1930년 연해주에서 발간되던 『선봉』을 통해 시를 발표하기 시작했다.
1945년 해방 직후 입북하였다.
1951년 작고하였다.
북에서 출간된 개인시집으로 『백두산』(장편서사시)(1947) 『우리의 길』(1948) 『조기천 선집』(1952) 『조기천 선집』(1955) 『생의 노래』(장편서사시)(1955) 등이 있다.

| 시 10편 |

豆滿江(두만강)

이 땅의 地境(지경)을 구비구비 휘돌아
흘러 흐르는 豆滿江(두만강)이여!
부닥치고 감뛰는 그대의 찬 물결에
묻노니 몇 번이나
흰 옷의 서러운 그림자 빗겼더냐!

× × ×

찌프린 낯 투럼이 옷
재산이란 가슴속 옹키운 노예의 서름
의탁이란 장알진 손 지팽이뿐
놈들께 빼앗기고 짓쫓기는 그 신세—
豆滿江(두만강)이여 이것이
　그대 그려둔 조선의 사나이 아닌가!

× × ×

째진 가난 속에 부대껴도
말 한마디 틀리랴 겁내며
눈물에 치마고름 썩어도
앞날을 바라고 한숨을 죽이는—
豆滿江(두만강)이여 이것이
　그대 그려둔 조선의 여인이 아닌가?

× × ×

뼈 어이는 어름짱 찬 물결
추격의 총소리 귀뿌리 막 치는데
새벽 비낀 저 언덕 바라고

운명을 물결에 맽기는—
豆滿江(두만강)이여 이것이
　그대 그려둔 조선의 志士(지사)가 아닌가?

× × ×

모래 우 뚜렷한 피 흘린 발자국—
마지막 탄환도 원쑤에게 보냈어라!
동무들께 손질해— 염려 말라고
죽어서도 놈들 손에 안 붓들려
恨(한) 많은 이 물결에 몸 던지는—
豆滿江(두만강)이여 이것이
　그대 그려둔 조선의 義兵(의병)이 아닌가?

× × ×

원한의 江(강) 피의 江(강)
이 땅의 눈물과 고통의 江(강) 豆滿江(두만강)!
이제야 그대는 와—와— 자유롭게
번쩍이는 파도의 칼로 앞길을 헤치며
하늘을 떠받는 大海(대해)로 흘러 흐르누나!
豆滿江(두만강)이여 이것이
　어느 해 어느 날부터냐?

× × ×

붉은 별이 그대의 물결에 비치는 날
공격의 砲聲(포성)에 그대 소스라처 일고
血戰(혈전)에 목마른 義軍(의군)이 투구로 물 마실 때—
豆滿江(두만강)이여 그대는
　조선의 生命河(생명하) 되었어라!

× × ×

장쾌한 「우라!」에 물결도 떨쳐 뛰놀고

놈들이 질색해 도망칠 때
聖戰(성전)하는 勇士(용사)의 거룩한 容姿(용자)
그대의 한가슴에 고이 받들려
이 땅에 첫걸음 옮기는 그때—
豆滿江(두만강)이여 그대는
　해방을 조선에 실어왔어라!

× × ×

이 땅의 地境(지경)을 구비구비 휘돌아
살틀히 싳어 지나는 豆滿江(두만강)
그대는 깨끗도 하여라!
　애국의 절개 되라!
백두산 天地(천지)에 뿌리박은 豆滿江(두만강)
그대는 장엄도 하여라—
이 땅의 해방을 길이 지키라!

× × ×

正義(정의)의 나라 살진 언덕에
慶祝(경축)의 구슬꽃 함빡 뿌리라!
태양도 부럽게 解放軍(해방군)을 빛내며
행복의 江(강) 親善(친선)의 江(강)이여
날뛰며 춤추며 흘러 흐르라
　영원히 흐르라![1]

| 수록지면 |

* 『영원한 악수』(종합시집), 로동신문사, 1946.
조기천, 『우리의 길』, 조선인민출판사, 1948.
조기천, 『조기천 선집』, 조선작가동맹출판사, 1955.3.
『서정시선집』(종합시집), 조선작가동맹출판사, 1955.9.

---

1 『우리의 길』에는 '1946. 3'으로 창작 시기가 표기되어 있다.

큰 거리

나는 이 거리로 나왔다—
새 삶의 핏줄이 터질 듯 뒤빼치는 이 거리로.
거리는 차고 넘처 흐른다
억압의 물목이 터젓으니.
히고 붉고 검고 파란 옷—
거리는 무지개에 쌔운 듯.

◆

모—두 기쁨에 어리웠다—
사람을 붙잡는 포스타도
손잡아 끄으는 한글의 간판도
보금자리 도루 차즌 조선말도
온 낯에 얼킨 주름살도 눈초리도
날리는 옷고름은 나비더냐?
치마폭은 흐느적 물결처라—

◆

거리는 움주기고 뛰논다
[한 거리를 갈라 헤치며
전차도 높이 불으누나—
「인민위원회를 지지하자 —」
라디오도 거리에 퍼붓누나—][2]
「토지는 농민에게!」

---

2 [ ] 부분은 판독이 불가하여 『거류』에 실린 판본을 참조하였다. 『문화전선』 판본과 『거류』 판본은 거의 동일하다. 이후 판본에서는 대폭 개작되었다.

벽도 울타리도 웨치누나—
「친일파를 타도하라!」

◆

나는 이 거리로 나왔다—
노예의 무리 허더기던 이 거리로
서리 마즌 호박잎 같은 사람들의 낮
발길에 매달린 무거운 피곤
그 뒤에 목 매워 짓끌리던 생활—
가슴을 터치고 나온 그 저린 마음이
이 거리의 몬지판 우에서 몸부림첫어라!
놈들이 짓밟던 그 아스팔트 쪼각 쪼각
우리 가슴에서 오려낸 살점이 아니던가?

◆

「빠가야로」에 고막이 터진 거리
「센징」의 거리 「요보」의 거리
한가슴에 고름 차던 이 거리!
어느 때까지 여기서 쫓겨난 조선말이
웅크리고 부억 한구석에 숨어
포승 든 순사 문 찰가 치떨엇더냐?

◆

나는 이 거리로 나왔다.
義(의)로운 깃대 횃뿔같이 하늘 뚫으고
벽돌도 부서질 듯 환영의 만세!
「조선해방 만세!」
「쓰딸린 大元帥(대원수) 만세!」
눌리웟던 이 거리에 해방을 고할 때
끓어 솟는 그 마음 땅바닥도 녹였으리—

◆

친선으로 祝門(축문) 높이 세우고
사랑을 고히 피워 이 거리 깔았을 때—
그때는 이 거리의 새벽이었어라
생명의 禮砲(예포) 울린 그 새벽—
지금은 아침 해 소스누나 독립의 해
행복의 손— 햇발로 하늘도 산도 얼사 안으며.

◆

나는 이 거리로 나왔다—
새 삶이 어느 듯 두 활개 치는 이 거리로
누가 아직도 잘 자느냐?
누가 문틈으로 내다만 보느냐?
거리로 나오라—
새 삶의 피줄이 터질 듯 뒤뻐치는 이 거리!

—1946.4.10

| 수록지면 |

*『문화전선』 창간호, 1946.7.
『거류—8 · 15해방1주년기념시집』(종합시집), 8 · 15해방1주년기념중앙준비위원회, 1946.
조기천, 『우리의 길』, 조선인민출판사, 1948.
조기천, 『조기천 선집』, 조선작가동맹출판사, 1955.3.
『조선문학』 700호, 2006.2.

쓰딸린 大元帥(대원수)에게 드림

乙密台(을밀대)에서 부른 노래

고달픈 百姓(백성)의 애끊는 역사를 지니고
바람과 구름으로 동무 삼든 乙密台(을밀대)!
이 나라의 뜻 품은 나그네
한숨짓고 머리 숙이든 乙密台(을밀대)!
오늘은
우리들이 왔다—
해방된 이 나라의 자손들이
오늘은 떨리는 두 손으로
너의 붉은 기둥 쓰다듬어 안는다!
傷(상)하고 터지고 금 실린 네 몸
이 나라 마음들이 쫓기우고 짓밟힌 자최인가?
어수룩한 옛날의 그 모습
백성의 피눈물에 싳겨진 것인가?
오늘은 놈들의 즉차든 구두발도
피죽거리며 「외양깐인가?」 하든 그 鼻笑(비소)도
너 乙密台(을밀대)야 지금은 듣지 않는다
오늘은
불속에서 正義(정의)를 살린 鬪士(투사)
너의 옛 傷處(상처) 어루만지며—
「너는 눈부시는 仙女(선녀)가 아니다
그러나 너는 억센 戰士(전사)이다
이 나라의 氣慨(기개)를 지킨 늙은 哨兵(초병)이다
너의 永生(영생)을 축원한다!」

× ×

너의 붉은 기둥 잡고 선 이 나라의 마음들
피나는 과거로 줄달음질친다!
저— 바위츠렁에서 古木(고목)을 찍어내든 도끼ㅅ날이
우리의 가슴을 바로 찍어 헤치지 않었는가?
저— 神社(신사) 앞에서 늙은 할머니 귀쌈 맞는 소리에
乙密台(을밀대)의 기와짱이 터지지 않었는가?
사꾸라 꽃 속 놈들의 酒宴(주연)을 볼 때
우리의 두 눈이 빠저 아까시야 가시에 꽂기지 않었는가?
그러나 오늘은 너 乙密台(을밀대)
장엄하게 머리 들고
홰치며 일어나는 옛 도시를 굽어본다

× ×

오늘은
너의 붉은 기둥 잡고 선 이 나라의 마음들이
저— 깨끗한 솔밭에서 어리광 치다가도
거리로 田野(전야)로 날뛰려 간다
청류벽 한끝에 태연히 섰다가도
대동강 맑은 물로 넘실 뛰어본다
움돋고 싹트는 그 소리 듣다가도
멀리 북으로 북으로 훨훨 날아도 가누나
바이칼을 건너서 우랄산을 넘어서—
모쓰코바……
붉은 광장……
레닌陵(릉)에 무릅 꾼 후
클레믈리 城壁(성벽)에 인사드리고
時計塔(시계탑)을 지나서

그이가 게신 방으로—
똑— 똑— 문 두다린다
우리의 마음들이
수천수만이 얽히고 뭉치고 또 뭉처 똑— 똑— 문 두다린다
—누구시요? 들어오시우—
그러면 마음들이 조심히 문을 연다
—아 기다렸습니다 모처럼 오시니……
그이는 마중 나와 손 잡는다
그러면 마음들은 그를 둘러싸고 모두—
—쓰딸린 大元帥(대원수)!
—위대한 해방자여!

× ×

乙密台(을밀대)에서 부른 이 노래
구름 타고 바람 따라
온 세상에 펴지라—
우리는 쓰딸린 大元帥(대원수)를 노래한다!
밝쥐도 둥지 잃고 헤매던 캄캄한 이 나라에
행복의 빛을 가저온
그림자도 없을 듯 그 해쑥한 여윈 몸에
生(생)의 끓는 피 용솟음치게 한
위대한 쓰딸린을 노래한다!
태양아!
어느 때나 밤을 즉치며 빛나라, 뜨거우라!
쓰딸린 본받으라!
乙密台(을밀대)에서 부른 이 노래
온 세상에 펴지라!
우리는 쓰딸린 大元帥(대원수)를 노래한다—

—1946.4.14

| 수록지면 |

* 『영원한 악수』(종합시집), 로동신문사, 1946.
조기천, 『우리의 길』, 조선인민출판사, 1948.
『영광을 쓰딸린에게—이.브.쓰딸린탄생70주년기념출판』(종합시집), 북조선문학예술총동맹, 1949.
조기천, 『조기천 선집』, 조선작가동맹출판사, 1955.
『서정시선집』(종합시집), 조선작가동맹출판사, 1955.

흰 바위에 앉아서

흰 바위에 앉아서
나는 개울물과 이야기하노라
바위에 바위 돌에 돌을 지나
구름인 양 나리는 개울물
딩굴어 달리며 쫓으며
무삼 이야기 그리도 기쁘뇨?

×

골짜기를 지나 바위를 뚫고
이곳까지 밤낮 달리었노라
괴로운 앞길이 千里(천리) 또 千里(천리)
그래도 어느 때나 웃어 떠들며
한갓 믿음으로 깊어 흐르겠노라—

×

맑은 물줄기여
나도 네처럼 씩씩하리라
또 싸움의 길에 낭떠러지가 있으면
떠러저서 천야만야 창창 떠러저서
산산이 부서저야 된다면
내 서슴없이 뛰어들리라!

어느 때나 人民(인민)을 위해
나는 네처럼 살리라!
맑게 쟁쟁하게 줄기차게!

흰 바위에 앉아서
나는 개울물과 이야기하노라

—금강산 인민휴양소에서

| 수록지면 |

* 『조선문학』 2호, 1947.12.
조기천, 『우리의 길』, 조선인민출판사, 1948.
조기천, 『조기천 선집』, 조선작가동맹출판사, 1955.
『해방후서정시선집』(종합시집), 문예출판사, 1979.

보뚝에서

해질 무렵
세벌기음을 필했노라
마지막 돌피줌을 논드렁에 던지고
고개 들어 돌아보노라면
호함진 벼밭이 푸르게 들어누어
가볍게 숨쉬고

귀 기우리면
벼 자라는 소리도 들릴 듯
가는 바람 포기포기 건드리며
이리 속삭이며 저리 감돌며
그윽한 이야기 살틀도 하고

흐뭇한 마음속이
가없는 초원인 양 넓어지는데
보뚝에 올라서니
우리 마을이 뵈인다
인민위원회도 반기는 듯
구락부도 성인학교도

어느 때나 이 보뚝에 올으면
그리던 이를 맞은 듯—
오늘도 보ㅅ물이 유유히 나리는구나

내 가슴에 차넘치는
이 보뚝 이 물줄기
새 마을 내 마을 딸아 구비치누나!

눈 들어 바라보면
푸른 논판이 하늘에 끝나고
눈 들어 바라보면
줄처 선 새 기와집이 보란 듯이 나서고
어디선가 노래소리 들려라
金將軍(김장군)노래소리

내 마을 내 사람들이
새 삶을 찾은 이 보뚝
내 이곳에 오르기만 하면
哨所(초소)에 나선 듯
온 맘에 서슬이 일거니
지키리라 우리의 보뚝
인민의 보뚝을!
내 영원한 초병으로
기리 지키리라!

| 수록지면 |

* 『조국의 깃발』(종합시집), 문화전선사, 1948.
조기천, 『우리의 길』, 조선인민출판사, 1948.
조기천, 『조기천 선집』, 조선작가동맹출판사, 1955.

모쓰크바

내 나이 설흔이 넘었건만
어머니의 젖가슴 본 어린애 마음으로
八層露臺(팔층노대)를 걸어나간다
눈앞엔 나와 어깨 겨누어
아침 해ㅅ발을 받아안고 일어서는
五月(오월)의 모쓰크바,
아, 모쓰크바!
모쓰크바의 아침을 맞았다면
어찌 나의 감격을 모르랴!
묻노니
지금 지구의 어느 구석에선들
이러한 감격이 흐르지 않으랴!

모쓰크바! 모쓰크바!
이곳은 새 생활이 파동치는 곳,
이곳을 새 세계의 심장이
힘차게 조자맞게 울려
인류의 미래를 불러오는 곳,
十月(시월)의 불ㅅ길에
컴컴한 세기의 거리들이 밝어지고
레닌의 가르침 받아
쏘베트의 맥박이 영생을 고한 곳,
쓰딸린의 령도로써

태양을 받드는 인민이
찬연한 새 사회를 세우는 곳!

여기서 어느 한때 나폴레온도
제패의 망상을 한숨으로 불사루고
로씨야의 끝없는 雪原(설원)에
검을 꺾어 팽겨치며
치욕의 도주에 운명 매꼈다
세상을 눈 아래에 넣어
지구를 북울려 휘돌려던
팟쇼들의 야망도.
모쓰크바의 금빛 鐘林(종림)을 바라보며
크레믈리의 휘황한 샨데리야 밑
新年(신년)의 향연을 그리던
히틀러의 미친 심장도
여기로부터, 여기로부터
치명의 상처받아
검은 피 흘리며 꺼꾸러졌다
여기는 위대한 수령이
레닌廟(묘) 단상에 나타나
승리의 길을 가르치는 곳,
여기는 전승의 예포 소리로
後世(후세)들과 이야기하는
萬民(만민)의 자랑, 민주의 성벽
모쓰크바! 모쓰크바!

아침 해빛에

유리창들이 반짝인다 웃는다
크레믈리 궁전의 수많은 유리창들
어느 창문으로선가
쓰딸린 대원수 뵈이는 듯
나는 옷깃 여며 바루 선다—
그이 나를 내다나 보시는 듯.
아, 모쓰크바,
쓰딸린 대원수 계시는 모쓰크바!
세계는 이 아침에도
크레믈리를 바라보리,
그이는 이 아침에도
세계를 돌아보시며
인류의 행복을 꾸미리!

옛날부터 사람들은
태여난 고장을 일러 고향이라 불렀다
믿어 기쁘고 사랑하고
떠나서도 애타게 그리워—
그러나 고향 아닌 고향,
모든 인민들의 고향—
비록 그곳에서
태여나지는 못했을망정
가지 못하여 애타고
보지 못하여 그리운
한 번 가면 길이 살구 싶은
믿어 기쁘고 사랑하는
人類(인류)의 고향

모쓰크바! 모쓰크바!

萬里(만리)길 찾아온 내
모쓰크바, 그대의 품을
며칠 후 다시 떠나게 되리.
허지만 어찌 떠난다 하랴!
세계에 물어보라—
사람들의 가슴속엔
모쓰크바 그대 력력히 세워져
어느 때나 창조에 끓어 넘치며
어느 때나 투쟁에 불러
인민의 자유와 행복을 가르치느니
아, 모쓰크바!
세계의 모든 도시들도
그대처럼 높이 이루어지리라
온 땅이 그대처럼 높이 빛나리라
모쓰크바! 모쓰크바!

| **수록지면** |

* 『영원한 친선—쏘련군환송기념시집』(종합시집), 북조선문화예술총동맹문화전선사, 1949.
『영광을 쓰딸린에게—이.브.쓰딸린탄생70주년기념출판』(종합시집), 북조선문학예술총동맹, 1949.
조기천, 『조기천 선집』, 조선작가동맹출판사, 1955.

불타는 거리에서

1

원쑤의 폭격에
불타는 거리에서
이 글을 쓴다
알뜰한 솜씨의 침구들이
깨뜨러진 기왓장 밑에서 딩구는
무너진 주택에서
벽돌까지도 잿데미 되는 교실에서
침대들이 찌그러진 병실에서—
불 속에서 검은 연기 속에서
이 글을 쓴다
죽은 엄마를 붙잡고 우는
이 나라 어린애의 눈물을 걸쳐
아 검더기 묻은 빰에서 흐르는
그 방울방울의 눈물을 걸쳐
이 글을 쓴다
손자를 불바다 속에서 잃고
원쑤에게 저주의 주먹 높이 쳐들며
『이놈들! 벼락을 맞으라!』
피타게 부르짖는
파파 늙은 할머니의 터지는 마음을 걸쳐
모든 아버지들과 아들들의

불타는 가슴속에서
한없이 솟는 분노와 복쑤를 걸쳐
이 글을 쓴다

2

낯을 보라!
원쑤의 폭격에
불타는 거리에서
이 나라 사람들의 낯을 보라!
하늘에서가 아니다—
사람들의 눈에서
푸른 번개 치는 것이다
방금 찌를 듯 날고 있는 눈섭!
끝없는 분노 타오르는 이마!
공포와 비겁은
인민군의 돌격에 맞선
양키들의 미친 눈알에서 찾으라
락망과 어지런 눈물은
인민군의 포위에 빠진
양키들의 낯에서 찾으라!
여기엔 오직
헤아릴 수 없는 분노와 적개심—
이 나라 인민은
눈물을 잊었다!
한번 해방의 날 八·一五(8.15)에
성스런 눈물을 알게 된 인민이어든

어찌 다시 침략의 피 흐르는 총창과
노예의 검은 구렁 앞에서
절망의 눈물을 흘릴 것이냐!
불타는 거리에서
조국에 바친 심장만이
원쑤에게 향한 증오만이
이 나라 사람들의 낯을
떳떳이 쳐다보리—
그 엄숙하고도 타끓는
싸움의 정신을!
그 엄숙하고도 높은
애국의 마음을!

3

샛하야니 파도 밀려든다
불타는 거리로
무너진 거리로—
어느새 구호대들이 일어선 것이다
삽을 멘 사람들
갈구리 든 녀인들—
청년 복구대 녀맹 구호대들이
생명을 구하려
인민의 재산을 살리려
일어선 것이다
이 거리!
이 건물들!

직장에 가는 사람들의 발자욱 소리
아침마다 심장을
즐겁게 아뢰던 거리다
어린이들의 웃음소리
하얀 은방울같이 구을던 거리다
해방의 날을 맞을 때마다
삼가 꽃다발로 꾸미던 건물들이다
쓰딸린 대원수를 높이 부르며
이 땅의 자유와 행복을
김장군께 우러러 맹세하던 거리다
허기에 인민 구호대들은
샛하야니 파도같이 밀려든다
명령도 내리기 전에
불 속으로 연기 속으로 뛰여든다!

4

거의 무너진 三(삼)층집 앞에
「불발탄」이라 써 붙인 골목
보안대원이 서 있는데
로인이 걸어온다
『나는 수위올시다
저 三(삼)층집에서 일하는데
교대하려 간다우……』
로인의 말이다.
『여기엔 불발탄이 있어요
집으로 돌아가세요』

보안대원의 말에
『하……이게 안됐는데……
여보세요 대원 동무!
내 아들이 셋이
전장에서 싸우고 있다우……
내가 직장에 안 나간 것을
그 애들이 알아도 나무랠 것이고
남들이 알아도 그렇고
또 이러나저러나
집으론 못 간다우……』
『그것은 웨요?』
『하 대원 동무!
집의 로파가 이상한 사람인데
폭격할 때 변또를 지으면서
죽어도 좋을 늙으막에
수치를 결메지 말란다우……』
『그래도 허가할 수 없습니다』
웬일인지 대원은 로인에게
깍듯이 인사드린다
그의 말소리도 떨린다……

5

무엇이 이런 인민을
정복한다더냐!
한번 해방과 자유를
맞은 인민을!

어찌 솟아오른 태양을
떨어뜨릴 수 있다더냐!
하물며 위대한 형제의 인민이
북에서 성원의 횃불 높이거니
세계의 민주 진영이
침략을 뒤부시려
노도같이 일어났거니
무엇이 이 나라 인민을 정복한다더냐!
오늘은 피에 주린 양키들이
이 나라 하늘을 썰고 있다만
여기에서 여기에서
놈들은 무덤을 찾으리라!
오늘은 이 나라의 거리들이
불 속에 묻히였다만
불 속에서 재 속에서
황홀한 새로운 거리들이
흰 빛 고층건물을 받들고
푸른 하늘에 솟아오르리—
오늘은 공습 싸이렌에
어린애들이 바서지듯 운다만
래일이면 평화의 기적이
이 땅의 부강을 노래하리!
오 락동강 七(칠)백 리 기슭에
폭격 소리 울린다 울린다—
죽음을 원쑤에게!
죽음을!
인민군 영웅들이

락동강을 건넌다—
죽음을 원쑤에게!
죽음을!
한산도에 만세 소리 사모친다
승리를 웨치는
인민의 함성이다!
폭격에 불타는 거리에서
이 글을 쓴다
부산 마산을 향하여
남으로 남으로 나아가는
인민군 전사들의 끓는 심장을 걸쳐
이 글을 쓴다

—1950.8

| 수록지면 |

*조기천, 『조기천 선집』, 조선작가동맹출판사, 1955.
『서정시선집』(종합시집), 조선작가동맹출판사, 1955.
『해방후서정시선집』(종합시집), 문예출판사, 1979.

조선의 어머니

어머니는 흰옷 입으시고 동뚝에 섰나이다
푸른 고개 누른 신작로에
움직이는 하나의 모습
오늘은 세째 아들이
인민군 자원병으로 간답니다

한 해 전에 맏아들이 떠났고
한 달 전에 둘째 아들이 떠났고
푸른 고개 넘에로
아들의 모습은 사라져도
어머니는 잊은 듯이 서고만 있나이다

어느 결에 귀밑으론 서릿발이 지났는고
어머니의 한생은 길었던가 짧았던가
그믐밤같이 캄캄도 하였답니다
九(구)월의 논밭에서 구수한 바람이 일어
어머니의 낯을 다정히 스칩니다

다만 八(팔)월의 그날부터 천지도 밝아
처녀 시절의 봉선화도 보았답니다
그해 늦가을 남편의 무덤에서
좋은 세상도 못 보시고
옥사하시였다 목놓아 울었답니다

안개 나리는 아침마다
어머니는 이 동뚝으로 나오리다
고갯길은 긴 한숨같이 사라지건만
어머니는 눈물 없이 섰나이다
전쟁이 끝나기 전엔 눈물을 모르시리다

웨 이 나라의 어머니들은
눈물 없이 아들을 싸움터로 보내노?

거리들이 마을들이 불속에 묻히였거니
묻지 말라 오, 묻지 말라 어머니의 마음을,
원쑤에게 향한 그 증오를 그 저주를!

다만 전쟁이 끝났을 제야
마을 젊은이들이 전선에서 돌아올 제야
어머니는 이 동뚝에 나와서
눈물로서 그들을 맞으리다
아들 삼형제 돌아오려니
저 푸른 고개를 바라보시리다

그러면
어머니의 정성이 뻗히고 있는
저 고개로서 기어코 아들들이 돌아오리다
원쑤를 즉치고 바다에 쓸어넣고
승전의 노래 높이 돌아오는 아들 삼형제를
어머니는 흰옷 입으시고
이 동뚝에서 눈물로서 맞으리다—

—1950.9

| 수록지면 |

*『녀성들에게』(종합시집), 조선녀성사, 1952.
조기천, 『조기천 선집』, 조선작가동맹출판사, 1955.
『서정시선집』(종합시집), 조선작가동맹출판사, 1955.
『아름다운 강산』(종합시집), 조선문화예술총동맹출판사, 1966.
『신념의 메아리』(종합시집), 문학예술출판사, 2004.
『조선녀성』 605호, 2008.10.

조선은 싸운다!

1

세계의 정직한 사람들이여!
지도를 펼치라
싸우는 조선을 찾으라
그대들의 뜨거운 마음이 달려오는 이 땅에서
도시와 마을은 찾지 말라—
방금 섰던 三(삼)층 벽돌집은
아스팔트 길에 거꾸러지고
반 남아 타버린 가로수들은
허리 부러져 길바닥에 딩구느니,
과수원도 뿌리채 간 데 없고
박우물 바위도 부서지고
무서운 악몽에서 허덕이듯
고향 거리도 찾을 길 없으니
이 땅에서 도시와 마을은 찾지 말라—
남북 三(삼)천리에 잿데미만 남았다
태양도 검은 연기 속에서
피같이 타고 있는 조선!
폭격에 참새들마저 없어진 조선!

2

허지만 사람들은 살아 있다
불 속에서도 연기 속에서도
인민은 살며 싸운다
조선은 싸운다!
캄캄한 밤길—
시한탄에 밤이 튀는 신작로,
죽음이 목숨을 틀어잡은 여기서
무슨 그림자이냐 말소리냐—
『치기영— 어기영 치기영』
복구대는 일한다
시한탄을 끌어 내친다
그러면 어둠 속에서 호각 소리 울리고
서리 어린 화물차는 박는 듯이 멎고
젊은 운전수의 목소리는—
『길이 어떻소?』
그러면 어둠 속에서 반기는
『길이 좋아요!』
처녀의 맑은 목소리를 뒤이어
다시 호각 소리 출발을 울리는,
천리길 그 많은 굽이굽이에서
밤마다 밤마다 죽음을 이기는
조선의 싸우는 후방!

3

만일 하늘에 하느님이 있어
낮과 밤을 내였다면
조선사람을 보고 놀라리라—
밤을 모르는 백성을!
컴컴한 거리를 깨뜨리며
검은 번개 모양 자동차 날아 지난다
다정한 방울 소리 흘리며
달구지도 쉴 새 없이 밤을 지난다
그사이로 들려오는 발자욱 소리는
땅에서라도 불꽃을 일으키듯—
걸음을 재촉하는 행군인가
복구대인가 로력대인가
전동기 소리 기대 소리 마치 소리
어둠을 뚫고 새벽에 뻗치여
낮과 밤을 이어대는
싸우는 조선의 밤 모르는 후방—

4

동틀 무렵 그는 홀로 남았다
눈 내리는 고지에—
전우들도 죽고 련락도 끊어지고
산 밑에서 아우성치는 원쑤들에게—
『개놈들아! 올라오라!
나 혼자뿐이다!』

어찌 인민군 전사의 손에서
수류탄이 목표를 모르랴—
하늘도 퍼지고[3] 고지도 떠가는 듯
적은 세 번이나 물러섰다
본대에서 고지를 탈환했을 제
주위엔 적의 시체 너저분한데
쓰러진 전사의 낯에선
아직도 눈송이들이 녹았다—
정성껏 삼가 내려지는
조국의 고운 눈송이들은…
조선은 산이 많은 나라—
아, 그 많은 령마루 그 많은 바위에서
이 나라의 이름 없는 영웅들은
조국의 행복을 부르짖으며
김장군 만세를 웨치며
피 흘리면서도 죽으면서도
마지막 탄환으로 원쑤를 찾았다!

5

싸우는 조선의 전방아!
휘발유에 돌까지 타는 산에서
어떻게 원쑤를 물리쳤느냐
폭격에 밑바닥까지 뒤집히는 강하는
어떻게 넘었느냐

3 이후 판본에는 '터지고'로 표기되어 있다. '퍼지고'는 오식으로 보인다.

불붙는 거리와 마을들은,
폭격에 컴컴한 진지는
어떻게 지키느냐
누가 수류탄이 되여
적의 땅크 밑에 뛰여들었던가!
누가 마뜨로쏘브의 이름을 이어
가슴으로 탄환을 막았던가!
철화 속에서 포연 속에서
겨레의 죽음을 넘어
무한한 시련과 고통을 박차며
눈물도 잊어버리고—
끝없는 증오에 불타는 눈이
어찌 눈물을 알 것인가!
한숨도 없이—
끝없는 복수에 불타는 가슴이
어찌 한숨을 알 것인가!
모든 것을—
생명도 사랑도 청춘도
조국에 바치여
인민은 싸운다!

6

세계의 소박한 사람들이여!
싸우는 조선의 말을 들으라—
엄마 잃은 이 나라 애가,
길가에서 울며 기던 그 애기도

피 즐기는 양키들의 관혁[4]으로
백여 발의 총알을 맞았다
지금 당신이 안은 애기와 동갑이라고
언젠가 어머니는 그리도 기뻤더란다!
악형에 상처 받은 가슴을 붙안고
온갖 릉욕을 피타는 증오로 불사르고
벗은 몸으로 사형장에 나가는,
불덩이같이 나가는 조선의 녀인—
지금 당신을 길이 믿어 쳐다보는
하늘색 눈동자의 련인은 아닌가!
우리의 머리에 떨어지는 폭탄은
당신들의 머리를 겨누거니,
사람의 눈을 찌르며 손톱을 뽑으며
미칠 듯 웃어대는 야수들은,
사람의 가슴에 창끝으로
원자탄을 그리는 야수들은
당신들께 달려가며 날뛰거니

7

불타는 조선,
싸우는 조선의 이름으로,
이 나라의 모든 어머니들의 이름으로
세계에 부르짖는다—
지구의 인민들을 딸라에 교살하려는

4 이후 판본에는 '과녁'으로 표기되어 있다.

야수들을 막아 일어서라!
평화의 대렬을 강철같이 떨치라!
수백만 형제의 성스런 죽음으로써
그들이 흘린 붉은 피로써
세계의 평화 진영에
조선은 들어선다!
꽃 피는 자유의 땅,
행복의 땅을 위하여
三(삼)천만의 봄을 위하여
조선은 싸운다!
평화의 성벽 쏘련을 받드는
세계의 량심들은,
형제의 중국 인민은
열화의 성원을 보내거니
전승의 위대한 신념으로
조선은 싸운다!
싸운다!

—1951.2

| 수록지면 |

*조기천, 『조기천 선집』, 조선작가동맹출판사, 1955.
『서정시선집』(종합시집), 조선작가동맹출판사, 1955.
『아름다운 강산』(종합시집), 조선문화예술총동맹출판사, 1966.
『조선은 하나다』(종합시집), 문예출판사, 1976.
『해방후서정시선집』(종합시집), 문예출판사, 1979.
『조선녀성』 517호, 2001.6.
『천리마』 529호, 2003.6.
『신념의 메아리』(종합시집), 문학예술출판사, 2004.
『청춘이여』(종합시집), 금성청년출판사, 2007.
『조선녀성』 589호, 2007.6.

나의 고지

1

바다 멀리 이름 모를 섬같이
고지는 호올로 서 있다
달빛을 안은 밤안개는
감돌아 몇백 리 흘러 몇백 리—
고지는 무인도같이 외로워

깊은 잠에 빠졌느냐—
안개는 꿈길조차 잊었더니
새벽에야 산허리에서
골짜기에서 기슭에서
깰 듯 말 듯 뒤쳐 누우니……

그래도 꽃바람은 밤새도록
고지에서 몰래 진달래를 찾았고
밤새도록 소쩍새도 뉘를 불러
어서 오시라 기여이 오시라 기다렸거던
전사들은 이 밤 더욱 잠을 몰랐다

그들이 『나의 고지』를 지킨 지도
벌써 사흘 낮 사흘 밤
물어보라— 어떻게 고지를 찾았는가

웨 솔밭은 뒤짚이였고
웨 바위는 부서졌는가

밤은 전투 없이 새이고
먼동에 진달래 떨기마다 탈 무렵
산 밑에 구름바다를 깨트리며
포성이 미칠 듯 높아진다
적은 다시 고지를 삼키련다

포연 속에서 흙 속에서
다박솔 몇 대마저 넘어지고
참호도 처참히 무너졌을 때
련달아 독사스런 폭음을 질러대며
검은 쌍발기 덤벼들었다

연기와 불길이 고지를 휩싸고
양키의 검은 그림자들이
거머리같이 산비탈에 붙는데도
고지는 기절한 듯 침묵을 지킨다
웬일인가? 살았느냐 죽었느냐?

2

맨 처음으로 소대장이 머리 들었다
흙투성이 군모를 벗으면서
주위를 살피며—『동무들!』
무너진 참호 속에서—『여기 있습니다!』

중기 사수 두 명이 일어났다

포탄 구뎅이 흙 속에서도
바위 밑에서도—『여기 있습니다!』
전사들은 모두 일어섰다
놈들은『생지옥을 베푼다』기뻤지만
전사들은 빠짐없이 일어섰다

불 속에서도 흙 속에서도
생무덤 생지옥 속에서도
죽엄에 맞서 죽엄을 이기며
전설의 장수들같이 홀연 나타나서—
『명령을 기다립니다!』

五○(50)메—터 三十(30)메—터—
야수들의 상판을
돌맹이로도 내갈길 바튼 거리다
하물며 가슴에 안은 자동총이랴!
손에 익은 수류탄이랴!

순간 고지는 발끈 뒤집힌다
불과 폭음과 만세소리……
적은 아우성치며 거꾸러지며
산 밑에 내깔려 배키고
고지는 다시 틀어쥔 주먹같이 솟아 있다

아침 햇발이 검은 바위를 어루만지고

씨원한 산바람이 포연을 몰 제면
전사들은 땀을 씻으며 상처를 싸매며
다시 새 싸움을 마련하는 여기
조선의 고지—『나의 고지』여!

너의 가슴 위에 너의 등곬에
우리들의 싸움의 길이 놓였거니
진공의 길 방위의 길을 찾아
수많은 전우들의 무덤을 삼가 지나며
세상에 널리 이야기하라!

3

한 전사는 마지막 포탄을 안고
달려드는 적중에 뛰여들었다
다른 전사는 공화국 만세를 웨치며
가슴으로 적의 총구를 막아
승리의 길을 열어주었다

한 전사는 고지에 홀로 남아
산 밑에 있는 원쑤들에게—
『나의 중기는 살았다
나도 살아 있다!
개무리들아 올라오라!』

다른 전사는 최후의 혈전을 앞두고
석벽에 정성어린 글자로 썼으되—

『장군님께 맹세하나이다
마지막 피 한 방울까지 싸우겠나이다
조국의 행복을 위해
당신의 건강을 비나이다!』

三(삼)천리에 우리의 핏줄 모양 뻗은 산맥
높고 낮은 봉오리— 그 많은 『나의 고지』여!
조국에 바친 고귀한 심장을 찾으려거던
성스론 피의 흔적을 보려거던
여기로— 『나의 고지』로 오르라!

불멸의 위훈 영웅의 모습을 알려거던
청춘의 웃음 아름다운 사랑을 찾으려거던
생의 환희 죽엄의 높은 뜻을 알려거던
새 조선의 꺾을 수 없는 정신을 찾으려거던
여기로— 『나의 고지』로 오르라!

여기서 조선의 태양이 솟으며
여기서 푸른 하늘을 이고
푸른 벌을 가슴에 안고
민족의 오래인 치욕을 벗어 내치며
조선은 세계와 더부러 떳떳이 말한다

여기서 월가의 망상이 마사진다
여기서 명중탄의 통쾌한 웨침에
세계 제패의 단 꿈이 부서진다
여기서 백병전의 번개 치는 창날에

백아관이 아우성친다

조선의 고지 영웅의 고지
성스런 『나의 고지』여!
천 년이고 만 년이고 세월이 끝날 때까지
자유와 독립의 빛나는 상징으로
세기들과 세대들을 맞으며
솟아 있으라! 영원하라!

—1951.6

| 수록지면 |

*『전투원들에게 주는 시집 (2)』(종합시집), 조선인민군 총정치국, 1951.
『영광의 노래—조선인민군창건5주년기념시집』(종합시집), 문예총출판사, 1953.
조기천, 『조기천 선집』, 조선작가동맹출판사, 1955.
『문학신문』, 1967.7.28.

평론 **시인 조기천의 문학적 활동과 애국주의 사상**

리정구

1. 그의 간단한 리력과 문학 활동

시인 조기천은 1913년 11월 6일 함경북도 회령에서 빈농 출신으로 탄생하였다.

그가 아직 어렸을 때, 그의 부친은 일제의 압박과 착취 밑에서 조선에서는 도저히 가족들의 생활을 지탕[1]하기 곤난함을 느끼고 고향을 떠나 멀리 씨비리로 이주하여 갔다.

부친을 따라 씨비리로 간 조기천은 위대한 사회주의국가 쏘베트 정권 밑에서 행복하게도 국비를 받으면서 사범전문학교와 옴쓰크 고리끼 사범대학 로문과를 졸업하였다.

그는 어려서부터 대단히 총명하고 감수성이 풍부한 소년이였다. 행복한 나라 쏘련의 새 현실들은 황폐한 조선에서 온 이 다감한 소년에게 깊은 인상을 주었다. 그중에서도 특히 공청맹원들이 자기 조국을 방위하기 위하여 씩씩하게 싸우는 활동 모습과 쏘련인민들의 불붙는 사회

1 '지탱'의 오식으로 보인다.

주의 건설 투쟁에 궐기한 정경들은 이 소년의 가슴에 언제나 깊은 충격을 주었다.

그리하여 소년 조기천은 벌써 1930년 그가 17세 되던 해에 지방 인민기관지인 『선봉』이라는 신문에 「야외훈련」 「건설의 아침」 「새해」 「5.1절」 등 단시를 발표하여 쏘련 청년들과 쏘련인민들의 건설 투쟁에서 받은 감격을 표현하였다.

이때로부터 지방 인민들은 그의 문학적 재능을 사랑하게 되였다.

고리끼사범대학을 졸업한 그는 중앙아세아 크실-오르따 조선사범대학에서 약 2년간 교수로 사업하면서 창작에 정진하였다.

그러나 그의 머리에서 한시도 사라지지 않는 것은 조국에 대한 애착이였다. 학교에서 강의를 진행할 때나 또는 깊은 밤 창작에 지친 한 순간 그의 눈앞에는 언제나 어렸을 때 보아둔 자기 조국의 아름다운 산천과 그리운 고향 사람들의 얼굴이 번개같이 떠오르는 것이였다. 이럴 때마다 젊은 시인 조기천의 가슴에서는 자기와 자기 부모들을 고향에서 몰아낸 강도 일제에 대한 참을 수 없는 울분이 뒤끓고 있었다.

드디여 때는 왔다.

1945년 8월 전 세계 약소민족의 해방의 은인이신 쓰딸린 대원수가 령도하시는 정의의 전사 쏘베트 군대는 구라파에서 팟쑈 독일을 때려눕히고 다시 중국과 조선을 일본제국주의로부터 해방시키기 위하여 '만주'로 진격해 나왔다. 자기 조국의 원쑤를 쳐부실 때는 바로 이때라고 생각한 시인 조기천은 쏘베트 군대와 함께 '만주'에서 일제 관동군을 쳐부시는 전투에 참가하였다.

이리하여 1945년 8월 15일 쏘련이 선전을 포고한지 일주일 만에 일본제국주의는 완전히 패망하고 조선인민은 자유로운 해방을 맞이하게 되였으며 조기천은 승리한 전사로서 자기 조국으로 돌아오게 되였던 것이다.

그 후 조선을 해방시켜준 쏘련군대는 계속 우리 북조선에 주둔하면서 36년간 일본제국주의의 착취로 말미암아 파괴된 조선인민의 생활을 정치적 경제적 문화적으로 방조해주기 시작하였다.

그들은 파괴된 공장을 복구하는 로동자들을 도와주었으며 나어린 기관사들에게 운전과 기술을 배워주었으며, 학교와 기관들에서는 교육방법과 사업조직방법들을 지도해주었다.

1946년 2월 평양에서는 조선인민의 문화적 교양을 위한 붉은 군대 신문인 『조선신문』이 발간되였다.

이 신문사 편집 문사 중에 젊은 조선시인 한 분이 있었으니 그가 다름 아닌 조기천이였다.

동년 3월 조기천은 처음으로 『조선신문』에 「두만강」이라는 시를 발표하였다. 이 시로써 그는 처음으로 조선인민과 대면하게 된 것이다.

이 시에서 그는 고통 많은 조선인민의 과거를 회상하였다. 이 시는 바로 그가 다년간 자기 가슴속에 그려두었던 그리운 조국의 모습으로 된다.

이 시 속에서 그는 두만강을 통하여 해방된 자기 조국의 자유로운 양상을 다음과 같이 그렸다.

원한의 강, 피의 강,
이 땅의 눈물과 고통의 강, 두만강
이제야 그대는 와아와아 자유롭게
번쩍이는 파도의 앞길을 헤치며
하늘을 떠받는 대해로

흘러 흐르누나!

— 시 「두만강」의 일 절

이것은 동시에 작가 자신이 직접 손에 무기를 들고 일제를 쳐부신 통쾌한 감정의 흐름이기도 하였다.

오랫동안 그리던 어머니, 조국의 품으로 돌아온 조기천은 자유와 해방을 맞이한 이 땅의 인민들과 함께 노래하지 않을 수 없었다. 장구한 시일 그의 가슴속에 응결해 있었던 시정은 마침내 대하와 같이 터져나오기 시작하였다.

그는 계속하여 이 해 4월에 쏘베트 군대로 말미암아 해방된 조선인민의 민족적 감격을 읊은 「을밀대에서 부른 노래」를 쓰고 이 해 6월에는 조선인민의 력사적 토지개혁을 노래한 서정시 「땅의 노래」를 썼으며 1947년 2월에는 조선인민의 위대한 령도자 김일성 장군의 항일유격투쟁사를 그린 일대 장편서사시 「백두산」을 발표하였다. 이 서사시는 그가 근 1년 동안이나 고심 노력한 그의 최대의 력작이다.

이 서사시가 발표되였을 때, 조선로동당 중앙기관지 『로동신문』에는 매일같이 평론가들이 붓대를 들어 이 작품을 조선인민의 탁월한 애국주의 사상의 표현이라고 찬양하였다. 나종에 이 작품은 쏘련 말과 여러 민주주의 국가들의 말로 번역되여 전 세계에 널리 소개되였다.

1948년 3월 다시 그는 위대한 쏘련인민과 조선인민의 영구불멸의 친선을 노래한 서정서사시 「우리의 길」을 발표했고 1948년에는 미제침략자들과 리승만 매국역도들을 반대하여 일어선 남조선인민들의 영웅적 구국투쟁을 그린 「항쟁의 려수」를 발표하였다. 이와 같이 시인 조기천은 언제나 항상 조국과 인민들이 절실히 요구하는 문제들을 자기의 예술적 테-마로 설정하였으며 그러므로 이 작품들은 또한 언제나 광범한 인민대중들을 숭고한 애국주의와 국제주의 사상으로 무장시키는 역할을 놀았다. 이와 같은 그의 문학적 공로는 마침내 그로 하여금 1948년 모든 예술가들의 선두에 서서 국가로부터 공로메달을 수여받게 하였으며 해마다 열리는 8 · 15해방 기념 예술축전에서는 세 번이나 계속하여 수석표창을 받게 하였다.

그러나 시인 조기천은 다만 책상머리에 앉아서만 붓대를 드는 그러한 낡은 시인은 아니였다. 일찌기 세계에서 가장 선진한 국가인 쏘련에서 레닌주의의 사상으로 무장된 사회주의 교육을 받은 그는 예술이 진실로 인민의 것으로 되게 하기 위하여서는 예술가 자신이 깊이 대중 속에 침투되여 있어야 한다는 것을 잘 알고 있었다.

그는 분망한 신문사업의 여가를 타서 부단히 근로인민들과 접촉하였다. 그는 신문독자회를 소집하여 여기서 신문이 가지는 의의를 대중에게 널리 선전함과 동시에 이 회합에서 자기의 시를 랑독하였다. 그는 자주 라디오와 마이크를 통하여 시를 랑송함으로써 항상 인민들을 고상한 애국주의 사상으로 선동 고무하였다. 직장과 공장과 학교에서는 써-클원들이 자주 그를 초대하였으며 그는 피로를 느끼지 않고 이 대중예술의 저수지 속으로 찾아다니며 그들과 담화하고 그들에게 시작법과 시 랑송법을 가르쳐주었다.

1949년 여름, 조기천은 휴가를 리용하여 흥남인민공장을 찾아갔다.

여기서 그는 약 20여 일간 로동자들과 함께 기거를 같이하면서 자유로운 자기 나라의 부흥 발전을 위하여 총궐기한 조선 로동자들이 어떻게 투쟁하고 있는가를 실지로 볼 수 있었다. 일제가 파괴해 놓고 간 기계, 이 기계를 수리 복구하여 2개년 인민경제계획을 초과 달성하는 투쟁에 총궐기한 로동 영웅들, 그 속에서 새로 싹트는 애정 관계, 아직도 남아 있는 악질 파괴분자와의 투쟁, 쏘련 기사의 헌신적 방조, 웅장한 모-타 소리, 기계 소리, 전기로의 불길- 이 모든 것은 시인 조기천에게 크낙한 예술적 충동을 주었다.

공장에서 돌아온 그는 지체없이 붓을 들었다. 근 일 개년간 불철주야, 때로는 몸에 신병까지 얻어가면서 노력한 결과 마침내 그는 이 거대한 현실을 자기 작품 속에 훌륭히 재현하여 내였다.

이 작품이 바로 1950년 6월 초에 쏘련 대외문화협회 기관지 『쏘베트 신보』와 조선로동당 중앙기관지 『로동신문』에 발표된 장편서사시 「생의 노래」다.

이 작품은 그의 둘째 번 장편서사시다.

이 작품에서 그는 왜 우리들이 로동에 대하여 노래하지 않으면 안 되는가에 대하여 다음과 같이 쓰고 있다.

> 예전 시인들은
> 로동자 땀내를
> 시가의 주검이라 하였다
> 허나 우리는
> '작업량'을 말하련다.
> '생산능률'을 외치련다
> 으스름한 봄밤
> 달큼한 사랑의 한숨에서가 아니라
> 땀 흐르는 직장에서
> 참된 노래를 듣는다

창조에 불타는 가슴
못 백힌 주먹에서
아름다움을 본다
생활에 웃음이 꽃피기에
웃는 꽃을 반긴다
창조의 투쟁이 끓으며
태양이 빛나기에
달 밝은 밤을 사랑한다
이 땅의 예술가들이여!
높은 정열을 노래하려면
힘이 솟구치는 선을 보이려면
억찬 리듬을 찾으려면
여기로 오라—
자유 로력의 현장으로!

이리하여 이 작품은 우리 시문학이 로동을 긍정적이며 서사시적으로 취급한 첫 작품으로 된다.

1950년 6월 25일 미제국주의자들은 드디어 우리 조국의 북반부를 무력으로 침공해 들어왔다. 전체 조선인민은 영명한 우리 민족의 지도자 김일성 장군의 호소를 받들고 우리 조국 강토에서 미제를 격멸 소탕하는 위대한 조국해방전쟁에 총궐기하였다.

자기 작품을 통하여 항상 미제와 반동들과 투쟁하여 온 조기천은 이해 9월 군복을 입고 락동강 계선까지 전선을 따라 나갔다.

전선에서 돌아온 그는 「조선은 싸운다」 「불타는 거리」 「주검을 원쑤에게」「나의 고지」 등 수다한 작품을 써서 미제의 조선에서의 만행을 폭로하면서 조선인민의 불요불굴의 투지와 필승의 신념을 노래하였다.

1951년 3월 북조선문학예술총동맹과 남조선문화단체총련맹의 력사적 합동회가 열렸을 때, 그는 새로 발족하는 조선문학예술총동맹 부위원장으로 피선되였고 동년 5월 조선민주주의인민공화국 최고인민회의 상임위원회에서는 그의 문학적 업적을 찬양하여 그에게 영예의 국기훈장 제2급을 수여하였다.

1951년 7월 그는 우리 조선문학예술의 영예스러운 창조사업을 지도하는 행정에서 애석하게도 전사하였다. 1951년 8월에 발표된 장편서사시(미완성 작품) 「비행기 사냥꾼」은 그의 생애의 마지막 순간을 장식하는 영광스러운 절필로 된다.

시인 조기천의 문학활동은 대강 이러하다.

그러나 그의 창작활동과 로작들은 결코 상술한 범위에 국한되지 않는다. 그에게는 이외에도 「보뚝에서」「그네」「휘파람」「시월」「동해바다」 등 수다한 서정시편들이 있을 뿐만 아니라 브 · 마야꼬브쓰끼—, 드 · 쟘불, 느 · 크리바쵸브 등 쏘련의 저명한 시인들의 작품을 번역한 허다한 번역작품들이 있다.

그중 중요한 번역물로서는 드 · 쟘불의 「쓰딸린 대원수에게 드리는 노래」 마야꼬브쓰끼—의 「흑과 백」 그리바쵸브의 「김일성 장군」 등이 있다. 그는 이 번역물을 통하여 조선인민들에게 널리 쏘련의 선진적 문학을 소개하였으며, 또 이와 반대로 조선시인들의 작품을 로씨야 말로 번역하여 쏘련에 소개하는 등 실로 조쏘 간의 문화적 친선을 위해서 막대한 공헌을 하였다.

그의 시집으로서는 장편서사시 「백두산」(로동신문사 발행—1948년도) 서정서사시와 단시를 모은 『우리의 길』(1949년도 국립출판사 발행) 『항쟁의 려수』(1950년도 문화전선사 발행), 『조선은 싸운다』(1951년도 문화전선사 발행) 등이 있다.

2. 그의 창작의 기본 시기

위에서 보아온 바와 같이 시인 조기천의 창작활동은 주로 위대한 쏘베트 군대의 영웅적 투쟁으로 말미암아 우리 조선인민이 일본제국주의의 기반으로부터 해방된 1945년에서 그의 생애의 마지막 달인 1951년 7월에 이르기까지 불과 6년간에 지나지 않는다.

그러나 이 기간은 우리 조선인민들이 정권을 자기의 손에 틀어쥐고 우리 조선민족의 수령이신 김일성 장군과 조선로동당의 령도 하에서 조국의 독립과 통일과 민주화를 위하여 거대한 력사적 사업들을 진행한 시기다.

이 기간에 있어서 우리 인민들은 토지개혁, 로동법령, 남녀평등권 법령, 중요 산업 국유화 등 제반 민주개혁을 실시하고 우리 조국 북반부에 강력한 민주기지를 축성하였으며 그 기초 위에 통일적 조선민주주의인민공화국을 선포하고 본격적 인민경제 건설에 들어섰으며 그와 동시에 남반부에서는 우리 인민들이 북반부에서 진행된 이와 같은 찬란한 건설사업에 고무 추동되여 우리 조국을 또다시 식민지 노예화하려는 미제침략자들을 반대하는 가렬한 구국투쟁을 전개하면서 장성하였다.

이와 같은 장성된 우리 조선인민의 통일된 력량은 1950년 6월 25일

이후 우리 공화국 북반부에 불의의 무장침공을 하여온 미제침략자들과 그의 주구 리승만 괴뢰도당들을 격멸 소탕하는 투쟁에서 자기 조국의 독립과 자유를 수호하는 성스러운 력사적 위업들을 성과 있게 수행하고 있다.

시인 조기천이 창작활동을 하여온 6년간에 우리 조선인민들이 수행하였으며 또는 수행하고 있는 력사적 위업들은 대강 이러하다.

이제 이 기간에 있어서의 조기천의 창작을 이 기간에 수행된 조선인민들의 력사적 위업들과 관련하여 몇 개의 기본 시기로 구분하여 본다면 다음과 같다.

(가) 첫째 시기—일제로부터의 조선인민의 해방과 인민경제 부흥복구 시기(1945년 8월—1948년 8월) 이 시기는 일제로부터 해방된 조선인민이 거대한 민족적 감격 속에서 제반 민주개혁을 실시하면서 파괴된 민족경제와 민족문화를 복구 발전시킨 시기다. 이 시기에 있어서 우리 인민대중의 물질 문화 생활은 향상되였으며 우리 인민들은 각각 자기의 개성을 자유스럽게 발전시킬 수 있었다. 이 시기에 제작된 그의 시작품들은 위선 단시로서 「두만강」(1946년 3월) 「을밀대에서 부른 노래」(1946년 4월) 「큰 거리」(1946년 4월) 「5.1절을 맞으라!」(1946년 5월) 「수양버들」(1947년 4월) 「우리의 노래」(1947년 5월) 「그네」(1947년 6월) 「흰 바위에 앉아서」(1947년 7월) 「보뚝에서」(1947년 8월) 「분노」(1947년 9월) 「휘파람」(1947년 9월) 「동해바다」(1947년 9월) 「10월」(1947년 10월) 등이 있고 서정서사시로서는 「땅의 노래」(1946년 6월) 「네 거리에서」(1947년 7월) 「우리의 길」(1948년 3월) 등이 있으며 장편서사시로는 「백두산」(1947년 2월)이 있다.

이 작품에서 조기천은 위선 쏘베트 군대로 말미암아 해방된 조선민족의 력사적 감격과 (「두만강」 「큰 거리」 「5.1절을 맞으라!」) 쏘련인민과 조선인민과의 굳은 친선(「을밀대에서 부른 노래」 「10월」 「우리의 길」)을 노래하였고 우리 민족의 력사적 개혁과 이 개혁으로 말미암아 거두어진 행복한 생활(「땅의 노래」 「보뚝에서」 「그네」 「수양버들」 등)과 이 생활 속에서 날로 꽃피여가는 우리 인민들의 자유로운 개성의 향상과 그들의 생활에 대한 의욕과 투지(「그네」 「휘파람」 「우리의 노래」 「동해바다」 「분노」 「네 거리에서」 등)를 노래하였으며, 과거 백두산에서의 우리 민족의 애국적 전통의 력사를 높은 감정으로 시화하였다.(장편 「백두산」)

(나) 둘째 시기—인민경제건설과 구국투쟁의 시기(1948년 9월—1950년 6월 24일)

이 시기 북반부에서는 이미 실시된 민주개혁의 성과를 토대로 하여 남북 조선의 전체 인민들의 총의로 조선민주주의인민공화국을 선포하고 우리나라 북반부에서는 인민 생활을 일층 향상시키기 위하여 광대한 기본 건설들이 진행되였으며 남반부에서는 전체 애국적 인민들이 자기들의 운명을 더욱더 궁지에 몰아넣으면서 식민지 예속화 정책을 일층 더 로골화하는 미제를 반대하여 광범한 구국투쟁을 전개한 시기이다.

이 시기에 우리나라에는 많은 로력 영웅들과 항쟁 영웅들이 탄생하였다. 이 시기에 제작된 조기천의 작품 장편서사시 「생의 노래」(1950년 6월)와 서정시편 「항쟁의 려수」(1949년 4월)는 이와 같은 우리나라의 영웅들의 투쟁을 반영하였다. (1949년 10월에 발표된 「모스크바」도 이 시기에 속한다)

(다) 셋째 시기—조국해방전쟁 시기(1950년 6월 25일—1951년 7월 31일)

이 시기는 "1950년 6월 25일 적들의 불의의 무장침공에 의하여 우리나라의 평화적 건설이 중단되고 우리 조국과 우리 인민이 조국의 독립과 자유를 수호하는 전시상태에 들어서게"(김일성)된 시기로부터 그의 생애의 마지막 날인 1951년 7월 31일까지의 시기로 된다.

이 시기에 제작된 그의 작품은 위선 서정시로서 「불타는 거리」(1950년 8월) 「조선의 어머니」(1950년 9월) 「주검을 원쑤에게」(1951년 1월) 「눈길」(1951년 1월) 「봄노래」(1951년 2월) 「조선은 싸운다」(1951년 2월) 「나의 고지」(1951년 7월) 등이 있고 마지막으로 미완성 작품인 장편서사시 「비행기 사냥꾼」(1951년 8월, 그의 사후 발표됨)이 있다.

이 작품들에서 시인 조기천은 미제국주의 략탈자들을 반대하여 오늘 우리 조선인민이 진행하고 있는 전쟁 과정에서 놈들이 범한 야수적 만행들을 폭로하면서 이 전쟁의 참다운 의의와 오늘 우리의 인민들 속에 날로 장성 강화하여 가는 광범한 대중적 영웅주의 정신을 시화하였다. 시인 조기천의 창작의 기본 시기와 그 작품 계렬은 대강 이러하다.

여기서 하나 부언하여 둘 것은 이 시인의 창작 상 기본 시기들은 그것이 또한 우리나라 해방 후, 문학사의 기본 시기들로도 되여야 할 것이라는 것이다.

3. 그의 작품에 나타난 애국주의 사상

그가 창조한 영웅적 형상들과 혁명적 정신들은 구체적으로는 그의 작품 속에서 자기 조국의 자유와 독립과 통일과 번영을 위하여 투쟁하는 열렬한 애국적 활동가들과 그들이 체현한 애국적 사상(서정시에 있어서는 그 배후에 서 있는 작가 자신의 사상)으로 나타난다.

그러므로 이 항목에서 우리들은 그의 전 창작을 통하여 표시된 인물들은 그것이 바로 무엇을 의미하며 그 특성들은 어데 있는가에 대하여 연구하기로 한다.

시인 조기천은 그의 첫 작품인 「두만강」에서 벌써 자기의 전 창작 행정에 나타날 애국적 인물의 원형과 그들이 체현할 숭고한 정신적 기개들을 암시하였다.

이 작품에서 첫째로 조기천은 과거 우리 조선이 가졌던 찌프린 낯과 누덕이 옷과 "재산이란 가슴속"에 "노예의 설음"뿐이고 "의탁이란 장알진 손"에 "지팽이 뿐"인 "빼앗기고 짓쫓기는" 사나이들과 가난 속에서 "말 한마디 틀리랴 겁내며 눈물에 치마고름 썩어도 앞날을 바라보고 한숨을 죽이는" 녀인들과 찬 겨울 "얼음장 찬 물결" 위에 "추격의 총소리" 들으며 "새벽 비낀 언덕 바라고, 운명을 물결에 맡기는" 지사들과 "마지막 탄환까지도 원쑤에게 보내면서" "죽어서도 죽어서도 놈들의 손에 안 들려 한 많은" 물결 위에 몸을 던지는 그러한 의병들을 회상하고 있다.

이것은 곧 그의 전 창작 속에 전개될 주인공들의 원형인 것이다.

둘째로 이 작품에서 그는 원한과 눈물의 강인 두만강이 해방을 맞이하여 자유로이 흐르는 양상을 다음과 같이 묘사하면서 자기 창작에 표시될 애국주의 사상의 성격을 암시하고 있다.

……그대는 와—와— 자유롭게
번쩍이는 파도의 칼로 앞길을 헤치며
하늘을 떠받는 대해로 흘러 흐르누나!

이 땅의 기쁨에 웃고 울고 어리광치기도 하고

인민의 원쑤를 쳐부시련 듯이

외치고 성내며 뒤끓기도 하누나

마음 찢는 과거를
안도의 한숨으로 성막아 놓고
반짝이며 속삭이며 흘러 흐르누나!

— 시집 『우리의 길』 13~14페이지

이것은 단순한 물결의 그림이나 묘사가 아니다.

이것은 해방된 우리 인민들의 거센 혁명적 기세이며, 숭고한 정신적 기개이며, 자기 조국에 대한 열렬한 사랑의 표시다.

이와 같은 혁명적 기세, 정신적 기개, 자기 조국에 대한 사랑의 상징이 그의 전 창작 속을 관류하고 있는 애국주의 사상의 성격을 암시하여 주는 것이다.

작품 「두만강」은 이와 같이 그의 전 작품 속에 확대될 인물들의 원형과 사상들을 암시하고 있다는 의미에서 그의 전 창작 행정에서 서시적 위치를 차지하고 있다.

(주… 평론가 정률 씨는 「시인과 현실」이라는 자기의 론문 속에서 "단시 「두만강」을 벌써 이 시인의 걸작인 장편서사시 「백두산」의 초 형태"라고 보고 있다.
평론집 『문학상의 제문제』 114페이지 참조)

그러나 나는 한 걸음 더 나가서 이 작품을 그의 전 창작의 서시적 형태라고 본다.

두만강은 그의 물결의 순결성으로 말미암아 우리 민족의 고상한 애국적 절개의 상징으로 되며 그가 바로 "백두산 천지에 뿌리를 박고" 흐른다는 그 흐름의 장엄성으로 말미암아 우리 인민들이 자기 조국의 자유와 독립을 수호하는 장엄한 위력의 상징으로 된다.

조기천은 자기의 매개 작품에서 그가 이미 작품 「두만강」에서 계획한 애국적 인물들의 원형을 확대시키면서 그들의 생활과 투쟁과 성격들을 통하여 이 작품에서 암시한 숭고한 애국적 사상들을 구현시키고 있다.

장편서사시 「백두산」에 나오는 여러 인물들 — 김대장, 철호, 꽃분, 영남, 김윤칠 — 그들은 모두 다 일제의 가혹한 탄압 밑에서도 광범한 인민의 지지를 받으면서 원쑤들을 반대하는 과감무쌍한 무장투쟁을 전개한다. 특히 그중에서도 김대장은 전략과 전술에 능통하여 항상 독서를 게을리하지 않으며 인민을 깊이 사랑하며 탁월한 인내성과 과단성을 가지고 사물에 대한 명민한 판단을 내리며, 동지들에게는 항상 관용과 애정으로 대하며 원쑤에게 대해서는 그 어떠한 장애물에도 굽힐 줄 모르는 절세의 애국자다. 그는 오늘 자기 조국의 자유와 독립과 통일을 위하여 민주의 선두에 서서 싸우는 우리 조선인민들의 무궁무진한 애국정신의 원천이며 정화로 된다.

작품 서정서사시 「우리의 길」에 나오는 성춘이도 역시 과거 일제와 피투성이가 되여 싸우던 우수한 애국자의 한 사람이다. 이 작품에서 조기천은 벌써 과거 '백두산'에서 싸우던 우리의 훌륭한 애국적 전통들이 오늘 우리 조선의 자유로운 민주 건설의 선두에 서서 유감없이 자기의 력량을 발휘하고 있는 일례를 보여주고 있다.

쏘베트 군대의 영웅적 투쟁으로 말미암아 무사히 구출된 성춘이는 피로를 모르고 정당 사회단체 조직사업에 참가하며 위험과 혹한을 무릅쓰고 먼 고도로 찬 물결을 헤여 민주선거 선전 임무를 헌신적으로 수행하는 그러한 인물이다.

1949년에 그가 쓴 서정시편 「항쟁의 려수」에서는 우리 조선사람들

중 벌써 보통 사람들이 총검을 들고 미제와 싸우는 애국자로 나타난다. 여기서는 보통 부두 로동자들과, 보통 늙은이들과, 어린 학생들과, 녀인들이 손에 무기를 들고 우리 조국의 남반부를 생으로 삼키려는 미제와 결사적으로 투쟁한다.

이것은 바로 작가 조기천이 이미 자기의 작품 「두만강」에서 암시한 원쑤가 있으면 "인민의 원쑤를 쳐부시련 듯이 외치고 성내며 뒤끓는" 그러한 숭고한 애국적 사상의 실천자들이며, 이것은 바로 "백두산 천지"에 깊이 뿌리를 박고 흐르는 '두만강'의 정신을 체현한 강의한 우리 조선인민들의 대중적 영웅주의의 애국적 형상들이다.

이 형상들은 다시 그가 장편서사시 「생의 노래」에서 구가한 수많은 애국적 로력 영웅들의 형상과 련결된다. 작품 「생의 노래」에서 시인 조기천은 고상한 당적 원칙에 립각한 우리 북반부 애국적 로동자들이 어떻게 자기 조국의 건설을 위하여 자각적으로 투쟁하고 있으며 이 건설을 방해하는 반동들과 어떻게 결투하고 있는가를 보여주고 있다.

이 작품은 「항쟁의 려수」와 함께 우리나라에 장성 발전하고 있는 대중적 영웅주의의 현실을 반영하고 있다는 데 그 의의가 있다.

조국해방전쟁 시기에 쓴 그의 모든 작품 속에서 우리 인민들의 대중적 영웅주의 사상은 더욱더 확대 강화되고 있다.

작품 「불타는 거리」[2]에서는 늙은 로인이 직장을 사수하러 가기를 강요하고 있으며, 작품 「조선은 싸운다」에서는 폭탄이 터지는 밤 신작로 길 위에서 수많은 사람들이 도로를 복구하며 시한탄을 끌어 내치는 "치기영 치기영" 소리가 대담하게 들려온다.

---

2 시의 원래 제목은 「불타는 거리에서」이다.

여기서는 우리 인민들의 애국주의가 자기 조국을 방위하는 존엄한 해방전쟁에서 가장 명백히 표현되였다는 실례를 보여주고 있다.

자기 생애의 마지막 시기에 쓴 작품 「나의 고지」와 「비행기 사냥꾼」에서 그는 다시 우리 인민군대의 용감성과 영웅성을 보여주고 있다.

이 작품들에서 우리 전사들은 폭탄을 안고 적진 속으로 달려들며 자기의 가슴으로 적의 총구를 막으면서 조국과 인민 앞에 승리의 길을 열어 놓는다.

바로 이 때문에 "우리 전사들의 애국주의는 용감성과 영웅성의 무진장한 원천"(김일성 장군)으로 되며 바로 이 때문에 우리 인민군대의 영웅성은 "문자 그대로 완전히 대중성을 갖"(김일성)는 것이다.

조국해방전쟁 시기에 그가 쓴 모든 작품들은 이 위대한 정의의 전쟁이 "자기 조국의 자유를 위하여 주검으로 나아갈 각오를 하고 있는 수천의 남녀 영웅들을 우리나라에 낳고 있다"(쓰딸린－「위대한 조국 전쟁에 대하여」)는 사실을 증명하여 주고 있다.

이상과 같이 그의 작품 속에 전개된 매개 인물들은 그들이 모두 다 이 시인이 이미 「두만강」에서 암시한 우리나라 인민들의 숭고한 애국주의 사상의 구체적 체현자들이며 실천자들이다.

시인 조기천의 작품 속에 창조된 매개 애국적 형상들과 그들이 표현한 애국적 사상들은 그것이 모두 다 우리나라에 실제로 존재하였으며, 또한 존재하고 있는 매개 력사적 현실 속에서 탄생하고 이 현실들을 공고히 구축하면서 우리나라 인민 생활을 일층 더 발전시킨 실재적 힘이라는 데 그 의의가 있다.

그러면 그의 작품에 나타난 이와 같은 우리나라 인민들의 애국주의 사상의 특성들은 무엇인가?

그것은 첫째로 이 사상들이 우리나라 인민들 안에 들어 있는 본래의 아름다운 본성으로부터 흘러져 나왔다는 데 그 특성이 있다.

자기 부모와 안해와 자식들과 친구에 대한 사랑, 자기 가정과 고향과 고향사람들에 대한 애착심, 자기 조국의 풍토와 력사와 문화에 대한 사랑, 이 모든 것은 인민들의 본래의 성질로부터 나오는 가장 아름다운 특성들이다.

그의 작품 속에 묘사된 매개 애국적 인물들은 바로 이와 같은 아름다운 특성들을 자기 속에 풍기고 있는 자랑스러운 인간들이다.

작품 「백두산」의 주인공 김대장은 남 다 자는 깊은 밤 "먼 옛날 그의 어린 시절이 흘러간 어느 때나 그리운 고향의 옛집"과 "미움드레 가리며 한숨짓던 수심 어린 어머니의 모습"을 남몰래 생각하며 투쟁에 대한 새로운 원기와 새로운 목적을 살피는 그러한 인간이며 작품 「우리의 길」에 나오는 성춘이도 간고한 감방 투쟁의 한 순간에 바다에서 들려오는 파도 소리에 멀리 고향에 두고 온 어머니의 안부를 그리고 있는 그러한 절절한 인간이다.

작품 「항쟁의 려수」에서는 늙은이와 녀인네와 어린것들이 자기 아들과 어머니와 오빠와 형들을 위하여 원쑤들과 결사적으로 싸우고 있으며 작품 「생의 노래」에서는 모든 로동자들이 우애에 넘치는 협조의 정신으로 자기들 앞에 부과된 생산투쟁의 성과를 공동적으로 보장하고 있다.

이 밖에도 조기천은 자기 작품의 도처에서 우리 조국 강토의 아름다운 산천풍경들과 우리나라 인민들의 지난날의 슬픈 생활의 이야기와 우리나라의 문화적 재산들에 대하여 열렬한 감정들을 표현한다.

례하면 「백두산」, 「두만강」, 「동해 바다」, 「나의 고지」 등에서 묘사한 산천풍경이 그 첫째 것이며 「백두산」 제2장과 제3장에서의 꽃분네 일가의 생활, 제6장에서의 압록강 떼목꾼들의 생활에 대한 민요적 묘사와 「우리의 길」에서의 성춘의 감방 투쟁에 대한 묘사, 기타 많은 작품들에 나타난 우리나라 인민들의 과거 생활형편에 대한 묘사가 그 둘째 것이며, 「을밀대에서 부른 노래」에서의 우리나라의 력사적 유물 을밀대에 대한 열렬한 사랑의 표시가 그 셋째 것의 대표적인 것이다.

일례를 우리들은 이 시인이 생애의 마지막에 쓴 서사시 「비행기 사냥꾼」에서 들어보자. 이 시의 서두는 다음과 같은 가장 고조된 향토애를 묘사한 시행들로 시작된다.

나는 강변리에 산다
폭격에 지붕이 날아난 집—
봄 하늘이 천정이다
강뚝 밑에 간신이 남아 있는 방
나는 여기서 글을 쓴다

밤마다 다정한 물결 소리
꿈결을 대동강에 이끌어 놓고
만조 때면 집은 부두의 선체 모양
방금 어디론가 떠날 상 싶어
기어이 뉘와 만날 듯하여—

폭격 맞은 집 지붕은 이미 없다. 다만 새파란 하늘만이 자기 방 안의 유일한 천정이다. 이런 방 안에 그는 들어앉아 자기의 창작사업에 열중하고 있다.

방금 곁에서 흐르고 있는 대동강 물결은 그에게 부드러운 꿈결을 실어다주며 이럴 때마다 그는 천정 없는 집 그러나 그에게 있어서는 버릴 수 없는 이 나의 '집'에 대하여 아름다운 명상을 한다.

여기서 우리들은 무엇을 보는가?

여기서 우리들은 작가의 명상과 함께 우리나라 인민들의 자기 집과 자기 고향의 풍토에 대한 참을 수 없는 애착의 감정을 본다.

만약 자기 집과 자기 향토에 대한 열렬한 사랑의 감정이 없다면 어떻게 이와 같이 지붕도 없고 천정도 없는 집 속에 즐거운 마음으로 앉아 있겠는가?

사람은 언제나 항상 자기가 소중히 여기는 것, 자기가 사랑하는 물건이 상처를 입었을 때, 더욱더 그것에 대한 부드러운 감정을 느끼는 것이다.

여기서 우리들은 우리 인민의 자기 집과 자기 향토에 대한 정복할 수 없는 위대한 사랑의 정신을 보며 이로 말미암아 우리의 향토와 우리의 대지가 더욱더 아름다움을 본다.

바로 이 때문에 가정과 향토에 대한 이와 같은 열렬한 사랑의 정신 때문에 이 시인은 적의 비행기 소리가 우리 조국의 하늘을 어지럽게 할 때마다 붓대를 꺾을 지경의 분노에 타며, 이 추악한 원쑤들의 날개를 쏘아뜨리기 위한 무기를 생산하는 자기 창조 사업에 온갖 심혈을 쏟는 것이다.

김일성 장군은 우리 작가 예술가들에게 주는 격려의 말씀 속에서 애국심에 대하여 다음과 같이 지적하였다.

"애국심은 그 어떠한 추상적인 개념에 그치는 것이 아닙니다. 애국심은 자기 조국의 강토와 력사와 문화를 사랑함과 함께 아울러 자기 고향에 대한 애착심, 고향 사람들에 대한 생각과 감정, 부모, 안해 자식들에 대한 애정에도 표현되는 것입니다. 애국심은 인간의 감정에서 구체적으로 그 표현을 보게 되는 것입니다.”

시인 조기천의 작품 속에 표현된 애국주의 사상은 이와 같이 주권을 인민이 틀어잡은 인민민주주의 제도 하의 우리 인민들의 감정 속에 구체적으로 살고 있으며 구체적으로 표현되고 있는 자기 가정과 고향과 부모와 안해와 자식들과 자기 조국의 강토와 력사와 문화에 대한 사랑이라는 본래의 아름다운 성품들로부터 발생한 사상이라는 데 그 첫째 특성이 있다.

둘째로 그의 작품에 나타난 애국주의 사상은 그것이 바로 우리나라 인민들의 고유한 생활 속에서 발생하고 성장한 우리 민족의 가장 훌륭한 애국적 전통들을 이은 사상인 것이다.

작품 「백두산」에 나오는 김대장은 당시 우리 인민들이 우리 조국을 “제정시대의 모든 최신식 기술 완성과 순전한 아세아적 고문 제도와 미증유의 야수성”(레닌)으로 강탈하고 있는 일본제국주의의 약탈자들의 악독한 식민지 통치를 반대하여 싸우는 투쟁 속에서 탄생한 우리 민족의 절세의 애국자이며, 작품 「우리의 길」에 나오는 성춘은 해방된 우리 조국의 복구사업에서 「생의 노래」의 주인공 영수는 발전하는 우리나라 인민경제건설 투쟁에서 각각 탄생하였으며, 「항쟁의 려수」 기타 조국해방전쟁 시기의 그의 작품에 나오는 무수한 애국적 대중들은 그들이 모두가 우리나라를 또다시 식민지 노예화하려는 미제 무력침략자들을 반대하는 우리 인민들의 과감무쌍한 투쟁 속에서 탄생한 애국적 인물들인 것이다.

이 인물들은 그것이 또한 다만 우리나라 인민들의 생활과 투쟁에서 탄생하였을 뿐만 아니라 우리 인민들의 과거와 현재의 생활에 고무 격려되여 활동하면서 생활을 일층 더 앞으로 발전시킨다.

작가 조기천이 자기 작품의 도처에 자기 인물들로 하여금 우리나라 인민들의 과거와 현재의 생활을 회상시키면서 그들에게 원쑤에 대한 불붙는 증오심과 무적한 용감성과 건설에 대한 강이한 의욕을 불러일으키며, 그들의 활동을 확대 강화하고 있는 것이 그것이다.

(주… 작품 「땅의 노래」 3, 4, 5, 6, 7, 「네 거리에서」, 「우리의 길」 1장, 「항쟁의 려수」 중, 「바다여!」, 「생의 노래」 제1장 등 참조)

그의 작품 속에 표현된 이와 같은 인물들이 발현한 애국주의는 그러나 그것이 우리나라 인민들의 생활의 매개 력사적 계단 속에서 분리되고 절단된 그러한 사상은 아니다. 그것은 우리 인민들의 유구한 력사를 통하여 일관하여 흐르고 있는 우리나라 인민들이 오랜 시일을 두고 모든 부패한 봉건 통치계급과 투쟁한 애국적 전통들을 계승 발전시킨 사상인 것이다.

이 사실을 작자는 자기 작품의 여러 군데에서 설명하고 있다.

례하면 작품 「백두산」에서 작자는 다음과 같이 쓰고 있다.

백두산! 백주산![3]
너, 세기의 증견자야!
'성길사한'의 들띠우는 말발굽도
'풍신수길'의 피 묻은 칼도
너의 가슴에 잊히지 않는 상처를 남겼고
5백 년 왕업도
사신의 두 어깨에 치욕의 짐이 되여
너의 등곬에 모멸의 발자국 치며

3 '백두산'의 오식이다.

해마다 압록을 건너야만 될 때도
인민만은 자유의 횃불을 쳐들고
'홍경래'의 창기를 뒤따랐고
동학의 싸움을 펼쳤다
허다가 반만 년 다듬기운 이 땅이
왜적의 독아에 움크러질 때
백두야 너도 가슴 맥히여
수연히 머리 숙이였지!
그러나 인민만은 봉화를 일으키여
칼을 들고 의병이 일어났고
피를 들고 '3 · 1'이 일어났다
파업의 굴뚝에 분노 서리우고
'소작'을 안고 주림이 통곡칠 때
또 송화강 물결까지도
왜적의 그림자에 거칠어지고
만리장성도 놈들의 멸시에 맞아
조악돌로 딩굴 때
이 나라의 빨찌산들이 일어나
반항의 기치를 피로 물들이거니
아아 백두야, 네 얼마나
동해의 날뛰는 파도인 양
격분에 가슴을 떨면서
바다 속 섬나라 저 원쑤를—
하늘 아래 한가지 못 살 저 원쑤를

피어린 눈으로 노렸느냐!

—『백두산』 제3장, 31[4]-53-54페이지

이것은 김대장을 령장으로 한 백두산 항일 빨찌산의 애국주의가 과거 우리나라의 애국주의의 전통을 발전시킨 사상이라는 것을 말하고 있다.

작품 「우리의 길」에서도 주인공 성춘이가 과거 우리나라의 애국적 영웅들을 회상하는 다음과 같은 장면이 있다.

그러면 지나간 세기들을 쳐들리—
청천강 물목에 높이 올라서
말고삐 채는 을지 장군이여
백두산석에 검 가는 남이 장군
한산도 세찬 물결 위에서
왜적을 호령하는 순신 장군!

묻노니 왜 우리 선렬들이 싸웠는가?
남의 땅을 노렸더냐?
남의 부원 탐냈더냐?

— 시집 『우리의 길』 156페이지

여기에서도 해방 후, 민주건설에 참가하는 우수한 애국자의 한 사람

---

4 '52'의 오식이다.

인 성춘의 피 속에 과거 우리나라 선렬들의 고귀한 애국적 정신이 흐르고 있음을 우리들은 볼 수 있다.

이 작품에는 더 나아가 성춘이가 달 밝은 밤, 거리에서 떠오는 김장군의 노래를 들으며 과거 '백두산'에서 싸우던 우리나라의 숭고한 애국적 형상인 수령의 모습을 흠모하는 다음과 같은 구절이 있다.

3천리를 뒤떨친
'3 · 1'의 분노도 피에 숙으러지고
의병의 불꽃도
토벌에 맞아 흩으러졌을 때
다시 애국의 횃불을
백두의 높은 봉에 휘두는 김장군!

이 땅에 고이는 물 흐르는 물
장백에 그 원천 가졌거니
대대손손 그 물 마신 백성이
어찌 장군을 받들지 않으랴!
노래여 노래여 더 높이 솟으라

— 시집 『우리의 길』 152페이지

여기서는 벌써 과거 '백두산'에서 싸우던 항일유격 빨찌산들의 숭고한 애국주의가 우리나라 인민들의 가장 위력있는 애국적 전통으로 된다.

이 이후에 제작된 모든 그의 작품에 나오는 인물들 — 작품 「항쟁의 려수」에서도, 작품 「생의 노래」에서도 「네 거리에서」, 「불타는 거리」,

「조선은 싸운다」, 「나의 고지」, 「비행기 사냥꾼」에 나오는 모든 인물들 — 그들은 모두 다 우리 민족의 애국적 사상의 가장 숭고한 거울인 우리 인민들의 수령 김일성 장군 그이의 이름을 부르며, 그이를 흠모하며, 그이에게 고무 격려되며, 일찌기 그이가 령솔하신 백두산 항일유격 빨찌산 대원들과 같이 용감하게, 같이 자신 있게, 같이 결사적으로 싸운다.

이와 같이 그의 작품에 표현된 애국주의 사상은 우리나라 인민들의 고유한 생활 속에서 발생하였으며 우리나라 민족에게 고유한 모든 훌륭한 애국적 전통들—그중에서도 오늘 우리나라 인민들의 생활 속에 실지로 살아 움직이고 있는 우리나라에서 가장 열렬하고 가장 숭고한 애국주의인 김일성 항일유격 빨찌산들의 빛나는 전통을 이은 사상인 것이다.

셋째로 그의 작품에 나타난 애국주의 사상은 그것이 다만 조선에만 국한되고 고립된 그러한 협소한 애국주의가 아니라 위대한 쏘베트 사회주의국가 쏘련을 위시한 세계의 모든 선진한 평화애호 국가들의 국제주의적 사상과 련결되고 그들과의 형제적 친선과 단결 속에서 성장해가고 강고해지는 그러한 확고부동한 사상이라는 데 또한 그 특성이 있다.

시인 조기천은 자기 작품의 도처에서 우리들의 애국주의가 세계평화옹호 인민들의 기본 사상들, 특히 위대한 쓰딸린 대원수가 령도하시는 쏘련인민들의 선진한 사상들과 깊이 련계되여 있음을 말하고 있다.

작품 「백두산」의 주인공 김대장은 남 다 자는 깊은 밤 쏘련 『빨찌산 략사』를 읽으면서 투지를 닦는다.

> 쏘련의 빨찌산—
> 차빠예브, 쏠쓰, 라소……

그들은 이렇게 싸웠다
우리도 비록 적지만
인민이 우리를 받들거던
또 북에 있는 자유의 나라 정의의 나라
신세의 성벽을 영원히 뻗치며
불의와 침략을 물리치거던
백일하에 빛나 빛나는
그 창조의 휘황한 성진[5]이
누리에 퍼지여 장백에 비치노니
우리의 신념은 크나큰 화염이 되여
캄캄한 조국의 땅 밝히리라

—『백두산』 76~77페이지

여기서 김대장은 쏘련의 빨찌산과 이 나라가 가지는 크낙한 리념에 의하여 고무 격려되고 있다.

작품 「우리의 길」에서는 일제와의 쏘련인민들의 류혈적 투쟁으로 말미암아 해방된 조선인민들이 오직 쏘련과의 형제적 친선 속에서만 자기 나라의 번영의 길을 찾을 수 있다는 굳은 신념을 보여준다. 이 작품의 주인공 성춘이는 쏘련 병사와의 작별의 인사 속에서 우리 인민의 악독한 원쑤 미제와 남조선 반동파들과 싸워서 자기 조국의 완전 통일을 반드시 쟁취할 것을 약속하면서 이 승리의 날 "그때면 만백성이 한 길에서 나라니 나가리라"고 말한다.

5 '성신(星辰)'의 오식이다.

그때면 그때면
우리 인민도
안드레이 너의 인민과
한길에서 만나리라
한길에서—
이것은
조선의 앞날이다
이것은
세계의 앞날이다

— 시집 『우리의 길』 173~174페이지

여기서 우리들은 조선인민의 투쟁이 세계평화옹호 투쟁의 강력한 일환으로 전개되고 있으며 그러므로 조선인민의 애국주의의 근저에는 세계평화옹호 인민들과 공통된 정신이 흐르고 있다는 것을 알 수 있다.

이와 같은 사상은 작품 「생의 노래」에서 미닌 기사가 조선 로동자들의 생산투쟁을 방조하여 주며 고무 격려하여 주는 감정 속에서, 작품 「조선은 싸운다」에서 전 인류의 공동의 적 미제와의 무장투쟁에 궐기한 조선인민의 영웅적 기개를 전 인류에게 호소한 높은 감정 속에 더욱 강력하게 표현된다.

이 밖에도 이 시인의 작품은 그것이 어떠한 조고마한 단시일지라도 조쏘 친선에 대한 기분, 위대한 쓰딸린 대원수에 대한 존경과 쏘련인민들에 대한 친근성의 감정이 풍기지 않는 작품은 없다.

실로 "이 시인의 창작에서 어느 것이 조쏘 친선 작품이며 어느 것이 아닌가를 얻어내기 대단히 어려울 것이다."(정률 씨의 론문 「시인과 현실」—

문화전선사 판 『문학 상의 제문제』 117페이지 참조)

이것은 무엇을 말하는가?

이것은 우리나라 인민들의 생활은 벌써 그것이 위대한 쏘련을 떠나서는 일시라도 생각할 수 없다는 것을 말하며 이것은 우리나라 인민들의 애국주의가 철저한 국제주의 사상에 립각하여 있다는 것을 말한다.

우리의 경애하는 수령이신 김일성 장군은 「10월혁명과 조선인민의 민족해방투쟁」이라는 자기의 론문에서 우리 조선에 대한 위대한 쏘련의 존재의 의의를 다음과 같이 말씀하시였다.

"만일 10월혁명의 위대한 산아인 쏘련이 없었드라면 만일 독일 파시즘과 일본 군국주의자들에 대한 그의 력사적 승리가 없었드라면 우리 조선은 아직까지도 일본 식민지 압박 하에서 신음하게 되였을 것이며 지금까지 우리에게는 조선민주주의인민공화국과 같은 자기의 독립적 국가도 없었을 것이며 우리 국가의 기초를 튼튼케 한 민주건설에서의 그러한 성과들을 달성하지 못하였을 것이다. 그리하여 우리는 미제국주의자들의 무력침략을 오늘과 같이 성과 있게 대항할 수 있는 가능성을 가지지 못하였으리라는 것을 서슴치 않고 말할 수 있다."

그러기 때문에 쏘련에 대한 쏘련인민들과 그의 수령이신 쓰딸린 대원수에 대한 존경과 친근의 감정이 없이는 우리 인민들의 애국주의는 상상할 수 없다.

쓰딸린 대원수는 또한 다음과 같이 말씀하시였다.

"국제주의자라 함은 절대적으로 주저함이 없이 무조건적으로 쏘련을 수호하기에 준비된 자를 말한다. 왜냐하면 쏘련은 세계혁명운동의 책원지이기 때문이며 혁명운동을 수호하고 앞으로 전진시키는 것은 쏘련을 수호하지 않고서는 불가능하기 때문이다. 왜냐하면 그것은 쏘련을 제외하며 그를 반대하여 세계혁명운동을 수호하려고 생각하는 자는 혁명을 반대하여 나서는 자이며 필연코 혁명을 적진 속에 굴려 던지는 자이기 때문이다."

그러기 때문에 시인 조기천의 작품에 나타난 애국주의는 그것이 철두철미 국제주의 사상으로 무장된 우리나라 인민들의 강유력한 애국주의 사상인 것이다.

이상에서 보아온 바와 같이 시인 조기천의 작품 속에 나타난 애국주의 사상은 그것이 기본적으로는 우리나라 인민들의 생활 속에서 발생하였으며 우리나라 민족의 고유한 애국적 전통들을 계승하고 본래의 모든 아름다운 특성들을 자기 속에 내포하고 있으며 쏘련을 위시한 모든 선진적 국가들과 튼튼한 친선적 관계를 맺고 있는 철두철미 국제주의 사상에 립각한 우리나라 인민들의 숭고한 애국주의의 사상인 것이다.

(1952.8.15)

—『문학예술』 5-11호, 1952.11

기타 참고문헌

정률, 「시인과 현실—조기천 씨의 창작을 평함」, 『문학예술』 2-7, 1949.7.
리정구, 「시인 조기천의 창작의 특징과 의의—그의 1주기를 제하며」, 『문학예술』 5-7, 1952.7.
「『조기천 선집』 간행에 제하여」, 『조기천 선집』 상, 문화전선사, 1952.
리정구, 『시인 조기천론』, 문예총출판사, 1953.
김하, 「전투적 애국시인 조기천—그의 서거 3주년에 기함」, 『조선문학』, 1954.7.
김조규, 「서사시 「백두산」과 더불어 길이 전할 이야기」, 『은혜로운 품속에서』 5, 문예출판사, 1982.
박종식, 「주체태양의 품에 안겨 영생하는 혁명시인—시인 조기천의 시세계를 론함」, 『문학과 현대성』, 문학예술종합출판사, 2001.
박춘택, 「생애의 순간순간을 수령의 충직한 전사로 값 높이 산 혁명시인」, 『조선문학』, 2006.6~7.
리동원, 「시인의 생은 명작과 함께 영원히 빛난다—혁명시인 조기천의 시창작을 두고」, 『조선문학』, 2009.8.
『문학대사전』, 사회과학출판사, 1999.
『조선대백과사전』, 백과사전출판사, 1995~2004.

조령출

1913년 충남 아산에서 출생했다.
1932년 『조선일보』를 통해 시를 발표하기 시작하였다.
1948년 월북했다.
1993년 작고하였다.
개인시집으로 『조령출 시선집』(1957)이 있다.

| 시 5편 |

北朝鮮(북조선)으로

1.

北(북)으로,
北(북)으로,
長湍驛(장단역)을 떠나서,
二五(25)키로,
길 없는 길을 뚫고
疊疊(첩첩)한 산을 넘어,
우리는 지금
三八線(삼팔선) 패말이 섰는
荒廢(황폐)한 山峽(산협)의 길을 뛴다
아무런 證明書(증명서)도 없이
지금 우리들 뒤에 捕繩(포승)을 던질 者(자) 누구냐
쐐기에 찔리며
발톱에 피 흘리며
殺戮(살륙)의 銃(총)소리 귀ㅅ전에 들으며
쏜살처럼
三八線(삼팔선)을 넘어
二十五(25)키로 地點(지점)을 通過(통과)한 것이다

아 여기가
人民(인민)의 代表(대표)로 우리를 부르는
모두 그리워하던 祖國(조국)의 民主基地(민주기지)

白頭長脈(백두장맥) 蛇蜒(사연)히
씩씩한 봉우리 솟치며 펴져온
여기

바위틈의 샘물은
어머니 乳頭(유두)에 맺힌 젖모금처럼
달기도 하여라
꽃은 모두 피어 벙글거리고
풀은 모두 자라 싱싱하고……

2.

동무들이여
눈앞에 삼삼히 떠오르는
동무들이여
人民(인민)의 太陽(태양)은 바로 이 땅 위에 솟아
英明(영명)히 三千里(삼천리) 祖國(조국)을 밝히노니
자랑스러운 이곳
한없이 그리워하던 이곳

옷고름 풀어헤치고
가슴에 고인 땀 씻으며
우리들 항상
이를 갈며 부르던 노래를
오늘은 나도 여기서
그냥 心臟(심장)에서 용솟는 그대로
동무들 귀에 넘치도록

音階(음계) 매디 매디
소리쳐 風雲(풍운)에 던져 보낸다

오오 푸른 하늘이여
한 점의 티도 없는
自由(자유)의 새맑은
이 하늘은
우리로 하여금
한없는 自由(자유)를 노래 부르게 하지 않는가!

보라 내 앞에
무연히 펼쳐진 北(북)쪽 벌판 위에
대견히 고개 숙인 나락들
祖國(조국)의 自由(자유)인 양 물결치는 밀 파도 보리 이랑
숨을 쉬어도
숨을 쉬어도
가슴이 터지게 풍겨오는 香(향)기로움이여

이것이 모두다
우리의 것이어라
몇 千年(천 년)을 눌려서 살기만 하던
우리 농민의 것이어라

3.

황소 유유히 귀염 받는
풀길에서

우리는
새로운 歷史(역사)의 페이지를 밟는다
松門(송문)이 푸르게 섰는 洞口(동구)로
祖國(조국)의 富强(부강)과
自由(자유)와 光明(광명)이 찬란한
새나라 깃발이
꽃처럼 피어 있는
마을로

집집의 기둥마다 壁(벽)마다
五色(오색) 테두리 단장 새로운 壁報(벽보)들

가지가지
萬歲(만세)와
感謝(감사)

李承晩(이승만) 괴뢰 「정부」
打倒(타도)의 口號(구호)

인민공화국 수립 만세는
우리들 머리 위에
부랑카-드에 펄펄 날린다

이리떼 몰려드는
野蠻(야만)의 거리에서
한 장의 壁報(벽보)
한 마디의 口號(구호) 때문에

주검의 拷問室(고문실)로
영영 끌려간 동무들이어

보이고 싶어라
보여주고 싶구나

松門(송문) 가득이 지나가는
少年團(소년단)의 어린 동무들
北朝鮮(북조선) 民主(민주)건설의 삼 년이
키워논 이들의 빛나는 눈망울
슬기로운 寶石(보석)의 前進(전진)이여
이들이 소리 높여 부르는
인민공화국 선포의 노래는
내 귀에 흡사
원쑤에게 퍼붓는 폭탄처럼
우렁차게 우렁차게
松門(송문) 가득이 터져 나가는구나

感謝(감사)하여라
千年祖國(천년조국)의 自由(자유) 찾아주시고
이 나라 建設(건설) 알뜰히 돌봐주시는
쓰딸린 大元帥(대원수)이시여

幸福(행복)하여라
우리 民族(민족) 萬年(만년)의 英雄(영웅) 되시고
이 나라 人民(인민)의 앞길 昭昭(소소)히 밝혀주시는
金日成將軍(김일성 장군) 계심이여

우리들 앞에
우리들 옆에
月桂冠(월계관) 테두리 속에
항상 나란이 걸려 있는
두 肖像(초상) 우러러 보느니
아아 不滅(불멸)의 榮光(영광)이여
두 肖像(초상) 위에
두 나라 위에
두 나라 親善(친선) 위에
悠悠(유유)한 歲月(세월)과 함께
榮光(영광)이여
悠悠(유유) 창창 할지어라

祖國(조국)은 이제
그 이름 자랑스러운
朝鮮民主主義人民共和國(조선민주주의인민공화국)은 이제
金剛(금강)보다 더 튼튼한
盤石(반석) 위에 서 있음이여

| 수록지면 |

*『시집—8 · 15해방4주년기념출판』(종합시집), 문화전선사, 1949.
『서정시선집』(종합시집), 조선작가동맹출판사, 1955.
조령출, 『조령출 시선집』, 조선작가동맹출판사, 1957.
『해방후서정시선집』(종합시집), 문예출판사, 1979.

山(산)으로 간 나의 아들아

눈보라 치는 벌판길을
에미는 걸어간다

늙은 에미라고 말을 마라
가다가 눈 속에 쓸어지고 또 쓸어져도
이 길은 가고야 말 테다

산에서 보낸 너의 부탁을 나는 안다
이것이 무엇인가를…
내 품속에 지니고 가는
이 종이쪽 하나가……

고초를 받는 모든 사람들이
어둠 속에서 기다리던 횃불과도 같아서
륙십 평생을 살아온
나의 목숨보다도
비길 데 없이 소중하고나

갈쑤록 눈보라는 사납고
사나운 눈보라 속에 천지는 묻쳐도
나는 이것을 전하리라 이 벌판을 건너
눈 밑에 숨은 움집을 찾아
거기엔 비밀히 만나는 젊은이들이 있다

거기엔 삐라를 찍고 있는 너의 안해가 있다

산으로 간 나의 아들아
사랑하는 나의 아들아
너 떠나간 산은 보히지 않아도
네 커다란 얼굴은 눈앞에 어린다

인제 너 집이라구 돌아와야
언 몸을 녹일 만한[1] 방도 없고
불을 지필 아궁이도 없어졌다

그 원쑤놈들의 구두발길이
너를 찾어
너의 안해를 찾어
방고재와 부뚜막을 부시다 못해
집에 불을 지르고
너의 어린것을 밟아 죽이었다

지금은
얼어붙은 땅속에 묻힌
너의 어린것의
그 귀여운 것의 우름소리를 들어라

우리와 같이
집을 태운 사람들의

---

1 원문에는 '녹일만하'로 표기되어 있다. 오식으로 보인다.

고향을 잃은 사람들의
부모와 자식을 억울히 죽인 사람들의
애통한 소리를 들어라
원쑤를 향하여 치를 떠는 소리를……

압제와 고통을 주는 원쑤놈들이
나라를 팔아먹는 그놈들이
이 땅에서 마즈막 피를 토하고
모조리 쓸어질 날도 머지않았으려니

나는 믿는다
산으로 간 나의 아들아
산만 보면 가슴이 미어지게 너를 부른다
너이들을 부른다
이 에미와 에미들이
원한을 품은 사람들이……

어서 산에서 쏟아져 나려오너라
그저 그놈들의 가슴팍에다
복수의 야무진 총알을 퍼부어라

너이들 발밑에 그놈들이 쓸어지는 걸 보자
짐승처럼 허우적거리며
그놈들의 눈에서 검은 피가 쏟아지는 그날을 보자

그날은 나도 깃발을 흔들면서
눈물이 나는 대로 울리라

그날을 향하여 걸어가는 이 에미 앞에
지금 무서울 게 없다
무연한 벌판을 뒤덮는 눈보라도
굴복을 시키리니
념려 마라
나의 아들아

| 수록지면 |

* 『문학예술』 3-6호, 1950.6.
조령출, 『조령출 시선집』, 조선작가동맹출판사, 1957.

나의 편지

창밖에 눈보라 치는 소리 언제나 끄치려는가
바람은 창틈에 스미여 손은 시린데
이 밤을 새워 그 누구를 생각하기에
이다지 나의 가슴 끝없이 뜨거워지는가

얼굴을 찾아 그리면 슬기로운 모습
언제나 같은 모습의 하나로 되는 그이
그이가 내게 무엇이 되며 누구이기에
이다지 나의 마음 설레게 하는가

내 지금 쓰는 이 편지는
어데라 주소를 밝히여 보내는 것도 아니요
내 지금 쓰는 이 글월은
누구라 이름을 밝히여 보내는 것도 아니다

그래도 이 편지는 어느 우편소에서도 지체함이 없이
바로 전선을 향하여 그이를 찾아가리라
그래도 이 편지는 나에게 다시 돌아옴이 없이
바로 내 생각하는 그이의 손에서 펼쳐지리라

어느 눈 쌓인 산마루 전호 속에서
그이는 이 편지를 보시려는가
어느 강물이 얼어붙은 강변 포진지에서

그이는 이 편지를 보시려는가

주검에 대하여 사나이다운 미소를 띠우며
원쑤의 홧점 앞으로 방금 떠나 갈
조선의 마뜨로쏘브, 젊은 습격조의 한 사람 그이에게로
나의 이 편지는 갈 수도 있으며

혹은 사선을 넘어 원쑤를 무찌른 그이
야전병원의 병실로 돌아온 영예의 부상병 그이에게로
나의 이 편지는 갈 수도 있으리라

그이는 나의 이 편지를 뜯기 전에
겉봉에서 나의 주소와 이름을 보리니
그이가 나의 주소와 이름을 처음 본다 할지라도
나는 조곰도 섭섭다 하지 않으리라

허지만 나의 뜨거운 마음으로 봉한 이 편지는
그이도 역시 뜨거운 마음으로 뜯어보리니
이 뜨거운 마음속에 우리의 사랑과 승리가 있음을
그이는 더욱 잘 알며 행복을 느끼리라

그이가 펼치여 보는 나의 편지에서
그이는 보리라 그리운 고향사람들을,
원쑤의 잔인무도한 폭격 아래 쓰러지였던 도시며 농촌이며 그 어느 폐허에서도
지금은 새로운 생활이 힘차게 일어나고 있음을

폐허 위에 다시금 일어선 그 공장에서
륜전기는 돌아 신문과 시집은 찍히여 발간되고
천진스러운 고향의 소년 소녀들은
학습반을 향하여 가고 오며 서로 웃고 노래 부르고

황량한 벌판으로 보이는
눈보라 밑에 자는 듯 누운 마음과 마음에서 한때 통곡의 울음이 들리기도 하였으나
오늘은 어느 한 집의 방문을 열어보아도
거기 고향 사람들의 굳세인 생활이 있음을 알리라

그이는 나의 이 글월 속에서
베 짜는 처녀들의 노래소리를 들을 것이며
가마니 짜기에 신명이 난 어머니와 아버지
전선으로 떠나간 아들에 대하여 말하는
그들의 조용한 이야기 소리도 들을 것이며

그이는 나의 이 편지 속에서
방직공장 부리가다의 한 처녀 녀공이
겨울밤 찬 자리에 등불을 도도아 혀고 위문편지를 쓰고 있는
그의 기억에 남을 모습도 보리니

그이는 눈을 감고 상상도 하리라
나의 눈이며 얼굴이며 나의 키에 대하여
나의 학습 정형이며 나의 음성이며
그리고 나의 가슴에 깊이 간직한 당증이며를

그이는 당 앞에 맹서한 그 신성한 맹서를
나의 편지에서 다시 한 번 회상하리라

그리고 마즈막 나의 글월 끝에서
나의 심혈로 적은 나의 부탁에 이르러
그이는 다시 한 번 당 앞에 맹서하리라

一九五〇(1950)년 첫눈 나리는 룡당포 기슭에서 원쑤의 피비린 마수에 학살된
나의 어린 동생이 남긴 그 부탁에 대하여
아직도 락동강 기슭에서 돌아오지 않은
나의 오빠의 가슴에 있는 그 부탁에 대하여

그것은
자기의 조국을 끝없이 사랑하는 사람들이
자기의 조국을 지켜 싸운 그 땅 위에
자기의 붉은 피로 적시여 남긴
　　바로 그
　　부탁에 대하여

그이는 생각하리라
복쑤에 끓른 그의 가슴 깊이
나의 편지를 간직하면서
다시금 복쑤에 대하여 생각하리라

그이가 전투의 불길 속으로 나아갈 때
나의 편지도 그이와 함께 나아가리라

항상 그이 옆에 내가 있음을
그이로 하여금 느끼게 하여도
나는 부끄러워 안 하리니

내 그이와 더불어 치렬한 전투 중에서
수천수만의 미국놈들이
그이의 총뿌리 앞에 쓰러짐을 보는 것
이 어찌 나의 소원이 아니리요

복쑤의 길을 넘어
개선의 노래 부르며
그이가 고향으로 돌아오는 날
꽃은 피여 우줄거리고
종달새 구름에 올라 노노하는 날
자유로운 봄빛 가득히 흐르는 산과 들 지나
그이가 나의 이름을 잊지 않고 찾아온다면
그이가 나의 집을 찾아온다면

아 나는 그이에게
무엇이라 인사를 드릴 것인가

그이가 군모를 벗고 이마를 씻으려 할 때
나의 지성으로 수놓은
월계수의 수건을 드려도 좋으련만

그이가 만일에 한사코
나의 한 마디 인사를 원한다면

그때 나는 이렇게 말하리라

나의 행복을 나의 가슴에 담아두기엔
나의 가슴이 너무나 적습니다고…….

—1952.1

| 수록지면 |

* 『문학예술』, 1952.5.
조령출, 『조령출 시선집』, 조선작가동맹출판사, 1957.

잊을 수 없는 이야기

바다는 설렁거리고
노한 물결은 바위에 부딪친다.
해변 언덕에 섰는 한 그루 어린 소나무
바람은 세차게 세차게 여기 불었다.

이 바람 속 설레는 언덕에
이 고장 한 소년이 서 있었나니
해적의 무리는 이 소년을 향하여
미친 소리로 웨치였다—아는 것 말해라

소년이 알고 있는 것 빨찌산은 어디에?
그의 부모는 어디에?
선창 깃대에 五(오)각별 깃발을 날린 사람은?
미국놈들의 전화줄을 끊은 동무는?

허나 소년의 입은 열리지 않았노라.
설사 그의 온몸이 채찍에 부풀고
한층 사나운 기세로 놈들의 총뿌리
그의 가슴 가까이 다가서는 때에도

소년의 가슴은 그리 두텁지 않아도
횃불 휘장을 단 그의 작은 가슴은
인민의 조국을 지키고 서 있었노라.

여기 조선의 철벽이 있었노라.

마지막 리별의 인사를 보냄인가
소년의 눈길이 가닿는 푸른 바다
나서 자라서 끝없이 정든
구절포 해당화 꽃피는 마을,

지난 시절의 추억은 그립네.
어머니 손 잡고 문밖에 나서
고기잡이로 나간 아버지 기다리던 집,

선창을 때리는 파도소리
지금도 『봉죽』의 소리 들리여 오는 듯
정들고 그리운 동무들
그의 이름 부르며 이제도 달리여 오는 듯

언제나 그의 맘 그리워 가던 길
평양으로 사람들 떠나가던 길
바닷가 희고 넓은 산굽이 돌아
무지개처럼 아름다운 북쪽을 우러러

소년은 가슴속 불렀다
—아버지, 어머니
아아, 이 소리 북녘에 사무쳐
해안을 휩쓸어 물결은 날리고
산굽이 넘어 인민군 포 소리
쿵 쿠쿵 울리여 왔나니

산산이 부서져 쫒기는 무리
땅에 떨어져 짓밟히는 원쑤의 총검을
소년은 력력히 그것을 보았노라
하늘도 바다도…

바람은 여기 한때 세차게 불어도
땅에 굽힐 줄 모른 한 그루 어린 솔
여기 한 소년의 이야기,
한층 푸른 빛으로 서 있노라

—1953

| 수록지면 |

* 조령출, 『조령출 시선집』, 조선작가동맹출판사, 1957.

국경의 봄[2]

오델강 유유히 흐르는 곳을
두 나라 국경을 나는 지난다.

전원은 끝없이 아름다웁고
홍도화 피여 봄은 좋은데

쇼팡의 나라 여기에 있고
베토벤의 조국은 저쪽에 있어

수만 리 먼 곳을 떠나온 나에게
사랑의 음악을 들려 주노나

자유를 찾은 파란의 아이들
손풍금 울리며 꽃밭에 놀고

봄빛은 집집의 창문 가득히…
태양은 밝고 대지는 푸르다.

낯선 타국의 남 같은 이 아니라
마음에 그리웠던 파란의 형제

2 이 시는 〈독일방문시초〉 중 한 편이다.

국경의 강을 넘으려 할 때
나의 려권을 친절히 본다.

두 개의 별이 빛나는 모자에
손을 붙이여 경례를 하며

—사랑하는 동지여 안녕히 가시오.
　몸조심하여 다녀오시오.

그것은 바로 나의 조국에
형제의 파란이 보내는 사랑!

이러한 사랑을 그 어느 시절에
국경을 지나며 받은 적 있었나

현해탄 건너던 슬픈 시절이
기억에 살아서 눈앞이 흐린데

어느새 기차는 한층 다정히
봄의 강물을 건너서 간다.

—1955

| 수록지면 |

*조령출, 『조령출 시선집』, 조선작가동맹출판사, 1957.

평론 『조령출 시선집』을 읽고

김학연

시인 조령출은 자기의 "사고 모색의 력사이며" 자기의 "사상 발전의 로정이며" 자기 스스로가 걸어온 "생활의 기록"으로 되는 『시선집』을 묶어 세상에 내놓았다.

이 『시선집』 속에 담긴 서정시편들은 각이한 시대적, 인간적 특질들을 진실하게 우리 앞에 전시하여 주고 있다.

이 시인의 젊은 날의 사고 모색, 그것은 다름 아닌 암담하였던 일제 통치 시기의 그 숨가쁜 암흑 속에서의 광명에 대한 열망이였으며, 정의를 수긍하는 그의 몸부림이였다.

…전략…
차디찬 나무 걸'상에
쫓기는 어버이 아이들 피곤히 잠들고
소란한 차'소리 헤치며 침묵은 층층 고이여 드는데
허나 높으락낮으락 들리는 숨'소리
부풀어 오르는 가슴들에는
삶의 불꽃이 튀는 듯…

한 녀인은 붉은 목도리 쓰고 돌아눕는다.

—「북행렬차」

우리는 이 시기의 그의 사고 모색에서, 이윽고 도래할 새로운 현실에 대한 확신과, 반드시 새 현실을 꼭 전취해야 한다는 그의 강렬한 빠포쓰를 감촉할 수는 없다. 그러나 우리는 그 당시의 시인의 사색과 지향에서, 고통 속에 신음하던 향토와 겨레에 대한 뜨거운 애정을 력력히 발견할 수 있으며, 비록 현저한 기복은 이루고 있으나 시대적 거류 속에서 그의 현실에 대한 리해심이 점차 발전하고 있었음을 알 수 있다.

이러한 당해 시기의 시인의 정신적 특징을 우리는 〈목련화〉 편에서 선명히 본다.

젊은 수부여, 별'빛을 간직하라
너 어두운 항로에 방향을 찾으리니
붉은 기폭이 펄럭거리는
지상의 파라다이스를 찾으리니

—「바다'가에서」 1934

우리는 여기에서 시인의 앙양된 정신세계와 리상의 언덕을 향하여 줄달음치려는 성숙된 리성의 경지를 형상 속에서 엿볼 수 있다.

그러나 그다음 해인 1935년에 와서 시인은 이렇게 조용히 속삭이듯 읊었다.

눈'발은 어둠을 때리며 날린다.

창문을 닫고 나는 차디찬 자리에 눕는다.
…중략…

언제부터 내 고향을 잃었더뇨
님이여, 대답을 하소, 어디메 계신가
…중략…

쌓이는 시름을 견디여 새자니
삼동 추운 밤이 더욱 길구나

—「밤」에서

우리는 유감스럽게도 여기에서 시인의 견딜 수 없는 현실적 중압에 대한 인내성과 그 밑바닥에 잠긴 시인의 침울한 사색과 만나게 된다.

그러나 마침내 우리는 그로부터 몇 해 뒤인 1939년 오대산에서 쓴 그의 「해당화」를 통하여

오오 해당화 내 운명을 지닌 너
바다로 가자, 바다로 가자

라는 현실에 대한 울분과 함께 새로운 것에 대한 지향으로 충만된 그의 심리적 세계—진실한 사고 모색의 깊이와 만나게 된다. 사상 발전은 현실에 대한 인식을 촉진할 뿐만 아니라 현실에 대한 적극적 태도에로 점차 당도하게 한다는 진실을 우리는 시인 조령출의 경우를 두고도 수긍하게 된다.

물론 한 인간의 사상적 성장의 길, 한 시인의 사상 발전의 로정은 결코 평탄할 수가 없다. 객관적 충격은 부단히 한 인간의, 한 시인의 내'적 정신세계에 작용하면서 직접적으로 사념을 제한하기도 하며 발전시키기도 한다. 여기에 또 자체의 주관적 처지와 나약성이 각양하게 작용한다.

물론 〈목련화〉 편에서의 그의 정신적 변화의 기복도 바로 이에 의존된다고 본다.

현실의 약진 속에서 시인의 예지만이 한 지점에 머물러 있을 수는 없는 것이다.

> 내 만일 백묵을 손에 쥐인 채로
> 어느 길목에 쓰러지거던
> 아아 이 거리 못 잊을 부모와 형제들이여!
> 그때는 나의 눈'동자에서 읽으시라
> 영광스러운 조국의 이름…
>
> —「한 자루 백묵을 쥐고」

"자주권을 빼앗겼을" 당시의 불행과 "울분한 청년들의 심정을" 스스로 체험하였으며 자기의 심정을 가슴 펴고 마음껏 웨칠 수 없었던 시대의 격랑을 넘어온 이 시인에게 있어서, 해방된 조국의 자유와 민족의 권리는 그 무엇보다도 가장 존귀한 것이였다. 그런 까닭으로 일제를 대신하여 조국 땅 남쪽에 기여든 미제의 마수와 리승만 매국 도당의 악행에 대한 시인의 인식과 태도는 서슴없이 분노와 증오, 항거와 투쟁의 진실한 경지에 도달하게 되였다.

해방 직후 조국 남녘땅에서의 시인의 서정적 주인공들은 모두가 다

투쟁적이다. 그들은 시인 자신의 사상을 지니고 미제와 리승만 매국 도당을 반대하는 싸움에 나섰으며 조국과 인민을 위한 정의의 싸움에서 자기의 목숨을 아끼지 않았으며, '산'으로 간 자기의 아들을 정의와 용감성에로 고무하였다.

이러다가 드디어 시인은

북으로
북으로
장단역을 떠나서
25킬로
길 없는 길을 뚫고
첩첩한 산을 넘어
………

—「북조선으로」에서

조국통일의 강력한 민주기지인 공화국 북반부의 영광스러운 품에 안기게 되였다.

바로 그날부터 시인의 날개는 새로운 현실 속에 활짝 나래를 폈으며 맑스-레닌주의를 자기의 생활적 기치로 삼고 영광스러운 당의 가수로서 벅찬 우리의 현실을 격조 높이 노래하기 시작했다.

〈목련화〉 편에서 우리가 암흑적인 현실에 대한 조선 청년의 울분과 려명에 대한 열망을 보았다면 〈북조선으로〉 편에서 우리는 그의 성장한 사상적 지점과 그로 인한 투쟁적인 빠포쓰를 보며 〈나의 편지〉 편에서 우리나라 청년들의 고상한 도덕적 풍모와 원쑤들에 대한 불처럼 뜨거운 증오를 보았다면 〈탄의 노래〉 편에서 우리는 영광스러운 사회주의 건설의 길에서 약진하는 조국의 슬기로움과 우리의 위대한 인민들의 높은 정신력을 본다.

×

제2차 작가대회는 현 시기 우리 시문학의 긍정적 주류의 성과를 명확히 인정하면서 현존하는 우리 시문학 분야에서의 결함들과 유해로운 것의 편향을 심오하게 특징지었다.

우리 시문학 분야에서의 결함들과 유해로운 것, 그것은 두말할 필요도 없이 일부 작품들에 잔존하고 있는 도식주의이며 기록주의이다.

이러한 현상들과의 싸움에서 우리 시문학은 특히 대회 후 혁혁한 성과를 거두면서 있다.

그사이 많은 '시집'들이 출판되였다.

이 시집들은 한결같이 시에 있어서 죽음인 도식주의와 기록주의를 배격 배제하기 위한 진지한 노력을 엿보게 하여주며, 시에 있어서 생명인 형상에로의 전진을 위한 비상한 노력의 흔적을 력력히 보여주고 있다.

좋은 시들은 응당 그 속에 형상이 있기 때문이며 그런 까닭으로 읽고 난 뒤에도 머리에 오래 남는다. 사실 형상이 없는 시라면 과연 그것이 우리에게 무슨 필요가 있겠는가?

『시선집』 초두에 편집된 「북조선으로」를 두고 우리가 이야기할 때 형상이란 결코 까닭 모를 신비로운 심리적 전개의 변화에 있는 것이 아니라 현실에 대한 정확한 리해, 생활에 대한 진실한 태도, 자기 감정의 꾸밈없는 토로, 서정적 주인공의 명확한 립장과 위치로써 그것이 이루어지는 것임을 확인하게 된다.

시 「북조선으로」에 본래는 없었던 소제목이 붙은 것이 오히려 부자연스러운 감을 주기는 하나 이 시에 일관되고 있는 시인의 감정 세계의 전개에는 아무런 장식도, 아무런 제스츄어도, 또 특별한 '기교'도 없다. 그러나 우리의 가슴에 매개 시행들이 자연스럽게 그리고 힘 있게 안겨 온다.

이 작품에는 시인 자신이 서정적 주인공으로 등장하고 있다. 우리 독자들은 이 작품의 진전을 따라 끊임없이 서정적 주인공과 더불어 생각하며 움직이게 된다. "북으로! 북으로, 장단역을 떠나서 25킬로" 첫 련에서부터 독자들은 벌써 시인과 함께 강한 긴박감과 자신의 행동에 대한 확신의 감정에 사로잡힌다. 별로 시어를 선택하기 위한 노력도 보이지 않으며, 별로 행과 련의 배정을 정리하기에 애쓴 흔적도 보이지 않는다. 그러나 어쨌든 독자들은 시인과 함께 38선 패말이 서 있는 황폐한 산협을 달리게 되며, 38선을 넘어선 시인과 함께 "아, 여기가 인민의 대표로 우리를 부른 조국의 민주기지!"라고 웨치게 된다. 그다음 새로운 현실을 감격적으로 목격하는 시인의 흥분도 우리에게 건실한 공명을 일으키며 거침없이 전개된다.

오오, 푸른 하늘이여
한 점의 티도 없는
자유의 맑은 이 하늘은
나로 하여금
한없는 자유를 노래 부르게 하는구나,

보라, 내 앞에
무연히 펼쳐진 북쪽 벌판 우에
대견히 머리 숙인 나락들
조국의 자유인 양 물'결치는 밀 파도 보리 이랑
숨을 쉬여도
숨을 쉬여도
가슴 터지게 풍겨오는 향기로움이여!
………

이런 의미에서 볼 때 「나의 편지」도 동일한 형상적 특질을 가지고 있다. 물론 우에서 말한 「북조선으로」에 비하여 시인의 지성이 작용된 점과 너무 다변적인 것 등, 불만이 없지는 않으나, 역시 호상유기성이 보장된 매개 련이 강물처럼 흐르면서 개개의 생활적 화폭을 독자들의 눈앞에 감명 깊게 보여주고 있다. 「북조선으로」에서 우리가 시인의 소박한 주정 토로를 들었다면 「나의 편지」에서는 시인의 랑만성을 감득하게 된다. 그러나 나는 이 두 개의 시편이 서로 환경과 주제를 달리는 하고 있어도 한 부류의 구조와 흐름으로써 생활의 논리를 진실하게 노래하고 있다고 본다. 여기에서 한마디만 강조할 것은 이 시인에게 있어서 특징적인 시'적 정론성과 류창한 운률을 앞으로 보다 더 생활 속 깊이에서와 보다 더 소박한 구도에서 발전시켰으면 하는 그것이다.

…전략…
이 바람 속 설레는 언덕에
이 고장 한 소년이 서 있었나니

해적의 무리는 이 소년을 향하여
미친 소리로 웨치였다! 아는 것 말하라!
…중략…
소년의 가슴은 그리 두텁지 않아도
홰'불 휘장으로 단 그의 작은 가슴은
인민의 조국을 지키고 서 있었노라
여기 조선의 철벽이 있었노라

—「잊을 수 없는 이야기」

이 시는 미제 살인귀들의 총'부리 앞에서도 오히려 굴함이 없이 거연히 가슴을 내밀고 서 있는 용감한 소년의 모습을 보여주고 있으며 그의 불굴의 용자만이 아니라 그의 높은 정신적 세계, 조국에 대한 사랑, 자기 스스로의 행동에 대한 확신, 어린 꿈속에 있는 혁명적 랑만주의를 화폭처럼 보여준다.

시인은 극적 화폭을 우리에게 전시하면서 서정적 주인공의 살아 움직이는 정신적 풍모를 형상적으로 우리의 가슴에 안겨준다. 한마디로 말해서 시인은 소년을 우상화하지 않고 진실하고도 조용한, 그러면서도 긴박감 있는 서정을 전개시키면서 그의 성격을 전형화하고 있다.

이러한 각도에서 볼 때 「탄부와 신부」라든가, 〈독일방문 시초〉에서의 「국경의 봄」, 「친선의 잔을 든다」 등도 상대적 의미에서 형상에 성공한 작품들이라고 말할 수 있다.

특히 「국경의 봄」에서 우리는 이 시인이 가지고 있는 삼가하여야 할 점인 장황한 말, 즉 형상에서의 다변 등을 극복하려는 반가움을 느낀다.

…전략…

이러한 사랑을 그 어느 시절에
국경을 지나며 받은 적 있었나[1]
현해탄 건너던 슬픈 시절이
기억에 살아서 눈앞이 흐린데

어느새 기차는 한층 다정히
봄의 강물을 건너서 간다.

이는 두 행으로써 련을 형성했다는 거기에 있는 것도 아니며 상대적으로 보아 그 문장이 짧다는 거기에 있는 것도 아니다. 시인은 시의 형상 행정에서 불필요한 수식을 피하기에 애썼으며 또한 까다로운 이메지의 조직을 피하면서 체험 속에서의 가장 아름다운 것, 가장 충격을 많이 받은 것을 소박하게 전하고 있다.

×

다음에 나는 『시선집』에 수록된 몇 편의 시에 대한 불만을 이야기하고저 한다.

예술적 수법과 개성적 쓰찔은 시의 아주 중요한 위치에 놓인다. 시인

1 원문에서는 연갈이되어 있다.

조령출은 일정한 자기의 수법과 쓰찔에서의 개성적 특질을 오랜 기간의 시문학 창작활동을 통하여 갖추면서 있다. 그리하여 이런 또는 저런 형(?)의 서정시편들이 적지 않게 독자들과 이미 친숙되고 있다.

이를 몇 마디로 나누어 이야기한다면, 하나는 그의 서정시편들이 소여의 주제를 독자들에게 형상을 통해 거침없이 전해주는 그것이며, 둘째로는 잘 정돈되지는 못하고 있으나 개개의 행들에 음악성이 있는 그것이며, 세째로는 환경묘사와 성격창조에 있어서 화폭의 선명한 축성 그것이다.

그러나 이 좋은 측면들이 그의 적지 않은 시편들에서 그 진미를 왜 상실하군 하는가, 왜 그것이 이 시인의 독특한 예술적 개성으로 널리 알려지지 않고 있는가, 하는 것을 나는 생각하게 된다. 나의 이 의문은 이 『시선집』을 한 번 읽고 다시 읽고 난 뒤에 곧 풀리였다.

하나는 형상이란 생활 체험이 없이는, 감정의 심화 없이는 아니 되는구나 하는 그것이며 다음으로는 아무리 정당한 론리이라도 그것이 예술의 경지를 벗어나 다변적인 륜리의 강요로 되여서는 더욱 아니 되는구나 하는 그것이다. 사실 나는 충심으로부터 하는 나의 이 말이 나의 선배인 이 시인에게 절실히 도움되리라고 확신한다.

몇 편의 시를 례로 들겠다.

「산으로 간 나의 아들아」를 두고 말해 보아도 그렇다. 이 시는 참으로 거침없이 어머니의 심정을 담은 채 진전되고 있으며 개개의 행과 련에는 이 시인의 특징적인 내재률이 보장되고 있다.

…전략…
산으로 간 아들아
마을로 보낸 너의 마음

내 어찌 모르랴
내 어찌 모르랴

시어도 엄밀히 선택되였으며 리즘도 있다. 그러나 이 시를 끝까지 다 읽기는 좋으나 읽고 난 뒤 무엇을, 그 무엇을 우리의 가슴'속 깊이에 남겨주었는가? 또 다른 시 「강변에서」도 그렇다.

하늘'가 잠시
폭음은 멎어 들리지 않는다.

고요히 흐르는 달'빛을 밟으며
강변'길을 걷는 두 젊은이

걸어도 걸어도 싫지 않던
이 강변'길에서
그들은 다시 이 밤 이렇게 만났다.
………

역시 거침없는 서정의 흐름이 있는 운률적인 전개이다. 물론 우에서 이야기한 「산으로 간 나의 아들아」에 비해서 이는 후부에 이르러 사회적 문제를 철학적 사색을 거쳐 결속짓고 있기는 하나 무슨 사연이 그리도 구구하며 또 문제의 본질에 돌입하기가 어찌하여 그리도 힘든가?

역시 〈가을의 노래〉라든가 〈탄의 노래〉 편에 수록된 일련의 시편들에서도 우리는 그러한 감촉을 받는다. 특히 〈탄의 노래〉 편의 일련의 작품들이 다른 분류된 편의 시들에 비해 저조함을 느끼게 된다.

비교적 밝고 명랑한 작품인 「선광장에서」도 현실이 그렇게도 애타게 시문학 앞에 요구하는 생활의 진실에 대한 예술적 형상이 채 이루어지지 못하고 있으며 서정적 주인공들의 품격이 우리의 눈앞에 보여지지 않으며 다만 훌륭한 일터와 만세와 그들의 노래로써만 꾸며지고 있을 뿐이다. 그러므로 나는 소여의 주제를 독자들에게 거침없이 전달하려는 론리성보다도 오히려 주제의 어머니인 생활 속 깊이에 침투되여 체험과 사색을 통하여 생활의 론리를 형상함이 앞서야 할 줄로 믿고 있으며, 성격창조 내지는 서경묘사도 추상적인 극적 요소의 관계 설정이나 상념적인 화폭의 축성으로가 아니라 생활에서 추동받은 높은 예술적 심화과정과 형상과정을 거쳐 전형화되여야 하는 줄로 믿고 있다.

『조령출 시선집』을 읽고 난 뒤의 나의 생각 몇 가지는 이러하다.

우리의 영광스러운 당은 조석으로 우리 서정시의 찬란한 화원에 은혜로운 태양빛을 뿌려주고 있다. 서정시의 화원은 제2차 작가대회의 높은 정신력과 얼마 전 있은 제2차 중앙위원회 전원회의의 믿음직한 실천적 대책으로 말미암아 나날이 풍만해지고 있으며 더욱더 찬란해지고 있으며, 더욱더 다양해지고 있다.

『조령출 시선집』은 우리의 자랑스러운 이 서정시의 화원 속에 핀 아름다운 꽃 중의 하나이다.

—『조선문학』 125호, 1958.1

기타 참고문헌

박춘택, 「당의 품속에서 노래와 함께 산 시인」, 『조선문학』, 2008, 3~4.
『문학대사전』, 사회과학출판사, 1999.
『조선대백과사전』, 백과사전출판사, 1995~2004.

조벽암

1908년 충분 진천에서 출생했다.
1931년 『조선일보』를 통해 시를 발표하기 시작하였다.
1949년 월북하였다.
1985년 작고하였다.
북에서 출간된 개인시집으로 『벽암 시선』(1957)이 있다.

| 시 10편 |

거울 하나씩을 걸라

김일성 장군의 二(2)월 말씀을 받들고

둥근 의자 옆에는
거울 하나씩을 걸라

그것은 고급 양복에 묻은
티겁지나 먼지를 털라는 것도
헝크러진 머리털을
빗어 넘기라는 것도 아니다

부연 볼타구니를 만져보며
만족스런 웃음을 지어보라는 것은
더우기 아니다

삐뚜루 걸터앉아
거만스리 그대를 바라다보는
그 눈을 살펴보라는 게다

그래도 모르겠으면
그 옆에
해방 전의
그대의 아버지의
혹은 동지의
혹은 그대 자신의
사진을 걸어노라

그리하여 그들의 눈과
비교해보라

그들의 눈은
량반에게
왜놈에게
숱한 박해와 수모를 받아
무척 수척은 하였을망정
무서운 정의의 불길이 타오르고 있지 않는가

해방 전의 그대의 눈을 가르켜
『어쩌면 그렇게도
아버지의 눈과 똑같으냐』고
말끝마다 입버릇처럼 탐탁히 구시던
그대의 어머니의
원쑤 미제의 맹폭탄에 쓰러져
지금은 없으신
그대의 어머니의 말과
지금의 그대의 눈은
얼마나 엉뚱하게 달라졌음을 알리라

그래도 미처 못 알아채리겠으면
아랫사람들을 불러보아라
그리하여 그들의 눈이
누구의 눈과 같은가를 살펴보아라

정녕 그들의 눈은

사진들의 눈과 같을 것이다

만일 그들 중에
그대의 눈을 닮은 자가 있다면
그는 그대가 윗사람에게 하듯이
뒷구멍으로 그대를 찾아다니는
그대도 과히 끄려하지 않는
아첨쟁인 줄을 알라

그래도 의심이 나거들랑
거리로 나가 보아라
거기에는 숱한 눈들이 있다
인민의 눈들이……

빗발치는 폭탄 속에서도
많은 것을 불살러버린 구렁텅이에서도
굴하지 않고
아니 더욱더 세차게
우리의 수령이 가르치시는 길로
똑바루 앞을 내다보며
최후의 승리를 자신하는
불꽃 튀는 눈들―

원쑤를 한없이 증오하는
모든 좀들을 용서없이 낚궈치는
영채 있는 눈들―

숭고하고도 무서운
침착하고도 용감한
의롭고도[1] 맑은
인민의 거울들이 있다
눈들이 있다

이제는 신하도 상놈도 아닌
정권을 자기 손에 튼튼히 틀어쥔
인민의 눈들
거울들—

그대여!
다시 한번 눈을 비벼 닦고
거울을 들여다보라
그 눈이
그들의 눈과 같은가를……

그래도 정히 모르겠으면
그 자리를 물러가라

—1953.1

| 수록지면 |

*『문학예술』, 1953.2.
조벽암, 『벽암 시선』, 조선작가동맹출판사, 1957.

1 원문에는 '의롭도고'로 되어 있다. 식자 오류인 듯 보인다. 『벽암 시선』에는 '의롭고도'로 되어 있다.

제대 압연공

가열로 뚜께가 열리면
一,二○○(1,200)도 불길이 쏟아지는데
가슴으로 화구를 막듯
달려들어 넘짓 로라에 넣면
쇳덩이도 엿가락인 양 늘어나는데

어찌 한 도인들 식힐소냐
마음도 로 속처럼 달아
온몸에 땀비가 쏟아진다

교대의 신호가 나자
담배 한 대 어엿이 피여 물고
땀을 들이노라니
검은 철주 사이로
초생달이 넌지시 웃는다

고지에서도 이런 밤이면
고향 생각도 났었나니

동백꽃 붉게 타는 이맘때엔
고향은, 고향은 아름다운 곳
미역내도 구수히 풍겨 도는 바닷가……

고지 우에 섰을 젠
명령만 내리면 한달음에 내달은 듯
손때 오른 총탁에
달궈진 뺨도 비벼대던 마음에서

제대하던 날엔
원쑤를 타고 넘던
눈보라 령마루 굽이진 길이—
일곱 번 적의 반격 물리치고
다구치던 추격의 벅찬 숨결이—
멎는 듯 안타깝기도 했었드라니

우리의 민주 기지를 굳히면 굳힐수록
원쑤를 밟고 넘어서는 것
그것이 바로
고향으로 가는 길,
어머니와 누이를 만날 수 있는 길,
평화에로 건설에로 뚫린 길
당과 수령이 가리키는 길

그 길이 바로 여기로 통했거니
여기도 거룩한 우리들의 초소—

불길 속에서 날카롭게 베려진
청춘의 거센 가슴을
조국 건설의 자랑스런 날들에
어찌 기폭처럼 펼치지 않으랴

피우던 담배꽁추 끄고
다음 대거리의 차비를 가누려니
가슴으로
팔뚝으로
부풀어 오르는 새 힘

다음 교대의 신호가 울리자
뜨거운 마음으로 성큼
화구 앞에 내닫는다

—1954.3

| 수록지면 |

* 『승리자들』(종합시집), 조선작가동맹출판사, 1954.
조벽암, 『벽암 시선』, 조선작가동맹출판사, 1957.

노래소리

나는 듣네,
끓는 로 속에서
노래소리를
쇳물의 노래를

그 노래 들으니
내 가슴도 울렁이네
울렁이여 끓네
끓어 합창을 하네.

그대가 부르면
내가
내가 부르면
그대가,

우렁찬 합창 소리는
쇳물의 노래는
울려 나가네
퍼져 나가네.

퍼져 나가
치차 소리에
곡괭이 소리에

어울려 가네.

어울려 나가
래일을 불러
이 땅 우에
웃음이 넘친다네.

노래소리여
더 우렁차라
쇳물이여
더 끓어라.

—1956.3

| 수록지면 |

* 조벽암, 『벽암 시선』, 조선작가동맹출판사, 1957.

서운한 종점[2]

헐떡이며 내닫는 것은 너뿐이랴
가까이 다가올수록에
벅차만지는 나의 숨결

미역내 구수히 풍겨오고
동백꽃 붉게 타는
남쪽 바닷가

그리운 내 고향은 이 길 따라
부산으로도 가지
려수로도 가지

기관차야!
숨죽이지 말고
그대로 가자꾸나

덜커덩 선 다음
왜 꿈쩍도 않느냐
달려오던 그 기세 어따 두고

너도 안타까우냐

2 이 시는 시초 〈삼각산이 보인다〉 중 한 편이다.

디리 울려쌋는 기적소리
김 빼는 소리

여기가 오늘의 종점이란다
꿈에서 깨여난 사람처럼
나는 또 짐을 내려야 하나?

한 발자국이라도
더 가까워진 이곳이
무척 반갑기는 하다마는

다시 천 근 추에 매여 달린 듯
홈에 돌처럼 우뚝 서
남쪽 하늘을 바라본다

내 이곳에서 우선 행장을 펴
네 앞길을 닦으며
손꼽아 기다리리니

하루 속히 가자꾸나
너 나와 약속한
남으로 뻗친 지향을 싣고…

—1956.9.1

| 수록지면 |

* 『조선문학』 112호, 1956.12.
조벽암, 『벽암 시선』, 조선작가동맹출판사, 1957.
『해방후서정시선집』(종합시집), 문예출판사, 1979.

삼각산이 보인다[3]

내 요즘 남쪽 창을 열면
의례껏 찾아보는 버릇이 들었다

맑게 개인 날씨면 신기루냥
아득히 솟아오르는 삼각산

그도 내가 반가운지
창 앞으로 가까이 다가선다,

이렇게 가까운 거리연만
멀게만 여겨지는 가슴이 미여지누나

애비 없는 어린것들이
헐벗고 굶주리는 신음소리가

아들 잃은 늙은 어머니의
원쑤의 발길에 채우는 소리가

그도 목이 메여 차마 말 못하는데
그 밑에서 숨가쁘게 들려오누나

3 이 시는 시초 〈삼각산이 보인다〉 중 한 편이다.

내 눈엔 때 아닌 먹구름 일어
억수로 퍼부어지는 설음의 소나기

눈물 속에서도 분노의 번개는 쳐
어언중 삼각산도 산산이 부스러지누나

나는 지긋이 입술을 깨물며
창문을 도로 닫고

五(오)개년 계획의 나의 설계도를 편다
그들에게 곧바로 뚫린 길을 찾아

—1956.8.20

| 수록지면 |

* 『조선문학』 112호, 1956.12.
조벽암, 『벽암 시선』, 조선작가동맹출판사, 1957.
『아침은 빛나라—조선민주주의인민공화국창건10주년기념』(종합시집), 조선작가동맹출판사, 1958.
『아름다운 강산』(종합시집), 조선문화예술총동맹출판사, 1966.
『해방후서정시선집』(종합시집), 문예출판사, 1979.
『조선문학』 657호, 2002.7.

발자국 소리

가지는 우거져 햇볕을 가리우고
락엽은 쌓여 무릎을 묻는
깊은 밀림의 바다 속
정적은 천고에 잠겼는데

들려오누나
발자국 소리
뿌리채 나뒹군 진대를 가로타 넘으며
우거져 엉킨 가시덤불 헤치고

몸부림치는 조국을 향하여
여기 백두의 령봉에 새긴
메마른 겨레의 가슴 가슴에 불을 달군
거룩한 그 발자국 소리

나무들도 설레며 일러주누나,
바로 제 옆을 지나가셨노라고.
골짝 물도 소리쳐 자랑하누나,
제 물줄기 거슬러 올라가셨노라고.

인민의 피눈물은 걸음을 재촉했고
분노의 피방울이 자국마다 고인
그러한 날들을 회상시키는가

멀리서 구성지게 울어 예는 서촉새 소리

번영하는 조국의 오늘을 향하여
굳세게 걸어오신 그 숭고한 소리에
내 심장은 다시 한 번 끓어 넘치는가
스스로 더워 오는 눈시울…

아! 그 소리 따라가노라면
조국의 남녘 바다가 혼연히 보이누나
삼천만의 간절한 념원이 엉킨
목메이게 목메이게 기다리는 그곳이.

세월은 흘러 흘러 수십 년
비록 자국은 락엽에 덮여 알 길 없어도
언제나 앞서 나가는 그 발자국 소리
여기 령봉 기슭에 서니 더욱 쟁쟁하구나.

—1958.6.25. 항일 빨찌산 전적지를 찾아

| 수록지면 |

* 『아침은 빛나라—조선민주주의인민공화국창건10주년기념』(종합시집), 조선작가동맹출판사, 1958.
『붉은기'발 휘날린다』(종합시집), 조선작가동맹출판사, 1959.
『백두산이 보인다』(종합시집), 문예출판사, 1972.
『영광의 대오』(종합시집), 문예출판사, 1978.

진달래 1[4]

앞서 건너신 그는
대원의 도하가 끝나자,

옆에 한껏 붉은 진달래를
차마 꺾지 못하시고,

지그시 잡아당겨
입에 대셨네, 코에 대셨네.

《조선의 진달래는
참 고와!》

대원들도 여기저기
진달래에 달라붙었네.

뺨에 대고
입에 대고,

어느 흐느끼는 동무는
꽃'잎을 따 입에 물었네.

4 이 시는 시초 〈불멸의 여운〉 중 한 편이다.

그렇게도 탐스러이 따먹던
어린 시절을 다시 씹어 보듯이…

고국으로 향한 강행군
가시덤불 헤치며 그 몇 천 리,

숫한 피로도 산산이 헤터지고
더한층 활짝 피였네.

반기여 맞아 주는 조국의 진달래
그 붉은 심정 생각하며…

1958.6.22
—1939년 5월 항일 빨찌산의 압록강 도하 지점 《합수》에서

| 수록지면 |

* 『조선문학』 133호, 1958.9.

내가 당을 생각할 때는

내가 당을 생각할 때는
조국산천을 굽어보고 선 백두 령봉의
절개 푸른 밀림의 설레임을 들으며
문득 문득 지난날을 돌아다보게 합니다

가시덤불을 걸어 몇 천 리였으며
눈보라를 헤쳐 몇 만 리였습니까
고난의 오막살이에서 태여나
치렬한 싸움터에서 자라난 우리의 심장은

내가 당을 생각할 때는
아침 햇살 다양히 비쳐 드는 아파트 창가에서
어둔 남쪽 하늘 아래 판자집들을 굽어보며
오늘의 갈라진 조국을 빗대 보게 합니다

얼마나 우리의 긍지는 높아졌으며
얼마나 우리의 살림은 늘어났습니까
용광로의 쇠물은 얼마든 남으로 대일 수 있고
기계랑 비료, 옷감이랑 세멘 듬뿍 실어 보낼 수 있는

내가 당을 생각할 때는
춤과 노래 저절로 넘쳐흐르는 꽃밭 속에
공산주의 새 아침을 맞아들일

한 나라 한 조국의 황홀한 래일을 한아름 잔뜩 안아 봅니다

우리들은 더 젊어져 얼마나 아름다울 것이며
우리의 기개는 끓어올라 얼마나 더 높아질 것입니까
망치와 낫과 붓이 한데 그려진
선렬들의 피로 물든 붉은 깃발 더 선명히 나붓길

내가 당을 생각할 때는
조상들이 못 가꾼 옛 터전에
행복의 새 씨앗 뿌리며 뿌리며
새 힘이 저절로 솟구칩니다

거품을 물고 발버둥치는 원쑤들은
사시나무처럼 떨고 있지 않습니까
함빡 비쳐 드는 우리 당 우리 수령의 맑은 태양 아래
무럭무럭 자라나서 훨씬 걷어 올린 우리의 팔뚝 앞에

조국은 거침없이 말할 것입니다
우리가 걸어온 빛나는 발자취를,
조국은 영원히 기억할 것입니다
하루를 십 년 맞잡이로 내닫는 천리마의 이 말발굽 소리를

나는 가슴 흐뭇이 자랑하고 있습니다
우리의 심장 우리의 태양 당과 수령은
더 큰 목소리로 대답해 주리란 것을
더 큰 설계도로 세상을 놀래우게 하리란 것을

—1961.5. 제四(4)차 당 대회를 앞두고

| 수록지면 |

* 『당에 영광을』(종합시집), 조선작가동맹출판사, 1961.

발'자국

감탕을 이고 지고 내닫던 발'자국
썰물 짬을 놓칠세라 다그치던 발'자국

무명'골을 락원으로 꾸리는 영광스런 싸움에
승리의 흔적인 듯 아로새겨진 발'자국

힘'줄이 솟구치고 땀이 고이던 발'자국
발'굽마다 불꽃이 일던 천리마의 발'자국

그것은 벌써 삼 년 전 일이였는데
아직도 생생히 둑 우에 찍혀 있구나

크고 작은 발'자국은 제각기 입을 열어
용감턴 그날 일들을 일러주는 듯

기념비 우에 새겨진 글'자처럼 또렷또렷이
당에 바친 그들의 정열을 사랑하는 듯

지금도 령롱히 들려오누나
발을 벗디디고 부르던 유격대 행진곡 소리가

지금도 삼삼히 떠오르누나
항일의 뜨거운 가슴으로 바다를 막아 선 모습이

난관을 뚫고 찬란한 앞날을 노래하며
승리의 기폭 우에 꽃무늬를 아로새겨

찬란한 조국의 래일을 량 어깨에 떠메고
가오고 오가던 그 숱한 발'자국

아, 이 발'자국 더듬어 가노라면
백두의 울창한 밀림 속에 가 닿으리

아, 이 발'자국 잇대여 가노라면
통일된 붉은 락원의 춤판으로 나서리.

| 수록지면 |

* 『천리마 나라』(종합시집), 조선문학예술총동맹출판사, 1964.

압록의 기슭에서[5]

구포'벌 락동강
물소리 들으며
내 자라난 탓이랄가

비 개인 압록 기슭
바람 없이 찰삭이는
봄 물'결 소리

네 무어길래 이제'날도
지꿎게 나를 졸라
이 가슴 허비는 걸가

하루라 이틀이라
손꼽아 기다리며
와 닿은 강'역에

제풀로 희여진 이내 머리만
한 것 없이 백지처럼
얼비쳐 주는 건가

조국의 끝에서 끝이라서

5 이 시는 시초 〈압록강 기슭에서〉 중 한 편이다.

못 가 보는 끝에서 끝이라서
이 마음 더 저린가

아, 가슴속 한 구석에
얼은 얼음은
뜨거운 눈물로도 녹지 않으리

그냥은 영영 녹지 않으리
가깝고도 멀은 내 고향이
멀지도 가깝지도 않기 전에는

강아, 유서 깃든 압록의 강아
더 세차게 출렁겨 다오
이 가슴도 더 들먹이게

—1966.3

| 수록지면 |

* 『문학신문』, 1966.3.18.

평론 『벽암 시선』을 읽고

리맥

시'적 구상의 명확성, 표현의 명료성과 진실성, 이것은 시인의 사상 관점의 철저성의 표현이다.

우리 시단의 오랜 선배의 한 분인 시인 조벽암의 시선을 읽으면서 우리는 그의 이러한 사상 관점의 철저성에서 오는 일관한 시'적 구상의 명확성, 표현의 간결성과 진실성을 보게 되며, 또한 시'적 언어 구사의 능숙하고 로련한 기량, 그러면서도 소박한 표현력으로 자유분방하게 인간의 내면세계로 육박하는 서정적 감정의 토로에 매혹된다.

이 모든 시'적 특질은 곧 그의 개성적 특질로 되는 것이다. 그는 또한 유다르게 그 무엇인가 못 견디게 그리워하며 이 그리움으로 하여 원쑤에 대하여 불같은 증오를 품고 있는, 사색적이며 정열적인 시인이다. 고향과 친지를 남조선에 두고 온 시인에게 있어 이것은 응당한 일이며 그만큼 그의 시에 있어서는 민족의 분렬에 대한 참을 수 없는 격분, 평화적 조국통일에 대한 간절한 념원의 빠포쓰가 강물과 같이 매개 시의 밑바닥에서 굽이치고 있다.

시인은 자기의 시선을 4부로 나누고 있다. 이 매개 부는 또한 제각기 시'적 특질을 이루고 있으며, 그의 사상적 발전과정과 시인으로서의 성장의 년대기를 여실히 보여주고 있다.

시인 조벽암은 일제의 강점으로 하여 우리 인민의 생활에 비운과 고통과 시련이 중첩하던 20세기 30년대 초부터 카프의 영향하에 창작활동을 시작하였다.

이 시기는 우리 인민의 민족해방투쟁이 김일성 원수가 직접 지도하신 빨찌산 투쟁에 의하여 새로운 발전단계에 들어서기 시작한 력사적 전환기이며, 또한 카프문학이 확고한 자기의 지반을 닦고 조선현대문학 발전에 거대한 기여를 하던 시기이다.

이러한 객관적인 현실은 시인 조벽암의 정신생활에 반영되지 않을 수 없었다.

그는 참다운 진리를 찾기 위하여 고민하며 모대기며 정열에 불탄다. 그리고 부정과 악으로 찬 현실을 부정한다.

사랑 그리고
뭉그러진 희망,

너를 잃은 나의 생명은
명태마냥 말라빠져
실망이 아니라, 오직
권태와 발악

—「나는 돌이 아니여」에서

시인은 사랑도 희망도 잃었으나 그러나 결코 굴하지는 않았다.

하늘에 멀리 몇 점 구름은
언제든 타는 가슴의 시원치 못한 연기런가

지하에 소리없이 느끼는 지난날의 영화
오늘엔 끓는 가슴 우에 맺혀

뭉그러진 성주추 힘껏 디디고 웨치는 소리
'아!' 이 소리 멀리 퍼져라

—「황성의 가을」에서

또는 다른 시 「안동 차료」에서는

화토'불처럼 달은 빰을 대리석 탁자 우에 대이고
'침묵의 깊은 못' 속에 동경의 낚시를 잠궈 보노니

라고 노래하면서 밝은 삶의 길을 찾기 위한 자체 내에서의 치열한 사상투쟁을 하고 있는 것이다. 그리하여 그는 모순에 찬 사회를 발견하며 그를 자기의 시'적 소재로 선택하기에 주저하지 않는다.

「빈집」에서 그는 다만 황폐하고 쓸쓸한 객관적 정경을 묘사한 데 그친 것이 아니라 지주에게 가혹한 착취를 당하는 당대 우리나라 소작농들의 형상을 방불하게 보여주고 있다.

다 쓰러진 울바자하며
뭉그러진 지붕하며

쓸쓸한 토방하며
거미줄 낀 굴뚝하며

이 집 식구들은
다 어디들 갔나
농사지은 것은
다 어찌하였노,

시인은 이 시의 전반부에서 빈집에 대한 묘사를 통하여 서정적 정황을 조성하면서 후반부에 와서는 한 농민이 굶주림에 시달려 집까지 버리고 떠난 모순에 찬 사회를 여실히 묘사하고 있는 것이다. 그의 시 「연해선」에서는 바로 이와 같이 집과 고향을 버리고 타관으로 가는 주인공을 만난다.

「철'둑」이라는 2행씩 3련으로 된 짤막한 시 속에서도 그는 일제의 식민지 략탈정책으로 말미암아 빚어진 조선사람들의 불행한 처지를 생동하게 노래하고 있다.

이와 같이 예리한 눈초리로 현실을 주시하는 그는 다만 락망하지 않으며 모순에 찬 사회를 증오하는 데 그치는 것이 아니라 드디여는 그에 대한 반항과 투쟁을 선언하고 있으며, 이 반항과 투쟁의 선두에 선 로동계급의 혁명적 기개도 또한 노래한 것이다.

어둠아 가거라
모든 죄악을 낳는 어둠아 가거라
침체와 주저를 기르는 어둠아 가거라

…… (중략)

이 가증스러운 궤도 우에
까! 까!
까마귀는 이 밤의 림종을 재촉할 때
세멘트 굴뚝에선 려명의 대포알이 터질 듯 터질 듯

이 밤을 깨치는 사람아
어둠을 부시는 정열아
너는 의지에 철갑을 쓰고
너는 입에다 폭탄을 물고
돌격의 원리 우에 탄알을 구워라

—「어둠아 가거라」

보는 바와 같이 시인은 다만 "어둠은 가거라"라고 자기의 주관적 욕망에 대한 토로만 하는 것이 아니라 바로 이 어둠을 깨칠 수 있는 사람이 누구이며 또한 어둠을 깨치기 위해선 "의지에 철갑을 쓰고", "입에다 폭탄을 물고" 투쟁해야 한다고 호소하고 있는 것이다.

물론 시인 조벽암의 해방 전 시에서 일제의 가혹한 탄압과 시인 자신의 사상적 제한성에서 오는 약점들도 찾아볼 수 있으나 한마디로 우리는 그의 시에서 잃어진 조국에 대한 사랑, 참다운 삶과 광명에 대한 열렬한 동경의 강렬한 빠포쓰를 일관하게 호흡하게 된다. 이러한 사상감정은 당대 우리 인민의 시대적 감정인바, 시인은 이 시대적 감정을 여실히 자기의 시에 반영하고 있는 것이다.

이러한 의미에서 이 시인은 창작의 초창기부터 객관적 현실에 충실한 시인이였다.

8 · 15 해방은 조선인민의 정치생활에서뿐만 아니라 정신생활에서도 근본적인 변화를 일으키게 했다. 우리 인민의 이러한 변모된 정신세계는 해방 후 우리의 시문학에 그대로 반영되였다.

일제 시기부터 진보적으로 활동한 다른 시인들과 마찬가지로 시인 조벽암도 자기의 시에 새로운 내용과 새로운 생활을 담기 시작하였다.

해방 전에는 주로 조롱 속에 갇히운 자유의 새처럼 날개를 퍼덕이며 몸부림치며 고민과 설음에 잠긴 서정적 주인공의 내면세계를 노래하였다면, 해방 후에는 사랑하는 자기 조국과 인민을 위해 복무하는 로력의 영예와 긍지를 자랑차게 노래 부르고 있으며, 전혀 새로운 길을 걷고 있는 새 주인공들의 정신세계를 보여주고 있다.

그는 「나는 행복하노라」에서 사회주의 기초의 길을 닦는 조국의 용사들과 호흡을 같이하며 자기도 떳떳이 그 속에 끼여 나아감을 무한한 영예로서 노래 불렀으며, 로동계급의 불꽃 튀는 로력 속에서 자기의 령감의 원천을 길러내고 있는 것이다.

나는 듣네
끓는 로 속에서
노래'소리를
쇠'물의 노래를

— 「노래'소리」에서

그리하여 그의 시에서는 전기로의 불'길이 번쩍이며, 철철 땀으로 젖는 강철 로동자들의 방불한 형상이 자주 나타나는 것이다.

쇠'물이 끓는 불'길을 향하여 "가슴으로 화구를 막듯 달려들어" 가는 압연공, 낮에 밤을 이어 용광로를 복구하는 내화 벽돌공의 생동하는 모습을 우리 앞에 안겨준다.

그러나 시인 조벽암은 다만 만세와 꽃보라로써 현실을 례찬만 하지 않는다.

그는 어려운 난관과 애로들을 타개해 나가는 간고한 투쟁 속에서 이러한 주인공들의 성격을 더욱 뚜렷이 천명하며, 그럼으로써 이 주인공들을 인상 깊게 보여준다.

그러나 시인 조벽암의 해방 후 시작품에서 주요한 시'적 특질을 이루고 있는 것은 서두에서도 언급한 바와 같이 조국통일에 대한 념원으로 일관된 빠포쓰이다.

그가 형상한 거의 모든 주인공들이 자나깨나 암흑의 땅 남반부를 잊지 않고 있으며 자기의 로동, 자기의 기쁨과 슬픔, 이 모든 것을 바로 조국통일과 밀접히 결부시키고 있다.

이것은 고향과 친지들을 남조선에 두었을 뿐만 아니라 해방 후 수년간 직접 원쑤들과 싸워 온, 잊을 수 없는 생활체험을 남조선 땅에서 쌓은 이 시인의 생활감정의 직접적 반영의 결과일 것이다.

물론 조국통일에 대한 념원의 이러한 일관성은 비단 이 시인에게만 특유한 감정은 아니다.

조국통일, 이것은 참으로 현 시기 우리 인민에게 있어 공민적이며 전 인민적인 관심사의 초점을 이루고 있는 문제이며, 우리 인민의 모든 위업과 지향이 그와 유리되여 있는 것이라곤 하나도 없다.

그러나 문제는 이러한 전 인민적 념원에 대한 주제를 시인이 어떻게 새로운 측면에서 천명하며, 항상 새로운 의의를 그 속에 부여하여 내는가에 이 주제의 문학적 생명력이 있는 것이다.

이런 점에서 우리는 이 시인에 의하여 독창적인 감정세계에서 노래된 시초 〈삼각산이 보인다〉를 높이 평가하게 되는 것이다.

이 시초 중에서도 「서운한 종점」과 「삼각산이 보인다」는 더욱 뛰여난 성과적인 작품이라고 생각된다.

시인은 자신의 절실한 생활체험을 풍부한 형상의 수완을 통하여 절절하게 표현하였다.

그 누구나가 개성행 렬차를 타면 의례히 서운한 종점에 대하여 생각하지 않을 수 없을 것이며, 또한 날씨 좋은 날 개성에서 지척에 놓인 삼각산을 바라보면 눈'시울이 뜨거워지지 않을 수 없을 것이다.

조선사람이면 누구에게나 흔히 있을 수 있는 이러한 보편적인 생활감정 속에서 이 시인은 새로운 것을 발견하였으며 그 속에 시'적 의의를 부여하면서 서정적 정황을 조성해 나간다.

그리운 내 고향은 이 길 따라
부산으로도 가지
려수로도 가지

기관차야!
숨죽이지 말고
그대로 가자꾸나

그러나 시'적 계기는 다음 련에서부터 예리화되여 가는 것이다.

덜커덩 선 다음
왜 꿈쩍도 않느냐
달려오던 그 기세 어따 두고,

시인의 이 서정적 토로는 벌써 평범한 감정이 아니라 사람들의 심장에 불'길을 지피며 분렬된 자기 조국에 대한 참을 수 없는 감정으로 비약한다. 이러한 안타까운 감정은 다음 련에서 더욱 고조된다. 서정적 주인공 시인은 홈에 내린다. 그는 불같은 념원을 품으며 남쪽 하늘을 바라본다.

시인은 이러한 절박한 감정을 생동한 표현력으로 묘사하였다.

다시 천 근 추에 매여 달린 듯
홈에 돌처럼 우뚝 서
남쪽 하늘을 바라본다.

이 얼마나 매력 있는 형상인가. 읽는 사람으로 하여금 완전히 서정적 주인공과 호흡을 같이하게 한다.

이 시가 이와 같이 감동을 주는 비결은 어데 있는가?

그것은 조국통일에 대한 우리 인민의 절실한 념원을 개성화된 구체적 주인공의 감정을 통하여 예술적으로 형상화한 데 있는 것이다.

시인은 「삼각산이 보인다」에서도 마찬가지로 풍부한 형상을 통하여 서정적 주인공의 내면세계를 개방하고 있다.

서정적 주인공은 남쪽 창을 연다.

그러자 아득히 솟은 삼각산이 가까스로 시야에 들어온다. 시인은 이 감동적인 대목에서 삼각산에 생명력을 부여하면서

그도 내가 반가운지
창 앞으로 가까이 다가선다.

라고 함축된 시행 속에 절절히 묘사한다. 그리고 남조선에 두고 온 어머니와 어린것들에 대한 간절한 생각을 품는다.

이러한 생각은 원쑤에 대한 증오로 변한다.

눈물 속에서도 분노의 번개는 쳐
어언중 삼각산도 산산이 부스러지누나.

고조된 감정에 대한 이 묘사는 심장 속 깊이에서 솟아난 마음의 토로인 것이다.

이 시에서도 우리는 시'적 계기가 자연스러우며 감정의 전개와 비약이 또한 진실함으로 하여 서정적 주인공의 부르짖음에 공감하는 것이다.

서정시에서의 이러한 성공은 두말할 것도 없이 시인 자신이 시대정신에 민감하며 인민의 관심과 지향에 대한 예민한 통찰력과 생활체험의 풍부성에 의하여 이루어지는 것이다.

이 시인은 또한 독창적인 시 형식 탐구를 위해서도 유별나게 노력하는 시인이다.

이 시선에 수록된 시들 속에서 시인은 적지 않게 2행시와 3행시를 시도하고 있다.

시행이 짧으면 짧을수록 그만큼 함축되고 집약된 표현이 요구되는 만큼 이것은 능숙한 기교를 소유한 때만이 가능한 것이다. 그러나 이 시인은 이러한 2행 내지 3행시에서 충분히 자기의 사상감정을 담고 있으며 또한 이런 형식의 작품들에서 기본적으로 성공하고 있다.

그리하여 시'적 표현의 간결성과 예리성이 두드러진 개성적이며 독창적인 쓰찔을 개척하는 길에서 전진을 보여주고 있다.

『벽암 시선』을 읽으면서 우리는 또한 이 시인에게 요구하고 싶은 점들도 있는 것을 발견할 수 있다.

그것은 무엇보다도 시'적 소재의 다양성의 부족에서 오는 요구이다. 시인은 물론 자기 생활체험에 립각한 자기의 독자적인 시세계를 갖기 마련이다. 그러나 이것은 결코 시'적 소재 선택을 협소화하는 조건으로는 되지 않는다. 시인은 부단히 자기의 시야를 더 넓혀야 하며 그럼으로써 보다 전 인민적이며 전 인류적인 문제에 침투하여 새로운 소재들을 다양하게 자기의 목소리로 노래하여야 할 것이다.

이런 의미에서 이 시인에게 보다 다양한 주제에 대한 시'적 천명을 요구하는 것이다.

다음으로는 이 시인에게 더욱 깊은 철학적 사색을 요구하고 싶다. 시의 생활력은 곧 그 시 속에 담겨 있는 시인의 철학적 사색의 깊이 여하에 주요하게 달려 있는 것이다.

철학적 사색의 깊이는 곧 시인의 정신세계의 높이를 단적으로 말해주는 것이다.

이 시인에게 더욱 심오한 사색의 깊이를 요구하게 되는 리유는 이 시인이 생활체험이 풍부하며 원숙한 시'적 기량을 가지고 있는 오랜 년조를 쌓은 시인인 데 있다.

이러한 생활적 기초와 시'적 토대 우에서 보다 심오한 철학적인 시 창작에 정진하여 주기를 바라는 것이다.

이 시선을 읽으면서 부분적인 시들에서 시'적 계기가 부족하며 그럼으로써 추상성이 발로되고 있는 약점에 대하여도 응당히 이야기되여야 할 것이다.

이러한 시들은 주로 〈불'길〉 편에서 농후하다. 「별 하나」, 「백양나무 한 그루」 등 시들은 서정적 주인공의 생활의 구체성이 부족함으로 적지 않게 인위적인 서정 토로를 대하게 되며, 기타의 시들에서도 시'적 계기와 감정의 초점 조성의 부족을 절실히 느끼게 된다.

끝으로 이 시선을 읽으면서 해방 후 남반부에서 창작한 작품들이 수록되지 못한 점에 대하여 시인과 함께 서운함을 금할 수 없다. 이것은 특히 이 기간의 작품들 속에 이 시선을 더욱 빛낼 수 있는 성과적인 작품들이 많으리라고 기대되기 때문이다.

『벽암 시선』을 읽으면서 느낀 몇 가지 단편적인 소감은 간단히 이러하다.

—『조선문학』 128호, 1958.4

기타 참고문헌

『벽암 시선』 저자의 략력, 조선작가동맹출판사, 1957.
『조선대백과사전』, 백과사전출판사, 1995~2004.

주옥양

1960년(혹은 61년) 출생하였다.
1982년 제1회 〈6월 4일 문학상〉을 수상하였다.
1982년 작고하였다.
유고시집으로 『어디서나 백두산에 오르리』(1986)가 있다.

| 시 5편 |

얼레빗아!

어디서나 백두산에 오르리

초소의 벗에게

선반공의 노래

한 해의 일기책을 덮으면서

얼레빗아!

긴 세월 그 먼 길을
뉘와 함께 왔던가
삼지연 박물관에
얼레빗 하나

닳고 모지라진
네 앞에 서니
안겨 와라, 그 모습
항일모 밑에
유정한 단발머리

그 빗일 수도 있으리
새들이 우짖는 밀림 속에서
어엿한 녀전사로 태여나던 그 아침
치렁치렁 머리태를 마지막으로 빗은…

그 빗이여라
작식일의 쉴 참
숲속의 개울가 빨래돌 우에
아니면 대원들 곤히 잠든 우등불가에서
바느질하다 말고 쪽거울 들여다보며
빗고 빗은 녀전사의 얼레빗

꿈만 같아…
장군님 모시고 왔던 삼지연못가
수정처럼 맑은 물에 머리감을 땐
얼레빗아 너 금빛이 되여
총잡은 처녀들을
《백두산의 선녀》로 단장하지 않았더냐

언제나 가리마 같은 곧은 마음으로
대원들 앞에 나서려고
어느 때나 변함없는 전사의 모습으로
장군님 앞에 서려고
험난한 싸움길에서도
녀전사는 때 없이 너를 손에 들었거니

아, 내 지금 그때의 전사들 나이
시절도 그들처럼 처녀시절
이 나라 청춘 된 도리 아니한 채
단발머리 시절을 서둘러 마치며
웃는 모습으로만 거울 앞에 나섰으니
나의 송구함이
얼레빗, 네 우에 얹혀져 쌓여져…

품노라
소중히 마음속에 너를 품고 가노라
먼 후날 내 머리에 흰 오리 짙어도
이 빗으로 마음의 단발머리를 빗고저
조선의 딸 된 의무를 다하며

혁명의 거울 앞에
언제나 녀전사의 자세를 비치고저

| 수록지면 |

* 『청년문학』 290호, 1983.1.
주옥양, 『어디서나 백두산에 오르리』, 문예출판사, 1986.

어디서나 백두산에 오르리

백두산!
내 토끼무늬 가방 메던 시절
크레용으로 너를 그리던 그날엔
어린 마음의 나래 펴고
네 우에 올랐다

붉은 넥타이 시절
아버지가 가져온 백두산의 돌을 안고
잠 못 들던 그 밤엔
내 꿈속에서 네 우에 올랐고

답사 갔던 작업반의 그 동무
백두산 헌시비의 글발을 줄 땐
내 그 시를 읊으며
네 우에 올랐다

아, 산같이 쌓아온 그리움
혁명의 성지에 한껏 쏟으며
내 지금
그리도 소원이던 백두산에 오르나니

터치노라, 백두산아
층층 하얀 명주필인 듯

키를 넘는 흰 눈에 뺨을 비비며
수령님 스무 성상 찍으신 자욱에
이내 작은 심장 한껏 터치노라

터치노라, 터치노라
한 줌 고목의 넝쿨이끼에도
그이 바쳐 오신 로고의 반세기가 새겨져 있고
한 송이 웃는 눈 속의 만병초에도
그이께서 가꿔 오신 내 조국의 모습이 떠올라

이깔은 이깔마다
숭엄한 기념비런가
한 가닥 저 바람결조차
크낙한 숨결이 되여
내 심장에 흘러드는가

티 없이 푸르른 너의 천지물은
바치는 삶에 진함 없을 나의 피!
치솟아 아아한 너의 일만 산악은
죽어서도 변치 않을 나의 신념!

오 백두산 백두산아
네 우에 한번 오르면
몸도 마음도 새로 태여나거니
나는 너의 딸! 백두의 딸!

어버이수령님 우러러

내 만일 한 점의 티라도 낀다면
어디서나 다시 백두산에 오르리
내 만일 꽃으로 폈다 시들면
여기 올라 다시 필 자리 찾으리

아 내 한생
어디서나 백두산에 오르리
삶의 순간마다
언제나 그 언제나 백두산에 오르리

| **수록지면** |

*『청년문학』 290호, 1983. 1.
주옥양, 『어디서나 백두산에 오르리』, 문예출판사, 1986.
『서정시선집(1979~1985)』(종합시집), 문예출판사, 1986.
『1980년대 시선』(종합시집), 문예출판사, 1990.
『신념의 메아리』(종합시집), 문학예술출판사, 2004.
『청춘이여』(종합시집), 금성청년출판사, 2007.

초소의 벗에게

창밖의 흰 눈 소복이 내리는
추억 많은 이 저녁
나는 글을 쓰노라
초소의 벗 나의 학우여

기쁨에 젖어, 행복에 젖어
환희로운 희망에 넘쳐
내리는 눈송이마냥 설레는 거리
그대 언제나 못 잊을
사랑하는 고향도시의 거리

이 거리였었지
불같은 탐구의 열정 안고
학과토론으로 열변을 토하며
가로등 불빛 속에
밤 가는 줄 모르던 거리는

이 거리 아니였던가
나는 기계공장의 선반공
그대는 조국방선의 초병
조국이 주는 당부를 두 어깨에 얹고
작별의 걸음 옮기던 거리는

나는 생각했노라
분기계획 넘쳐한 그 밤
새 기술 창안을 성공한 그 새벽
속삭이듯 반기던 거리의 불빛들
그대의 기쁨어린 눈빛처럼

그대 또한 그려보고 있으리
근무의 밤하늘에 흐르는 별무리
고지에 흘리는 훈련의 땀방울 속에
이 거리에 흥성이는 웃음소리
이 거리에 빛나는 행복의 창문들을

그대와 나 이렇게
지켜가고 빛내여가는 것 아니랴
아름다운 우리의 거리
청춘의 추억이 흐르는 이 거리를
그대는 일당백 투지로 넓어진 가슴으로
나는 성실한 로동 속에 억세여진 손으로

아, 지금도 눈 덮인 전호가에
받들어총 자세로 서 있을
초소의 벗 나의 학우여
고향 도시의 하늘 아래서
나는 바라노니

그대 바치는 훈련의 땀방울
위훈의 열매로 주렁지기를!

내 보내는 삶의 순간순간들
창조의 노래로 가득차기를!

그것이 바로 그대와 나
조국의 아들딸들이
사랑하는 거리를 지켜가는 것이기에
조국을 심장으로 받들어가는 것이기에

—1978.12

| 수록지면 |

* 주옥양, 『어디서나 백두산에 오르리』, 문예출판사, 1986.

선반공의 노래

나에겐 생각되누나
해종일 쉼 없이 지침도 없이
고르로운 음향 울리는 선반기는
아름다운 음악을 타는 악기

나에겐 생각되누나
굵고 가는 선들, 크고 작은 점들
얽혀 있고 뻗어 있는
제품도면은 그대로 악보

날랜 솜씨로 손잡이를 돌리고
바이트 끝에 불꽃 날리며
연주를 하듯
무쇠를 깎는 선반공
나는 그대로 음악가 아니랴

온 나라가 듣는다
정성들여 깎는 제품들
새 기계 되여 가닿는 곳마다
높이 울리는 자동화의 노래소리

깎은 제품
포탄이 되여 그 어디 가나

높이 올리는 멸적의 노래
승리의 노래 메아리치거니

선반공 나는 진정 음악가
사람들 얼굴마다 웃음꽃 피워주고
힘든 일 구석마다 기쁨을 안겨주니
로동이 그대로 흥겨운 춤 노래런가
작업장은 그대로 하나의 무대런가

아, 어버이수령님과 당의 뜻 받들어
창가에 피여나는 행복의 웃음소리
일터에 넘쳐나는 혁신의 노래소리
선반공, 내 기대 우에 연주곡으로 펼치였으니

선반공, 나는 창조하고 있구나
이 세상 그 어떤 악기로도
울릴 수도 탈 수도 없는
가장 아름다운 생활의 노래
혁명의 노래를!

—1980.3

| 수록지면 |

* 주옥양, 『어디서나 백두산에 오르리』, 문예출판사, 1986.

한 해의 일기책을 덮으면서

삶이여
너의 흔적은 깨끗하였는가
너의 자욱은 빛을 뿌리는가
너의 토막은 값이 있었는가

푸른 쇠밥더미 속에서
은백색 제품을 깎아온
이 해의 하루하루
8시간이여, 480분이여
너의 초점 하나하나를
나의 땀으로 가득 채웠는가

시창작의 활주로는
연연히 뻗어야 하리니
피를 샘 삼아
고심을 세멘트로 삼아
몸부림을 모래로 삼아
내 정녕 빈틈없이 다져왔던가

이 책의 갈피엔 그 흔적 다 있으리
마치도 표창장인 듯 평양 견학권 쥐고
공장사로청위원회 문을 나서던 기쁨도
새 가공지구 도면을 안고

책임기사를 찾아가던 가슴 울렁임도…

이 책의 갈피엔 그 자욱 다 있으리
이른 아침 출근길에 약속한 듯 만나던
대학생 청년과 엇갈리던 걸음도
성천강의 버들방천길에서
시를 두고 꿈을 꾸고 열정에 불타던 봄밤도…

하루 또 하루
보람찬 날들의 즐거운 고백
순간순간을 값있게 보냈는가
자욱자욱을 뜻 깊게 짚었는가
거울처럼 제 얼굴 들여다보라고
갈피마다 글자들이 되살아난다

시간이 어찌 나를 속였으랴
내 또한 그것을 속이지 않았으니
나는 말할 수 있다
너와 함께라면 너와 함께라면
사랑과 우정에 대하여
량심과 의리에 대하여

즐거운 추억에 가슴 설레며
이 한 해를 보낸다
금모래 모으듯
하루하루를 모은 이 책에
내 삶의 한 시절을 고이 담아서!

—1981.12

| 수록지면 |

* 주옥양, 『어디서나 백두산에 오르리』, 문예출판사, 1986.

평론 백두산에 피여난 꽃

주옥양 동무와 그의 시에 대하여

김철

지난해 7월 초 홍원군 운포 바다가에서는 함경남도 안의 문학통신원들을 위한 창작강습이 열리였다.

지난해 강습은 영광스러운 당 중앙의 두터운 배려에 의하여 '6월 4일 문학상'이 제정되고 전국 문학통신원 열성자 회의까지 소집된다는 격동적인 소식이 전해진 직후에 열리게 된 만큼 강습생들의 열의는 대단하였다.

경애하는 수령 김일성 동지께서는 다음과 같이 교시하시였다.

"우리는 문예 활동에서 전문 일군 본위로 나가려는 경향을 철저히 경계하여야 하며 창작사업에서 신비주의를 마스고 문학예술을 군중적으로 널리 발전시켜야 하겠습니다."(『김일성 저작 선집』 제5권, 462페지)

창작사업에서 신비주의를 마스고 문학예술을 군중적으로 널리 발전시키며 대중을 예술창작에 적극 인입시킬 데 대한 우리 당의 방침이 빛나게 실현됨으로써 우리 문학의 창작 후비는 재능 있는 새 세대들로 해마다 보충 강화되고 있는데 그 대오 속에는 천리마 룡성기계공장의 나어린 처녀 선반공 주옥양 동무도 있었다.

그가 이번 강습에 내놓은 시초 〈어디서나 백두산에 오르리〉는 그 종자의 참신성으로 보나 시형상의 진실성으로 보나 잘 완성하면 좋은 열매를 맺을 수 있으리라는 기대를 갖게 하였다.

백두산!
내 토끼무늬 가방 메던 시절
크레용으로 너를 그리던 그날엔
어린 마음의 나래 펴고
네 우에 올랐다

붉은 넥타이 시절
아버지가 가져온 백두산의 돌을 안고
잠 못 들던 그 밤엔
내 꿈속에서 네 우에 올랐고

답사 갔던 작업반의 그 동무
백두산 헌시비의 글발을 줄 땐
내 그 시를 읊으며
네 우에 올랐다

꾸밈없는 소박한 체험의 세계가 자연스럽게 펼쳐지면서 읽은 사람으로 하여금 새롭고 뜻 깊은 주장이 앞에 있으리라는 예감을 갖게 하였다.

아, 산같이 쌓아온 그리움
혁명의 성지에 한껏 쏟으며

내 지금
그리도 소원이던 백두산에 오르나니

터치노라, 백두산아
층층 하얀 명주필인 듯
키를 넘는 흰 눈에 빰을 비비며
수령님 스무 성상 찍으신 자욱에
이내 작은 심장 한껏 터치노라,

우리는 벌써 자신들이 창작지도교원이라는 것을 잊어버렸다. 우리는 독자였고 감상하는 사람들이였다. 우리 앞에는 큰 견인력을 지닌 큰 시가 있었다.

티 없이 푸르른 너의 천지물은
바치는 삶에 진함 없을 나의 피!
치솟아 아아한 너의 일만 산악은
죽어서도 변치 않을 나의 신념!

누구인가? 여기 '나'라는 사람은? 23살의 평범한 처녀 선반공 주옥양, 그란 말인가.

오, 백두산 백두산아,
네 우에 한번 오르면
몸도 마음도 새로 태여나거니

나는 너의 딸! 백두의 딸!

그렇지! 백두산의 딸! 우리 당의 딸! 위대한 수령님의 딸이지, 그가 지금 혁명의 성산에 올라 한생의 깨끗한 총화를 지으면서 독자들과 한마음 되여 희망찬 생의 미래를 내다보며 숭엄한 맹세의 노래를 터치는 것이다.

어버이수령님 우러러
내 만일 한 점의 티라도 낀다면
어디서나 다시 백두산에 오르리
내 만일 꽃으로 폈다 시들면
여기 올라 다시 필 자리 찾으리

가슴이 뜨겁다. 심장의 부담조차 느낀다. 마치 땅 우에서는 고르롭던 호흡이 높은 산정에 오르면 가빠지듯이… "토끼무늬 가방"이라는 극히 하찮은 낱말로 시작된 시가 어쩌면 순식간에 이렇듯 벅찬 세계에로 우리를 승화시켰는가! 이것이야말로 참된 서정시만이 줄 수 있고 재능 있는 시인만이 할 수 있는 '묘술'이 아닌가!

우리는 기뻤다. 우리는 주옥양 동무를 잘 도와주어 그로 하여금 이번 창작 강습 기간에 시초의 모든 시들을 훌륭하게 완성하게 함으로써 당에 큰 기쁨을 드리게 하자고 합의를 보았고 그에 대한 개별 지도를 우리들 중에서 제일 년로한 시인에게 맡겼다.

…바다가의 밤은 깊어갔다. 나는 숙소에 돌아와서도 주옥양과 그의 시에 대해서 생각하였다.

…어디서나 백두산에 오르리… 어디서나 백두산에 오르리… 동해의 파도 소리도 이렇게 되풀이하는 듯 싶었다. 시란 이런 것이다. 한번 가슴에 깃들면 쉴 새 없이 심장의 벽을 치는 피방울의 생리랄가, 한번 울리기 시작하면 그 진폭을 부단히 넓히면서 아름답고 고상하고 영웅적인 세계에로 우리를 충동하는 넋의 호소, 그것이랄가…

그렇다면 주옥양, 그는 어떻게 그런 경지에 가까이 가닿았는가? 타고난 천품? 아니면 비상한 환경? 또는 남달리 완강한 노력으로? 나는 알 수 없었다. 나는 그를 잘 몰랐다. 그러나 나는 이미 그와 가까웠다. 그의 시가 그렇게 해주었다.

…이튿날 아침, 나는 바다가에 나갔다. 나는 간밤에 하던 생각을 다시 이어가면서 백사장을 거닐었다.

그런데 문득 파도가 철썩이는 모래불에 굽 높은 한 켤레의 구두가 있는 것을 보았다. 구두 앞코숭이가 물에 젖었다. 더 큰 파도가 밀려오면 신발은 아주 젖을 것이며 파도에 휩쓸려 바다에 흘러들 것이다. 나는 얼결에 그 신발을 집어 들고 임자를 찾았다. 그리 멀지 않은 곳에 고개를 수긋하고 걸어가는 처녀가 보였다. 나는 그가 주옥양이라고 단정했다. 그래서 손에 들었던 신발을 파도가 닿지 않을 만한 곳에 놓아두었다. 시의 세계에 취해 있으라지… 구두야 무슨 상관이랴… 잔물결이 발등을 씻고 모래알이 발바닥을 간지럽히는 상쾌한 감촉조차 느끼지 못할 수 있다. 저 처녀는, 그의 상념은 지금도 백두산 기슭이나 삼지연못가를 헤맬지도 모른다.

기슭의 봇나무엔
눈꽃이 피고

세 형제 호수는
눈 이불 덮었는데

맑고 맑은 물빛을
아니 보고 어이 갈가
더운 가슴 가득히 그러안으니
얼음도 녹는가 물결치는 삼지연

그 어디에 억지가 있는가? 그가 보고 느끼고 생각한 것은 자연스러움 그대로였다. 설명으로 덧붙이거나 직설적인 연설투로 제강화한 것이 아니였다. 스스로 받은 충동, 그것이 그로 하여금 붓을 들게 했으리라, 자기 체험의 연장이 곧 시대의 전형적인 사상감정으로 집결되는 바로 거기에 그의 시가 갖는 좋은 점이 있었다. 그것은 진한 화장을 하지 않아도 자기 고유의 미를 드러내는 처녀의 생신한 얼굴이며 그 미소이며 그 눈빛이며 그 모든 것을 통하여 넘쳐나는 그 피의 뜨거움이며 활력이다. 거짓이 필요 없고 과장된 몸짓도 교태도 필요 없다. 오직 진실 그것만이 필요하다.

어버이수령님께서 몸소 기관총을 메시고 어린 대원의 손목을 이끄시며 헤쳐가신 백두 밀림 속의 숫눈길… 그 길은 어린 시절 처녀가 유치원 선생님을 도와 채송화 꽃을 줄 맞춰 심던 동구 밖 길에 이어졌다. 그 길로 누가 오셨던가?

어버이수령님께서 옥양, 자기를 안아주시려 오시지 않았던가!

답사 숙영소의 밤, 꿈결에도 만나 뵙는 김정숙 어머님, 함께 참나물 씻고 함께 사령부에도 가시자던 어머님께선 어디로 잠간 나가셨는가?

어머님 따라 백두의 딸로 새로 태여나는 뜻 깊은 밤이였다.

느낌은 섬세하면서도 깊이가 있다. 말은 조용하지만 무거운 데가 있다. 이것은 그 사람이 이미 적지 않은 수양을 쌓았다는 증거이다. 누가 요구한다고 해서, 제가 짜내려고 해서 그저는 나올 수 없는 것이 시이다. 사상과 정신의 축적, 체험과 감각의 축적, 사색과 기량의 축적, 그렇다, 오직 축적된 창고에서만 옥백미같이 기름진 시가 나온다.

박물관에 놓인 하나의 얼레빗, 많은 사람들이 그 앞을 지나갔으리라 그러나 주옥양, 그는 그저는 그 앞을 떠날 수가 없었다. 그는 그 얼레빗에서 혁명군 녀전사의 단발머리를 보았으며 너무도 한 일 없이 단발머리 시절을 서둘러 마친 자신의 머리를 보았다.

품노라
소중히 마음속에 너를 품고 가노라
먼 훗날 내 머리에 흰 오리 짙어도
이 빗으로 마음의 단발머리를 빗고저
조선의 딸 된 의무를 다하며
혁명의 거울 앞에
언제나 녀전사의 자세를 비치고저

얼마나 솔직한가! 그리고 또 얼마나 진실한가, 이 솔직성, 이 진실성으로 하여, 개인적인 체험이 도달한 일반화의 높이로 하여 그의 시가 빛난다.

흐린 물은 하늘을 담을 수 없다. 그러나 맑은 물에는 떠가는 흰 구름도 언듯 날아 지나는 새의 깃털까지도 선명히 반영한다. 하물며 붉게 이

글거리는 태양이야 어찌 비치지 아니하랴.

너무도 많은 노래 네 우에 울렸기에
너무도 많은 화폭 네 모습 담았기에
백두산아 너를 찾으며
내 무슨 노래 지을가 했더니

아니할 생각이였구나
백년설 덮인 장엄한 네 위용
오르면 오를수록
아, 터질 듯한 격정이여

그렇다, 참으로 아니할 생각이였다. 무슨 노래 지을가 하던 것은 공연한 위구였다. 그대가 시인의 참된 자질을 갖추었다면 이 나라 이 땅에선 그 어디로 가나 시를 발견하게 될 것이다…

나는 멀찌감치 멎어선 채 여전히 고개를 수긋하고 걸어가는 주옥양의 뒤모습을 지켜보았다. 저런 동무에게는 구태여 이래라저래라 훈시를 주기보다 자기 자신과 자기 주위 세계를 투시하고 절감하는 데 필요한 시간을 주어야 한다고 생각되였다.

동해의 아침은 아름다왔다. 청춘 ─ 그것처럼 청신하고, 시 ─ 그것처럼 삶의 무궁한 뜻으로 충만된 듯하였다. 때로 이 바다엔 폭풍도 있으리라, 배는 풍랑을 만날 수도, 암초와 맞다들 수도 있으리라, 그러나 항로는 뚜렷하거니 닻을 올린 배는 끄떡없이 앞으로만 나아갈 것이다.

나는 처녀의 굽 높은 구두가 놓여 있는 모래불을 지나 그와는 반대쪽으로 발길을 돌리였다.

아, 그러나 그것이 주옥양 동무를 처음이자 마지막으로 본 아침이 될 줄이야!

×

주옥양 동무가 뜻하지 않은 급병으로 강습 도중에 함흥으로 돌아갔고 끝내 사망하였다는 소식을 들은 것은 그때로부터 열흘 남짓 지난 어느 날이였다. 나는 그동안 다른 일로 강습 장소를 떠나 다른 곳에 출장갔었는데 출장 용무를 마치고 함흥 창작실에 돌아왔을 땐 이미 그의 장례식이 끝난 뒤였다.

아, 이런 기막힌 일도 있을 수 있는가, 그 처녀가 죽다니!

책상 우에는 그의 유고가 놓여 있었다.

생명의 마지막 순간까지 그는 원고를 손에서 놓지 않았다고 한다.

"이 작품을 당에 보내주세요!" 이것이 그가 남긴 말이였다고 한다.

나는 아끼고 사랑하던 딸이나 누이동생을 잃은 듯한 비통한 느낌이 들면서 눈앞이 뿌옇게 흐려왔다. 그가 나하고 무슨 인연이 있었길래? 나는 그의 혈육도 친척도, 그의 친우도, 담당지도교원도 아니였다. 다만 그의 시를 알았을 뿐이였다. 그런데 어찌하여? 글이 곧 그 사람이란 말을 믿어서였던가?

나는 밖으로 나갔다. 해빛 밝은 동흥산 마루에 올라서니 공도 함흥의 전경이 아득히 펼쳐졌다. 벅찬 삶의 숨결이 약동하는 도시의 어느 한쪽에 처녀의 집이 있을 것이고 그가 출근하고 퇴근하던 길이 있을 것이며 그가 일하던 공장, 그가 잡았던 기대, 그가 공부하던 공장전문학교의 책상과 그가 분초를 아껴 책을 읽고 시를 쓰군 하던 그 탈의실, 그 대합실, 그 열람실이 있을 것이다. 나는 때늦게나마 그 모든 곳을 찾아가 살았을 적의 주옥양 동무를 더 똑똑히 알아보고 싶었다.

성천구역 상신흥동 92반 407호실.

옥양 동무의 어머니가 나를 맞아주었다.

그리하여 나는 어머니가 내여놓은 주옥양 동무의 트렁크와 마주앉게 되였고 거기에 가득 담긴 작품 초고들과 습작 학습장들, 사진첩과 수첩, 일기장들을 보면서 옹군 이틀을 주옥양 동무와 단둘이 이야기를 주고받게 되였던 것이다…

옥양! 너는 아무 특별한 데도 없는 우리 시대의 평범한 처녀였고 사로청원이였고 로동자였구나, 너는 내 딸들과 마찬가지로 유치원을 거쳐 학교로 갔고 학교를 마치자 일터로 나갔구나, 봄철이면 아버지원수님께서 보내주신 선물 옷을 입고 기뻐했고 열여덟 살엔 푸른 뚜껑의 공민증을 받아 쥐고 선거장으로 갔구나. 모내기철이면 농촌 지원을 갔고 사로청에서 일감을 맡기면 군말 없이 성의껏 분공을 수행했으며 평양 견학권을 받아 쥔 날엔 어머니더러 머리단장이며 옷 모양을 보아달라고 했구나.

그러나 주옥양, 너는 내 딸들과도 다른 데가 있었구나. 나는 지금 네가 소년단 시절에 쓴 글짓기 학습장들을 보고 있다. 다 같이 받아 안은 당의 은혜이면서도 그것을 감수하는 가슴의 뜨거움은 같지 않았다는 것을 나는 네 일기장의 모든 글줄에서 찾아본다. 그 누구도 너더러 시를 써보라고 하지 않았지만 너는 시를 썼다. '로동자'라는 세 글자가 그리도 자랑스러워 너는 시를 썼다.

너의 생활은 결코 평범할 수가 없었구나. 왜냐하면 네가 늘 자기 앞에 가장 높은 목표를 스스로 내세우고 그것을 향하여 질주했기 때문에, 참으로 너의 생활은 질주라는 말로밖에 달리 표현할 수가 없구나.

너의 집에서 너의 공장까지 얼마나 멀었던가를 나는 이제야 가늠할 수 있다. 아침 5시에 일찍 일어나야 제 시간에 출근할 수 있었고 한 교대를 마치면 공장고등전문학교에 가야 했다. 그러나 그 밖에도 너는 가장 큰 몫을 그 일과에 덧붙였으니 그것은 단 하루도 건닐 수 없는 독서와 창작이였다. 너는 붐비는 통근차에서도 책을 읽었고 탈의실 구석에서도 글을 썼다. 부모님들과 동생들을 편히 쉬게 하려고 방 안의 전등을 끄고 부엌에서 새벽 3시까지 책을 읽고 글을 쓰고 그러다간 가마 우에 "엄마 5시에 꼭 깨워줘요."라는 쪽지를 써놓고야 쪽잠을 잤다. 무엇 때문에? 누가 시켜서? 아니였다. 그 누구도 너에게 그런 요구를 제기하지 않았고 제기할 수도 없었다. 아버지는 너를 만류하다 못해 너를 위해 또 하나의 작은 방을 꾸려주려고 탁상 전등과 침대를 놓아주었다. 너는 거기서 "하루 2시간만 자면 돼!"라는 자기 요구를 뻗대였다.

나는 지금 수십 권에 달하는 너의 시 습작 학습장과 3권의 '100시집', 4권의 '나의 시첩'을 뒤적이면서 스스로 부끄러움을 금할 수 없다. 나도 한때는 이렇게 해본 일이 있었다. 그러나 그것은 오래 가지 못했다.

나는 너의 수첩장마다 씌여진 어버이수령님의 고귀한 가르치심과 그 가르치심대로 살며 배우며 쓰고 사색한 너를 가까이 본다.

"행복이란 하늘에서 떨어지는 것이 아니라 오직 자기의 손으로 창조해야 한다." "확고한 신념과 의지가 있으면 참다운 실천이 따르는 법이고 참다운 실천이 있으면 빛나는 결실이 따르는 법이다." 너는 이런 말을 여러 군데 써넣었다. "미래를 내다보는 사람은 강한 것이며 그 어떤 힘으로도 굴복시킬 수 없는 것이다."

이런 인용구도 여러 군데 눈에 띄운다. 나는 네가 스스로 자기를 얼마나 모질게 채찍질하며 살았던가를 똑똑히 알게 된다.

너는 행복하였다. 네가 시 창작을 지향한다는 것을 알게 되자마자 청소년학생회관이 창작조에 받아주었고 작가동맹 군중문학심의실 문이 넓게 열리였다. 너를 반기여 이름 있는 작가들이 의자를 권했고 제법 아이들도 함부로 손을 대게 하지 않는 서가의 문을 열어주었다. 너를 위해 도서관들과 열람실들이 기다렸고 월에 2번 '월요모임의 날'이 기다렸다. 해마다 '창작강습'의 바다가가 기다렸다.

그러나 옥양! 너는 그 모든 혜택을 결코 헐값으로 사지 않았다. 너는 노력가였다. 무서운 노력가였다. 나는 문학창작을 지향하는 많은 청년남녀들을 보아왔지만 너처럼 진지하게, 그리고 완강하게 자기 준비를 갖추려고 애쓴 사람을 보지 못했다. 어쩌면 너는 그처럼 얻기 어려운 시간에 위대한 수령님의 로작들을 비롯하여 그렇게 많은 작품을 필사했는가, 이 중편소설은 어찌하여 거의 전문을 옮겨 베끼며 공부했고 여기이 서정시 한 편은 어떻게 되여 스물한 번씩이나 달리 써보았는가,

이 독서일지는 누구에게 보이려고 이렇게 꼼꼼히 정리했느냐, 아니리라, 오직 자기 자신과만 엄격한 총화를 짓기 위해서 너에게 이 일지가 필요하였으리라.

1979년 1만 5천 246페지, 1980년에는 1만 6천 768페지, 1981년에는 2만 673페지를 읽었고, 1982년에는 2만 5천페지를 목표로 세운 그 량적 수자에만 놀라는 것이 아니라 나는 네가 읽은 독서의 범위가 넓은 데 대해서 놀라움을 금치 못한다.

지금 너만한 나이의 문학청년들은 이런 책들이 있다는 것조차 모르는 사람이 적지 않다. 대학 어문학부를 졸업한 청년들도 제목이나 알고 있을 동서고금의 명작들을 너는 마지막 페지까지 다 읽었고 그 감상까지 다 남겼다. 너는 어느 날의 일기에 이렇게 썼구나,

"…어떤 녀자들은 남이 책을 볼 때 그만큼 뜨개를 뜨면 남는 것이 있다고 한다. 그럼 나에게 남은 것은 무엇인가? 눈에 보이게 남은 것은 없다. 그러나 나는 나날이 자라난다. 나에게는 힘이며 광명인 지식이 축적된다. 그것으로 하여 나는 뜨개질하는 녀자보다 몇 갑절 행복하고 값이 높다…"

또 어떤 갈피에는 이런 시가 적혀 있다.

책이여
수천의 페지와 페지여
수만의 글줄들이여
너희들에게 나의 감사를!

하나에 둘을 더하는
단순한 셈세기로부터
천체와 우주
핵전자와 행성
고분자와 플라즈마
변이와 프로그람, 반도체,

어이 그뿐이랴

가갸거겨로부터
편람과 년감, 백과사전을
한 점의 연기로부터
지구를 뒤엎는 대화산의 용암을

한 떨기의 꽃에서
시들지 않는 인생의 존재를
오, 책이여,
너는 나에게 선물하였다,

너는 나에게 가르쳐주었다
애기나팔꽃 소담히 피고
배그네 흔들리는 유치원 꽃밭에서
교양원이 쥐여준 꽃삽
그것이 어떻게 돌에서 만들어졌는가를,

책이여 너는 가르쳤다,
입학의 꽃송이 가슴에 달고
테프 늘어선 교문에 들어설 때
어찌하여
내가 '나라의 왕'으로 되는가를

붉은 넥타이는
어찌하여 그리도 붉으며

어찌하여 사로청맹증 품는 가슴은
그리도 울렁거리고
조선 청년! 그 이름을
생의 빛발과 바꾸어야 하는가를

귀중하고 성스러운 스승
근면하고 친근한 길동무
예리하고 각성된 무기
광명이며 은혜인 책!

너는 삶을 주었다,
사랑을 주었다
아, 너는 자주
너는 창조
너는 나에게
주체를 주었다!

옥양, 이것이 너였다. 책 앞에 마주앉는 너였다. 너는 이렇게 자기를 주체의 혁명관으로 튼튼히 준비하였고 다방면적인 지식으로 무장하였고 바야흐로 시창작의 결전장에 나서려고 하였다.

나는 지금 너의 일기장에서 백두산으로 떠나는 네 심정을 읽는다.

1982.2.3 수요일
래일 나는 그처럼 가고 싶던 혁명의 성산 백두산으로 떠난다. 생각해보면 이 나라에 태여나 김일성 원수님을 우러르며 내 마음속에 그리움으로 자랐고 깊이깊이 새겨진 백두산이다. 항일 빨찌산 이야기도 백두산에서 시작되였고 이 땅 우에 만발한 천만가지 행복도 모두 백두산에서 태여났다. 백두의 맑은 정기를 한껏 마시고 이 나라의 청춘 된 희열을 마음껏 터치고 싶었더니… 이제는 떠난다. 백두산으로! 항일의 선렬들이 맞던 그 눈보라를 나도 다 맞아보려 백두산으로! 내 지금껏 누려온 행복이 어떻게 이루어졌는가를 심장으로 체득하려 백두산으로!…

1982년 5월 6일

매일 매 순간이 백두산 시초 창작으로 이어진다. 통근차를 타도 시초에 대한 생각에 잠기고 기대에서 물러서는 순간부터 또 붓을 잡는다. 집에 오면 밥 먹는 시간도 아깝다. 아, 시간! 시간! 쓰자! 뇌리에 섬광이 번쩍일 때, 이때에 속도전을 하자!

1982년 6월 ×일

…시초의 완성 — 그것은 나를 새로운 높이에로 이끌 것이다… 시초의 완성 — 그것은 나의 정신적, 육체적 힘의 시금석이다.

옥양! 너는 이런 사람이였구나. 나는 이제야 비로소 네가 내놓은 초고에 번쩍인 그 섬광의 근원을 보았다. 천품? 영향? 노력? 그 어느 하나도 없어서는 네가 없었을 것이다. 너는 좋은 제도에 좋은 천품을 갖고 태여났다. 그러나 남다른 완강한 노력이 없었더라면 어찌 혁명적 시창작이라는 영광스러운 대문 앞에 어엿한 녀전사의 모습으로 다달을 수 있었겠는가.

너의 모든 생활은 오직 당에 기쁨을 드리고 수령님께 만족을 드리는 시를 쓰자는 하나의 목표에 지향되여 있었다. 그것이 너의 행복이였고 기쁨이였다. 때문에 너는 새로운 진통을 겪게 될 그 길도 서슴없이 갔으며 거기서 자신을 시험하기를 두려워하지 않았다. 너는 참된 의미에서의 창작적 진통을 체험했으며 그가 주는 희열을 맛보았다. 때문에 너는 어느 한 시의 벗이 거둔 창작적 성과를 그리도 기뻐하면서 자신의 결의를 함께 담아 이렇게 썼다.

그대 가슴
서정의 풍만한 호수라면
나는
시내가 흰 바위 밑의 작은 샘,

그대 웃음
신심의 떨기 진 꽃이라면
나는
땅을 비집고 튼 애어린 싹

그대 심장은
지향의 사품 치는 파도
나는 모래불의 잔잔한 물결
그대 걸음은
창조의 자유로운 수리개
나는 깃을 다듬는 비둘기…

축복하노라
이 봄에 태여난
영광의 시 묶음이여
수령님과 당에 드린
아름다운 노래의 다발이여

창가에 피여난 나의 류선화
너 꽃잎 속에 그 향기 보아 다오
길가에 늘어선 나의 버들아
너 초록빛 그 날개 한껏 펴 다오

그 꽃초롱 내 마음에 실어
멀리 벗이 사는 하늘에
축등처럼 띄우련다
그 고운 날개 내 마음에 이어
령롱한 무지개를 걸련다

그대 넘은 험한 고개
나도 넘지 않았다면
그대 겪은 진통의 나날
내 맛보지 못했다면
어찌 있으랴 오늘의 이 기쁨
축복하노라! 축복하노라!

저 맑은 하늘과 기름진 대지여
철의 탑들과 밀림의 메아리여
벌의 오곡과 과원의 설레임이여
초소의 밤들과 명절의 불빛이여
아기의 웃음과 유원지의 꽃수레여
아, 그 모든 것은 축복하노라

이제 나의 작은 샘도
큰 바다 되려고 쉼 없이 흐르리
어린 싹은 호함진 꽃을 피우려
온갖 향기 모으리

모래알은 큰 바위 되려고
어린 새는 큰 날개 펼치려고
잔물결은 거창한 파도로 일떠서려
열풍을 휩싸안고 설레리 설레이리

오, 천 길 벼랑에 떨어져도
내 다시 탐구의 절정에 톺아오르고
천 도 불 속을 가게 된대도
내 승리의 미소를 잃지 않으리니

아, 뜨거운 충성의 시를
바치자, 사랑하는 조국에

위대하고 영광스러운 어머니 우리 당에

과연 너는 얼마나 큰 걸음을 내디디려고 했더냐? 나는 바다가에 벗어놓았던 너의 작은 구두가 생각난다. 너의 시정신은 얼마나 높은 하늘에 나래치기 시작했더냐? 나는 고개를 수긋하고 걷던 네 모습이 잊혀지지 않는다.

그날 그날 례사로이 지나치는 생활에서도 시의 깊은 의미를 발견한 너였다. 신문에 소개되고 방송에서 찬양하는 이 나라의 혁신자들과 영웅들을 다 가까이 사귀고 싶은 너였다. 나는 네가 스물하나의 각이한 초고를 남긴 서정시 「우리 또래」가 어떻게 씌여졌는가를 이제야 알게 되였다. 너에게는 재능이 깃들기에 앞서 언제나 열렬한 공민적 감정이 앞섰다. 너는 자기 동시대인들을 가장 친숙한 말로 '우리 또래'라고 불렀다. 벌써 너의 창작적 시야는 시대와 인민이라는 큰 것에로 지향했다. 이것은 네가 훌륭한 송가도 쓸 수 있었다는 암시이다.

너는 내 꽃댕기 시절
줄넘기 같이하던 다름없는 우리 또래
울긋불긋 설맞이 무대 우에
함께 춤추던 다름없는 동갑내기

………

진창길에 짚신을 신어 못 보고
연필을 사달라고 졸라보지 못한 세대
날 때부터 차례진 행복
땀으로 갚고 열정으로 갚으며

참으로 큰 자욱 너희들은 새겼구나

………

같은 때에 태여났다고
우리 또래라 부르랴
함께 딩굴며 자라났다고
우리 또래라 부르랴
벗의 우정, 다정한 사랑만으로는
어깨 나란히 한 대오에 설 수 없는
혁명하는 우리의 동갑내기들

………

아, 나 또한 수령님의 참된 딸로
청춘의 위훈을 가슴 가득 안았을 때
너희들과 함께 한 대오에 서리라
우리 또래 우리 또래
벗의 의무를 다하는 동갑내기로—

×

주옥양 동무는 아깝게도 이 시를 '우리 또래'들의 손에 넘겨주지 못한 채 갔다.

그러나 지금 우리나라에서는 수십만 수백만의 '우리 또래'들이 위대한 수령님의 부르심과 영광스러운 당의 향도 따라 총진군의 북소리 높이 울리며 찬란한 미래에로 달음쳐 나아가고 있다. 나는 옥양의 미발표 작품들을 그가 그처럼 사랑한 우리 시대의 청년들에게 전해야 할 의무가 있다고 생각하게 되였다.

지금 주옥양 동무의 유고들을 안고 평양행 렬차에 오른 나는 재능이 촉망되던 한 문학통신원을 잃은 슬픔보다도 그와 함께 다시 백두산으로 오르는 듯한 감을 느낀다. 조국이여, 그대의 작은 꽃봉오리를 위해 백두산에 필 자리 하나 내여 달라!

—『청년문학』 290, 1983.1

기타 참고문헌

김형균 · 최상규, 「〈6월 4일 문학상〉의 첫 수상자에 대한 이야기」, 『로동신문』, 1983 6.20(『어디서나 백두산에 오르리』, 1986 재수록).

최석두

1917년 전남 함평에서 출생했다.
1948년 시집 『새벽길』을 출간하며 시를 발표하였다.
1951년 전사했다.
북에서 출간된 시집으로 『새벽길』(1957)이 있다.

| 시 6편 |

산길

토끼와 너구리와
늑대와 오소리들만 다니는
골짜구니를,

하늘도 바람도 모르는 억센 발자국들이
이따금 숨가쁘게 스치고 간다.

거기 반드시
조국의 자유가 있어,

목목에 숨어 노리고 있을
원쑤의 잔인한 눈초리를 돌아,

돌부리마다 一○(시)월은 스며
소스라치는 산길.

짐승보다도
원쑤보다도
더 잔인한 마음을 지녀야 하기에.

풀뿌리 질근질근
성낸 발자국
길 아닌 길을 더듬어 간다.

많은 동무들이
수없이 수없이 싸우며 간 길
또 많은 동무들이
수없이 수없이 더듬어 오는 산길.

—1947

| 수록지면 |

최석두, 『새벽길』, 조선사, 1948.[1]
* 최석두, 『새벽길』, 조선작가동맹출판사, 1957.

1 이 시집은 서울에서 출간된 책이라 저본으로 삼지 않았다. 이하 세 편도 마찬가지다.

傳單隊(전단대)

온 市街(시가)는
이미 우리들
손아귀에 쥐어졌다

하나는 풀
하나는 傳單(전단)
막우
어둠을 밀어트리며 간다

쭉—
풀 싼 걸레쭉을 문지르면

정성껏 써진 傳單(전단)이
街燈(가등)처럼 켜지고

어둔
거리거리의
벽과 전신주와……

빈틈도 없이
인민의 영토를 그리며 간다[2]

---

2 이 시 말미에는 "이 동무는 전라남도 광주지구에서 투쟁하다가 1948년도에 원쑤들에게 총살당하였다"라고 기재되어 있다. 그러나 북에서 발간된 다른 문헌들에서

| 수록지면 |

최석두, 『새벽길』, 조선사, 1948.
*『한 깃발 아래에서』(종합시집), 문화전선사, 1950.
최석두, 『새벽길』, 조선작가동맹출판사, 1957.

는 대체로 전쟁 중 사망한 것으로 기록하고 있다.

앞으로만 간다

오오, 가난한 안해야

총칼이 번쩍거리는 깊은 밤
너는 뒷골목 어둠을 간다.

검은 산마다 봉우리마다에
반짝이는 별, 별을 닮아
마음속 환히 비쳐주는
별 하나 있어,

찌들은 살림에 지쳐
겨우 잠들은 시민의 머리맡에
두근거리는 가슴을 안고
흰 종이 하나하나
고이 던져주고,

비슬대며 앞으로
앞으로만
너는 간다.

세 살 난 젖먹이도
어렵게 잠들여 떼여놓고
나선 가슴에 선득이는 찬바람.

야수 같은 반동의 눈초리

온몸에 달아오르는 미움으로
받아 넘기며.

골목골목마다
십만 시민이 곤히 잠든 벼개맡에,

래일의 싸움을 일러주는
흰 종이 하나,

던지며 던지며
너는 간다.

—1947

| 수록지면 |

최석두, 『새벽길』, 조선사, 1948.
* 최석두, 『새벽길』, 조선작가동맹출판사, 1957.

고향

앙상한 그루마다
식어 내리는 하늘이다,

인젠 연 하나
날지 않는
남쪽 하늘이다.

이따금
성낸 까마귀떼의
데모가 버려진다.

또 뉘 집의 대밭이
불붙는 거냐.

난데없는 총소리
아낙네들의
피 맺힌 가슴을 허비여,

들이고 산이고 무너져라
개 짖는 소리.

사내란 사내는
모두 끌리여 가고,

연신 시커먼 밤들이
으르렁거린다.

한 파수 기어이
사굿대질이 있고야 말

여기 내 고향
고향이 있다.

—1948

| 수록지면 |

최석두, 『새벽길』, 조선사, 1948.
* 최석두, 『새벽길』, 조선작가동맹출판사, 1957.

구호병원

노을 붉은 통군정 언덕 아래
압록강 맑은 물결 소리조차
잡힐 듯 들리는 곳.

구룡산 기슭 고요히
자리 잡고 쉬는 집들.

여기 공화국
뜨거운 손길은 뻗쳐
병들어 무의무탁한
형제자매들 위해,

오직 미더웁고 고마웁기만 한
내과며 외과며
정신과며 결핵과 등
마련해 주었다.

돈 없어 제 병 못 고치면 그만,
누가 일찌기 이렇게
구호의 길 열어준 적 있었던가.

외로이 앓다가
그대로 쓰러졌으면 그만,

누가 일찌기 이처럼
사람 아끼여 준 적 있었던가.

오! 내 어버이의 나라
공화국이여,

거칠고 스산한 국경 땅
꽃 한 포기 없는 겨울이면서도
더 아름다운 그대의
가없이 크고도
자애로운 마음,
붉게 붉게
피여 있다.

오늘도 그대의 마음에
충직한 원장 동무는
날이 새기도 전
곤한 어둠을 밟고,

환자를 걱정하는 말
조용조용 남기며
병실마다 오신다.

—1951.1

| 수록지면 |

* 최석두, 『새벽길』, 조선작가동맹출판사, 1957.

영웅 최치정

묘향산맥
등허리를 끼고
노도의 진격을 보장하여
이 밤도 우렁차게
남진하는 기적소리여!

무시로 퍼붓는 원쑤의 폭탄도
네 가슴에 이글거리는 불은
끄지 못했고
네 거센 숨결은 더욱
높아만 갔느니

후방과 전선을 련결시키는 너
너는 분초를 다투는 수송전선의
선두에 휘날리는
우리들의 휘황한 깃발이다

이미 화차엔 불이 붙고
상공엔 쌕쌔기
역 구내를 핥을 듯 내려 배기며
머리 하나 들 수 없이
그악스럽게 퍼붓는 기총

그러나 기다릴 수 없다
아픈 마음들
멸적의 전선으로
멸적의 거탄 가득 안고
내달아야 할 화차를
어찌 그대로 불속에 묻히게 할까 부냐
놈들의 수작에 매끼고 말까 부냐

목숨 바쳐
수송을 지켜야 한다
가슴속 번개 치는
당 위원장 동무의 말—

—화차를 구하라!
젊은 역장
최치정 동무
구령 높이 웨치며
비 오듯 날아드는 기총탄 무릅쓰고
작렬하는 폭탄 속으로
치솟는 불길 휘감기는 속으로
영용한 동무들을 불러
또 하나 불길이 되여
동무는 뛰여들었다

조국과 당 앞에 바친 몸
내 기관차 내 화차를 사랑하여
티 없이 붉게 타는 이 뜻을

그 누가 막을 수 있으랴
아무리 사나운 화염도
미치는 기총도
어떠한 두려움도
동무를 막아내진 못했으니

동무는 화염보다
더 붉게 탔다
동무는 작렬하는 포탄보다도
더 억세게
불붙는 화차의
련결봉을 끊었다

오직 원쑤의 골팍을 노려
내달아야만 할 화차는
불사신의 머리 거연히 쳐들고
하나 또 하나
화염을 빠져 나왔다

아, 그러나
훨 훨 타는 화염 속
도라오지 않는 동무여!
흉탄 가슴으로 짓씹으며
장하다 스물일곱 빛나는 청춘을
그대로 지금도 태우고 있는가
동무의 억찬 구령은 이 밤
남진하는 기적소리 속에 더욱 높고

두 줄기 싸우는 동맥 뻗어가는 거기
노도의 진격을 보장하여
내닫는 수송전선의 선두에
동무의 영용한 모습은
오늘도 승리에로 우리를 부른다

—1951.6

| 수록지면 |

* 『청년시인집』(종합시집), 민주청년사, 1951.
최석두, 『새벽길』, 조선작가동맹출판사, 1957.

평론 '새벽길'을 가는 시인-투사의 형상

최석두 시집을 읽고

박산운

나는 오늘 다시 한 번 옷깃을 단정히 하고서 시인 최석두의 시집『새벽길』을 읽었다. 이 시집에 수록되어 있는 제1부는 시인이 6·25 이전까지 남반부에 있을 때 쓴 것이고 제2부는 북반부에 들어와서 쓴 것이다.

이 시집에 등장하고 있는 서정적 주인공들이—그것은 많은 경우에 시인 자신의 형상으로 부각되여 있다.—남반부에서는 생활의 심판자로, 생활개혁의 혁명적 투사로서, 북반부에서는 심지어 사소한 일상 병원생활에서 일어나는 작은 생활현상들을 보고도 무한한 감격과 환희로써 그것을 확인하며 그것을 낳은 우리 제도를 공고화하려는 그 강렬한 애국적 빠포쓰가 전체 시편들, 그 어느 것에나 활활 불타고 있다. 그것은 이 시집에 충만되여 있는 열화 같은 혁명적 열정이다.

그 서정적 주인공들은 생활의 전진과 함께 바로 그 생활에 기초하여 자기의 내부 체험들, 사상감정 및 고상한 지향들을 통해서 자기의 성격을 뚜렷이 보여줄 뿐만 아니라 그것이 생활과 함께 점차 발전하고 있으며 시인 자신의 독특한 생활경험에 의해서 높은 시'적 일반화를 얻고 있다.

이에 대하여 이 시집에 수록된 시편들은 스스로 다음과 같이 말해준다.

내 울음이 다 마르고
네 숨가쁨이
시원하게 가시여지는 날이 온다면
비로소 이 무명시인의 노래도
정말 노래가 될 수 있으려니
너 그 얼마나 화려한 야심이냐

—「폭풍의 거리」에서

이 시는 1946년에 (이 시집에 기록된 창작년대를 고려할 때) 시인이 본격적으로 붓을 들기 시작한 최초기에 속하는 작품으로써 그해 8 · 15를 계기로 하여 발악적으로 감행된 미제와 리승만 역도들의 반동 테로를 박차고 싸운 광주 시민들과 화순탄광 탄부들의 투쟁이 반영되여 있다.

우리 앞에 처음으로 나타나는 서정적 주인공은 다음과 같이 자기의 성격을 드러낸다.

울어도 울어도 울고픈 이 가슴
설음 먼저 부풀어 오르는 이 날 이 가슴
아니다 모르면 몰랐지
왜 울어야 하느냐, 피울음이였다
숨가쁨을 참지 못하는
나의 벅참이 항쟁하는 것이였다

보는 바와 같이 이 시에는 위대한 쏘련 군대에 의한 8 · 15 해방절을 생각하면서 공화국 북반부와는 판이하게 또다시 예속과 암흑의 길로 강요당하고 있는 조국 남반부를 두고, 원쑤들에 대한 분노와 함께 억울한 눈물에 젖어 있는 시인–주인공의 아직은 단련되지 않은 얼굴과, 또한 "왜 울어야 하느냐 피눈물이였다"라고… 울고 있는 자기 자신을 스스로 꾸짖고도 있는 그러한 성격적 면모도 나타난다.

시인은 자기의 개성적인 목소리를 통하여, 침략자 미제의 흉악한 정체를 똑바로 보고 점차 고조되고 있는 남반부 인민들의 광범한 반미감정을 말해주는 그 정신적 변혁의 력사적인 한 모멘트를 이렇게 우리 앞에 제시한다.

더우기 이미 인용한 이 시의 마지막 련과 결구 "너 그 얼마나 화려한 야심이냐"는 시인이 자기의 개성을 거쳐서, 남조선의 암운을 뚫고 새벽길을 향해 전진하는 사람들의 락천주의를 특징짓고 있으며 이 책에서 일관하게 풍겨주는 밝은 락천성을 예고하고 있다.

무릇 심오하고 령활한 시인들은 자기의 짧은 시 구절 하나를 가지고도 벌써 자기 시의 성격과 또한 서정적 주인공의 단일한 인간 형상을 보여줄 줄 안다. 뿐만 아니라 자기가 정식화한 사상감정을 통해 당해 사회생활의 본질을 폭넓게 드러내여 보일 줄 안다.

이 시집 『새벽길』에는 이러한 생활에 대한 깊은 의미를 성격적으로 보여주고 있는 독특한 시편들이 적지 않은바, 그 한 실례로서 1948년도에 씌여진 「고향」을 보자.

앙상한 그루마다
식어 내리는 하늘이다

인제는 연 하나

날지 않는
남쪽 하늘이다

………
또 뉘집의 대밭이
불붙는 거냐
………

한 파수 기어이
사긋대질이 있고야 말

여기 내 고향
고향이 있다

이 시의 서두에서 시인이 아무렇지도 않은 듯이 툭 쏟아놓은 "앙상한 그루마다 식어 내리는 하늘이다"라는 짧은 련만 가지고도 미제와 리승만 역도들의 폭압 하에 있는 남조선에서 그것을 이겨내면서 하늘 높이 머리를 쳐들고 사는 인민들의 감정과, 그를 통해 그들의 크나큰 인간 모습이 떠오른다.

시인은 이러한 인민들의 사상감정을 옳게 파악하여 그를 더욱 심각화한다.

인제는 연 하나
날지 않는

남쪽 하늘이다
………

이렇게 계속되는 예리한 분노의 목소리는 마지막 련으로 가면서 자기 고향에 대한 자랑과 사랑으로 백열화하고 있다.

여기에는 벌써 1946년도에 씌여졌던 「폭풍의 거리」를 지나온 서정적 주인공—시인 자신의 성격적 발전이 력연히 나타나고 있으며 투사—시인의 형상이 더욱 명백히 드러나고 있다. 또 시인은 자기의 지난 투쟁 일기를 우리에게 펼쳐 보이면서 다음과 같이 말하고 있다.

시커먼 찬바람이
떨어진 문풍지마다
얼어붙는 밤

곱아드는 손'가락에
메마른 입김을 쏘이며
끼익 끼익 가리판을 긁는다

한참 머리가 무거워 까빡할 때면
피투성이 된 동무들의
빙그레 웃는 얼굴이 떠오르는 무안
………

—「일기」에서

이러한 투쟁이, 이러한 시인—투사의 긴장된 생활 내용이 바로 이 시집의 편편마다에서 우리들이 크게 감동하게 되는 기본적인 요인으로 된다.

물론 여기서도 더 세련시켜야 할 시'구들이 있다. 그러나 이 시집 안에서 번뜩이는 광채 륙리한 높은 시정신이 무엇보다도 귀중한바 그것은 바로 이와 같은 그의 애국적 심정의 소산이며 결실이다. 그가 시를 사랑하는 것—그것은 곧 그에게 있어 조국을 사랑하는 것이였다.

한편 시인의 고상한 정치 도덕적 면모와 함께 그의 풍부한 내면세계는 남조선 거리의 어두운 담 모퉁이들을 다음과 같이 폭넓게 뚜렷이 보여줄 수 있는 또 하나의 요인으로 되였다.

온 시가는
이미 우리들
손아귀에 쥐여졌다

하나는 풀
하나는 전단

마구
어둠을 밀어뜨리며 간다
………

정성껏 써진 전단들이
가등처럼 켜지고

....

우리는 빈틈도 없이
인민의 령토를
그리며 간다

— 「전단대」에서

이 시에는 남조선 거리에서 흔히 볼 수 있던 야밤의 삐라공작과 그 삐라를 정성껏 써서 붙이며 나아가는 인민들의 내면세계가 아주 훌륭하게 시 속에 담겨져 있다.

우리는 그의 시에서 특징적인 이러한 예리한 쓰찔을 보면서 이러한 쓰찔을 낳게 한 그의 긴장된 생활 내용과 환경들을 아울러 생각하게 된다. 즉 시인—투사는 남반부 인민들의 투쟁 단계들을 반영하면서 더욱 앞으로 전진해 간다.

....

돌'부리마다 10월은 스며
소스라치는 산'길

짐승보다도
원쑤보다도
더 잔인한 마음을 지녀야 하기에

풀뿌리 질근질근

성낸 발'자국
길 아닌 길을 더듬어 간다
………

—「산'길」에서

바람'벽이나
전신주나…
모두들 일어섰다

—남조선 단독정부 절대 반대다.
미군은 즉시 철회하라—
………

조국을 지키는 글'발
가슴 가슴에 터지는 글'발
들고
안고

………

—「모두들 일어섰다」에서

시인은 계속하여 「전선 전단」, 「산 우에 달이 뜬다」, 「불'길」, 「산」, 「총아」, 「매복전」, 「새벽길」 등으로 나아가면서 1946~1950년 6 · 25 이전의 남반부 생활현상들을 과묵하고 예리한 시'적 형상 속에 밝히고 있으며 인민의 승리에 대하여, 합법칙성에 대하여 소리 높이 말하고 있다.

그리하여 공화국 북반부—혁명의 민주기지에 대한 열렬한 사랑과 동경을 노래하고 있다.

하늘이 자꾸만
푸르러 가는 날

메밀꽃 피는
아득한 38 이북에서는
온 산과 들에 무르익어 가는
기름진 곡식의 구수한 냄새
바람'결에 묻어 넘어오고

………
해방된 농민들의
신이 나는 가실 노래
구름이 되여 숭얼숭얼 흘러온다

—「전원 이상」에서

작은 바람'결 하나에도, 북쪽에서 오는 구름 한 점을 보고도 우리 당과 정부의 손'길과 행복 속에 꽃피고 있는 민주기지를 보고 느끼면서 새로운 힘을 얻어내는 모든 남반부 인민들의 전형적 감정을 형상한 이 시에서 우리는 또한 시인이 시험하고 있는 또 하나 그의 다른 시 형식을 보게 된다. 직접적으로 적과 대치하여 웨칠 때, 그의 시는 높은 정론성을 갖추면서 잘 조탁된 총알과 같은 긴장된 시'구와 시련들로써 구성되여 있다. 그러나 이 「전원 이상」이나 북반부에 들어와서 쓴 「구호병원」 기타 일련의 작품들에서 공통적으로 볼 수 있는 바와 같이 자기가 사랑하고 옹호하며 공고 발전시키려고 하는 생활의 본질을 노래할 때에는 그에 마땅한 소박하고, 가슴을 풀어헤친, 얼핏 보면 떠듬거리는 것 같기도 한, 그러한 친근한 시'구들을 선택한다. 이것은 전혀 옳은 것이다. 왜 그러냐 하면 시'적 설득력이란 결국 생활의 진실에 관한 문제이며, 그를 전달하는 수단과 방법에 관한 문제이며, 자기가 무한히 사랑하고 지지하는 대상을 앞에 두었을 때 한껏 골라지는 심장의 말이란 때로 얼핏 들으면 어색한 것도 같고 수줍은 것 같기도 하기 때문이다.

남쪽 두메에 살아
지난 여름치고 보리알 하나
마음 놓고 씹어보지 못한 설음이
아직도 가슴에 고여 아픈데
누렇게 익어가는 벼이삭을 볼수록
징그러운 공출 명령에
또 얼마나 떨어야 하는지…
………

우리네 농민들은
수수'대만 빨아야 하는가
북쪽 이야기가 한사코
부러워지는 날이여

곧 무슨 일이 일어날 것만 같이
곧 무슨 일이 일어날 것만 같이

이 시는 남반부 인민들의 10월항쟁 전야에 쓴 것인바, 이와 같이 생활의 암시를 누구보다도 재빨리 포착하고 그 예각들을 잡아내는 그의 기량은 이 시집의 여러 군데서 찾아볼 수 있다.

이 시집의 제1편 중에서 특히 감명을 자아내게 하는 것은 동지애를 주제로 한 「그리운 노래」, 「우리들만이 느끼는」 기타 여러 시편들인바, 그중에서도 훌륭한 시 「그리운 노래」와 함께 「앞으로만 간다」는 시인이 도달한 사상—예술적 높은 수준을 증시하는 시편으로 된다.

물어보기조차
두려운 길을
말없이 흔연히
떠나신 그대

우리들은 언제나
일 속에 만나자고 있는 것이…

그대로
돌아오지 않는 나날이
평생이 될지라도
이기고 싸워서

끝끝내
웃을 줄 알으라던
그대의 음성

행여
들리는 것만 같이
느껴지는 저녁이면
………

—「그리운 노래」에서

함께 일하던 존경하는 동지에게 바친 이 아름답고 간절한 시편과 함께 「앞으로만 간다」는 사람들의 기억에 오래 남을 것이다. 이 시에는 시인이 자기의 전우—안해에게 기울인 깊고 깊은 애정이 절절하게 넘치고 있는바 여기에 그려진 그의 전우—안해의 형상은 싸우는 조선 녀성의 빛나는 전형의 하나로 된다.

총칼이 번쩍거리는 깊은 밤
너는 뒤'골목 어둠을 간다

검은 산마다 봉우리마다에서
반짝이는 별, 별을 닮아
마음속 환히 비쳐주는
별 하나 있어

찌들은 살림에 지쳐
겨우 잠들은 시민의 머리맡에
두근거리는 가슴을 안고
흰 종이 하나하나
고이 던져주고

………

세 살 난 젖먹이도
어렵게 잠들여 떼여놓고
나선 가슴에 선득이는 찬바람

………

이렇게 시작되고 이렇게 계속되는 이 아름다운 시'적 화폭은 "래일의 싸움을 일러주는 흰 종이 하나, 던지며 너는 간다"로 끝나고 있으나 그 슬기롭고 강의하고, 가슴 두근거리며 인민의 소원이 담긴 삐라를 남반부 거리에 던지며 가고 있는 아름다운 녀인의 형상은 그의 사랑하는 전우인 남편과 함께 힘차게, 슬기롭게 지금도 우리의 눈앞에서 선히 걸어가고 있다.

시인—투사는 서대문감옥에서 1950년 6월 28일에 우리 인민군대에 의하여 해방되였다.

미제와 리승만 역도들이 감행한 불의의 무력침공을 분쇄하여 놈들을 남으로 휘몰아 진군하는 우리 인민군대의 영용한 투쟁에 의하여 해방된 남반부 땅에 버려졌던 '선거날'의 기쁨을 거쳐 그는 자기가 그리도 사랑하고 동경하던 공화국 북반부에 무한한 기쁨을 안고 들어섰다.

그러나 후퇴 도중 시인은 불행히도 적의 기총 사격으로 다리에 부상을 입게 되였었다.

노을 붉은 통군정 언덕 아래
압록강 맑은 물'결 소리조차
잡힐 듯 들리는 듯

구룡산 기슭 고요히
자리 잡고 쉬는 집들

....

오직 미더웁고 고마웁기만 한
내'과며 외'과며
정신과며 결핵과 등
마련해 주었다.

돈 없어 제 병 못 고치면 그만
누가 일찌기 이렇게
구호의 길 열어준 적 있었던가

외로이 앓다가
그대로 쓰러졌으면 그만

누가 일찌기 이처럼
사람을 아끼여 준 적 있었던가

오! 내 어버이의 나라
공화국이여
………

보라! 여기서는 또다시 자기의 사랑하는 대상을 앞에 두었을 때 이미 우리들이 이 시인의 다른 시편에서 본바 그 가슴을 풀어헤치고, 기쁨에 끓어오르면서 떠듬떠듬 외우고 있는 소박하고 수줍은 그 목소리가, 그 독백이 다시 울리고 있다. 심지어 "내'과며 외'과며, 정신과며 결핵과 등" "마련해 주었다!"라고 — 아무에게나 시가 될 수 없는 이 의학계통에 관한 명칭들까지도 훌륭히 시로 살려 우리에게 지워지지 않는 시'적 고상한 감흥을 자아내게 하는 데 성공하였으며 이로써 훌륭한 모범을 보이였다.

이것은 두말할 것도 없이 시인 최석두의 우리 당과 공화국에 대한 끓어 넘치는 사랑에서 온 것이다.

그의 「더욱더 기다려지는 사람 되여라」에서도 이와 같은 시인의 고상한 정치―도덕적 면모는 유감없이 빛나고 있다. 이 시에는 친절한 동지로서의 간호원들에 대한 고마움과 함께 이들을 이렇게 길러낸 제도에 대한 감사에 끓어오른 심정으로 그들의 일거일동을 깊은 애정을 가지고서 주시하고 있는 열렬한 애국자의 한 모습이 드러나 있다.

공화국 북반부에 와서 시인 최석두의 시는 자유로운 날개를 펼치게 되였다. 우리의 인민민주제도 속에서 흘러나오는 자그마한 일상생활 현상으로부터 시작하여 전선에서, 후방에서 발휘하고 있는 영웅들의 형상에 이르기까지 그가 노래한 시편들에는 그의 뜨거운 지지 옹호와, 전쟁 승리를 확신하는 혁명적 열정과 랑만이 관통되지 아니한 것이 없다.

그러나 그는 자기의 재능을 다 꽃피우지 못한 채 애석하게도 1951년 10월 22일 평양에서 적의 폭격에 의하여 전사하였다.

악독한 원쑤들의 손에 희생되지 않았던들 이 시집의 부분적인 시편들에서 볼 수 있는바, 형식의 단조로움과 시'적 형상의 미숙, 특히 서사적 요소를 도입할 때 나타나는 약간의 혼란과 시'적 긴장성의 결여 등 부분적인 결함을 제거하고 자기의 독특한 쓰찔을 더욱 발전시켜 보다 빛나는 시를 더 많이 쓸 수 있었을 것을 생각할 때, 독자들과 함께 원쑤들에 대한 저주와 증오를 한층 크게 불태운다.

이상에서 본 바와 같이 이 시집 『새벽길』은 투사이며, 시인인 최석두의 고결한 생애를 말해주는 힘차고 아름다운 삶의 노래이며 그가 사랑하고 옹호한 우리 생활의 지워지지 않을 산 화폭이다. 동시에 이 시집 『새벽길』은 시인이며 투사이였던 최석두가 우리 당과 조국 앞에 바친 헌신의 기록이며 그가 동지에 대해 바친 우애와 사랑의 책이며 또한 그것은 원쑤들에게 주는 날카로운 창끝이다.

(1958.3.9)

—『조선문학』 129호, 1958.5

기타 참고문헌

조벽암, 『새벽길』 서문, 조선작가동맹출판사, 1957.
『새벽길』 저자의 략력, 조선작가동맹출판사, 1957.
『문학대사전』, 사회과학출판사, 1999.
『조선대백과사전』, 백과사전출판사, 1995~2004.

최승칠

함남 함주에서 출생했다.
1955년부터 시를 발표하기 시작했다.
개인시집으로 『빛나는 모습들』(1974) 『창조의 영웅』(장편서사시)(1992) 등이 있다.

| 시 8편 |

미소

어스름한 서울 종로거리, 한 모퉁이에서
이리 같은 눈알을 굴리며 미국 헌병은
미친 듯 요란히 총을 쏘았다,
소년은 네 번째 삐라를 붙이다가
가슴에 치명상 받고 담장 밑에 쓰러졌다.

그러자 소리 없는 발걸음들이
가슴에 밀려드는 근심처럼
골목에서 모여든다,
불빛 서린 눈동자로 소년을 부르며….

애타는 마음들이 일으켰는가?
소년은 머리를 치여 들었다!
장미가 타는 듯 피 흐르는 가슴에
불ㅅ길처럼 삐라를 펼쳐 들었다.

그가 걸어온 길 짧았던가, 길었던가,
비 개인 날엔 비둘기 되여 무지개 잡겠다던 소년,
꿈에서만 학교에 다니던 이 소년이
가슴에 타는 붉은 마음으로
높이 추켜든 『조국통일』 호소문!

허나 일각에 一〇(십)년이 달리는 양

아픔이 소년을 내려 눌러
머리 무겁게 수그러졌다.
주위엔 분노에 떠는 소리 숲처럼 설레였고
누군지 어머니처럼 그를 안아 들었다.

순간 마치 어두운 벌판에
구름 사이로 햇살이 비쳐든 듯
소년의 얼굴엔 밝은 빛이 넘친다,
새까만 눈에, 앵도 같은 입술에,
불꽃 같은 미소가 피여났다!

헌병은 두 눈을 휘둥그레
미친 듯 총구를 휘두르며 밀쳐 나온다,
허나 겹겹한 사람들의 담벽
미소를 지키여 막아섰거니
어찌 소년을 원쑤에게 내여 줬으랴.

꺼질 줄 모르는 아름다운 미소여!
평양행 차창에 기대 앉아,
밝은 태양, 이삭 패는 가을 벌판의
아름다운 노래를 들은 것이냐?
자애론 수령의 품에 안긴 것이냐,

아! 싸움에서 행복을 찾은 소년,
삶의 길을 더듬어 찾은 이 미소는,
울부짖는 폭풍보다 더 세찬
온 바다가 부르는 평화의 나래이니,

사람들이여! 친구들이여!
가슴속에 이 미소가 부른
끝없는 사랑을 소년에게 주자!
영원히 하나인 조선을 안겨주자!

| 수록지면 |

* 『조선문학』, 1955.10.
『조선인민은 하나이다』(종합시집), 조선작가동맹출판사, 1956.
최승칠, 『빛나는 모습들』, 문예출판사, 1974.

기쁨의 담시

휴일의 만경대,
산'발들은 노을에 물들고
먼 길엔 달구지 소리 간간이 들리여라,
로인은 고요한 늪에 낚시'대 드리우고
푸르른 바람 속에 취한 듯 앉았는데,

개나리꽃 흐늘어진 언덕길로
조용히, 천천히 걸어오시는 분…
누굴가? 산천풍경 바라보시며
문득 걸음을 멈췄다가도
아침처럼, 봄처럼 환하게 즐거이
생각에 잠겨 걸어오시는 분은?

로인은 무릎을 철썩 쳤네
내 눈도 어둡지, 수상님이 아니신가!
기쁨에 머리가 핑그르 돈 로인,
대통을 두드려 불 끄는 품이
북청 목수 덤벼치며 못을 박는 듯.

로인이 드리는 인사를 받으시며
그이는 물으신다 – 《고기가 많습니까?》
《와글와글합니다》 – 로인의 대답.

《무슨 일 하십니까? 로인님은》
새 움 트는 애어린 가래나무 만지시며
그이는 웃으시며 물으시는데,
로인은 문득 목덜미까지 붉어졌다,
난처한 듯 두 손을 마주 비빈다.
《저는…그저 학교…리발삽니다…》

《리발사, 학교의 리발사라…
—그이는 호수'가를 거닐으신다—
좋은 일이요, 얼마나 기쁘겠소,
매일같이 아이들의 머리를 만지며
볼을 쓸어주며 단장을 시켜주니…

우리의 미래, 우리의 후손들,
보화로 찬 세상을 물려받을 아이들
꽃보다 곱고 황금보다 귀하오,
그러찮소? 로인님은 장한 일 맡았소…》

로인의 가슴 울렁인다, 숨가쁘다,
황홀한 눈을 들고 그이를 바라본다.
해는 솟아 하늘 땅은 꿈속처럼 곱네,
바람은 노래하네, 수림은 춤추고
호수는 찬란한 빛을 뿜어라—
삼라만상 그이의 기쁨이 되라고,
축복 받은, 행복의 무아경에 싸인 로인
영원토록 이 아침을 기억하라고.

작별의 인사를 나누신 그이
동산을 넘으시여 보이지 않건만
멋지게 코'수염을 비틀어 올린 로인
얼을 잃은 듯 오래오래 서 있어라―
세상엔 오만가지 직업이 있어
사람마다 제 일을 자랑하지만
어림없어, 리발사가 상으뜸이지!

―1961.6

| 수록지면 |

*『시문학』 6집(1961년 3집), 1961.9.
『아름다운 강산』(종합시집), 조선문화예술총동맹출판사, 1966.
『조선문학』, 1967.7.
『수령께 드리는 노래』, 도쿄 : 학우서방, 1967.
『수령께 드리는 송가』(종합시집), 도쿄 : 근로단체출판사, 1967.
최승칠, 『빛나는 모습들』, 문예출판사, 1974.
『해방후서정시선집』(종합시집), 문예출판사, 1979.

쇠'물 앞에서[1]

그것은 번개처럼 내려친다
그것은 폭풍처럼 소리친다.

쇠'물이여, 진정 부러운 것은
너의 쏘며 버이는 듯한 흐름도,
너의 열도도 빛갈도 아니노라.
그렇다, 나의 가슴을 뒤흔드는 것은
칼날처럼 번쩍이는 너의 넋이 낳은
위훈에 대한 피타는 갈망이노라.

그 어떤 가능성이 네게 깃들었으랴!
너는 궁전으로 하늘'가에 일어설 수도
우주를 꿰뚫고 날 수도 있어라.
너는 창창한 수평선을 떠돌아다닐 수도,
침대로 처녀의 꿈을 지킬 수도 있어라.

너는 영원한 행복의 탑을 이 땅에 세우고
헐뜯기고 부대낀 선조들의 심혼을
아름다운 노래 속에 달래고 있구나.
너는 우리 로동계급의 머리 우에서
거창한 날개를 푸득이면서

1 이 시는 〈강선시초〉 중 한 편이다.

혁명의 대공을 날고 있구나!

폭포 치는 쇠'물이여,
너는 한없는 꿈에 그렇듯 뜨겁고
넘치는 힘으로 하여 안정을 모르거니,
비노라, 나의 나날과 시'줄 속에
항상 네가 끓어다오, 오, 정열이여!

| 수록지면 |

* 『문학신문』, 1963.4.19.
최승칠, 『빛나는 모습들』, 문예출판사, 1974.

백두산

나는 땅 우에서 왔다,
우리의 하늘나라 백두산이여.

날은 사나와
사위엔 소리 없는 구름의 바다.
깎아지른 벼랑 밑 어둠 속에선
세상을 뒤흔드는 요란한 천둥소리

이런 때 날리는 구름발 사이사이
환영처럼 비쳐오는 천지의 절벽,
거기엔 무서운 호랑이무리
린광을 뿜는 듯 사나움이 넘쳐라.
거기엔 옛 말에 전해오는 보물나라의
청동의 성곽이 섬섬히 번쩍여라.

보라, 그 아래엔 천지다!
물결 우에 미끄러지는 해그림자는
솟구쳐 타래지는 룡무리인가.
설레는 듯 끓는 듯 눈부신 물빛은
뿌리면 꽃이 되리,
쏟으면 불이 되리.

영원히 자랑하라 백두산이여

여기 일만 산악들은 불구름 휘몰아치던 항일의 전장
여기서 위대한 수령 김일성 동지께서
주체의 기치 높이 왜적들을 쓸어 눕히시며
삼천리 강토를 흔들어 깨우셨나니,

백두산, 너에게는 거룩한 모든 것이
호탕한 웃음도, 깊은 사색도
시대를 정복한 칼 같은 기상도
신묘한 광채로 머물러 있었구나!
정녕 우리의 충성의 위업도
너처럼 장하고 너처럼 거창하여
영원토록 후손들의 하늘에 솟아 있으리

오, 위대한 내 나라의 높은 이마 우에
찬란한 금관처럼 빛나는 백두산이여
용감하고 담대한 장수의 머리에
얼마나 얼마나 어울리는가!
원쑤들은 눈이 멀어 비칠거리리!

복 받은 조국이여
나는 삼가 이 성스러운 절정에 올라
구름바다 우에서 세계에 웨치노라—
빛나게 살자,
백두산이 굽어본다!

—1966.9

| 수록지면 |

* 최승칠, 『빛나는 모습들』, 문예출판사, 1974.

병사의 영예

세월이 흐를수록 영광은 빛나라,
하늘을 치받는 백두산 령봉에
황황 타오르던 광복의 홰불이여
불길 천만리에 붉은 기발 날리시며
원쑤를 쳐부신 우리의 수령께서
환호하는 삼천리에 개선하신 그때,

이 땅에 남아 있던 왜놈들은
철 잃은 락엽처럼 시들어
흙먼지에 뒹굴어 뒹굴어갔다
그리도 사납고 포악하던 놈들
모두다 게걸스레 날수수를 까먹으며
멸망의 현해탄으로 쏟아져 내려갔다.

그 나날
병사여, 우리는 깨달았다.
원쑤는 한 시절, 인민은 영원함을
우리는 가슴이 벅차도록 깨달았다
력사의 조종간을 잡으신 이는
우리의 위대한 수령이심을

세월이 흐를수록 영광은 빛나라
삼 년이나 불을 뿜던 우리의 포신들이

전승의 환호 속에 먼지를 털던 그때
미국놈들은 정신도, 몸뚱아리도
불에 타고 파편에 넝마가 되여
판문점 언덕 우에 엎드렸던 그때

병사여,
우리는 승리의 열병장을 구르며
온 세계를 환호로 흔들었다.
다시금 력사의 운전대 우에서
뜨거이 웃으시는 수령을 우러르며,

그렇다, 위훈 많은 우리 시대의 길은
승리에서 승리에로 뻗어왔거니
다시금 뻗어갈 그 길을 따라
우리는 서울, 부산, 한나산 우에서
약속된 새로운 승리를 본다.

때는 온다! 어서 오라!
가슴마다 불을 안은 병사인 우리는
폭풍이 되여 번개가 되여
사나운 태평양 저 한복판에
미제 원쑤들을 짓부셔 던지리니
최후 승리의 장엄한 광경은
눈에 어리며 피를 끓인다.

오, 우리는 그때
춤추는 남녘땅 형제들과 함께

최후 승리의 열병식에 나서리니
우리는 보리라 그 높은 곳에서
태양같이 웃으시는 우리의 수령님을!

이는 병사의 강철 같은 신념!
이는 병사의 목숨인 영예!

| 수록지면 |

*『철벽의 요새—조선인민군창건20주년기념시집』(종합시집), 조선문학예술총동맹출판사, 1968.
최승칠, 『빛나는 모습들』, 문예출판사, 1974.

철창 속에서

1

몸은 비록 사슬에 매웠어도
감방은 새롭지 않다.
하루 스물네 시간씩 나를 엿보는
교형리들의 독기서린 눈초리도,
살점을 저며내는 고문실도,
새롭지 않다. 두렵지 않다
내 싸움으로 살아온 남조선이
그대로 하나의 감옥이였기에.

날카로운 사슬은 살을 갉아먹고
고문당한 몸은 상처에 덮였어도
마음은 그리운 전우들과 이마를 비비며
혁명에 불타는 강철빛 눈을 마주 본다
그러면 순간의 슬픔은 사그러지고
활기 넘친 생활은 바다처럼 밀려들어
격동의 파도 치며 소리높이 부르거니
나는 기쁨에 겨워 흐느껴 운다,
세상엔 할일이 무한하여
내 언제나 열정에 살고 또 죽을 수 있는 것으로 하여.

사랑과 증오여,

내려찧는 폭포수같이 맹렬한 사색이여.
원쑤를 요정낼 크나큰 불길이여,
너는 나의 것이다.
침착하고 용감한 사자의 심장이여
웃을 때면 가장 행복한 미와 힘이 넘쳐나고
원쑤를 노려볼 때면
차디찬 조소와 번개가 번뜩이는 얼굴이여,
너는 나의 것이다.
그렇다, 신음하는 남녘땅이 기다리고 있는 한
나는 굴복하지 않을 것이다!

2

몸은 비록 사슬에 매웠어도
생각은 낯익은 옛길에 오른다,
등잔불 밝힌 아지트의 방 안에서
위대한 수령 김일성 동지의
불멸의 저작들을 읽던 나날들.
그것은 신비로운 구름다리를 치달아 올라
새로운 세계를 발견하던 명절들.

그때에 나는 들었다.
뜯기고 짓밟히고 모욕당한 인민이
아지트의 창문을 두드리며
《구원하라!》 피타게 부르짖는 소리를!
아, 생명을 바치는 투쟁이 없이
어찌 헐벗은 인민을 구원할 수 있으랴,

그때에 나는 알았다.
칼을 물고 날뛰는 미국놈들과 그 졸개들은
한 시절에 살고 죽을 메뚜기들임을,
그러나 세월을 앞질러 활활 타는 혁명의 불길로
원쑤들을 짓몰아 쓸어내지 못한다면
젊은 혈기도 신념도 거짓이라는 것을,

3

몸은 비록 사슬에 매웠어도
마음은 다시 아우성의 도시와 벌판을 달리나니
불을 안고 달리는 내 손에서는
혁명의 씨앗이 봄비처럼 뿌려져라!
나는 4월의 바람, 봄을 불렀고
나는 종다리, 새벽의 하늘을 날았거니
오너라, 혁명이여, 어서 감옥을 부시고
다시금 나를 폭풍 속에 세워 달라.
바람과 물과 흙이 있는 곳으로,
용감하고 슬기로운 사람들에게로.

나는 본다, 기울어가는 추녀 아래
무서운 가난과 울분에 시달리면서도
혁명가의 안해임을 자랑하는 사람아,
언제나 눈물 속에 웃던 눈이여,
용하고 마음 깊은 그대는 알아주리라,
내 항시 집을 떠나 풍랑 속에 싸우는 것은
아름다운 노래보다 아름다운 새 세상을

그대에게 선물하기 위함이 아니였더냐,

자랑스러운 혁명조직이여,
너는 김일성 원수님의 혁명사상에서 태여나
겨레를 이끌고 원쑤놈들을 짓밟으며
지심에 끓는 용암.
오, 도도한 흐름이여, 나는 믿는다,
미제와 졸개들은 불벼락을 맞아
무덤도 없이 들판에 썩을 것을!
혹은 살아남은 놈들은 꺼이꺼이 울며
력사의 하수도로 떠내려갈 것을!
믿는다, 우리 모두 자애로운 수령님 품에 안겨
사회주의, 공산주의 락원을 건설하며
오늘의 투쟁을 옛말로 전할 것을!

그때엔 아마도 어느 누군가는
감옥에서 피 흘린 이 몸을 두고서도
벗의 어깨를 치며 말하리라!
《그는 혁명가였어!
한때엔 사냥개를 보고서도
겁먹고 피해가던 소년이였는데,
교수대로 위협하는 원쑤놈들 앞에서도
랭소를 짓고 선언했거든,
〈4천만 인민의 8천만의 발길이
네놈들을 모조리 짓밟을 것이다!〉》

| 수록지면 |

*『조선문학』 260호, 1969. 4.
『인민은 노래한다』(종합시집), 문예출판사, 1970.
최승칠, 『빛나는 모습들』, 문예출판사, 1974.
『해방후서정시선집』(종합시집), 문예출판사, 1979.

위대한 의지

정전…
아직도 뜨거운 포신들이 식기도 전에,
땅크들이 먼지를 털기도 전에
수령님께선 제강소를 찾아가셨네.
나라를 하늘 높이 일으켜 세우시기 위하여,

제강소…
그러나 그 자리엔
원쑤들이 파괴한 스산한 잔해들뿐,
길마저 무성한 잡초 속에 사라져
덧없는 새 울음소리만 숨죽인 고요를 흔들었네.

그리로, 그 잡초의 숲을 헤치시며
우리의 수령님께서 들어서시였을 때
한 로동자 앞서 나가며
낫으로 서둘러 길을 내여드렸네.

수령님께선 로동자의 어깨에 손을 얹으시더니
어덴가 아득히 먼 곳 바라보시며 말씀하셨네
—오늘은 낫으로 오솔길을 내지만
래일은 강철로 나라의 대통로를 열어갑시다.—
그러시곤 몸소 앞장서 나가시였네
세계를 놀래울 기적이 탄생할 미래의 공간으로.

하늘도 그이의 모습을 그대로 간직하고
대지도 그이의 모습을 새겨가던 그때,
오월의 바람이 꽃을 뿌리는 듯
해빛은 그 말씀을 온 나라에 날라갔네.
—강철로 나라의 대통로를 열어갑시다!

허리띠를 졸라매고 폐허와의 싸움에 뛰여든
번개 같은 사나이들의 가슴 우에,
억척스런 녀인들의 머리 우에,
지심을 때리는 만년대계의 기초굴착장들 우에
그 말씀은 울렸네.

밤을 사르는 용접의 불보라 우에,
치솟는 철탑의 수풀 우에
뛰고 달리다가 성차지 않아 날아다닌
세찬 가슴들과 붉은 얼굴들 우에
그 말씀은 울렸네
—강철로 나라의 대통로를 열어갑시다!

오, 그 옛날 닳아빠진 짚신발과 구슬픈 노래를
무거웁게 달구지에 싣고
어두운 끝없는 먼지길에 시달린 나라여,
환란 속에 흘린 그 피, 그 눈물
합치면 기나긴 장강을 이루리니
어찌 그 분노 불이 되여 치솟지 않을소냐!

조선을 인류의 자랑으로 만드시려고

위대한 수령 김일성 동지께선
기적 창조의 최전선에 나서시였나니
나라를 진감하는 건설의 노래 속에
그 말씀은 높이 울렸네
—강철로 나라의 대통로를 열어갑시다!

뚫고 달릴 때는 험산준령,
그러나 돌아보면 새 생활은
가을의 과원처럼 풍요를 자랑하고
공업의 탑들은 울창한 숲을 이루어
세계의 하늘에 솟아올랐거니
이제는 끝 간 데 없이 펼쳐진
조국의 대통로를 바라보며 생각하노라.
폐허 속에서 오늘을 이룩하신
우리 수령님의 위대하신 의지를!

| 수록지면 |

*『조선문학』 296호, 1972.4.
『우리 인민은 행복합니다』(종합시집), 문예출판사, 1972.
최승칠, 『빛나는 모습들』, 문예출판사, 1974.
『인민의 념원』(종합시집), 문예출판사, 1976.

조국이 부르는 소리[2]

아는 듯 몰랐구나 조국이란 무엇인가
내 어릴 적엔 보는 것마다 새로워
신기한 그림책 같던 나라
이제는 흙을 만져도 숲길을 걸어도
백두의 천둥소리 피줄에 울려오고
사연 많은 부름 소리 꿈속에도 들려와라

그 어떤 희생이 네게 바쳐졌던가
누가 알랴 산에 들에 피는 꽃은
가신 이들 감지 못한 눈빛이 아니런가
장솔같이 억센 우리의 정신도
영웅들의 피자욱 우에 영글었나니

조국이여
너는 력사가 모여 파도치는 것
선렬들이 우리에게 홰불을 넘겨준
엄숙한 투쟁의 터전
죽어도 못 버릴 인생의 전호
너는 사람마다 창조의 선물 안고
후손들을 마중 가는 도도한 흐름이여라

---

2 이 시가 수록된 페이지의 상단에는 〈공화국창건 50돐 문학축전작품〉이라 표기되어 있다.

진정 조국은
민족의 거창한 집단예술
대를 이어 다듬는 인민의 궁전
거기 구경군은 설 자리 없나니
사람마다의 참다운 이름도
한생의 충성 우에 지어지더라

명상에 잠겨 바라보지 말라
나라는 띠를 풀고 쉬여가는 려관방도
함부로 손을 댈 소모품도 아니더라
그것은 운명처럼 소중히 가꾸는 것
빈손, 빈말로는 통할 수 없으리
투사는 나라와 하나 되여 영생하여도
건달은 순간의 락엽이더라

뜻을 높이 더 높이 세우자
우리 장군님 이 땅에 펼쳐오신
저 금강처럼 장엄한 사상과 건설의 거봉들
엄엄한 요새를 두른 락원을 보아라
창조는 절정에 올라서는 것
한계도 끝도 없는 탐구의 전투로
순간마다 영원을 아로새기는 것이더라

집을 지어도 기계를 만들어도
그이처럼 세계에 견주고
후손들을 생각하라
나무를 심고 한 권의 책을 써도

나라의 자랑으로, 훈패로 빛나게
기름땀 쏟아 보석처럼 다듬으라
말 중의 참말은 지성품이거니
일손으로 증언하라 사랑한다고!

한평생을 다 바쳐 조국을 빛내 오신
절세의 성인 굽어보신다
저 심혼을 비쳐주는 해빛 같은 미소 앞에
아침저녁 량심을 티 없이 닦으며
분발하자! 분발하자!

원하노라
수령님 바라보시는 저 한끝까지
조국을 온통 눈부신 탑으로
하늘 가득히 세우고 싶구나
그러면 그 광채 누리를 휩쓸 제
인류는 소리 모아 웨치리라
—창조의 영원한 사랑을 알려거든
  조선의 사회주의를 보라!—고

오 영예 높은 주체문명의 조국이여!
살을 갈라 우리를 키워준 어머니여
이제 우리 그대를 업고
승리의 별천지로 치달아오르리
걸음마다 폭풍우 휘몰아쳐도
신들메 조이고 끝까지 오르리

붉은 기 드높이 북소리 울려라
일터마다 혁신의 포문을 열라
그렇다, 장군님의 성스러운 위업을 위하여
우리에게 불타는 심장이 있고
하늘 아래 대지가 펼쳐져 있노라

| 수록지면 |

* 『조선문학』 603호, 1998.1.

평론 **주체 태양의 품속에서 성장한 시와 시인**

최승칠의 시들을 읽고

박종식

문학과 예술 일반이 다 그러하지만 특히 시는 샘물과 같이 깨끗한 마음, 시인의 량심에서 울려나온다고 말해야 한다.

량심, 그것은 사람의 본성에서 흘러나오는 심장의 목소리이고 웨침이며 박동이다. 그것은 사람들의 리성과 감성의 정화이며 참되고 착하고 아름다운 것을 지향하는 인간의 참모습이다.

그러나 흘러간 낡은 착취사회에서 봉건 통치자들이 자기의 반인간적인 전제권력으로 참된 시와 시인을 '하늘의 하사품'이라고 으르대는 그 앞에서 그것을 부정의와 악의라고 규탄한다는 것은 얼마나 어려운 일이였던가. 량심으로 헤쳐가는 정의의 길은 목숨을 바쳐야 하는 험난한 수난의 길이였다. 백성들을 편든 지성인들은 형장과 귀양지에서 한을 품고 죽으면서도 량심의 저서와 시를 유산으로 남겼으며 무덤도 없이 희생된 무인, 의병들도 주옥같은 애국시가를 남겼다.

시가 예로부터 사람들의 사랑을 받은 것은 이렇게 어둠 속에서도 광명을 지향하고 역경에서도 진실과 미와 정의를 주장한 목소리였으며 이러한 사명으로 하여 사람들로 하여금 거짓과 불의를 반대하여 싸우게 하며 운명을 개척하는 투쟁의 무기로 되여온 때문이다.

그러나 낡은 사회에서는 많은 경우 시가 지성인들의 소유물이였고 일반 인민들 속에는 생활화될 수가 없었다.

시는 오직 우리 시대, 주체시대에 이르러 비로소 광범한 인민대중의 적극적인 관심과 사랑을 받게 되였다.

그러면 대체 누가 한 치 앞도 어둡던 수난자들에게 구원의 광명을 주고 혁명으로 압제자들을 짓부시고 인민의 새 세상을 세워주었던가. 그 분은 우리 인민과 진보적 인류가 주체의 태양으로 받들어 모시는 어버이수령 김일성 동지이시였다.

위대한 수령님께서는 거친 들의 락엽처럼 버림받던 사람들을 자기 운명과 세상 만물의 주인으로 내세워 주셨으며 우리 인민을 민족자주, 인간자주의 아름다운 기슭에로 이끌어 주시면서 인류에게 드넓은 자주의 궤도를 펼쳐주시였다.

참으로 그이께서 이 땅에 일떠세우신 자주의 사회주의 강국과 주체의 락원은 인류사가 처음으로 맞이한 가장 숭고하고 아름다운 세계이다.

사람들이 시인을 사랑하는 것은 바로 그가 시대의 가수, 시대의 나팔수로서 남 먼저 생활에서 이러한 숭고하고 아름다운 세계를 예민하게 감득하고 복잡다단한 생활 속에서 생의 참뜻과 진리를 찾아내여 사람들을 이끌어주기 때문이다.

위대한 령도자 김정일 동지께서는 다음과 같이 지적하시였다.

"시인은 시대의 가수, 시대의 나팔수가 되여야 한다. 가슴에 늘 시대를 안고 몸부림치며 시대의 숨결과 호흡을 같이하기 위하여 아글타글 애쓰는 사람이라야 참다운 시인이 될 수 있다."

우리 민족, 우리 인민의 일상생활에서 가장 아름답고 숭고한 세계를 진실하게 반영한 문학의 으뜸가는 기본주제는 주체의 태양 송가이다.

그것은 '이민위천'을 좌우명으로 삼으시고 인민의 행복을 위하여 생의 마지막 순간까지 자신의 모든 것을 다 바치신 우리 수령님과 수령님의 천품을 그대로 지니신 우리 당과 우리 인민의 위대한 령도자 김정일 동지를 티없는 량심과 견결한 신념으로 믿고 따르는 우리 민족, 우리 인민의 사상감정을 있는 그대로 진실하게 반영한 주체의 태양 송가이다.

오늘 우리나라에서 주체의 태양 송가는 그 규모에 있어서, 부르고 칭송하는 열도에 있어서 마치 이 땅의 모든 생명이 우주의 태양에 생을 의탁하고 다함없는 감사의 정으로 우러르는 것과도 같다. 그것은 위대한 수령님께서 력사에 류례없는 간고한 항일혁명투쟁을 승리에로 이끄시여 빼앗긴 조국을 광복하고 이 땅 우에 부강 번영하는 사회주의를 일떠세우시였기 때문이다.

또한 그이께서 우리 민족과 인류 앞에 이룩하신 불멸의 업적과 위훈이 가장 뜨거운 인간사랑에서 피여오른 주체사상의 진리성과 보편성의 아름다운 꽃이며 결실이기 때문이다.

주체의 태양 송가문학을 품위있게 장식하고 있는 시인들 중에는 값진 지성과 풍만한 서정을 독특하게 결합한 작품들로 독자들의 사랑을 받고 있는 시인 최승칠도 있다.

시인 최승칠은 장중편, 단편소설을 비롯한 여러 형식의 문제작들을 수많이 냈지만 시와 산문 어느 글을 보아도 탐구된 주제와 뚜렷한 개성미로 특이한 시인이라고 말할 수 있다. 그의 시집 『빛나는 모습들』(주체 63년)과 그 후에 발표된 많은 서정시들만 보아도 거기에는 어버이수령님과 경애하는 장군님께서 새 사회, 주체의 사회주의 건설을 령도하시는 나날에 언제나 우리의 로동계급과 협동농민, 지식인을 비롯한 전체 인민을 자주적 존재로 키워주시는 은혜로운 사랑과 우리 인민이 수령의 사상과 령도를 높이 받들고 자연과 사회, 인간을 변혁하는 창조의 거세찬 흐름이 랑만적 화폭으로 박력 있게 그려져 있다.

시인의 시집의 첫 시 「송가」[주체62(1973)년]에는 이런 구절이 있다.

장쾌한 뢰성인가, 만장의 환호
훈장의 금물결, 영웅들의 행진이다
웃으시는 태양 자애로운 수령님
손을 높이 흔드시며 환호에 답례하시여라

항일의 혈전 불구름 만리에
안고 오신 조국, 키우신 세대
세기의 한없는 사랑 펼치여 주셨으니
담대한 투사들 바다처럼 흘러라!

…

시인은 이 「송가」에서 어버이수령님께서 우리 민족의 세기적 숙망이던 조국광복을 안아 오시고 우리 인민을 열렬한 혁명가, 위력한 새 사회 건설자로 키우신 주체위업의 승리적 전진을 감명 깊게 노래하고 있다. 우리는 여기서 우리 인민과 세계 인민들에게 민족자주, 인간자주의 생명수를 주시고 주체의 새 시대를 열어주신 위대한 수령님의 영상과 그이의 령도 따라 새 사회 건설을 힘차게 다그쳐가는 우리 인민의 긍지 높은 새 생활이 거창한 대하로 흐르고 있는 힘의 원천을 본다.

…

백두산, 너에게는 거룩한 모든 것이
호탕한 웃음도 깊은 사색도
시대를 정복한 칼 같은 기상도
신묘한 광채로 머물러 있었구나!
정녕 우리의 주체위업은
너처럼 장하고 너처럼 거창하여
영원토록 후손들의 하늘에 솟아 있으리

오, 내 나라의 높은 이마 우에
찬란한 금관처럼 빛나는 백두산이여
용감하고 담대한 기수의 머리에
얼마나 얼마나 어울리는가!
원쑤들은 눈이 멀어 비칠거리리!

복 받은 조국이여
나는 삼가 이 성스러운 절정에 올라
구름바다 우에서 세계에 웨치노라—
빛나게 살자
백두산이 굽어본다!

— 시 「백두산」(주체55년)에서

이 시는 백두산이야말로 우리 모두의 마음의 고향이며 민족이 자랑으로 품고 있는 영광과 숭고함의 엄숙한 상징임을 감동적으로 확인하고 있다. 이러한 성산을 자랑으로 쳐다보며 그 기슭에서 생을 이어가는 사람들은 응당 한생을 값 높게, 영웅적으로 살아야 한다.

그러기에 "빛나게 살자 백두산이 굽어본다!"고 한 시인의 웨침은 그대로 시대의 웨침이며 우리 모두의 웨침으로 된다.

주체의 태양 송가는 그것이 진실할수록 조국에 대한 어버이수령님의 열렬한 사랑의 송가로 구체화될 수밖에 없으며 수령님의 그 위대한 모범을 따라 사람들을 인민과 민족에 대한 열정적인 사랑과 충성에로 부르는 격조 높은 노래로 될 수밖에 없다.

조국에 대한 사랑은 다른 모든 사랑이 그러한 것처럼 미사려구의 관념적인 선언일 수 없으며 그것은 지혜와 인내와 용기를 다하여 조국을 지키고 다듬어 나가는 헌신적인 실천의 세계이다. 근세 이래의 우리나라 력사는 세계사에 류례가 드문 중첩되는 난관과 고난의 돌파 과정이였으며 그것을 반영한 조국애는 헌신적인 투쟁의 위훈으로 엮어져 있다.

열네 살 어리신 나이에 고향 만경대를 떠나 한겨울의 얼어붙은 압록강을 건느시며 조국광복의 굳은 결심을 다지시던 그날로부터 우리 수령님 걷고 걸으신 혁명의 길은 참으로 조국애로 빛나는 피의 행군길이였다.

그것은 혁명의 진리를 수난당하는 인민들의 생활 속에서 찾으시고 혈전 속에 풍찬로숙하며 그 진리를 실천에 옮기신 준엄한 혁명의 길이였으며 간난신고로 되찾은 조국땅 우에 인민의 새 세상, 주체의 사회주의 조국을 일떠세우신 창조와 변혁의 로정이였다.

최승칠 시집 『빛나는 모습들』과 그 후에 발표된 그의 많은 시들에는 백두에서 시작된 혁명의 붉은 기 높이 드시고 고난의 행군길을 헤치시며 걸으신 우리 수령님의 거룩한 모습이 그려지고 그이를 주체의 태양으로 높이 모시고 따르는 혁명전사들의 대오가 잇달아 흐른다.

이 시집에서 시인이 심장의 박동으로, 넋의 웨침으로 노래한 내 조국, 이는 우리 민족의 머리 우에 숭엄하게 높이 솟아 있는 백두성산을 절정에 두고 동서남으로 수려하게 펼쳐진 대지와 푸른 바다, 저 맑고 새파란 하늘 아래 자주의 생을 가꾸는 우리 민족의 정신과 삶의 총체인 것이다. 내 조국, 이는 그 어떤 추상적인 상징과 비유를 초월한 구체적이고 감각적이며 감성적이고 정서적인 우리 겨레의 사랑과 인정이 무르익은 가장 숭고하고 아름다운 집단적 삶의 세계이다.

내 조국, 이는 저 푸르고 해빛 밝은 하늘 아래 우리 인민의 창조적인 로동과 투쟁이 피여오르는 아름다운 대지이며 그 누가 일깨워주고 가르쳐주지 않았어도 우리의 뼈와 살, 심장 속에 그리움과 사랑으로 스며든 그 모든 것이다.

시인은 시집에서 우리 인민의 창조적 생활에 대하여, 우리의 보다 아름다운 조국의 미래에 대하여 격조 높이 노래하고 있다.

> 조국이여! 그대의 품, 그대의 넓이엔
> 정녕 끝이 없는 듯 생각되누나
> 영명하신 수령님 그대 우에 펼쳐 드신
> 찬란한 미래로 하여
> 그대의 넓이엔 한계 없어라!
> 밑창이 없는 재부의 깊이가
> 하늘의 성좌도 무색한
> 땅 우에 펼쳐진 불빛의 바다가
> 넓이에 한계를 주지 않아라!
> 그 어떤 계산기도 재여낼 길 없는

인민의 혁명적 정열로 하여
그대를 바라보며 내가 잠기는
끝없는 환희와 노래로 하여
그대의 넓이엔 한계 없어라!

—「대고조의 노래」[주체62(1973)년]에서

참다운 시인의 시야는 높은 산정에 올라 아득한 지평선 멀리 펼쳐진 광활한 대지를 굽어보듯 한계 없는 넓은 세계이다. 그의 상상의 날개는 옛 전설에 있는 큰 새의 날개와 같이 하늘땅을 날은다고 말할 수 있다. 시인 최승칠의 시적 시야, 그의 사색의 날개는 생활의 진실과 진리를 찾아 조국의 대지 우를 끝없이 날은다. 이것이 그의 시적 사색의 광활성이라고 나는 생각한다.

그는 로동계급과 농민의 창조적 로동이 들끓는 생활의 대지를 체험하고 여기서 가장 의의 있고 아름다운 창조적 로동을 경쾌하고 대담한 필치로 노래하였다. 이것은 그의 시적 개성이 무게 있고 호방하며 진폭이 매우 크다는 것을 말해준다.

최승칠의 시「조국이 부르는 소리」(주체87년 1월)는 탐색의 독창성과 형상의 원숙미를 유감없이 보여주고 있다. 이 시는 태양 송가와 조국애의 노래가 높은 수준에서 유기적으로 통일된 작품으로서 혁명적 락관주의로 중첩되는 난관을 맞받아 헤치며 '고난의 행군'을 거세차게 벌려가는 우리 인민에게 조국애의 참뜻을 깨우쳐주며 과감한 창조적 투쟁을 호소하는 시대정신이 불타는 노래이다.

시인이 감동적으로 노래한 것처럼 조국은 조상들이 대를 이어 헤아릴 길 없는 희생을 바쳐온 력사적인 유산일 뿐 아니라 이 땅 우에 생을 누리는 우리들 모두가 창조적인 로동과 투쟁으로 마련한 지성의 선물을 안고 후손들을 마중 가는 민족의 도도한 흐름이다.

> 조국이여
> 너는 력사가 모여 파도치는 것
> 선렬들이 우리에게 홰불을 넘겨준
> 엄숙한 투쟁의 터전
> 죽어도 못 버릴 인생의 전호
> 너는 사람마다 창조의 선물 안고
> 후손들을 마중 가는 도도한 흐름이여라
>
> 진정 조국은
> 민족의 거창한 집단예술
> 대를 이어 다듬는 인민의 궁전
> 거기 구경군은 설 자리 없나니
> 사람마다의 참다운 이름도
> 한생의 충성 우에 지어지더라

시적 사색이 고도로 농축되고 예각화되여 분화구처럼 뿜어나온 이 두 개의 련에는 조국에 대한 시인의 깊은 철학적 사색의 열매가 번뜩이고 있으며 조국 앞에 선 우리 동시대인들의 무겁고도 영예로운 사명이 힘차게 굽이치고 있다.

이 시의 커다란 감화력은 시인이 조국이란 숭고한 사랑의 대상이라는 주장에 머물지 않고 조국을 과거, 현재, 미래의 시각에서 립체적으로 탐구하면서 민족의 성원 모두가 한생을 바쳐 심혈의 지성품으로 끊임없이 다듬고 완성해 나가는 창조와 투쟁의 터전임을 깨우쳐 주는 데 있다.

조국에 대한 사랑이 고귀하고 영원한 것으로 되게 하자면 어떻게 살아야 하는가 하는 그 해답이 명백히 주어져 있다. 그것은 어버이수령님과 경애하는 장군님께서 시대와 세계 앞에 뚜렷이 보여주신 조국애의 숭고한 모범을 본받고 따르는 그것이다.

…
원하노라
수령님 바라보시는 저 한끝까지
조국을 온통 눈부신 탑으로
하늘 가득히 세우고 싶구나
그러면 그 광채 누리를 휩쓸 제
인류는 소리 모아 웨치리라
—창조의 영원한 사랑을 알려거든
　조선의 사회주의를 보라고!

시인은 이처럼 철학적 탐색과 정치적 예리성, 저력 있는 랑만적 호소를 력학적으로 잘 맞물림으로써 한 편의 시로 우리의 조국애를 불멸의 진리와 미로 칭송하였으며 "장군님의 성스러운 위업을 위하여 우리에게 불타는 심장이 있고 하늘 아래 대지가 펼쳐져 있다"는 것을 예술적으로 확인하는 데 성공하였다.

그의 시집에는 조국, 민족, 행복, 사랑과 같은 추상의 아름다운 세계가 진실하게 펼쳐져 있을 뿐만 아니라 창조적 로동에서 위훈 떨친 숨은 영웅들의 모습도 다채롭게 그려지고 있다. 거기에는 평범하고 소박한 용해공으로부터 류벌공, 조립공, 선로 감시원 그리고 이름 없는 리발사에 이르는 여러 부류의 근로자들이 등장한다. 시인은 그들에 대한 어버이수령님의 사랑과 수령님에 대한 그들의 뜨거운 흠모의 정을 감명 깊게 노래하고 있다.

시인의 시야는 생활의 대지를 두루 살필 뿐 아니라 산매의 밝은 눈초리로 인간의 내면세계의 의의 있는 사소한 움직임도 밝혀낸다.

인민들 속에서 애송되고 있는 그의 담시 「수령님과 리발사」(「기쁨의 담시」 주체50년)를 살펴보자.

학교의 리발사 로인이 봄철 아침에 강가에 낚시대를 드리우고 앉아 있는데 때마침 개나리꽃 흐늘어진 언덕길로 수령님께서 사색에 잠겨 걸어오신다. 수령님을 알아보고 기쁨에 머리가 핑그르 돈 리발사 로인은 무릎을 철썩 친다. 대통을 끄느라, 옷맵시 보느라 앉았다 섰다 꽤나 덤빈다. 로인이 드리는 인사를 받으신 수령님께서는 몇 마디 말씀 끝에 그의 직업을 물으신다.

이렇게 되자 로인은 매우 난처해한다. 자기는 나라에서 크게 내세우는 제강소의 용해공이나 이름난 건설자도 못된 것이 미안하고 부끄럽기만 하여 눈길을 떨구고 기여들어가는 소리로 "저는… 그저… 학교… 리발삽니다."하고 겨우 대답한다.

그런데 어버이수령님께서는 전혀 뜻밖에 평범한 리발사인 그의 직업을 부러워하시듯 치하와 축하를 아낌없이 베푸신다.

"리발사, 학교의 리발사라…
—그이는 호수가를 거닐으신다—

좋은 일이요 얼마나 기쁘겠소
매일같이 아이들의 머리를 만지며
볼을 쓸어주며 단장을 시켜주니…
나는 일이 바빠서 그러지 못하누만…
우리의 미래, 우리의 후손들
꽃보다 곱고 황금보다 귀하오!
그렇지 않소, 로인님은 장한 일 맡았소…"

로인의 가슴 울렁인다, 숨가쁘다
황홀한 눈을 들고 그이를 바라본다
그때라 노을 속에 해는 솟아오르고
하늘과 땅은 꿈속처럼 곱네
바람은 노래하고 수림은 춤추고
호수는 찬란히 빛을 뿜어라—
넘치는 축복에 행복한 로인
이 아침을 영원토록 기억하라고

작별의 인사를 나누신 그이
동산을 넘으시여 보이지 않건만
멋지게 코수염을 비틀어 올린 로인
넋을 잃은 듯 오래오래 서 있어라
세상엔 오만가지 직업이 있어
사람마다 제 일을 자랑하지만
어림없어, 리발사가 상으뜸이지!

우리 수령님과 인민의 관계는 이러하였다. 우리 수령님께서 우리 인민들에게 주신 사랑의 정은 이렇게 뜨겁고 가장 인간적인 것이였다. 그이께서 지니신 겸손성, 인민을 하늘의 높이에 두시고 인민을 하늘처럼 여기시고 사랑하시며 그들의 사업을 축복하시는 그이의 인민에 대한 복무정신 그리고 민족, 겨레에 대한 뜨거운 사랑은 이 땅에서 생명을 받아 안은 모든 사람들, 이 땅의 하늘 아래 날으는 새들과 흐르는 강물과 시내물 우에 비낀 칠색 무지개, 이 땅에 뿌리내린 푸른 숲과 이끼 덮인 거목들이 그 사랑, 그 위인상을 력사의 증인인 양 노래하고 찬양하고 있는 것이다.

시인은 력사가 일찌기 알지 못한 우리 수령님의 가장 인간적이고 가장 숭고한 위인상을 시집의 갈피갈피들에 명료하고 생동한 화폭으로 수놓고 있다.

그러기에 우리 인민의 높은 정신세계와 창조적 위훈에 대하여 환희와 감격의 노래를 바친 시인은 참다운 행복의 의미를 이렇게 주장한다.

> 행복이란 무엇이겠니?
> 그것은 심혈의 창조물을 인민에게 섬기고
> 아이들의 맑은 눈을 들여다보는 것
> 그것은 온통으로 서사시인 강토를 거느리고
> 꽃에 묻힌 명절의 광장으로 나아가
> 인민의 태양이신 김일성 원수님의
> 자애로운 미소의 축복을 받는 것이란다

— 「행복에 대한 생각」(주체62년)

시인은 우리의 참다운 행복은 나라와 혁명 앞에 소중하고 보람있는 일을 하고 느끼는 자부심이며 인생을 값있게 사는 긍지를 안고 어린아이들의 티없이 맑고 천진란만한 눈동자를 들여다보는 것이며 자기의 창조물을 거느리고 어버이수령님의 자애로운 미소의 축복을 받는 것이라고 노래하고 있다.

수령과 당, 나라와 후손들 앞에 기쁨이 되고 힘이 되고 자랑이 되는 장한 일을 하는 데서 자신의 존재가치와 생의 보람을 느끼는 것이 행복이라는 이 관점은 우리 인민이 도달한 정신적 높이를 힘 있게 증언하고 있다.

우리 인민이 누리고 있는 행복감은 개인주의와 리기주의에 함몰되여져 하나만의 안락과 안일만을 추구하는 부르죠아지들의 행복관과는 근본적으로 대립된다.

성스러운 주체위업을 위하여, 조국의 존엄과 민족자주를 위하여 자기 한 몸을 바쳐나서는 고상한 자세, 이는 오직 민족의 어버이이신 우리 수령님과 경애하는 장군님께서 이끄시는 주체의 사회주의 사회에서만 창조될 수 있는 숭고하고 아름다운 화폭이다. 시인은 바로 이러한 사회를 꿈과 리상이 아니라 현실생활에서 깊은 체험을 통하여 량심의 언어로 노래하고 있다.

문예부흥기의 인문주의 사상가들과 자유, 평등, 박애를 부르짖는 계몽기의 선도자들로부터 현대 실존주의 철학의 주창자들에 이르기까지 그들이 부르짖은 인간에 대한 사랑이나 '행복한 사회'는 그들의 꿈과 리상 속에 념원으로만 머물러 있었다. 부르죠아지들과 그 대변자들의 인생론리는 과거도 없고 미래도 없고 다만 현존하는 '나'만이 있다는 비관주의 인생관으로 채색되고 있다.

그들은 사람을 호상 고립된 자아 중심의 리기적인 생물학적 존재로 보며 인간적인 꿈도 사회적인 리상도 없이 오직 자기 자신을 팔아 물질적 욕구를 해결하는 데만 전전긍긍하는 '소비동물'로 본다. 따라서 그들에게는 사람들을 자주에로 추동하는 사회적 가치를 창조할 능력이 없다.

물론 부르죠아 사회에도 착취제도에 저항하는 인민대중의 대변자들이 있다. 하지만 그들은 제 나름으로 설정한 정의와 진리의 주장자, 설교자로 머물러 있을 뿐 자기들의 리상을 지상의 현실에 구현하고 실천하는 자기희생의 가시밭길을 걷지 않았고 또 걸을 수도 없었다.

오직 위대한 수령님과 경애하는 장군님께서만이 그리고 인민대중을 조직 교양하여 수령의 주체위업을 실현하는 데로 향도하는 우리 당만이 자주의 락원을 갈망해온 사람들의 오랜 꿈과 리상을 처음으로 지상의 현실로 꽃피워 주었다. 그러기에 시인은 인민을 받들어 빛내여 주는 령도자와 수령을 충성으로 받드는 인민의 모습에서 고결한 진, 선, 미의 세계를 발견하고 매혹되며 거기서 심장의 노래를 엮어내는 것이다. 따라서 우리 시인들이 한결같이 부르는 주체의 태양 송가는 민족 시문학을 자주시대의 요구의 높이에 끌어올린 자랑스러운 성과로 되며 그것은 그대로 진보적 인류의 시문학에 대한 값 높은 기여로 된다.

시인 최승칠의 인간적 개성과 시적 개성의 특성은 또한 그가 지성의 시인이라는 데 있다.

사람들이 시인을 사랑하는 까닭은 학문의 여러 분야에 특별히 밝거나 가슴에 많은 훈장을 달고 있어서가 아니라 그가 시대의 앞장에 서서 사람들에게 인생의 참된 길을 가르쳐주는 친절한 길동무이라는 데 있다. 여기에 또한 시인의 영예가 있는 것이다.

시인은 남보다 견문이 넓고 박식해야 하지만 그보다도 그는 복잡다단한 생활 속에서 삶의 진리를 발견하고 그것을 진실이라는 예술적 화폭에 담아 사람들을 감동시키는 남다른 재능을 가지고 있어야 한다.

시인은 사물과 사회현상의 참과 거짓을 통찰하는 데서 누구보다도 예리한 지성의 눈초리를 가지고 있어야 한다. 참과 거짓, 정의와 불의, 선과 악, 밝은 것과 어두운 것, 미래를 가지고 태여나는 새것과 버림을 받고 무너져가는 낡은 것 등을 정확히 밝혀내고 정의롭고 아름다운 것에 대한 사랑과 부정의와 추악에 대한 증오가 누구보다도 뚜렷하고 강렬해야 한다. 그래야 사람들을 정의에로 이끄는 기수적 인간, 시인이 될 수 있다.

시인 최승칠을 가리켜 지성의 시인이라고 말하는 것은 그의 많은 시가 그에게 특유한 풍부한 감성의 세계를 려과하여 솟아오른 값진 지성적 사색으로 펼쳐지기 때문이다. 그는 밝고 예리한 지성적 눈으로 생활의 본질을 투시하고 현실의 명암을 밝혀내면서 감성의 파도 우에 지성의 불꽃을 피울 줄 안다. 그의 지성적인 시는 우리가 일상생활에서 자주 입에 올리면서도 그 참뜻을 얼른 정리하기가 쉽지 않은 추상의 세계, 례하면 주체, 조국, 민족, 행복, 사랑과 같은 사회적 범주나 미학적 개념까지도 시대의 바람과 대지의 향기가 물씬 풍기게 형상하고 있다.

이 시인이 민족이라는 개념에서 얼마나 사색적이며 날카로운 시를 뽑아냈는가를 보자.

한번 그 속에 태여나면
죽어서도 떠날 수 없는 것
민족이여

유구한 력사의 추억 둘러메고

폭풍우의 난바다 헤쳐 가는
민족이여

듣는가
조상들 환란의 세월 헤쳐 오며
모질게 두드리는 북소리, 바라소리
피 속에 불을 다는 저 웨침 소리
—분렬은 죽음이다

양키의 총칼에 맞아, 불에 할키워
원한에 눈뜨고 간 렬사들
지평선에, 산발에 구름같이 일어나
목 갈리게 웨치는 저 소리
—분렬은 죽음이다

북남 삼천리 온 겨레 들솟아
칼이발의 분렬 역귀 짓몰아 때리며
뢰성처럼 웨치는 저 소리
—고려련방 하늘 높이 받들어 올려
　민족이여, 하나이거라

버리면 내 뿌리 잘려 죽고
받들면 내 영생을 노래할
아, 민족이여

반만 년을 자란 락락장송이여
자주의 넋으로 질푸르거라

—「아, 민족이여」[주체74(1985)년]

나는 시인이 넋의 웨침으로 노래한 이 시에서 오랜 세월 수난을 운명처럼 걸머지고 "폭풍우의 난바다"를 헤쳐 온 우리 민족의 억울함과 분노를 보며 그 억울함과 분노에서 압축공기처럼 터져 나오는 자주통일의 피타는 호소를 듣는다.

"한번 그 속에 태여나면 죽어서도 떠날 수 없는 것"이 민족이라는 시인의 말에는 체험된 력사가 남긴 불가항력의 엄한 진리가 번뜩이고 있으며 민족문제 앞에서는 그 누구도 방관자로 살 수 없다는 철의 요구가 울리고 있다.

우리는 현실의 시공간을 넘어 조상들이 "환란의 세월을 헤쳐 오며 모질게 두드리는 북소리, 바라소리"를 들으며 "분렬은 죽음"이라고 피 속에 불을 달며 웨치는 조상들의 처절한 목소리를 듣는다. 외세의 칼에 맞아 희생된 렬사들이 "지평선에, 산발에 구름같이 일어나 목 갈리게 웨치는 저 소리"도 "분렬은 죽음"이라는 무서운 교훈과 엄한 경고이다.

시인의 호소는 천만번 정당하다. 사람의 한 몸이 둘로 갈라져서 살 수 없는 것처럼 민족도 하나의 운명공동체이므로 둘로 갈라진다는 것은 민족의 해체이고 생명선의 단절일 수밖에 없다. 민족을 죽음의 위기에서 구출하여 삶이 충만될 하나의 생명체로 만드는 길은 북과 남이 힘을 합쳐 고려민주련방공화국을 세우는 그것이다. 그러므로 시인이 이처럼 강한 력학적 구조 우에 "버리면 내 뿌리 잘려 죽고 / 받들면 내 영생을 노래할 / 아, 민족이여 / 반만 년을 자란 락락장송이여 / 자주의 넋으로 짙푸르거라"고 한 절절한 축원은 민족성원 모두의 피타는 갈망에서 터져 나온 시대의 웨침으로 되는 것이다.

시적 지성이란 번다스러운 학술적 지식의 라렬인 것이 아니라 이 시에서처럼 깊이 체험되고 고도로 정제된 진리와 리성이 농도가 짙은 감성과 하나로 되여 시의 주제를 날카롭게 벼리여 내는 그러한 예술적 능력이다.

민족의 갈망을 모아 통일을 부르며 괴뢰역도들의 정수리에 철추를 내리는 시인의 필봉은 그가 지성의 시인일 뿐 아니라 민족의 슬픔과 기쁨을 자기의 것으로 만든 정열적인 감성의 시인이라는 것을 보여준다.

자신을 민족의 나팔수로, 전초병으로 자부하는 시인은 겨레들에게 재난만 들씌우는 침략자들에게 분노의 철추를 안긴다.

피 맛 들인 야수는 처단해야 한다
겨레들이여, 보복의 주먹을 높이 들라
인간과 민족의 존엄을 위해
하늘 아래 땅이 있음을 알게 하라!

— 「네놈들의 이름은 범죄목록」[주체56(1967)년]에서

"인간과 민족의 존엄을 위해 하늘 아래 땅이 있음을 알게 하라!"는 시인의 이 말에는 주체위업의 령도자이신 위대한 수령님과 경애하는 장군님을 높이 모신 조선사람들이 외래침략자들과 반통일세력을 발밑에 굽어보는 거인적인 기상이 뚜렷이 비껴 있다. 함축된 몇 마디 말 속에 얼마나 큰 사상이 들어 있는가!

최승칠은 정전 직후에 등장한 시인이며 소설가이다. 김일성종합대학

어문학부에서 조선문학을 전공하던 시절인 주체44(1955)년에 조국통일 주제의 시 「미소」를 발표하면서부터 창작을 시작한 그는 당의 품속에서 자라난 우리 시대 작가이다. 그는 시대의 가수로서 수령과 당, 인민의 위훈을 빛나는 형상으로 창조하기 위하여 재능과 열정을 아낌없이 기울이고 있다. 그의 첫 시집 『빛나는 모습들』에 담긴 70편의 시와 그 후에 창작한 수백 편의 서정시, 서사시, 장시들과 장중편소설들과 단편소설들에 이르는 모든 작품들이 이를 말해주고 있다.

일제통치의 가장 암담하던 시기에 함경남도 함주벌의 가난한 농가에서 태여난 그가 수많은 성과작들로 인민의 사랑을 받는 이름난 시인, 작가로 자라난 것은 전적으로 어버이수령님과 경애하는 장군님의 덕분이다.

고마와라, 나를 키워준 자애로운 품이여
수령님의 사랑은 얼어붙은 대지를 흔들어 깨운
장쾌한 봄우뢰, 눈부신 해빛
나는 태양을 노래하려 피여난 붉은 꽃
수령님의 사랑은 세상의 진리가 빛나는 책
나는 그것을 읽고 눈 뜬 사람
수령님의 사랑은 붉은 기발 날리며 달리는 기관차
나는 생활과 행복을 싣고 뒤따르는 차량
수령님은 어버이!
나는 아들!

— 「길」 [주체50(1961)년]에서

이는 이 시인의 심장과 량심의 토로이다.

최승칠의 시적 개성과 시의 품격을 론하는 김에 그의 언어구사의 장점에 대해서도 몇 마디 하고 싶다. 훌륭한 작가, 시인은 누구나 민족어를 다듬고 그 표현능력을 높이는 언어의 명수들이지만 그 점에서도 이 시인은 주목할 만하다.

그는 시창작에 고유한 함축, 비유, 상징의 수법을 자유자재로 능숙하게 활용하여 시적 형상을 예리하게 부각시키는 솜씨를 가지고 있다. 일부 경우 어떤 시들에는 수사학적 소질을 지나치게 조밀하고 숨가쁘게 휘둘러서 표현이 야단스럽고 어려운 것도 있었으며 어떤 경우에는 통속적이고 구수한 속담 같은 조상 전래의 민족성이나 민요 같은 소박성과 평이성이 부족한 점도 보였다. 그러나 이러한 부분적인 약점도 세월과 함께 인생 체험이 깊어지는 데 따라 극복되였고 그의 장기인 철학적 사고력과 강렬한 서정성, 언어구사의 섬세하고 감각적인 회화성으로 하여 경쾌한 속도감과 개성미가 두드러지게 되였다.

경애하는 장군님께서 가르쳐주신 바와 같이 문학은 언어의 예술이다. 그중에서도 작은 공간 속에 가치 있는 사상과 미를 돋궈야 하는 시는 더욱 그러하다.

시인이 대상의 본질을 명료하게 밝혀주고 거기에 음악성과 회화적 형상까지 갖춘 예술적 매력을 주는 적중한 시어를 찾아내자면 막돌 속에서 금싸래기를 얻어내고 풀숲에서 값진 약초를 찾아내는 것과 같은 치밀한 탐색과 함께 숙련된 솜씨가 있어야 한다. 그 점에서도 이 시인의 시들은 주목할 만하다.

임의로 몇 편의 시들을 살펴보자.

서간도의 자연은 무섭기도 하여라

산들은 아스라히 험준을 자랑하고
맹수의 이발같이 날카로운 뫼부리들
얼음 같은 하늘을 윽물고 요동치며 울부짖는 곳
산불에 놀라 뛰는 짐승의 무리런가
눈보라는 깎아지른 벼랑들을 허비며 두드리며
일천 골짜기를 휩쓸며 들뛰여라

이것은 장시 「고난의 행군」의 첫 련이다. 7행으로 이루어진 짧은 단락이지만 여기에는 벌써 눈보라가 울부짖는 서간도의 스산한 대자연이 살아 움직이는 듯한 대화폭으로 육박해온다. 조선화가 장기로 자랑하는 굵직하고 신묘한 몰골법이 감각적인 언어표현으로 생동하게 부각되고 있다. 엄밀하게 선택된 언어들로 대상의 정수를 형상으로 끌어내면서 생동한 세부들이 전체의 운치와 예술적인 조화를 이루고 있다.

그 어떤 가능성이 네게 깃들었으랴!
너는 궁전으로 하늘가에 일어설 수도
우주를 꿰뚫고 날 수도 있어라
너는 조국의 갑옷이 되여, 장검이 되여
사나운 원쑤도 징벌할 수 있어라

…
너는 우리 로동계급의 머리 우에서
활활 타는 불날개를 퍼덕이면서
혁명의 대공을 날고 있구나!

시 「쇠물 앞에서」의 이 구절에서는 용광로의 쇠물을 보는 시인의 왕성한 상상력과 비유의 비범성에 주목하게 된다. 펄펄 끓는 쇠물은 그대로 인간화된 열정과 위훈에 대한 갈망으로 안겨온다. 쇠물은 궁전으로, 우주를 나는 과학수단으로 혹은 원쑤들을 징벌하는 조국의 갑옷과 장검으로 솟아나며 로동계급의 머리 우에서 불날개를 퍼덕이면서 혁명의 대공을 나는 데까지 승화된다.

이 시인의 시들에는 류사한 개념들 사이를 오가는 단순하고 감칠맛 있는 비유로 형상과 서정을 돋구는 것들도 많지만 이 경우에는 환상에 힘입은 비약적인 비유가 랑만적 풍경을 높여주고 있다.

용해공은 말없네, 그는 쇠물빛으로
정열과 사랑을 세상에 말했거니
처녀는 아네, 그와 한생 사노라면
저도 쇠물처럼 영원히 끓을 것을

—「처녀는 용해공과 나란히 거니네」 중에서

장하여라, 청춘! 일손엔 불 일고
노래는 새무리처럼 들날리거니
들이여, 네 우론 가을의 미소가
소리 없는 번개처럼 비껴가도다

—「가을하는 처녀들」 중에서

이 구절들은 두 서정시의 세부들이지만 그대로 별개의 훌륭한 단시와 같은 묘미를 준다. 고도로 정제되고 함축된 시어들을 계단처럼 상승적으로 쌓고 그 정점에 주제를 기발처럼 날리며 깊은 여운을 남기는 이 시인의 솜씨는 세련된 독특한 시풍을 보여준다. 그의 언어들은 세부와 전체가 통일된 공간에서 교향악단의 각이한 악기들처럼 저마다 쟁쟁 색갈있는 소리를 내면서 조화로운 안삼불을 이루고 있다.

수령과 주체사상의 위대성을 비롯하여 당과 인민의 위용, 사회주의 건설과 조국통일을 위한 투쟁, 일상생활의 다양한 주제에 이르는 그의 작품들은 인민을 세상 만물 우에 세워주는 주체위업의 승리에 대한 확신으로 일관되고 있다. 그러기에 우리는 이 시인을 훌륭한 다른 시인들과 함께 시대와 인민의 앞장에 선 기수시인이라고 부르게 된다.

우리 시대, 주체시대는 력사 발전의 새로운 시대이다. 우리 시대는 유구한 세월 력사 밖에 버림받아 온 인민대중이 압제와 굴욕의 쇠사슬을 끊고 자기의 운명을 자기의 힘과 지혜, 자기의 손으로 개척하는 자주성의 시대이다.

이러한 시대가 요구하는 참다운 시인은 자기의 심장을 시대와 일치시키고 인민의 지향과 희망, 요구와 소원을 실현하는 신성한 위업에 한생토록 심혈로 창조한 우수한 시가들을 바치는 것을 유일한 사명과 영예로 아는 신념의 시인이다.

시인이 시대 앞에 지닌 자기의 사명을 다하자면 무엇보다 먼저 시대의 숨결, 인민들과 호흡을 같이하기 위하여 아글타글 애쓰고 몸부림쳐야 하며 그러자면 인민들 속에 깊이 들어가야 한다.

현실침투, 이는 작가 일반에게 속하는 우리 시대, 주체시대의 요구이지만 특히 시인에게 이 요구를 강조하는 것은 부르죠아 형식주의의 시인들이 그러하듯이 시가 자기도취, 자기위안을 위한 오락물로 되지 말아야 한다는 그것 때문이다. 그들의 시에는 언어곡예는 있으나 생동한 생활이 없는 것이다. 한때 형식주의 시 풍조를 따르다가 신세를 망쳤다고 하면서 부패한 형식주의의 진흙탕 속에서 발을 뽑고 현실참여의 시인으로, 비판적 사실주의의 시인으로 개변하여 사람들의 존경을 받은 시인들을 우리는 알고 있다. 참다운 시인은 교조주의를 따르지 않고 인정의 세계에 무르익은 생활이라는 시의 원천, 시의 대지에 서서 시대와 함께 숨쉬고 몸부림친다. 생활, 그것은 인민과 함께 영원한 삶의 흐름이며 보다 살기 좋고 보다 행복한 사회를 이룩하기 위한 인민대중의 투쟁이다. 생활을 떠난 곳에는 아름다움이 있을 수 없으며 온갖 비현실적인 관념의 가공품은 가짜로 락인되여 떨어질 수밖에 없다. 생활의 아름다움이란 단절되지 않는 인민의 창조적 력사의 흐름 우에 넘치고 나붓기는 인간 승리의 노래인 것이다.

시인 최승칠이 수령 흠모와 여러 단계의 혁명과 건설, 북과 남의 인민들의 반미자주화투쟁에 이르는 광범한 주제에 걸쳐 사색 깊은 지성과 랑만적 서정이 결합된 우수한 시들을 많이 창작할 수 있은 것은 생활의 대지에 굳건히 서서 인민의 정신 속에 깊이 침투하여 그 정수를 체득한 데서 이루어진 것이였다.

위대한 령도자를 모신 인민은 엄청난 재난을 당하고 겹쌓인 난관에 부닥쳐도 그것을 뚫고 승리적으로 전진하며 그 속에서 솟아나는 시가 들은 전투적 기치를 더욱 높이 든다.

이 시인은 어버이수령님께서 뜻밖에 서거하신 날에 올린 추도시에서 이렇게 노래하고 있다.

…

망국노 민족을 한품에 안으시고
광복에로 해쳐 오신 혈전 만리여
눈보라 길에 잡수신 풀뿌리를 떠올리며
흘러간 세월의 락엽에 묻힌
그이의 낡은 초신과 지하족을 더듬으며
통곡하노라

…

수령님의 위업은 인간애로 아름답고
인간애로 숭고하여 영원에 닿았거니
수천 년 하느님을 믿던 인류는
처음으로 사람 중의 위인을 숭배하리라
신의 자리에 인민을 세워주신
불세출의 성인 김일성 동지를!

인민이여, 울음을 삼키고 일어나라
강철의 령장 김정일 동지를
진두에 모시여 신심 넘치도다
듣는가, 력사가 내딛는 발걸음 소리
그이를 목숨으로 지키고 받들어
수령님의 위업을 기어이 완성하자!
통일조국의 높은 단상에 그이를 모시는 날
온 나라 수령님의 축복을 받으리라

…

시인이 강조한 것처럼 '신'의 자리에 인민을 세워주신 불세출의 성인이신 김일성 동지의 업적은 강철의 령장 김정일 동지를 혁명의 진두에 높이 모셨기에 길이 계승되며 영원히 빛날 것이다.

누구의 심정인들 다를 바 없겠지만 참으로 나는 어버이수령님을 생각만 하여도 인자하신 그 미소와 음성이 그립고 사랑의 그 품이 그리워 뜨거운 것을 삼키군 한다. 하지만 어느 한순간도 맥을 놓는 때가 없다. 나는 주체원년에 출생하여 이제는 비록 백발의 할아버지가 되여 거동도 불편한 형편이지만 그럴수록 마음의 탕개를 조이며 용기를 가다듬고 당에 보탬이 되는 글을 쓰려고 애를 쓴다. 그것은 우리에게 리념과 예지, 신념과 덕망의 거인이신 김정일 동지께서 계시고 그이께서 우리 모두를 사회주의 위업과 조국통일의 승리자로 최후의 웃음을 웃을 수 있도록 이끌어주시기 때문이다.

나는 자신에게와 모든 동시대인들에게 최승칠의 시 「백두산」의 결구를 웨치고 싶다.

"빛나게 살자 백두산이 굽어본다!"

—『조선문학』 629호, 2000.3

기타 참고문헌

주옥, 「최승칠 시작품에 구현된 시어구사의 특성」, 『김일성종합대학학보－어문학』 380, 2005.7.

최영화

1926년 강원 화천에서 출생했다.
1954년부터 시를 발표하기 시작했다.
2002년 작고하였다.
개인시집으로 『당의 숨결』(1959) 『날개』(1961) 『크나큰 사랑』(1973)
『최영화 시선집』(2003) 『젖줄기』(2005) 등이 있다.

| 시 9편 |

그를 죽었다고 생각지 말자

밤도 골짜기도 진땀을 돋쳤다,
두 번째 화구에 마지막 수류탄을 물리고
몸엔 하나의 쇠쪼각도 없이
다음 화구로 기여 나가는 그와 함께.

머리를 들어 앞을 노리면
밤하늘에 드러나는 고지의 릉선,
릉선 밑에는 독에 질려 겁에 질려
별안간 불을 뿜는 원쑤의 화점,

화점은 코앞에 가까왔다…
또다시 아득히 멀어졌다…
몇 번이고 감았다 뜬 눈에
그는 정신 가다듬는다.

그는 기고 또 기였다
원쑤의 화점을 향하여,
두 팔로 땅을 주름잡으며
땅을 홅듯 한 치 또 한 치…

배밀이로 밀고 나가는 조국 땅,
마치는 풀포기, 스치는 바람결에서도
문득 등 뒤에서 애타는 전우들의 마음,

다시 한 번 뜨겁게 조국의 운명을 느끼며…

그는 바싹 다가갔다, 원쑤의 턱 밑으로
『이 놈의 아가리를 막지 않는다면…』
순간 그는 총알같이 날아들었다,
불 뿜는 화구에! 전우들의 방패로!

사람들이여, 삼가 옷깃을 여미자,
조국 땅을 끌어안고 마지막 입 맞추듯
화구 앞에 피 흘리며 쓰러진 그!
청춘의 심장을 빛낸 애국의 당원 앞에!

그러나 그를 죽었다고는 생각지 말자,
그렇게도 용맹한 이 나라 젊은 불사조!
오늘도 불멸의 죽지를 펴고 훨—훨—
조국 창공을 나래 치며 평화를 노래하거니!

—1957.12

| 수록지면 |

* 최영화, 『날개』, 조선문학예술총동맹출판사, 1961.
최영화, 『크나큰 사랑』, 문예출판사, 1973.
최영화, 『최영화 시선집』, 문학예술출판사, 2003.
최영화, 『젖줄기』, 문학예술출판사, 2005.

당의 숨결

긴 도래굽이에 출렁이는 물결 소리
문득 강숲을 설레는 바람결에서도
나는 듣는다, 심장 속 깊숙이
모든 것이 하나로 숨쉬는 당의 숨결을…

우리는 한 맹세 속에 잿무지를 헤치고
구내에 흩어진 철쪼각을 긁어모으며
때로는 가슴 뜨거운 흥분 속에서
밤을 당 회의로 새웠거니,

구내의 어느 일터 그 어느 구석에서
내 설사 작은 나사못 하나를 죄인다 해도
나는 느낀다—죄이시오, 더 힘껏 죄이시오!
이렇게 어머니처럼 일러주는 당의 목소리를…

용광로에 단 하나 당이 준 심장으로
함께 불을 지펴 올린 동지들의 숨결에서도,
생각할수록 눈물 글썽해지는 송풍기 소리
부서졌던 해탄로에 다시 서리는 김구름에서도,

아, 높이 뛰누나 당의 위대한 맥박은
평로공의 가슴, 용접봉의 불꽃에서도,
기중기에 앉아 눈웃음치는 처녀에게

경쟁을 다지는 한 총각의 마음에서도…

조국의 오늘과 먼먼 앞날까지를
우리에게 영영 맡겨준 당이여!
구내의 어느 일터 그 어느 구석에서
내 설사 작은 나사못 하나를 죄인다 해도,

나는 행복하구나, 언제나 나의 심장엔
온 땅 우의 힘—당의 숨결이 고동치기에!
나는 살 수 없구나, 언제나 그것 없이는
나의 삶의 영원한 봄—당이 없이는![1]

| 수록지면 |

* 최영화, 『당의 숨'결』, 조선작가동맹출판사, 1959.
최영화, 『날개』, 조선문학예술총동맹출판사, 1961.
『아름다운 강산』(종합시집), 조선문화예술총동맹출판사, 1966.
최영화, 『크나큰 사랑』, 문예출판사, 1973.
『해방후서정시선집』(종합시집), 문예출판사, 1979.
최영화, 『최영화 시선집』, 문학예술출판사, 2003.
최영화, 『젖줄기』, 문학예술출판사, 2005.

1 시집 『날개』에는 '1958.8'로 창작시기가 표기되어 있다.

사회주의 가수

용광로여! 불탄 황해의 기슭에
또다시 조선의 지혜로 솟은 높은 탑이여!
계급의 기상인 듯 름름한 그 모습으로
너는 나의 온 넋을 뿌리채 빼앗누나!

방금 쇳물을 쏟을 네 앞에 말없이 서서
내 지금 이렇게 얼없는 사람처럼 서성댐은…
안타깝구나, 어데쯤 자리를 잡고 서야
쇳물을 한눈에 더 잘 담을 수 있을가?

출선구를 여는 용해공들의 멧소리
감격에 들먹이는 가슴을 대구 흔들더니,
태여날 생명을 애타게 기다리는 순간처럼
마음은 각각으로 죄여지고 죄여지더니,

쇳물이 쏟아지누나, 물목이 터진 듯
태풍 같은 불바람을 몰고 콸콸 여울쳐
부글부글 끓으며 뻗어가는 저 불흐름은
진정 로심에서 내뿜는 행복과 희망의 시!

아, 백열의 화광 속에
철의 노래를 높이 높이 부르며
철갑을 두른 세기의 영웅인 듯

거연히 솟은 용광로여! 야금의 멧부리여!

너는 정녕 당의 숨결로 타오른 심장
온 땅 우에 기쁨을 뿌리는 창조의 시인!
너는 정녕 우리의 용해공들과 함께
위대한 혁명을 노래하는 사회주의 가수여라![2]

| 수록지면 |

* 최영화, 『당의 숨'결』, 조선작가동맹출판사, 1959.
최영화, 『날개』, 조선문학예술총동맹출판사, 1961.
최영화, 『크나큰 사랑』, 문예출판사, 1973.
『해방후서정시선집』(종합시집), 문예출판사, 1979.
최영화, 『최영화 시선집』, 문학예술출판사, 2003.
최영화, 『젖줄기』, 문학예술출판사, 2005.

2 시집 『날개』에는 '1958.8'로 창작시기가 표시되어 있다.

천리마로

조국이여!
더 빨리 다우쳐 내닫기 위하여
네 굽을 안으며 갈기를 날리며
먼 앞날을 주름잡아 나래치는
천리마로 내닫고 또 내닫자!
사회주의 높은 언덕으로
그 언덕에서 바라보이는 지평선,
그 지평선 우에 펄럭이는 공산주의 붉은 테프를
더 빨리 앞당겨 끊기 위하여!

앞길엔 첩첩 다가서리,
　　　때로는 험한 산령도
　　　　　　깊은 강하도
　　　때로는 사나운 설한풍도
　　　　　　번개 치는 폭풍우도
그러나 어떠랴,
만 리를 짚어 미래를 내다보고
　　　그 어떤 요새도 담벽도
　　　　　　그 어떤 불속도 물속도

고추 맞받아
한복판을 꿰뚫는
불패의 당—혁명의 기수가

말고삐를 억세게 틀어잡았거니,
로동계급이 인민과 함께
내닫는 말발굽에 강철을 섬기거니,

천리마를 잡아타고
단숨에 돌진하는 혁명의 길에서는
　　　산줄기도 변하고
　　　　　　　강줄기도 변하고
천군만마가 번개 치듯
불꽃 튕기는 말발굽 밑에서는
　　　원쑤도 종파도
　　　　　　　보수성도 신비성도
한낱 먼지로 날아 없어지거니,

조국이여!
더 빨리 다우쳐 내닫기 위하여
네 굽을 안으며 갈기를 날리며
먼 앞날을 주름잡아 나래치는
천리마로 내닫고 또 내닫자!
　　　평화를 위하여
　　　　　　　통일을 위하여
우리의 길—사회주의 길로!
五(오)개년 五(오)개년 또 五(오)개년…
젊음과 삶의 상상봉인
공산주의 위대한 봉우리를 향하여!
혁명의 폭풍을 천하에 일구며
힘차게 앞으로! 힘차게 앞으로![3]

| 수록지면 |

* 최영화, 『당의 숨결』, 조선작가동맹출판사, 1959.
최영화, 『날개』, 조선문학예술총동맹출판사, 1961.
최영화, 『크나큰 사랑』, 문예출판사, 1973.
최영화, 『최영화 시선집』, 문학예술출판사, 2003.
최영화, 『젖줄기』, 문학예술출판사, 2005.

3 시집 『날개』에는 '1958.9'로 창작시기가 표기되어 있다.

크나큰 사랑

서대령 마루에 흰 눈은 쌓이고
밤하늘엔 흩날리는 잿빛 눈보라,
밀림의 밤은 밑창도 없이 깊어 깊어
이깔나무 총총한 숲 넘어론
삼태성도 이슥히 기울었는데,

산바위 앞에 잊은 듯 서서
아득한 골짜기의 먼 한끝을
오래오래 눈여겨 살피시는 김사장,
그 뉘를 기다려 애타시는 것일가
한밤 피곤하실 몸에 잠도 잊으시고—

눈 속의 숙영—
피어린 싸움에, 넘고 또 넘은 령길에
지친 몸 고달픔도 배고픔도 잊고
눈 우에 깊이 잠든 전우들을 위하여
먼 길로 식량 공작을 떠난 동무들…

조용히 감은 그이의 눈앞엔 떠오른다,
숲을 흔드는 눈바람을 헤치며
수비망을 뚫고 산발을 톱아 넘는,
걸어도 걸어도 길길이 묻힌 숫눈에
등을 적시며 걸음을 다우치는 그들,

—길 없는 눈길에 고생이면 오죽하랴!

호주머니에 두 손을 깊숙이 찌르신 채
눈 우에 천천히 큰 발자국을 떼시며
홀로 깊은 명상에 잠기시는 그이.
기다려지고 기다려지는 마음인 양
바람에 날리는 그이의 긴 외투자락…

짓밟힌 三(삼)천리, 신음하는 동포의 운명을
한 몸에 맡으시고 싸우는 그이에게로
백성들의 마음 줄달음쳐 오는 길,
그이의 뜨거운 사랑이 닿아 있는 길로
이제 식량 공작원들은 돌아오리니,

장백의 눈바람 몰아치고 휘몰아쳐도
그대로 밤을 밝힐 듯 서 계시는 그이,
긴 리별 끝에 아들을 맞는 어머니처럼
그 넓으신 가슴에, 그 뜨거운 품에
이윽고 돌아올 대원들을 껴안으려니…

아, 불같은 그이의 사랑!
마지막 악을 쓰는 눈보라를 삼키며
밀림 속엔 터지누나, 때 아닌 봄바람이!
돌아오는 대원들의 몸을 더웁히며
얼어 든 조국의 가슴을 녹이며!

—1959.3

| 수록지면 |

* 『붉은기'발 휘날린다』(종합시집), 조선작가동맹출판사, 1959.
최영화, 『날개』, 조선문학예술총동맹출판사, 1961.
『조선문학』 239호, 1967.7.
『수령께 드리는 노래』(종합시집), 도쿄 : 학우서방, 1967.
『수령께 드리는 송가』(종합시집), 근로단체출판사, 1967.
최영화, 『크나큰 사랑』, 문예출판사, 1973.
최영화, 『최영화 시선집』, 문학예술출판사, 2003.

젖줄기

생의 고마운 젖줄기여!
갓난 어린 생명이 어머니의 젖꼭지를 빨며
이슬방울 같은 두 눈'동자에 태여난 기쁨을 반짝이듯—

갓 스물 한창 나이에 심장에 불이 일도록 살고 싶었어도
못 견딜 멍에에 가랑'잎처럼 시들어가던 나의 청춘을,
그 은혜로운 젖모금으로 뜨겁게 되살려준 당의 젖줄기여!

어머니에게도 비길 수 없는 크나큰 사랑으로,
당은 그 부드러운 젖가슴에서 샘 치듯 솟는 젖모금으로,
나에게 어떤 힘으로도 꺾을 수 없는 삶과 투쟁의 노래를 길러주었거니,

내 홀로 어느 처녀림 속 메아리치는 톱 소리에 시상을 모을 때도,
때로 적도를 넘은 먼 남쪽 끝 어느 작은 섬에 가 있다 해도,
내 만일 잠시나마 당의 이 젖줄기를 놓친다면…

깊은 밤, 잊은 듯 곯아떨어진 잠'결에서조차
내 만일 이 붉은 젖줄기를 빨지 않는다면
순간 나의 생의 노래는 끊어지고 심장은 멎으리니…

아, 나는 살 수 없어라, 한평생을—
아기는 돐만 넘으면 엄마의 젖줄기를 떨어져 살 수 있어도,
나는 정녕 살 수 없어라, 그것 없이는—당의 이 붉은 젖줄기가 없이는!

—1963.8

| 수록지면 |

*『조선문학』 194호, 1963.10.
『천리마 나라』(종합시집), 조선문학예술총동맹출판사, 1964.
최영화, 『크나큰 사랑』, 문예출판사, 1973.
『해방후서정시선집』(종합시집), 문예출판사, 1979.
『조선문학』 654호, 2002.4.
최영화, 『최영화 시선집』, 문학예술출판사, 2003.
최영화, 『젖줄기』, 문학예술출판사, 2005.

가림천 기슭에서

가림천 흐르는 여울물 소리
못 견디게 그리웁던 강'기슭이여,
오랜 날을 두고 그리움이
가슴에 사무쳤을수록 생각은 끝없구나

차마 디디기조차 황송스러운 언덕을
내 몇 번이고 거닐고 또 거닐었건만
이 밤 또다시 밤 깊도록
내 홀로 이렇게 가림천 기슭을 거닒은…

내 이 밤 이 기슭에서
그 밤의 그 위대한 시각을 조용히 맞고 싶어서이노라
내 이 밤 이 기슭에서
그 밤의 그이를 오래도록 마음에 그리고 싶어서이노라

곤장덕 숲 우에 반짝이는 별'빛,
흐르는 물'소리, 먼 숲을 흔드는 바람소리까지도
심장 속 깊숙히 젖어드는 혁명의 땅–
가슴을 치미는 뜨거움을 누를 길 없는 이 밤에,

그날 밤 그이께서 자리 잡으셨던 곳
내 바로 그 황철나무 밑에 오래오래 서서
숨져가던 조국을 한 품에 붙안고 되살려주신 그이를

아, 삼가 그리며 가슴 뜨겁게 뜨겁게 생각하노니…

사람들이여, 부디 탓하지 말아다오
이 즐겁고 행복한 밤에 무슨 눈물이냐고—
나는 진정 이 밤이 즐겁고 더 없이 행복하기에
울고 있노라, 진정 목이 메여 흐느끼노라—

오늘의 나의 조국을 생각하며,
오늘의 나의 삶을 생각하며,

이 밤도 그이께서는 그 밤과도 같이
혁명의 진두에 서시여 삼천만을 이끌며
높이 추켜드신 그 홰'불로 미래를 밝히시거니
아, 나의 조국은 그 빛발 속에서 영원히 빛나리!

날이 가고 세월이 흐를수록
더욱더 생생해지는 강'기슭이여
해가 갈수록 더 세차게 타오르는 홰'불을
낮이나 밤이나 노래하며 흐르는 가림천이여,

—1964.8

| 수록지면 |

* 『문학신문』, 1964.11.27.
『백두산이 보인다』(종합시집), 문예출판사, 1972.
최영화, 『크나큰 사랑』, 문예출판사, 1973.
최영화, 『최영화 시선집』, 문학예술출판사, 2003.
최영화, 『젖줄기』, 문학예술출판사, 2005.

뿌리

기쁘고 보람차고
문득 자신도 걷잡을 수 없는 삶의 행복이
가슴 뿌듯하게 느껴질 때,
당신들은 때로 생각해 보시는가?
피는 꽃을, 꽃이 어찌하여 아름다운가를—

땅 우에 핀 꽃만 보지 마시라,
비록 제철에 곱게 피고 싶어도
꽃이 그 아름다움을 세상에 떨치고 싶어도,
땅 밑에 뻗은 생의 뿌리가 없다면야
필 수도 존재할 수도 없듯이—

없었으리라, 그 뿌리가 없었다면!
제철에 활짝 꽃핀 우리의 삶도, 행복도, 모든 것이…
항일 빨찌산들이 비록 목숨은 끊을망정 그것만은,
그것만은 죽어서도 가꾸어 놓은 혁명의 뿌리가 없었다면야
오늘도, 더 아름답게 꽃필 우리의 미래도 없었으리라!

내가 어떤 뿌리에서 싹텄고 자라났는가!
자나깨나 언제나 이것을 잊지 않을 때,
당신들은 비로소 자신의 존재를 뜻있게 빛낼 수 있으리니—
이 생명의 뿌리를 스스로 깊이 느끼고 생각하는 것,
바로 이것은 우리의 삶이며, 힘이며, 공산주의 량심이여라!

| 수록지면 |

*『조선문학』 210호, 1965.2.
최영화, 『크나큰 사랑』, 문예출판사, 1973.
최영화, 『최영화 시선집』, 문학예술출판사, 2003.
최영화, 『젖줄기』, 문학예술출판사, 2005.

고향집을 다시 찾아[4]

무척 듣고 싶었노라
소백수 구슬 같은 맑은 물소리
고향집 밀림에 설레이는 백두산 바람소리
무척 보고 싶었노라
나의 넋, 나의 마음의 집
이 추녀 낮은 동기와 귀틀집이

마음이 마음이 나를 이끌었노라
몇 번이고 내 다녀온 정든 집이지만
그리움은 언제나 봄노을처럼 피여
내 나이 일흔다섯에 푸른 배낭을 메였노라
이 고향집에 마음을 꽃잎처럼 깔며
천리 또 천리 고향집을 다시 찾아왔노라

꿈결에도 그리움을 이어 놓고 사는
내 사랑하는 백두산집이여
부엌문도 뙤창문도 활짝 열어 제치고
붙안아주는 고향집의 품이여!
나는 그만
그 품에 흰 머리를 묻노라

4 이 시는 시초 〈봄노을이 피는 계절〉 중 한 편이다.

마음 숙연히 두 손으로
세월의 풍상에 절은 창문턱을 쓸어 보며
수수한 구름노전 단칸방 귀틀집에 모셔진
백두산 3대장군의 초상화를 우러르니
조선의 광명성을 우러러 대통운을 터치던
그 운명의 첫 2월이 가슴을 친다!

여기서는 모든 자연과 그 음향이
2월의 것이여라 그 추억이 깃들었어라
내 이제 평양으로 이 아름다운 음향
소백수 구슬물소리를 안고 가노라
고향집 정든 바람소리를 안고 가노라

그리하여 2월의 대명절 새벽이 밝으면
내 오늘 심장에 새겨 안은 이 모든 음향을
멀리 백두의 고향하늘에서 울려오는
2월의 경축교향악의 울림으로 들으며
우리 장군님의 백두산 집에 안기리라

| **수록지면** |

* 최영화, 『최영화 시선집』, 문학예술출판사, 2003.
최영화, 『젖줄기』, 문학예술출판사, 2005.

평론 시의 진실성 문제

시집 『날개』를 읽고

박산운

최영화 시집 『날개』는 시의 진실성에 대한 문제를 독자인 나에게 다시금 깊이 생각하게 한다.

이 시집에는 시인이 정전 직후에 쓴 「전승의 밤, 수도의 높은 언덕에서」부터 시작하여 우리나라가 5개년계획을 승리하고 7개년계획에 들어서던 해에 쓴 「심장」에 이르는 35편의 서정시편들이 들어 있다.

이와 같이 시집 『날개』에는 우리나라 발전의 여러 단계가 다면적으로 반영되고 있는데 전체 시편을 통해 우선 느껴지는 것은 높은 공민적, 애국주의적 기백과 함께 서정적 주인공들의 생활, 락천적이며 구김살 없는 성격이다.

이러한 특성이 잘 드러나 있는 시의 하나로서 「사회주의 가수」를 들 수 있다.

> 용광로여! 불탄 황해의 기슭에
> 또다시 조선의 지혜로 솟은 높은 탑이여!
> 계급의 기상인 듯 름름한 그 모습으로
> 너는 나의 온 넋을 뿌리채 빼앗누나

이렇게 큼직하게 시작한 이 시편은 행과 련을 따라가면서 점차 독자들로 하여금 서정적 주인공의 호탕하고도 소박한 성격으로 매혹시킨다.

> 출선구를 여는 용해공들의 메'소리
> 감격에 들먹이는 가슴을 대구 흔들더니
> 태여날 생명을 애타게 기다리는 순간처럼
> 마음은 각각으로 죄여지고 죄여지더니

이윽고 "태풍 같은 불바람을 몰고 콸콸 여울쳐" 가는 쇠'물의 불 흐름을 제시한 시인은 "백열의 화광 속에 철의 노래를 높이 높이 부르며 철갑을 두른 세기의 영웅"—거연히 솟은 용광로를 보고 다음과 같이 노래 부르고 있다.

> 너는 정녕 당의 숨'결로 타오른 심장
> 온 땅 우에 기쁨을 뿌리는 창조의 시인
> 너는 정녕 우리의 용해공들과 함께
> 로동당 시대를 노래하는 사회주의 가수여라!

천만 가닥 불'줄기를 머금고 백열로 끓어 번지며 웅웅거리는 용광로를 정면에 놓고서 시인이 고른 "사회주의 가수여라!"라는 말이 가지는 정확성과 소박성, 그에서 울려나오는 서정적 주인공의 굵은 성격이 주목을 끈다.

사실 웅웅거리는 용광로를 앞에 놓고 "사회주의 가수!"라는 이 말보다 더 정확한 말을 고르기는 그리 용이한 일이 아닐 것이다!

이와 같이 대범한 표현을 통해, 우리를 기쁘게 하고 생각케 하는 시편들을 우리는 용해공들을 노래한 여러 시편들에서 찾아볼 수 있는데 이러한 것이 시에서의 진실성 문제를 새삼스럽게 생각하게 하는 것이다.

이 밖에 「용해공의 마음」, 「강철에 대하여」 등에서도 볼 수 있는 로동계급들의 생활을 정면에서 노래한 시편들은 그에 마땅한 시'적 음조와 색조를 부여하는 데 성공하고 있다.

시의 진실성—그것은 무엇보다 먼저 시대를 앞으로 추동하는 정신과 생활의 알맹이를 찾아내는 능력과 관련되며 그것은 서정적 주인공의 성격에 부여되며 시인의 열정을 가슴 뜨겁게 느끼게 한다.

시집 『날개』에 수록된 시편들엔 바로 그와 같은 미학 상 문제가 구체적이며 예술적인 생활 계기를 붙잡은 시인의 모색을 통하여 훌륭히 해결되고 있다. 때문에 음조가 높음에도 불구하고 그 성격은 소박하고 친근하다.

늦은 밤, 밤'길에 천천히
하루를 돌이키며 걸음을 옮기면
어찌할 수 없는 버릇처럼
몇 번이고 되뇌여지는 심장의 말,

—오늘은 무엇으로 당에 보탬을 주었느냐?

시 「심장」에서나 부분적인 결함은 있지만 「당의 숨'결」 등에서 우리가 서정적 주인공과 함께 사색에 잠기게 되는 것도 이 때문이다.

이상에서 보는 바와 같이 서정적 주인공의 사물에 대한 진지한 태도와 장식을 모르는 소박성이 이 시인의 얼굴을 형성해 주는 중요한 특성의 하나로 되고 있다.

서대령 마루에 흰 눈은 쌓이고
밤하늘엔 흩날리는 재'빛 눈보라,
밀림의 밤은 밑창도 없이 깊어 깊어
이깔나무 총총한 숲 넘어론
삼태성도 이슥히 기울었는데,

이것은 시 「크나큰 사랑」의 첫 련이다. 먼저 본 시 「사회주의 가수」의 서두에서와는 달리 시인은 일정한 줄거리의 구성을 요구한 이 시에서는 치밀한 시'적 정황의 설정으로부터 시작하였다. 그리하여 이 시는 밀림 속에 울부짖는 눈보라에 조용히 귀 기울이시며 돌아올 전사—공작원을 어버이 심정으로 기다리시는 수령의 자애로운 모습을 노래하면서 전사들을 념려하시는 그이의 크나큰 사랑에 지동치던 눈보라도 "크나큰 사랑의 열풍"으로 변하는 새로운 시'적 발견을 하는 데 성공하였다.

시집 『날개』가 가지는 또 하나의 특성은 여기 수록된 거의 대부분의 시편들에서 그것이 비록 우리의 사회주의 건설을 노래하든, 먼 외국에 려행하든, 제대군인을 노래하든, 그 주인공들이 언제나 조국통일에 대한 절절한 념원과 원쑤 미제에 대한 비타협적인 증오로 불붙고 있는 점이다.

특히 〈단죄한다!〉 편에 수록된 시편들은 미국 침략자들에 대한 규탄과 증오심이 엮어진 시들인바 그중에서도 「조국의 지도 앞에서」, 「나의 붓끝」, 「명'줄을 끊어놓을 테다!」 등 시편들은 예리한 정론성과 서정성이 잘 결합됨으로써 성과를 거두고 있다.

우리는 이미 우에서 시집 『날개』의 시편들 중 많은 부분을 차지하고 있는 시인의 호탕하고 견결한 모습을 보았다. 그런데 〈땅〉 편에 있는 시편들은 이 시인이 가지고 있는 다른 창조적 감정의 측면을 엿보게 한다.

특히 「봄은, 새봄은 하늘땅에 나래친다」, 「첫 새벽에」 와 「달'밤에」 등이 그러하다.

「사회주의 가수」 와 이 시의 대비에서 나타난 시인의 각이한 풍모는 그의 시풍의 불통일이 아니라 등장한 서정적 주인공이 가지는 내면세계의 풍부성을 말해준다.

시집 『날개』 속에 퍼덕이고 있는 혁명적 기백과 시대와 동시대인들에 대한 열렬한 사랑의 감정은 이 책의 중요한 특징으로 되고 있다.

이 책에 등장하는 서정적 주인공들의 소박한 음조는 이러한 특징들을 진실하게 전달해 준다.

그러나 시집 『날개』에는 극복해야 할 몇 가지 점들도 없지 않다.

그것은 주로 시'적 체험의 심도 및 사상감정의 집약적 표현 등과 관련되는 문제이다.

일부 시편들은 서정적 주인공의 시야의 넓이에 비해 볼 때 그의 심도가 깊지 못한 감을 주고 있다.

일례로 「전승의 밤, 수도의 높은 언덕에서」 라는 시에는 개선한 전사가 평화롭던 전쟁 전 수도를 회상하는 대목이 있다. 즉 저녁 밤'거리에 구경 갔다 돌아오는 다감한 청춘들의 모습이며, 밤 깊도록 앉아 본 책상머리에 비치던 전등'빛이며, 반가운 기적소리 속에 밝아 오던 평양의 첫 새벽 등이 노래되고 있으나, 이 시에서는 시인이 직접 체험한 심도와 확신성이 부족한 데로부터 이러저러한 현상들을 그저 라렬하고 만 감을 주고 있다.

한편 「부디 잘 가시라, 봄'길에!」는 중국인민지원군 환송을 주제로 한 시인데 그들과 함께 한 전호 속에서 싸운 사연과 전후에 그들이 우리를 도와준 사연은 노래되고 있으나 정황 및 시'적 화폭 속에 구체성이 결여된 데서 명백한 시'적 인상과 사실성을 주지 못하고 있는 부족점을 나타냈다. 이 밖에 전쟁과 평화를 주제로 한 일부 시편들에는 감정을 보다 더 집약해야 할 것들이 있으며 잘 다스려지지 않는 시어들이 있다.

한편 일부 시들에는 생활의 보다 다각적인 체험의 부족에서 오는 류형성이 엿보이고 있다.

이러한 일부 불만족스러운 점은 있으나 시집 『날개』는 서정적 체험의 진실성으로 하여 그 진실성이 도덕적 힘으로 안겨 오는 진지하고 소박한 서정적 주인공의 성격으로 하여 그리고 열렬한 혁명적 기백으로 하여 독자들을 고상한 지향에로 고무할 것이다.

—『문학신문』, 1962.9.14

기타 참고문헌

오영재, 「그가 남긴 생의 여운—시인 최영화를 추억하여」, 『조선문학』 664, 2003.2.
편집부, 「『최영화 시선집』을 내면서」, 『최영화 시선집』, 문학예술출판사, 2003.
오금희, 「위인의 품속에서 영생하는 시인」, 『문학신문』 2006.11.25.
『문학대사전』, 사회과학출판사, 1999.
『조선대백과사전』, 백과사전출판사, 1995~2004.

홍철진

1996년부터 시를 발표하기 시작한 것으로 추정된다.

| 시 5편 |

눈 내리는 《추석》[1]

한 계절만이라도
쓰린 옛 상처를 덮어주고파
함박눈, 함박눈은
소리 없이 내리는가
하이얀 봉분이 된 신천의 묘 앞에
나는 지금 말없이 서 있다

바라보면
아이들의 털장갑에 다져진
소담스런 눈무지만 같구나
좀 있으면
솔가지로 눈썹까지 척 매단
눈사람이 될 것만도 같구나

그 누가 저 안에
102 아이들이 엄마를 부르며
아직도 불달린 채 있다고 하랴
400명 어머니가
두 눈을 흡뜬 채 있다고 하랴

귀 기울이면

1 이 시는 시초 〈움직이는 땅〉의 한 편이다.

젖 달라고 부르짖는
아이들의 울음소리 들려만 질 듯
지금도 손을 내밀고 아이들을 찾는
어머니들의 부릅뜬 두 눈도 보여만 질 듯

찬 눈은 소리 없이 봉분을 덮어도
이 가슴엔 타 번지는 증오의 불
그 무엇으로도 끌 수 없는 불이여서
신천의 너를 찾아 우리 왔는가
눈 내리는 오늘도
돌아간 이들 찾는 추석이란 말인가

한 달, 두 달, 열두 달
날이 가고 달이 가도
분노를 못 지운 이 땅의 가슴들엔
저 련꽃봉마냥 피의 언덕이
언제나 우뚝 솟아 있기에

묘, 묘는 추석에만 찾는 것이
이 땅의 풍습으로 전해왔건만
봄, 여름, 가을
증오의 달력을 걸고 사는 이 땅에선
눈 내리는 이날도《추석》이 되였구나

꽃 들고 찾는 추석 하루이건만
천백 배의 복수를 다짐하는
오, 신천의《추석》만은 삼백예순다섯 날

그래도 모자라는 이 땅의 풍습이다
그래서 찾고 찾는 이 땅의 모습이다

| 수록지면 |

* 『조선문학』 608호, 1998.6.

군사분계선표말뚝과 하고 싶은 말

내 어린 시절
그림공부 시간에
크레용으로만 그려본
군사분계선표말뚝아

너를 그리자고
까만 크레용이 필요한 줄 알았던
어린 마음이 자라
오늘은 이렇게
총 잡은 병사 되여
네 앞에 서 있다

나는 기어이
너와 말을 나누고 싶은 세대
모르지 않는다
얼마나 아름다운 말들이
너와 부딪쳐
울분의 메아리로
되돌아섰는지

너와 말을 나누자고
백두에서 판문점까지
부르기조차 뜨거운

피 같은 언어들이
얼마나 굽이쳐 흘러왔는가

목이 쉬도록
웨쳐도 보았고
민요풍의 노래로
찾아도 보았건만
진정 너와 나눌 말
우리말 사전에는
더는 없었구나

말,
태고적부터
입으로만 해오던 말
그러나 너와는
입으로는 나눌 수 없게 된 말
이 세상 모든 말을
다 삼켜버렸으니
내 어찌 가슴에서
말마디를 고르랴

그래도 나는 기어이
너와 말을 나누어야 할 세대
똑똑히 보라
군사분계선표말뚝아
분렬을 끝장낼
멸적의 총구가

지금 네 앞에 있다
이 총대의 메아리만이 너와 나눌
병사 나의 말이다

| 수록지면 |

*『조선문학』 620호, 1999.6.

어린이와 묘비

어린이!
얼마나 사랑스런 이름이
얼마나 거칠고 차디찬 곳에
굳어져 버렸는가
내 앞에 서 있는 어린이묘비
정녕 이 땅이 세운 거란 말인가

땅이여!
아이들을 위해서라면
저 하늘의 별이라도 따다 주던 땅이여
5천 년 력사의 어느 갈피에도
있어 본 적 없는 이 묘비
과연 그대의 손으로 세웠더란 말인가

눈부신 산원의 창문은
그대가 달아준 게 아니란 말인가
제일 좋은 자리 골라
웅장하게 일떠세운 소년궁전은
그대가 세워준 게 아니란 말인가

아이들을 안아주는
그대의 손이
찬 손, 더운 손

따로 있단 말인가

행복에 겹고 희망에 넘치는
아이들의 무수한 기념비 숲에
단 하나 불행으로 서 있는 묘비
그 자리에 밤나무 한 그루
더 심었더라면
우리 아이들의 웃음이
가지마다 주렁주렁 매달리련만

어이하랴
이 피눈물의 비석을
세우지 않는다면
피에 주린 승냥이들이
우리 아이들을 또다시
이 비석으로 끌고 갈지 누가 알랴
이 땅의 수많은 야영소들이
피눈물로 바뀌울지 그 누가 알랴

오, 이 땅
누구보다 아이들을
사랑하는 땅이기에
아니 세우면 안 되였던
신천의 백둘어린이묘비

큰 소리로 읽어라
사랑하는 아이들아

너희 또래 동무들의 이름 같은
이 묘비의 글발을

그것은
천진하고 순진한 너희들도
승냥이 미제에겐
적이 될 수 있다는 말
이 앞에선 아이이기를
그만둬야 한다는 말

승냥이 앞에서
순진한 눈동자란 있을 수 없다
야수들에게 먹히우지 않으려거든
너희들은 반드시 어른이여야 한다
태여나는 시각부터
아니, 어머니의 배속에서 꿈틀대는 시각부터…

이 땅
백둘어린이묘가 서 있는 땅 우에서
우리 아이들은 국어와 수학을 배우고
우리 아이들은 노래와 춤을 배운다
오, 우리 아이들은 자라고 있다

| 수록지면 |

* 『문학신문』 2001.5.26.

열매가 익을 무렵[2]

엊그제 지붕 우에
폈던 호박꽃
내 얼굴에 웃음 가득 실어 주더니
어느새 복스런 애된 열매로
보란 듯이 지붕을
척 타고 앉았구나

하나하나 세여 보는
이 마음에도
주렁진 호박이 벌써 딩굴고
손꼽아 기다리는 흐뭇한 가을은
제일 먼저 우리 집에
들어선 듯싶구나

터밭에 심어 놓은
줄대 같은 강냉이
우적우적 크는 소리 들리는 뜨락
이것 보지
가을이 다 온 듯이
오사리를 비집고
이삭들은 제법 얼굴을 내미누나

2 이 시는 시초 〈우리는 이사를 간다—지나온 나의 추억을 번지며〉 중 한 편이다.

좋구나
무르익은 열매를
기다리는 이런 때가
가을 맞는 가슴은
이렇게 벅차도록
부풀어만 지는가

하건만
그 열매 미처 익기도 전에
그 가을 뜨락에 들어도 서기 전에
먼저 찾아온 소환명령서
우리는 또 가야 하는가
병사의 장구류마냥
이사짐을 꾸리고
아버지를 따라서 가야 하는가

아쉽구나
지붕마냥 엮어진
저 호박넝쿨이며
봄여름 손때 묻힌
이삭들을 고이 두고
이렇게 가는 것이
가을을 몇 자욱
앞에 두고 가는 것이

무슨 외된 생각이냐
우리야 군관가족이 아닌가

우리는 가야 한다
마주 오는 가을을
눈앞에 보면서도
가야 해, 더 큰 가을이
눈앞에 있기에

우리 겨레 하나 되여
부둥켜 얼싸안는
그 소원 무르익을 더 큰 가을날이
우리 가는 이 길에 잇닿아 있기에
이제 이사 올 새 주인들에게
우리 가꾼 가을을 푹 맡기고
우리는 웃으며 이사를 가리라

| 수록지면 |

* 『청년문학』 522호, 2002. 5.

정[3]

략장 가득 가슴 채운
군복 입은 아버지를
부럽토록 바라보던 이웃들 앞에서
늘 우쭐했던 마음도
이제는 마지막이다
우리는 이사를 간다

색다른 별 음식이 하나 생겨도
때 없이 문턱을 넘어서던
고마운 사람들과
우리 정녕 헤여져야 하는가
작별의 인사 나누어야 하는가

정 굳힐 새 없이
이렇게 떠난다고
《볼 부어》 나무라는
인민반장 어머니
기념으로 안겨준 함박꽃단지는
그 서운함이 가득 차
이다지도 무거운가

3 이 시는 시초 〈우리는 이사를 간다—지나온 나의 추억을 번지며〉 중 한 편이다.

새 정을 안고서 여기 왔을 땐
온 마을이 떨쳐나
호함진 웃음으로 맞아 주더니
옛 정을 싣고 다시 간다니
잡은 손목 못 놓으며 따라서누나

언제 만나랴
이제 헤여지면
정녕 멀어지고 싶지 않은
고마운 이웃들이여 벗들이여
잘 있으라
그 정이 그렇듯 소중하기에
우리 이렇게 떠나는 것 아닌가

만나서 정이랴
함께 살아 정이랴
우리가 이사를 가면 갈수록
조국의 정은 더 두터워지기에
헤여짐을 수호자의
정으로 알고 살며
우리는 또 이사를 간다

| 수록지면 |

* 『청년문학』 522호, 2002.5.

평론 시인은 누구나 시를 쓰고 있다. 그러나…(2)

1990년대 젊은 시인들의 자취를 더듬어

류만

시인은 20대에 알아본다는 말이 있다. 젊어서 시라는 뜻에서 하는 말일 것이다. 하긴 감수성이 빠르고 감정이 가장 민감하고 예민하고 풍부하며 그 색채도 다채로운 젊은 시절에 시를 많이 쓰고 좋은 시를 남긴다는 또 그렇게 되여야 한다는 의미에서는 충분히 공감이 가는 말이다. 시 「어머니」나 「나의 조국」처럼 인생 후반기에 좋은 시들이 씌여지는 경우도 있지만 그래도 젊은 시절의 시가 시인의 이름을 알리는 데서는 더 어울리는 경우가 많다.

돌이켜보면 우리 시문학의 행적이 그것을 말해주고 있다.

리찬이 불멸의 혁명송가 「김일성 장군의 노래」를 창작한 것이 20대를 거친 30대였으며 조기천도 30대에 장편서사시 「백두산」과 시 「조선은 싸운다」를 썼다. 시 「갈매기」를 20대에 쓴 김철이 시집 『갈매기』와 『철의 도시에서』를 낸 것도 30대였다. 더 거슬러 올라가면 김소월의 「진달래꽃」이며 리상화의 「빼앗긴 들에도 봄은 오는가」 그리고 박팔양의 「진달래」며 박세영의 「산제비」도 다 20대, 30대의 작품으로서 시인의 대표적인 작품으로 되고 있다. 총체적으로 시인들의 대표작은 젊은 시절에 창작한 작품들 가운데 더 많다.

이렇게 놓고 보면 시창작에서는 20대, 30대에 알아본다는 말이 결코 우연한 말은 아니다. 어찌 보면 시창작에서는 젊은 시절이 결정적인 시기라고 해도 지나친 말은 아니라고 생각한다. 이 시기에 시인의 장기가 드러나고 개성의 틀거리가 형성된다. 대체로 젊은 시절에 자리잡힌 시인의 개성적인 틀거리가 시창작의 전 과정에 기본적으로 유지 공고화되면서 시인으로서의 그의 면모를 특징지어 준다고 말할 수 있다. 때로는 그것이 다양하게 변모되는 경우가 없지 않지만…

서두에 이런 말을 하게 되는 것은 자각하고 분발하고 있는 우리 시단의 젊은 시인들을 다시 한 번 고무해주고 싶어서이다.

구태의연에 섭쓸리거나 만족하지 말고 '나'를 찾고 가꾸며 '나'로서 '우리'의 당당한 한몫을 차지하라고, '우리'를 더 풍성하게 하라고…

'나'가 없이 '우리'에 아무리 속해 있어야 시인으로서는 존재가 없다. '나'가 있는 '우리', '우리' 속에 '나'가 있을 때 우리 시문학은 만발하는 것이며 그 만발하는 속에 '나'는 자기의 빛갈과 향기를 가진 유난한 꽃—개성적인 모습으로 자리잡게 될 것이다.

위대한 령도자 김정일 동지께서는 다음과 같이 지적하시였다.

"예술가는 창작에서 독창성을 발휘하여야 문학예술의 발전에도 독자적으로 기여할 수 있다. 작가는 언제나 독창적인 창작의 길을 열어나가면서 매번 새로운 것을 찾아내야 한다. 예술의 력사는 창작가들의 끊임없는 창조적 탐구과정에 발전하여 나간다."

시문학 발전에 독자적으로 기여할 수 있는 독창적인 창작의 길이야말로 신진시인들이 탐색하고 걸어가야 할 길이다.

이미 이야기한 시인 문용철이며 렴형미도 다 전국신인문학작품현상모집 시 부문 1등 당선자들인데 아예 내친걸음에 다른 1등 당선자들의 행적도 마저 더듬어 보려고 한다.

1등은 결코 간단한 평가가 아니다.

시단에로의 '평범한' 등장도 그렇지만 특히 1등 당선은 벌써 시단의 각광을 받은 이채로운 등장이라는 것을 의미하며 따라서 그것은 영예로 만족하기 전에 높은 책임감과 각오를 가질 것을 요구한다.

우리가 신진시인들에게 요구하고 바라는 것은 그 이채로운 등장으로 끝나거나 그것을 헛되이 말며 계속 노력하여 자기의 이채로움을 '고수'하며 그것으로 시문학의 화원을 꽃 피우는 데 이바지하라는 것이다. 중요한 것은 여기에 있다.

이런 의미에서 홍철진을 그렇게 애써 노력하는 신진시인의 한 사람으로 알고 있다. 그의 시가 나의 인상에 박힌 것은 시초 〈움직이는 땅〉이였다. 이 시초를 나는 지면에서가 아니라 현상모집에 응모된 작품들에 대한 최종심의원고 상태에서 먼저 읽었다. 그 뒤 『조선문학』[주체87(1998)년 6회] 지면에서 다시 읽었다. 인상에 있었던 시였지만 다시 새로운 감흥을 받았다. 시를 두고는 심오하다는 인상을 가졌으며 시인에 대해서는 사색적인 시인이라는 생각을 가졌다. 그리고 그 모든 것에 앞서 신진시인답게 시를 그저 '만드'는 것이 아니라 그 무엇인가 자기 발견을 가지고 시를 쓰는 시인이라고 생각했다.

시초 〈움직이는 땅〉을 두고 시적 발견이 있다고 하는 것은 이런 사정과 관련된다.

신천을 두고 얼마나 많은 시들이 씌여졌는가. 신천의 대참사가 있은 때로부터 오늘까지 지난 50여 년간 실로 많은 시가 씌여졌다.

그러나 시초 〈움직이는 땅〉은 그 신천을 다시금 새롭게 노래하였다.

"가슴에 타 번지는 증오의 불"을 안고 때 없이 신천을 찾아 그칠 새 없는 발길을 두고 "눈 내리는 '추석'"을 생각하는가 하면 "분노의 화산 되여 태동하는 신천"의 참관자들이 마음속에 안고 가는 원한과 복수를 두고 그것을 '움직이는 땅'과 결부시켜 상상하는 시인의 서정세계는 시적 발견의 새로운 세계를 엿보게 한다.

지금까지 신천의 원한과 복수를 피타게 절규하는 각양한 체험세계의 개방은 있었지만 시초 〈움직이는 땅〉에서와 같이 심각한 체험세계를 사색으로 심화하면서 거기에서 신천의 의미를 새롭게 부각하고 정서적으로 승화시켜 아직까지 풀지 못한 우리 인민의 원한과 복수의 크기와 강렬함, 불같은 맹세를 그처럼 심각하고 열렬하게, 의미 깊게 노래한 시가 과연 얼마나 되겠는가.

묘, 묘는 추석에만 찾는 것이
이 땅의 풍습으로 전해 왔건만
봄, 여름, 가을
증오의 달력을 걸고 사는 이 땅에선
눈 내리는 이날도 '추석'이 되였구나
…
오, 신천의 '추석'만은 삼백예순다섯 날
그래도 모자라는 이 땅의 풍습이다
그래서 찾고 찾는 이 땅의 모습이다

— 시 「눈 내리는 '추석'」 중에서

움켜쥔 채 커지는 이 땅의 주먹들이
화석처럼 굳어져 뭉쳐지는 신천에

이 작은 주먹도 덧쌓아 놓고
나는 복수의 대문을 나서고 있다

걸음걸음 신천은 멀어지건만
이 가슴에 실리여 함께 가는 땅
…
움직일 수 없는 것이 땅이라지만
분노의 화산 되여 태동하는 신천 땅은
한 자리에 머물러만 있을 수 없어
이렇게 우리를 따라서는가

— 시 「움직이는 땅」 중에서

복수를 다짐하며 찾는 신천의 '추석'이 삼백예순다섯 날도 모자란다는 여기에, 신천은 멀어져도 "분노의 화산 되여 태동하는 신천만은" 움직이는 땅이 되여 "우리"를 따라선다는 여기에 신천의 원한을 천백 배로 갚음하며 철천지원쑤 미제의 정수리에 철추를 내릴 불타는 증오와 복수가 장약되여 있는 것이다. 이 시초를 통하여 우리는 신천의 의미를 새롭게 느끼게 된다.

대상에서 시를 포착할 줄 알며 사색을 심화하여 새로운 서정세계를 펼쳐 시적 발견이 뚜렷한 시작품 창작을 지향하는 그의 개성적인 탐구와 노력은 시 「어린이와 묘비」며 「나에게는 목숨이 둘이였던가」 등 작품에서도 그대로 나타나고 있다.

시 「어린이와 묘비」는 시초 〈움직이는 땅〉과 일맥상통하는 시로서 신천 땅의 백둘어린이묘비 앞에서의 체험세계를 노래한 시이다.

시인의 사색은 어린이묘비에 집착되고 있다. "아이들을 위해서라면 / 저 하늘의 별이라도 따다 주던 땅이여 / 5천 년 력사의 그 어느 갈피에도 있어 본 적 없는 이 묘비"를 세우지 않으면 안 되였던 그 사실을 두고 "이 피눈물의 비석을 / 세우지 않는다면 / 피에 주린 승냥이들이" 우리 아이들에게 또다시 그런 불행을 강요할지 누구도 알 수 없다는 데 대하여 말하는 시인의 사색의 세계는 결코 누구나 쉽게 가질 수 있는 그런 생각 정도가 아니며 심각한 철학을 동반한 것이라고 말할 수 있다.

오, 이 땅
누구보다 아이들을 사랑하는 땅이기에
아니 세우면 안 되였던
신천의 백둘어린이묘비
…

그것은 천진하고 순진한 너희들도
승냥이 미제에겐
적이 될 수 있다는 말
이 앞에선 아이이기를
그만둬야 한다는 말

승냥이 앞에서
순진한 눈동자란 있을 수 없다
…

깊은 사색을 펼쳐 드디어 도달한 서정의 세계는 이처럼 심오하다. 시인은 깊은 사색의 심연을 형상으로 가꾸며 마침내 깊은 체험세계에서 이런 서정의 샘을 파내였다. 이런 것을 두고 새롭고 참신한, 독창적인 시적 발견이라 하는 것이 아니겠는가.

시 「나에게는 목숨이 둘이였던가」에 대해서도 같은 것을 말할 수 있다. 앞에서 본 시들과 마찬가지로 이 시 역시 강한 극성을 띠고 있으며 정서적으로 예리하고 심각하다.

시인은 비전향장기수의 체험세계를 통하여 정치적 생명의 귀중함, 육체적 생명은 잃을 수 있어도 정치적 생명은 버릴 수 없다는 것, 육체적 생명은 어머니가 주지만 영생하는 정치적 생명은 "위대한 태양"이 준다는 데 대하여 죽음과 목숨의 대결이라는 심각한 극한점에 선 인간의 운명 문제를 내세우고 그것을 생활적 체험을 안받침한 지꿎은 사색의 추구로 형상화해 나갔다.

그리하여 시에서는 "전향하지 않았다는 / 그 단 한 가지 리유로…" 살점이 뜯기우고 뼈가 부서지면서도 "인간으로 태여나 / 인간으로 죽는" 것을 행복한 일이라고 생각하는 서정적 주인공의 모습이 보이는가 하면 "죽음의 열두 대문 열고 닫으면서도" 죽지 않고 산 것은 "위대한 태양이 빚어준 목숨은 / 그렇게도 질기고 강한 것"이기 때문이였다는 것을 새삼스럽게 절감하는 서정적 주인공의 모습도 보인다. 이런 심각한 체험세계를 가진 서정적 주인공의 "두 모습"이 하나의 모습 속에 통일됨으로써 "나에게는 목숨이 둘이였던가" 하는 시인의 물음이 결국은 사람에게는 육체적 생명과 정치적 생명이라는 "두 목숨"이 있으며 어머니가 준 육체적 생명은 비록 꺼질 수 있어도 "위대한 태양이 빚"어 준 정치적 생명은 영원하다는 심오한 진리를 형상적으로 천명하였다.

물론 형상에서 론의되여야 할 여지를 남기는 문제도 있지만 어쨌든 이 시 역시 시인에게 고유한 사색의 깊이를 보여주며 그 사색 속에서 제기된 문제를 심각하게 파고들면서 마침내 시인이 밝히려고 한 사상감정을 특색 있는 형상으로 천명하고 있다는 것을 말하여 준다.

지금까지 살펴본 것처럼 그의 시들은 시상이 명백하면서도 심오하며 서정 전개의 전 과정이 극적으로 예리화되여 있고 하나하나의 표현이 '평범'하지 않게 시인 자신이 하나하나 쪼아 박은 듯한 그런 참신하고 뜻이 깊은 것으로 안겨 온다. 이와 함께 특징적인 것은 시에서 증오와 분노의 감정이 용암처럼 끓고 있지만 그는 그것을 '소리'의 크기나 높이로서가 아니라 느낌의 강렬성, 정서의 뜨거움으로 나타내고 있다는 것이다. 이런 경우를 두고 시인의 목소리가 저력 있게 울린다고 하겠는데 이렇게 놓고 보면 시초 〈움직이는 땅〉을 비롯한 반미계급교양 주제의 그의 시들을 통하여 받은 인상은 홍철진은 사색적이며 저력이 느껴지는 시를 쓰는 시인이라는 그것이다.

홍철진은 이러한 심각한 극적 체험을 담은 반미계급교양 주제의 시들과 함께 또한 현실 주제 시작품 창작에도 관심을 돌려 자기의 모습을 일정하게 드러냈다.

그는 시초 〈움직이는 땅〉을 현상모집에 당선시키기 전인 주체85년에 「내 걸음 맞추라」를 비롯한 두 편의 시를 발표하였는데 이 작품들은 다 생동한 현실체험에 기초한 것이였다.

그 뒤 그는 청년돌격대원들의 락천적이며 발랄한 생활감정을 특색 있게 노래한 시 「새벽닭이 운다」(『조선문학』, 주체88년 6호)와 선군시대 인간들의 새로운 사상정신적 풍모를 보여준 시초 〈우리는 이사를 간다〉(『청년문학』, 주체91년 5호) 등을 발표하였다.

현실 주제 시작품에서 엿보이는 시인적 모습은 그가 생활적인 시인이라는 것이다.

앞에서 본 시에서도 그는 '소리'로만 웨치거나 요란한 표현에 매달리지 않고 체험의 터전에 발을 붙이고 사색을 심화하여 그 체험의 정서적 승화로써 심오한 사상감정을 특색 있게 밝힌 특성을 보여주었다면 현실 주제 시에서도 그 체험세계는 주로 생활의 구체적인 화폭으로 펼쳐지면서 그것을 통한 사상감정이 결구에서 깊이 있고 여운 있게 밝혀지는 것이 특징적이다.

그러한 특성은 시초 〈우리는 이사를 간다〉에서 잘 나타나고 있다.

시초의 매 시들은 묘사의 구체성, 섬세성, 생동성으로 하여 시로 형상한 하나의 그림이나 화면을 련상시킨다. 그것은 대상에 대한 단순한 재현이 아니라 거기에는 시인의 느낌, 정서세계가 그대로 비껴 있다.

엇그제 지붕 우에
폈던 호박꽃
내 얼굴에 웃음 가득 실어 주더니
어느새 복스런 애된 열매로
보란 듯이 지붕을
척 타고 앉았구나
…
터밭에 심어 놓은
줄대 같은 강냉이
우적우적 크는 소리 들리는 뜨락
이것 보지

가을이 다 온 듯이
오사리를 비집고
이삭들은 제법 얼굴을 내미누나

— 시 「열매가 익을 무렵」 중에서

이사짐을 싣고 가는
자동차를 바래워
따라서며 흔들던
낯익은 손들도
이제는 고개길에 가리워지고

끝까지 바래울 듯
지꿎게 따라서던
시내물도 지친 듯 갈래를 바꾼
굽이굽이 길을 따라
우리는 지금 이사를 간다

— 시 「우리는 이사를 간다」 중에서

터밭 농사의 풍성함과 함께 그것을 가꾼 서정적 주인공의 흐뭇함, 만족감이 정서적으로 어울려 방불하게 떠오르는가 하면 이사짐을 싣고 가는 차 우에서 정든 이웃, 정든 산천과 헤여지는 아쉬움을 간직한 모습이 자연과 조화를 이루며 영화의 화면처럼 방불히 안겨 온다.

한두 련의 시행으로 단순히 대상을 제시하거나 재현하는 정도에서 벗어나 인간의 정서와 내면세계가 '숨결'과 '향기'처럼 진하게 밴 그런

'화폭'적인 것을 느끼게 하는 여기에 시적 묘사, 시적 형상의 본질이 있는 것이 아니겠는가. 이런 시적 묘사, 시적 형상은 시에서 생경성과 아무런 인연이 없다. 그 리면에는 시인의 가슴속에 샘처럼 출렁이는 느낌, 사색으로 굴절되는 풍부한 사상과 련상이 깔려 있는 것이다. 그런 정서적 느낌, 시적 상상과 련상의 힘이 없이는 참다운 '시적 화폭'을 창조할 수 없다.

홍철진의 시에서는 그것이 느껴지며 또 그렇게 시를 써야 한다는 것을 알고 그가 그렇게 노력하고 있다는 것이 확연히 알린다.

이 시초를 비롯한 그의 시를 더듬느라면 시인의 개성적 모습과 관련하여 또 하나 생각되는 것이 있다. 그의 시에는 일반적으로 서정을 '몰아가는 곬'이 있다는 그것이다. 그는 먼저 시적 대상 또는 일정한 문제를 제시하고 그것을 환상이 풍만한 집요한 사색으로 추구해 나가면서 서정을 전개하다가 결구에서 다시금 그 시적 대상 또는 일정한 문제를 떠올리고 정서적으로 승화시켜 그 심오한 뜻을 '해명'하고 있다. 이때의 '해명'은 시적 발견으로 특징지어진다.

어떤 주제의 시를 쓰든 이러한 감성 조직, 시적 구성 방식은 그의 작품에 거의나 공통적인 것으로 되여 있다.

시 「정」을 놓고 보자.

시는 1련에서 '우리는 이사를 간다'는 것을 정황적으로 제시하고 있다.

이사 오고 가는 것이야 평범한 일상사가 아닌가. 그 일상사를 시인은 '정'이라는 인정세계에 실어 시를 엮었다. 헤여지는 아쉬움, 함께 정을 나누던 지난날에 대한 그리움, 정이 깊어진 이웃들에 대한 다심한 생각… 그래서 시인은 정에 얽힌 하많은 사연을 더듬으며 사색의 나래를 펼친다. 그 정의 '종착점'은 어디겠는가. 시인이 제기한 문제, 정을 엮어가는 주정토로에 긴장을 모으며 독자들은 그것이 어떻게 결속되겠는가 가슴 조이며 따라선다.

만나서 정이랴
함께 살아 정이랴
우리가 이사를 가면 갈수록
조국의 정은 더 두터워지기에
헤여짐을 수호자의
정으로 알고 살며
우리는 또 이사를 간다

— 시 「정」 중에서

결국 이사 가는 문제를 제시하고 그와 관련한 인정세계를 톺아가던 「정」의 서정은 마침내 결구에서 이렇듯 "조국의 정", "수호자의 정"의 높은 경지에 올랐다.

그의 시는 대체로 처음에 제시된 대상 또는 문제가 결구에 와서 이처럼 정서적으로 승화되면서 심오한 사상감정의 높이에 이르는 것이 특징이다. 그것이 새롭고 참신한 것으로 하여 그의 시들에서는 새것, 시적 발견이 뚜렷이 느껴진다.

그의 현실 주제 시에서는 생활의 정서와 랑만, 미래에 대한 락관이 마치도 출렁이는 바다처럼 시들마다에 흘러넘치고 있으며 이것으로 하여 시는 매우 밝고 발랄하다는 인상을 준다. 그리고 현실 주제를 비롯한 그의 시들에서 지성적 높이가 느껴진다는 것도 강조할 필요가 있다.

그의 시에는 오늘 선군시대 우리 생활의 진실이 그대로 반영되여 있으며 생활의 진실을 예술적 진실로 옮겨 시대정신을 독창적으로, 개성적으로 뽑어 올리려는 시인의 진지한 탐구와 노력이 엿보인다고 생각한다.

신진시인으로서의 홍철진도 지금까지 자기 모습을 비교적 착실히 가꾸어가고 있으며 그 면에서 노력이 기울여지고 있다는 느낌이 든다. 심사숙고라는 말을 쓸 수 있다면 그는 시 한 편 한 편을 그렇게 쓰고 있지 않는가 하는 생각이 든다. 이것은 좋은 일이다.

그러나 그의 시를 읽으면서 시인이 자기의 모습을 더 잘 가꾸자면 지금까지의 창작에서 교훈으로 삼아야 할 일련의 문제들이 있다고 생각한다.

그 하나는 사색을 집요하게 심화해 들어가는 것은 좋은 일이지만 그러나 그것이 지나친 자기 세계에 빠져 전형적인 것, 사회적인 것을 놓쳐서는 안 되겠다는 것이다.

이런 측면에서 시 「군사분계선표말뚝과 하고 싶은 말」과 「내 아들이 돌아왔습니다」, 「저의 인사를 받아주십시오」는 생각해 볼 여지가 있다.

시 「군사분계선표말뚝과 하고 싶은 말」에서 총잡은 병사 되여 군사분계선표말뚝을 마주하고 선 서정적 주인공도 자기는 "기어이 / 너와 말을 나누고 싶은 세대"라고 하면서 지난 시기 숱한 "아름다운 말들이 / 너와 부딪쳐 / 울분의 메아리로 / 되돌아섰"다고, "피 같은 언어"와 "노래"로 목이 쉬도록 찾아도 보았건만 이제 더는 "너와 나눌 말 / 우리말 사전"에는 없다고 단언하고 오직 "총대의 메아리만이 너와 나눌 / 병사 나의 말"이라고 주정을 토로하였다.

전개된 서정의 내용으로 보아 일면적으로 사색을 추구하던 나머지 시인의 의도가 빗나가지 않았겠는가 생각한다.

체험세계와 내용은 다르지만 시 「내 아들이 돌아왔습니다」와 「저의 인사를 받아주십시오」에 대해서도 같은 것을 말할 수 있는데 여기서는 "작은 키"와 "앉아서 인사"에 초점을 두고 사색을 펼치였다. 물론 삼륜차에 앉은 영예군인이니까 '키'는 작을 것이고 인사도 앉아서 하는 것은 당연할 것인데 영예군인—아들과 어머니, 제자와 선생님과의 관계에서 보다 시대정신이 비낀 본질적인 측면에서 시를 찾고 사색을 펼쳐야지 지금과 같이 지엽적인 문제에 사색이 집착되여서는 시가 생활의 본질을 옳게 떠올릴 수 없으며 미감 상으로도 독자들에게 만족을 줄 수 없다.

시인의 사색은 심화되여야 하지만 그 사색은 언제나 본질적이며 사회적인 것과 통일될 때 시대정신의 높이에 이를 수 있다.

시인이 시창작에서 교훈으로 찾아야 할 다른 하나의 문제는 시의 서정이 론리적인 것과 자연스럽게 결합되는 것은 좋은 일이지만 지나친 론리의 추구로 하여 때로 시가 자기모순에 빠지는 경우가 있다는 것이다.

시 「나에게는 목숨이 둘이였던가」는 이 면에서 생각하게 하는 작품이다.

시인은 첫 련에서 "어머니시여 당신은 나에게 사는 법을 배워주었건만 / 교형리들은 모질게도 / 죽는 법을 배워주었"다고 주정을 토로하였는데 어머니와 교형리, 사는 법과 죽는 법의 의미적 및 정서적 효과를 노려 그랬는지는 모르겠지만 그 뒤에 "배워주었"다는 표현을 써서 일률적으로 론리를 추구하던 나머지 자가당착에 빠진 느낌을 준다. 교형리들은 죽음을 강요하면 했지 결코 죽는 법을 배워줄 수야 없지 않는가.

시에는 또 하나의 문제점이 있다.

시에서는 의지와 신념의 강자들인 비전향장기수—서정적 주인공이 모진 죽음의 고비를 "어떻게 이겨냈는지", "판문점 분리선을 넘어 / 위대한 품에 안겼을 적에"야 "비로소" 알게 되였다고 하였는데 이것 역시 론리 추구에서 일면성이 낳은 결과라고 생각한다.

피와 살, 육체까지 바쳐야 하는 대결전에서 마음의 기둥이 없고 믿음이 없으면 견디지도 이기지도 못한다. 마음속에 굳건한 기둥과 믿음이 있고 그것을 의리와 신념으로 지켜냈기에 "위대한 태양의 품"에 안길 수 있었다는 사실을 놓쳐서는 안 되는 것이다.

물론 시에서 론리도 중요하지만 생활의 진실, 감정의 진실을 떠난 일면적인 론리 추구는 상념의 산물로 되며 그것은 독자들의 공감에 그늘을 지운다.

이 밖에도 시초 〈우리는 이사를 간다〉의 시상이 '이사'라는 울타리에서 보다 자유분방하게 터쳐나가지 못한 것 등은 시인이 자기의 모습을 더 잘 가꾸고 유난하게 하는 데서 교훈으로 생각해야 할 문제들이다.

홍철진은 담시도 풍자시도 썼으며 최근에 단편소설도 발표하였다.

작가의 재능과 창작의욕은 한계를 모르며 그것은 창작적 열정과 노력에 정비례하면서 부단히 새롭게 발현된다. 그 어느 경우에나 작가는 '나'의 모습을 드러내는 것이 중요한데 시인으로서의 홍철진은 이미 자리잡히고 있는 자기 모습을 계속 착실히 가꾸며 좋은 시로 독자들 앞에 나서기를 기대한다.

(…하략…)[1]

—『조선문학』 659호, 2002.9

1 이하에서는 리진협의 시를 다루고 있다.

홍현양

1943년 출생하였다.
1964년부터 시를 발표하기 시작한 것으로 추정된다.
개인시집으로 『나의 추억』(1987)이 있다.

| 시 7편 |

작은 수첩

쿵…쿵…
지층을 뒤흔드는 마지막 발파 소리,
꺼졌던 칸델라의 불꽃들이
하나, 둘, 비치며 켜지자
막장 초소장은 적어 넣누나
마디진 손으로 작은 수첩에
《천공 열한 개… 발파!》

낮추 드리워 준 칸델라의 불'빛 속에
작고 보풀 일은 초소장의 수첩이여,
몇천 몇만으로 적혀졌는가,
지하 천 척 울리인 발파 소리
탄부들의 뜨거운 심장의 맥박 소리가.

끊을 수 없는 발파의 그 음향 속에
황철 해탄로의 직장장 수첩 속엔
더 큼직한 무게가 담겨지고
끊을 수 없는 발파의 그 음향 속에
더 빨리 흘러나오는 직물의 길이가
방직공의 수첩 속에 수놓아지나니.

조국 땅 넓은 곳 하 많은 재부가
초소장의 자그마한 수첩 속

화약내 풍기는 갈피마다에 적힌
발파의 그 수'자 속에 담겨 있지 않는가,

쿵쿵…
막장 천리, 만리'길을 개척하며
조국의 뜨거운 심장에 어서 불을 지피자는
발파 소리, 저 발파 소리가,
몇천만 번 끊임없이 적혀질 것인가
초소장의 자그마한 수첩 속에
초소장의 벅찬 한가슴속에.

발파의 수'자를 적으며
또 하나의 새 수첩장을 넘길 때마다
수풀처럼 일어서리라, 조국의 대지 우엔
창조의 검은 연기 뿜는 은'빛 굴뚝들이…
끝없는 조국의 푸른 하늘엔
화려한 살림의 꽃방들도 층층 솟으리라

아, 수첩의 자그마한 부피 속이
발파의 수'자로 채워지는 날—
그 수첩장과 수첩장의 발파 수를 타고
새 비약의 나래 펼칠 조국 땅 우에
억 년 드놀지 않을 초석으로
초소장은 그 작은 수첩을 바치려니

자랑차다, 태여나는 조국의 새 력사
울리는 발파의 끝없는 음향이여!

마디진 손으로 초소장은 적누나
탄부들은 칸델라를 낮추 드리워
작은 수첩을 황금색으로 밝혀 주누나![1]

| 수록지면 |

*『문학신문』, 1964.2.4.
홍현양, 『나의 추억』, 문예출판사, 1987.

1 시의 뒤에 '필자—김일성종합대학 조선문학과 학생'이라 기재되어 있다.

잘 있으라 나의 어린 시절아

잘 있으라
나의 어린 시절아
혁명학원의 드넓은 운동장을
고향집 뜨락처럼 밟고 자란
나의 어린 시절아,

설음에 찾던 내 작은 가슴에
기쁨을 찾아 다시 안겨준
학원의 언덕길,
불 밝은 창문들…

물매미따라 강변에 뒹굴며
해 지는 줄 모르게 뛰놀던 나날이
흘러가누나
사라져가누나

겨울이면 눈 우에 찍혀지던 구두'발자국들,
봄날이면 들판에 메아리치던 노래소리 웃음소리
한 많은 세상에 돌처럼 굴렀을 이내 몸이
하늘땅의 해'빛을 다 그러안고 자랐더라.

아, 집 없는 고아의 눈물 많은 시절은 진창길, 숫눈'길…
남의 집 문턱에 있었다건만

손 저어 보내는 나의 어린 시절은
어디에 있었던가, 어디에 있었던가.

웃으며…
즐겁게…
내 작별하는 어린 시절아.

| 수록지면 |

*『청년문학』 123호, 1966.7.
홍현양, 『나의 추억』, 문예출판사, 1987.

땀 흘린 권리로 이 모든 것 바라볼 때

흐르는 땀을 씻으며
흙무지 우에 삽을 박고 하늘을 본다
날아드는 기러기 무리
물결 우에 부서지는 저녁노을은 곱다

백양나무아지 우에 물빛이 번들거리고
쌓아온 백리 긴 제방 우에
싱그러운 바람이 어리광 친다
건설자들의 어깨 우에 낟알 향기를 실어주며
땅에 대한 살틀한 정을 익혀주며

물결을 차며 날아오르다
맴돌며 땅 우에 다시 내려앉는다
나래 펴고 울어 예는 기러기 무리
땅이 좋아 물이 좋아
끝없이 찾아드는 소리

기쁨은 이런 순간을 위해 있었던가
배고동 소리 향토의 정서를 불러주며
울려가는 저 하늘가에 저 물결 우에
기쁨처럼 희망처럼 퍼져가는 웃음소리
남의 팔이 어깨에 얹히는 것도 잊고 선 행복감이여

아, 첫 삽을 박으며 저 산기슭에서 바라보던
물새의 무리, 해빛에 번뜩이는 그 나래를
이처럼 가까이에서 쳐다보는 기쁨
위대한 수령님께 충성을 바쳐가며
흘린 땀, 찍어가는 개척자의 발걸음만이
생활의 먼 곳도 이처럼 가까이 밟을 수 있구나

짧은 휴식의 한때여
푸릿한 담배연기를 한껏 들이키며
생각한다, 이 좋은 날 이 좋은 순간에
허리 치는 감탕 속은 어떻게 헤쳤으며
밀려드는 강물은 무엇으로 막았던가

기러기떼에 불같은 눈길들이 합쳐졌으니
충성의 땀을 바친 사람들의 마음속
기쁨과 환희, 하고 싶은 간절한 말을
그대로 아름다운 풍치로 그려놓았구나
부르며 찾으며 날아도는 기러기떼!

아, 물보라를 일으키며
내려앉는 새무리, 반짝이는 해빛이여
이 모든 것 땀 흘린 권리로 바라볼 때
조국은 아름다움, 피를 끓여주는 사랑!
이 아름다움 이 사랑을 위해
건설자들은 새 땅에 발자국을 찍는구나

| 수록지면 |

*『조선문학』 360호, 1977.10.
홍현양, 『나의 추억』, 문예출판사, 1987.

내 자라난 사랑의 품이여

들길을 걸어도
산천을 보아도
언제나 목메이는 이 마음
날이 가고 세월이 갈수록
오곡을 가꿔가는 이 가슴속엔
자나깨나 못 잊을 어버이 사랑

알 수 있었으랴
웃음밖에 모르던 그 시절
아버지는 있는가고
어머니는 있는가고
수령님 다정하게 물어주실 때
철없이 올리는 대답을
조국의 상처로
그처럼 아프게 새기실 줄을…

혁명은 준엄하여
수령님 마음 쓰신 일 많으시였건만
보내주신 사랑의 꽃신을 신고
밤나무숲에서 매미를 쫓으며
가시의 아픔을 모르고 자랐어라

허리띠를 졸라맨 조국을

걸음걸음 안아 일으키시며
수령님 눈바람을 헤쳐가실 때
그 눈비의 차거움을 모르며
해빛 밝은 학교에서
즐거운 배움의 나날을 보냈거니

들길을 걸어도
산천을 보아도
나를 안아 키워주신 사랑의 자욱
수령님 만면에 웃음을 지으시고
농장의 주인이 된 이 손을 잡아주시며
맨발 벗은 그날을 추억하여 주실 때
어찌하여 목이 메여 할 말을 몰랐던가

맨발로 자란 나를
한품에 안아주시며
수령님 심려 속에 보내시던 그날엔
철부지 웃음밖에 알 수 없던 이 몸
다 자란 나의 손을 꼭 잡아주시며
수령님 환하게 웃으실 때엔
목이 메여 목이 메여 울음을 터쳤구나

아, 눈물로 안긴
어버이수령님의 자애로운 품이여
준엄한 폭풍 속을 헤쳐오시면서도
언제나 기쁨과 웃음만을 안겨주신
잊지 못할 그 위대한 사랑이여

하늘같은 그 은정에 안겨
내가 자라
인민이 자라
조국이 자라
이 세상은 락원으로 눈부시게 솟았거니

설레이는 땅이여
행복한 창문들이여
위대한 수령님을 천만 년 모시고 따르며
위대한 수령님께 기쁨을 드릴
이 간절한 소원만이 남아
산은 산마다 향기로 넘쳐나고
들은 들마다 황금물결 설레이누나

| **수록지면** |

* 『조선문학』 364호, 1978.2.
『태양은 빛나라』(종합시집), 문예출판사, 1978.
『행복하여라 인민의 나라』(종합시집), 문예출판사, 1978.
『해방후서정시선집』(종합시집), 문예출판사, 1979.
홍현양, 『나의 추억』, 문예출판사, 1987.
『향도의 빛발 아래 (1)』(종합시집), 문예출판사, 1989.

나의 추억

가을날 하나 둘 떨어지는
나무잎 단풍잎
가버린 시절 불러주는 것 추억이던가
아지랑이 아물대는 저 언덕 너머
봄빛 속에 스며드는 것 추억이던가

토스레옷 한 벌 입고
류랑의 길 떠나던 소년아
저 아득한 곳에서 너는 나를 보며 웃고 있구나
달아오른 먼지길에 맨발이 뜨거워
너는 그 자리에 아직도 서 있느냐

세월은 흘러
어깨 우에 떨어지는 나무잎은
그 얼마나 맞았고
들바람에 흩날려간 락엽과 같이
안아줄 품이 없던 내 어린 시절이 아니였던가

아, 수양버들 푸른 강변길
아들의 손목에 이끌리는 순간에도
문득 눈에 삼삼한 하나의 모습
토스레옷 입은 소년아

네가 어제날
나였단 말이냐
그리움 속에 살아
못 견디게 부르며 목메이며
불 밝은 창가에 찾아오는 모습아

내 홀로 너와 만난다
때로 붉어지는 두 눈을 닦으며
아, 그런 때면 가슴이 북받쳐
자애로운 수령님의 영상을 우러르며
잠 못 드는 이 마음

기쁠 때나
힘겨울 때나
내 너와 만난다
눈물 속에 자라난 어제날을 잊지 말라
찾아오는 모습아

가난과 행복이
무엇인가를
이 가슴에 깨우쳐주며
못 견디게 파고드는 그 불덩어리
이것이 바로 추억이 아니던가!

아, 나의 추억이여
자주 찾아와 내 집 문을 두드리며
이 마음속에 깃들어

토스레옷 입은 그 소년이
나였음을 속삭여다오!

| 수록지면 |

*『조선문학』 454호, 1985.8.
『서정시선집(1979~1985)』(종합시집), 문예출판사, 1986.
홍현양, 『나의 추억』, 문예출판사, 1987.
『1980년대 시선』(종합시집), 문예출판사, 1990.
『청춘시집』(종합시집), 문학예술종합출판사, 1993.

조국을 떠날 때

잘 다녀오라
손 저어주는
벗들의 바래움을 받으며
나서 자란 정든 땅을 떠날 때
이 가슴 어쩐지 서글퍼지더라

하늘 한끝
비행기의 시창으로 보이는
정든 산천이여
미역 감던 시내물조차
따라서며 부르는 듯
네가 있어
기쁜 마음 하늘에 올랐구나

푸른 산
푸른 돌
흘린 땀 네 가슴에 없다면
떠나는 마음
이리도 행복에 젖지 않으리

다시 돌아올 길
기다리는 어머니의 사랑이 있어
조국이여

정녕 네 품을 떠날 때
아쉬워도
어제날의 그 슬픔이 아닌
기다리는 불 밝은 창문을 안고 가노라

그 불빛 아래
사랑하는 안해가 있고
글 읽는 아들의 재롱이 있는 땅
함께 시를 쓰고
밤 밝혀 불을 토하던 벗들이 있는 땅

멀어져도
정녕 아득히 구름 속에
그 모습 사라져도
이 몸을 치마폭에 안아 키워준
어머니의 그 모습으로 따라서더라
조국이여
나의 조국이여

—1986

| 수록지면 |

*홍현양, 『나의 추억』, 문예출판사, 1987.

압록강 철교를 건느며[2]

차바퀴 소리
차바퀴 소리
가슴을 울리고
땅을 흔들며
압록의 철교를 달리는 소리

차창 아랜
푸른 물결
출렁이며 흘러가는
압록강의 푸른 물결
세월의 물결

아, 추억이여
귀밑머리 희끗한 나에게
시간을 묻듯
차바퀴
차바퀴 소리로
쉬임없이 들려주는 그 무엇
그 무슨 뜻인가

불붙듯

2 이 시는 시초 〈헤여져 살아도 남이 아니다〉 중의 한 편이다.

달아오르는 눈시울
조국의 사절로
압록강을 건너가는 이 시각에
속삭이듯 울리는
차바퀴 소리여

차창의 저 달도
그날의 그 달빛
불속을 헤치고 이 다리 건너가던
고아들을 생각하시며
수령님 잠 못 드시던
그날의 그 달빛

차바퀴 소리
차바퀴 소리
그 누가 영광의 이 길 우에 세웠느냐
그날에 이 다리 건너갔던
애어린 고아였던 나를…

어이하여
수령님 잠 못 드시던
그 밤을
그 달을
이 가슴에 차창가에
목메게 비쳐주느냐

아, 차바퀴 소리

차바퀴 소리여
네 소리 들으며
내 가보지 않은 곳 어데 있으랴
저 먼 발칸에도
적도의 하늘 아래에도

허나 압록강철교를 건늘 땐
네 소리
조국의 깨우침으로
어머니의 간절한 당부로
뼈와 살 속에 스며드누나

잠시 가더라도
조국의 아들임을 잊지 말라고
잠시 가더라도
수령님의 기쁨이 되여 돌아오라고
아, 언제나—

—압록강 국경에서

| 수록지면 |

*『조선문학』 492호, 1988. 10.

평론 눈물 많은 시인[3]

홍현양 시집 『나의 추억』을 읽고

최희건

…

나에게 첫 속삭임인 양
생활의 시를 준 것도
나에게 눈물을 모르는
가없는 하늘을 펼쳐준 것도
그 해빛

아 못살아
그 해빛 떨어져
순간도 못살아
어린 날
내 운명의 망울을 터쳐준
해빛은 인생의 어머니

3 이 글은 「자기 생활의 세계, 시세계를 가진 시인들의 초상」의 일부이다.

그 은정 못 잊어

내 붓을 들고

목이 메여 적으니

해빛 속에

눈에 삼삼히 어려오는

어버이수령님 모습이여

…

머리시 「해빛」에서부터 목이 메여 하고 붓을 적신 이 시인의 눈물은 10편으로 구성되여 있는 이 시집의 갈피갈피를 진하게 적시고 있다.

눈물의 정서는 아무에게나 있지 않다. 그런데 어찌하여 이 시인은 그처럼 눈물 많은 것이며 또 그 눈물의 의미는 무엇인가. 거기에는 까닭이 있을 것이요, 그 눈물의 의미도 여러 가지고 색채 또한 각양할 것이다.

위대한 령도자 김정일 동지께서는 다음과 같이 지적하시였다.

"우리 인민은 누구나 당의 현명한 령도와 고마운 은덕을 받아안고 살지만 그것을 느끼는 정도는 사람마다 다르다."

인간이 자기가 받아안은 사랑과 은덕을 어떻게 느끼는가 하는 것은 그것을 체험하는 깊이와 수양 정도에 따른다.

인간의 륜리도덕의식의 견지에서 보면 사랑과 은덕을 감수함에 있어서 그것은 량심으로, 계급의식의 견지에서 보면 사랑과 은덕에 대하여 새로이 깨닫는 자각으로 발현되는 것이라 할 수 있다.

사랑과 은덕을 감수하면서 발현되는 그 량심이나 그것을 새로이 깨닫게 되는 자각은 인간 일반에 공통적으로 발현되는 인간의 사상정신, 감정심리의 표현이다.

그러나 작가는 력사와 시대 앞에 지닌 작가적 사명감으로부터 수령과 당의 사랑이나 은덕, 당의 로선과 정책, 그 의도를 간파하고 느끼는 데서는 보다 민감한 것이다.

그런 까닭에 시인들의 남다른 격정과 눈물, 기쁨과 웃음, 사랑과 증오의 사상감정은 천성적인 것이 아니며 작가적 민감성인 것이다.

때문에 수령과 당의 사랑과 은덕을 고맙게 느끼고 우러러 칭송하거나 당의 로선과 정책을 깊이 파악하고 적극 옹호 관철하려는 사상감정도 보다 격조가 높아지게 되는 것이다.

시집 『나의 추억』의 시인의 마음속에 고인 눈물의 그 진함과 뜨거움도 바로 자기 수령, 자기 당, 자기 조국의 사랑과 은정에 대한 고마움을 남달리 민감하게 깊이 느끼는 진정의 눈물이며 충정의 눈물이다. 진정으로 느끼는 인간에게만 눈물이 있다.

따라서 그 눈물의 색채와 농도에는 눈물의 진가가 비껴 있는 것이다.

시 〈내 자라난 사랑의 품이여〉, 〈2월의 흰 눈송이〉, 〈흐르는 세월 속에 그리운 영상〉 편에는 시인에게 사랑과 열정을 깡그리 쏟아부어 운명의 망울을 한껏 터쳐준 인생의 어머니, 당의 품을 못 잊어, 당의 사랑을 못 잊어 흘리는 그의 뜨거운 눈물이 어려 있다.

가렬 처절한 전화의 그 나날 최고사령부의 가장 가까운 곳이였던 금산골에 원아들의 요람과 배움터를 꾸려주시고 최고사령부의 작전지도 앞에서 온 전선을 움직이시며 한시도 떠날 수 없는 그 시각에도 달구지 바퀴 자국이 난 길로 원아들을 찾아오신 김일성 장군님의 품에 눈물 젖은 얼굴을 묻으며 안기였던 시인이다.

그래서 오늘도 금산골의 푸른 숲 설레이는 언덕에 서면 그날의 추억이 되살아나 뜨거운 눈물이 두 눈에 맺힌다고 하였으며 "들길을 걸어도 산천을 보아도 언제나 목메이는 이 마음 날이 가고 세월이 갈수록" 그 사랑 가슴에 사무치고 "눈물로 안긴 어버이수령님의 자애로운 품", "잊지 못할 그 위대한 사랑", "하늘같은 그 은정에 안겨" 눈부신 락원의 세상을 눈물겨워 바라본다고 하였다.

맨발로 자란 자기를 안아 키운 어버이수령님의 그 사랑에 더하여 시인이 한생을 안고 사는 것은 어머니당의 다함없는 사랑이다. "한번 잃은 어머니 다시 뵈올 길 없는 오늘에도 사랑은 언제나 해빛처럼" 곁에 따사롭고, "어린 시절 시내가에서 물장구치면 빨래하며 지켜주던" 어머니의 눈빛처럼 "오늘에도 따스한 온기를 주는 살뜰한 그 손길"이 따사로와 "내 곁에 어머니는 영원한 모습"으로 안겨옴을 느끼는 시인이다. 하기에 시인은 "꿈결에도 어머니 옷자락 소리"를 듣고, "꿈결에도 그 손길"을 잡고 잠드는 것이다. 그래서 시인은 평범한 나날에도 행복에 겨워 때없이 눈시울을 적시며 "눈물에 젖었던 두 눈동자에 예지를 안겨주는 그 사랑, 그 해빛을 받아 안으며 성장의 나날 내 눈동자에" 당은 언제나 "어머니 모습으로" 간직되여 있노라고 솔직한 심정을 토로하였다.

어쩐지 우리는 시인의 이 추억의 노래를 들으며 오늘에 사는 우리 인민의 사상감정정서를 그대로 느끼는 것만 같다.

어버이수령님을 애석하게도 잃은 오늘에 와서 수령님께서 우리에게 남겨두고 가신 내 조국강산을 바라보느라면 수령님의 사랑이 더욱 그리웁고 그 사랑이 그리워 사무쳐 눈굽을 적시는 인민들에게 어버이수령님의 사랑을 고스란히 그대로 안겨주고 계시는 경애하는 김정일 장군님의 뜨거운 은정을 다시금 깊이 느끼게 한다.

오늘에 와서 시집 『나의 추억』이 우리에게 안겨주는 그 사상미학적 영향력은 바로 이런 사상감정을 다시금 불러일으킨다는 데서 더욱 큰 것이다.

이 시집을 다시금 펼쳐보며 더욱더 새로이, 더욱더 깊이 느껴지는 어버이수령님에 대한 한없는 그리움, 다함없는 경모의 사상감정은 시집 『나의 추억』이 가지고 있는 시형상의 깊은 감화력이며 이 서정시집의 항구적 생명력이라고 생각한다.

시인이 부르는 노래의 구절구절들에는 시름의 그늘 한 점 없는 그의 마음이 그대로 비껴 있다.

그것은 당의 품속에 삶의 젖줄기를 두고 살기 때문이다. 폭격에 무너진 담벽 아래 숨져가던 작은 숨결을 안아 일으켜준 것도, 상처 입은 가슴속에 어머니 사랑의 젖줄기를 준 것도, 포성에 창문이 우는 그런 밤에도 가장 밝은 자리를 준 것도 어머니당이였으며 불속에서도 행복하던 나날 어머니당이 불러준 노래를 들으며 땅과 하늘, 전선과 후방, 불굴의 조국을 알게 한 것도 어머니당이였기에 시인은 오로지 향도의 그 손길만을 따르며 "불의 언덕에 백번 쓰러져도 다시 일어나" 자기 생의 그 언약을 지켜가겠노라 맹세하였다.

보는 바와 같이 시인이 한 편 한 편의 시를 쓰면서 남달리 눈물짓는 까닭은 어버이수령님과 우리 당이 무엇 때문에 자기를 전화의 그 나날 초연에 그슬린 군복 외투자락에 품어 키워주었던가를 남달리 깊이 깨달은 시인의 민감성에 전적으로 기인되는 것이다. 하기에 시인의 눈물은 단순한 감정의 눈물이 아니다. 그것은 "낳아준 어머니는 없어도" 자기를 "집 없는 나그네"로 되지 않게 해준 자기의 수령과 당과 조국에 드리는 진정의 눈물이며 맹세의 눈물이다. 그리하여 시인은 언제나 이 진정과 맹세가 비낀 눈물로 아픔과 울분, 기쁨과 슬픔, 사랑과 증오의 노래를 지어 불렀다.

시인의 눈물의 시편들에는 사랑에 고마와 할 줄 알고, 은덕에 보답할 줄 알고, 불의에 못 견디고, 정의에 가슴 태우고, 불행과 행복의 의미를 진정으로 깨달으며 살 줄 아는 공민, 시인으로서의 그의 리성과 감성의 깊이, 지성과 인격의 높이, 인간륜리의식과 도덕적 면모가 뚜렷이 엿보인다.

여기에 눈물의 서정시가 가지고 있는 예술형상적 풍격과 가치와 의의가 있는 것이다.

그의 시편들에는 련민, 그리움, 향수와 같은 정서도 자연성을 띠지 않았기 때문에 감상적 색갈이 아니라 시인에게 "눈물을 모르는 가없는 하늘", "희망의 푸른 하늘"을 안겨준 사랑의 색채, 랑만적인 정서적 색채가 진하게 나타나고 있다.

이것이 이 시인의 서정시들이 가지고 있는 중요한 시형상적 특징이다.

우리의 서정시들에서의 눈물은 사상적 의미, 사상정서적 색채를 띠여야 하며, 시인의 리성과 감성을 결합시킨 형상적 사유과정을 거쳐서 려과되고 정화된 눈물로 되여야 한다.

시 「잘 있으라 나의 어린 시절아」, 「나의 집」, 「나의 추억」은 시인의 생애에서 못 잊을 시절의 노래로써 거기에는 눈물 젖은 추연한 생활도 있었을 것이며, 설음에 찼던 작은 몸에, 한많은 세상에 돌처럼 굴렀을 그의 몸에 세월의 락엽이 떨어지고 안아줄 품이 없어 진창길, 숫눈길을 해매였을 길도 없지 않았을 것이다. 그러나 시인은 "고향집 뜨락처럼 밟고 자란", "혁명학원 드넓은 운동장"을 먼저 생각하였고 "학원의 언덕길 불 밝은 창문들…", "겨울이면 눈 우에 찍혀지던 구두 발자욱들"을 그려보았고, "봄날이면 들판에 메아리치던 노래소리, 웃음소리에 귀를" 기울였으며 "해빛 따사로운 넓은 식당에서 식을세라 더운 국그릇을 권하여 주는 물젖은 어머님들의 손"과 "잠들 줄 모르는 탐구의 밤 나를 이끌어주는 대학의 불빛"을 그려보았으며, "가난과 행복이 무엇인가를 이 가슴에 깨우쳐주며 못 견디게 파고드는 그 불덩어리"를 느끼며 못 잊을 배움의 학창시절을 감회 깊이 추억하고 있다.

그의 추억에는 늘 맑은 눈물이 비껴 있다. 그 추억은 눈물에 젖어 있으나 비애는 아니였다.

시인이 자기의 어린 시절과 어떻게 작별하는가를 보기로 하자.

…

아, 집 없는 고아의 눈물 많은 시절은
진창길, 숫눈길…
남의 집 문턱에 있었다 했건만
손 저어 보내는 나의 어린 시절은
어디에 있었던가, 어디에 있었던가

웃으며…
즐겁게…
내 작별하는 어린 시절아

이 세상 인류사를 돌이켜보라. 부모 없는 고아에게 과연 설음이 없었던가? 눈물이 없었던가? 고아가 자기의 고아 시절과 웃으며 즐겁게 작별한 그런 력사와 시대가 언제 있었던가?

그러나 이 시인은 자기의 고아 시절과 웃으며 즐겁게 작별하였다.

시인은 바로 이 행복한 작별을 노래하고저 붓을 들었다. 어버이수령님의 품—나의 조국의 품에서만 볼 수 있는 행복한 눈물의 작별이였다는 것을 세상에 대고 웨치고 싶었던 것이다. 이것이 이 시인의 주장이였다. 이것이 발견이였다.

진정 여기에는 자기의 한생에 남기고 가는 어린 시절의 아픈 상처를 보이지 않으려는 시인의 가슴에 끓는 정과 타는 피와 열이 비껴 있고 자기는 고아였어도 고아가 아니였다는 강렬한 주장, 자기에게는 아버지이신 김일성, 김정일 동지께서 계시고 사랑하는 어머니인 사회주의 내 조국이 있다는 긍지와 자부가 가득 넘쳐 있음을 보게 된다.

울며 웃으며 자기의 어린 시절과 작별하는 이러한 섬세하고도 미묘한 감정심리는 이 시인의 서정시들에서 나타나는 또 하나의 특징적인 감정정서적 색채이다.

시 「나의 추억」에서 시인은 "토스레옷 한 벌 입고 먼 길 떠나던 소년", "저 아득한 곳에서" 오늘의 자기를 보며 웃고 있는 어제날의 자기, "달아오른 먼지길에 맨발이 뜨거워… 그 자리에 아직도" 서 있는 어제날의 자기를 못 견디게 부르며 목메이면서도 서글픈 그 시절은 추억하지 않는다.

이것은 이 시인의 서정시들이 단순한 감상적 추억이 아니라는 것을 보여주고 있다. 바로 이러한 자각, 이러한 계급의식이 어버이수령님의 품에서 행운아로 된 자기를 언제나 새삼스러이 느끼며 그 사랑과 은정에 눈물겹도록 고마워하는 아름다운 인간의 사상감정과 륜리도덕의식을 형성시켜 주었다.

추억이라고 하는 그 일반적 감상에서 감상이 아니라 깨우침으로 자기의 행복을 새로이 의식하고 오늘에 살며 래일에로 지향하려는 시인의 랑만적인 시정신은 수령의 아들, 당의 아들로서의 자기의 사명감을 깊이 간직하게 하였다.

수령과 당에 대한 공민으로서의 효성과 충성의 사상감정도 시인의 그 사명감으로부터 생겨났을 것이다. 하기에 시인은 그가 어떤 생활령역, 어떤 주제의 작품을 쓰던지 거기에서 나어린 자기의 잔뼈를 굳혀준 어머니 조국의 사랑과 은정에 감사드리는 것을 잊지 않으며 생명의 은인이고 운명의 보호자인 수령과 당에 자기의 심장도 아낌없이 바칠 불타는 맹세를 뜨거운 눈물 속에 다짐하고 또 다짐하는 것이다. 시인의 눈물이 단순한 인간 생리와 감성의 산물이 아니라고 하는 까닭도, 그의 시편들이 감각적이며 직관적인 색채를 띠지 않고 랑만적인 정서적 색채로 채색되였다고 보는 근거도 바로 눈물의 서정시에 수령과 당과 조국의 은혜를 못 잊어 하고 그 은혜에 자기의 피와 넋과 심장까지를 바쳐 보답하리라는 진정의 맹세가 뜨겁게 어려 있음을 보기 때문인 것이다.

시집 『나의 추억』을 통하여 시인의 서정시들에서 받아 안게 되는 것은 진실성이다. 앞에서도 이야기되였지만 시집 『나의 추억』의 서정시들이 가지고 있는 사상미학적 영향력, 정서적 감화력은 바로 진실성에서 생겨난 것이다.

시집의 모든 시편들은 사랑과 은정을 진심으로 느끼는 인간의 사상감정을 매우 예리하게, 절절하게 노래하고 있다. 가식이 아닌 이상 실제에 있어서 눈물처럼 솔직하고 진실한 것은 없을 것이다.

눈물은 진실의 고백이다. 눈물의 서정시는 진실의 서정시이다.

우리의 문학작품은 사람들에게 미처 모르고 받아 안은 당의 사랑과 은덕에 대한 고마움을 제때에 깨우쳐주며 비록 알고 받아 안는 사랑이라 하더라도 그 뜨거움을 더욱 절절하게 느끼도록 하여야 한다.

시집 『나의 추억』이 우리에게 수령과 당, 조국이 우리에게 안겨준 사랑과 은혜를 진정으로 느끼게 해준 그 정서적 감화력은 서정의 진실성에 있다.

예술에서의 진실성이 생명이라고 하는 것은 그것이 누구에게나 생활의 본질을 명백히 납득시키고 공감시키는 기능을 수행하기 때문이다. 그러므로 시가작품에서 서정의 진실성 문제는 시의 고유한 본성에 관한 문제이며 생활 반영의 진가 문제이다.

실제로 시가작품을 통하여 서정을 느끼게 되는 것은 시인 자신이 아니라 독자 대중인 것이다. 이것은 현실생활에 대한 시인의 체험과 느낌이 인민들의 미감과 정서에 맞는 인민적 성격을 띠여야 한다는 것을 말해준다. 실례를 들어보자—

고요히 흘러가는 보통강, 물결은 속살거리며 흘러가는데 어찌하여 시인은 생각이 깊어지며 화강암의 석벽을 말없이 쓰다듬고 서 있는 것인가…

"실버들 아지에 움트는 파란 잎새엔 5월의 봄빛이 한껏 웃고 어머니를 따르는 어린것들의 재롱이 꽃 속에 어울려 아름다운 강변길"은 평범한 날의 생각도 뜨겁게 해준다.

"사람들이 꽃을 보며 즐거이 찾아들고… 천리마거리, 비파거리, 락원거리 마음속에 따뜻한 정을 불러주며 행복한 창문들이 가까이에서" 열리고, "물보라를 일으키며 유람선은 떠가고, 책을 들고 글줄을 읽어가는 청년들, 버드나무 늘어선 공원길을 걸으며 사색을 모으는 머리 희끗한 학자에겐 고요한 정적이 나래를 펼쳐"주는 강변… 진정 은혜로운 해빛이 넘쳐나는 이 아름다운 보통강의 풍경을 "젖어드는 눈을 들어" 시인이 바라보는 것은 무엇이며 느끼는 것은 무엇인가?

노래와 웃음과 창조의 사색이 비껴 있는 물결 우에 고요히 흘러넘치는 시의 서정 속에는 "넝마를 줏는 어머니를 기다려" 눈물짓던 시인에게 "락원의 주인으로 해빛 속을" 걸어가게 해준 어버이수령님의 하늘같은 은덕에 감사를 드리는 시인의 진정, 충정의 눈물, 어제날의 토성랑, 오늘의 락원의 보통강 사람들의 한결같은 진정과 충정의 눈물이 어려있다.

락원의 보통강변에서 은혜의 봄빛, 사랑의 봄빛을 느끼는 시인의 사상감정이 보통강 사람들이 다 같이 느끼는 일반적이며 공통적인 사상감정으로 승화됨으로써 이 시의 서정이 진실한 것으로 되였으며 시가의 사상미학적 감화력으로 인민들의 사상정서 교양에 적극 이바지한 형상적 의의가 있는 것이다.

서정의 진실성은 모든 시가작품의 공통적인 형상 과제이며 요구이다.

이 시인의 생활의 서정시들이 가지고 있는 서정의 진실성과 그 형상적 기능에서 자기의 특징을 나타내게 된 것은 시인의 특유한 생활체험과 현실을 민감하게 감수하는 예술형상적 감각 능력, 남다른 눈물의 독특한 감정정서로 생활의 음률을 감각하는 시인의 창작적 개성이 가져다준 것이다.

그러면 이 시인에게 있어서 서정의 진실성을 낳게 한 자기의 특유한 생활이란 무엇이겠는가?

그것은 전쟁에서 받은 아픈 상처를 가셔준 어버이수령님의 품속에서 부모의 사랑을 알고 그 사랑 속에서 눈물의 진의미를 알고 살아온 행운아의 생활인 것이다. 인간이 자기를 낳아 키운 부모 없이도 부모의 사랑을 느끼며 살 줄 알고 그 사랑에 자기가 흘리는 눈물의 의미를 깨달으며 자기를 의식한다는 것은 우리 시대 인간으로서의 리성과 지성이 없이는 그러한 사상감정, 륜리도덕의식이 형성되지 않으며 나아가서 자기를 키워준 자기의 수령과 당의 은덕에 자기를 서슴없이 바쳐 보답하려는 충정도 생겨나지 않는다.

불행과 슬픔, 행복과 기쁨을 알고 성장한 행운아라고 하여 누구라 없이 그 사랑과 은혜를 눈물로 느끼는 것도 아니며 그 사랑에 보답하려는 자의식과 충정의 사상감정을 간직하게 되는 것도 아니다.

자기를 수양하려 애쓰고 자기를 의식하려 분발하고 자기를 바치려고 각오하는 인간만이 그가 진정으로 행운아의 긍지, 행운아의 값 높은 생활을 알고 사는 진정한 행운아라고 할 수 있다.

시인은 어린 시절부터 자기의 행운아의 생활을 노래하였다. 위대한 인간 사랑의 하늘 아래에는 고아가 없고 고아의 눈물이란 없음을 노래하고저! 인간 사랑의 위대한 품, 어버이수령님의 품—눈물 없는 내 나라, 내 조국의 어머니 사랑과 은덕을 노래하고저 그는 시인으로 되였던 것이다. 그래서 시인은 원아 시절이 흘러간 금산골에서 아버지장군님을 뵈올 때 "젖어드는 눈에 옷고름을 가져가던 누나들의 잊지 못할 그 모습"을 오늘도 추억하고 있다. 그래서 시인은 오늘도 혁명이 준엄하여 수령님께서 마음 쓰신 일 그처럼 많으셨건만 장군님 보내주신 꽃신을 신고 밤나무숲에서 매미를 쫓으며 "가시의 아픔을 모르고" 자라던 나날을 추억하고 있으며 허리띠를 졸라맨 조국을 걸음걸음 안아 일으키시며 수령님 눈바람을 헤쳐가실 때 "그 눈비의 차거움 모르며" 자라던 배움의 시절과 "불타는 거리를 지나 강을 건느고 국경을 넘어" 수만리 떠나온 이국땅에서 그윽한 보리수 향기를 느끼면서도 "벽돌 한 장, 한 그람의 세멘트가 귀한 조국을 두고 내 그 향기에 취하지 않으리라" 하며 자기를 기다리는 "조국의 진달래"를 마음속에 안아보던 꿈 많던 그 시절을 추억하는 것이다. 아득히 흘러간 그 시절을 지나 시인으로 된 오늘에도 그는 잠시 조국을 떠나 이국땅에 가 있을 때면 타향의 다반 우에 놓인 조국의 사과 한 알을 보면서도 땀 흘려 가꾼 조국 인민들의 살뜰한 마음을 느끼는 그였기에 전파를 타고 들려오는 조국의 목소리를 듣고서도 뜨거운 눈물을 흘렸으며 낯설은 곳에서도 쉬임없이 따라서는 그 사랑은 "나를 키워준 조국의 손길"이라고, "그 손길 나를 놓지 않고" 있다고, 그것은 꿈결에도 못 잊는 어버이수령님의 사랑의 손길이라고 흐느끼며 노래하는 것이다.

이것은 평범한 인간, 평범한 공민의 진정이며 행복한 인간이 자기를 의식한 리성이며 이 벅차오르는 긍지와 자부를 만 사람에게 웨치고 싶어 몸부림하는 시인의 열렬한 사명감이다.

하기에 시인은 "모래바다 천 리 락타의 방울소리를 들으며 간대도 물을 찾지" 아니할 것이라고 하였으니 그것은 시인의 가슴에 "어제날 내 입에 물려준 어머니의 젖줄기가 생명수로, 끓는 피로… 젖어들기" 때문인 것이다. 이것이 바로 이 시인의 서정시들이 진실하게 느껴질 수 있게 한 '자기의 생활'이며 사상감정의 생활적 바탕인 것이다.

그의 서정시가 가지고 있는 진실성은 자기가 체험한 생활을 꾸미지 않고 본연의 느낌 그대로 고백한 데 있다.

우리는 또한 시집 『나의 추억』을 다시 읽으면서 시인이 생활을 체험하면서 어떤 생활을 찾고 어떤 생활의 시를 얻으려고 모색하는가 하는 생활과 시에 대한 작가로서의 그의 일가견을 보게 된다.

사랑받는 것을 송구스럽게 느끼고 사랑을 바치는 것을 떳떳하게 생각하는 여기에 생활과 시에 대한 그의 새로운 의식과 리해가 있다고 본다.

하기에 그의 서정시들에는 전쟁이 가져다 준 어린 시절의 상처 입었던 생활의 흔적은 전혀 들추어지지 않았으며 다만 자기에게 "눈물을 모르는 가없는 하늘을 펼쳐준" 그 위대하고 은혜로운 사랑만을 노래하였다. 그는 "들바람에 흩날리는 락엽과 같이 안아줄 품이 없던", "가버린 시절이 불러주는 추억"보다 "자애로운 수령님의 영상을 우러르며 잠 못 드는" 마음속에 "가난과 행복이 무엇인가"를 깨우쳐주며 못 견디게 파고드는 사랑과 은덕의 나날들을 불덩어리처럼 느끼며 추억하고 있다.

그의 시편들에는 과거의 생활을 취급한 경우에도 그 시절의 생활감정을 애절함이나 서글픈 정서적 색갈로서가 아니라 밝고 랑만적인 정서적 색갈로 노래하고 있다.

생활과 시에 대한 혁명적 락관주의 관점과 태도는 그의 눈물의 서정시들의 성격적 특징을 규정해주고 있다.

이 시인이 자기의 서정시들을 통하여 해결코저 한 형상 과제는 바로 자기 수령, 자기 당, 자기 조국과 제도의 사랑과 은덕에 바치는 진정과 충정의 사상감정, 아름답고 고상한 륜리도덕의식, 오늘에 살며 어제를 잊지 말며, 오늘보다 더 좋은 래일을 위해 너나없이 오늘을 사랑하며 값높게 살아야 할 것이라고 절절하게 노래하려고 한 것이다.

시인은 바로 이러한 형상 과제를 해결하기 위하여 무엇보다도 중요한 것이 자기의 특유한 생활체험을 통하여 서정시들의 진실성을 보장하고 시작품의 사상정서적 감화력을 획득하려는 창발적 능력을 발휘한 것이다.

시집 『나의 추억』에서 나타나고 있는 특징은 또 밝은 양상의 생활정서가 다정다감한 운률적 정서를 가지고 있다는 점이다.

시인은 무엇보다도 운률의 요소, 운률의 바탕, 운률적 정서에 각별한 주의를 돌리고 있다.

이 시집에 들어 있는 시편들에서는 우선 시행들의 길이를 매우 짧게 분행하고 있다.

75편의 시들 가운데서 시 「해빛」을 비롯한 53편의 시들은 한결같이 시행들이 짧게 분행되였는바 한 시행을 한 소리마디로부터 네 소리마디로 분행한 것이 많으며 두 소리마디, 세 소리마디 덩이로 분행한 것은 53편 전부에 해당한다. 이것은 정갈하고 청아하고 단아한 밝은 양상의 정서를 약동적으로 나타내는 시들에 맞는 탄력적인 운률을 보장하고 있다.

시행의 길이를 짧게 분행하여 시의 감정정서의 열도를 높이고 시의 정서적 색채를 밝고 부드럽게 나타내는 것은 이 시인의 운률 조성의 중요한 특징이다.

운률의 바탕 문제는 시 운률을 조건 짓는 내용적 요인에 관한 문제이다. 시의 운률은 생활의 음률에 바탕을 두고 있다. 시 운률은 생활정서의 합법칙적 산물이다. 이 시인의 서정시가 설음에 겨운 고아의 흐느낌이 아니고 눈물 없는 내 나라, 내 조국의 한없는 사랑에 의해 내리는 고마움의 눈물, 감사의 눈물이기에 거기에는 환희와 행복의 사상감정이 어려 있어 밝고 정갈한 정서적 색갈의 운률적 정서가 흐르기 마련이다.

시 「조국을 떠날 때」를 보자.

…
하늘 한끝
비행기의 시창으로 보이는
정든 산천이여
미역 감던 시내물조차
따라서며 부르는 듯
네가 있어

기쁜 마음 하늘에 올랐구나

푸른 산
푸른 들
흘린 땀 네 가슴에 없다면
떠나는 마음
이리도 행복에 젖지 않으리
…
멀어져도
정녕 아득히 구름 속에
그 모습 사라져도
이 몸을 치마폭에 안아 키워준
어머니의 그 모습으로 따라서더라
조국이여
나의 조국이여

이 서정시에 흐르는 시인의 뜨거운 눈물의 정서는 조국을 떠나는 순간에 어쩐지 서글퍼지면서도 "기다리는 어머니의 사랑이 있어", "아쉬워도 어제날의 그 슬픔"이 아니기에 "기다리는 불 밝은 창문을 안고"가면서 작별의 아쉬운 감정을 소리 없이 목메여 하는 어머니 조국에 대한 사랑의 감정인 것이다.

이 생활의 정서가 시인의 정서로 된 것이고 생활의 그 음률이 시의 운률을 조건지어준 것이다.

시인은 자기 서정시들이 가지고 있는 이러한 운률적 정서를 살리는 데 시 운률을 매우 예민하게 작용하도록 하였다. 시행들을 짧게 분행함으로써 운률 진폭을 짧게 만들어 시의 호흡률을 조절하였으며 그것으로써 생활의 발랄하고 약동적인 감정정서를 생활의 음률에 가깝게 하였다. 시인은 혹 시행의 길이를 한 호흡에 담을 수 있게 비교적 길게 분행한 경우에도 운률 진폭을 길게 만들어 호흡의 률조를 조성하여 사랑과 은덕을 깊이 느끼는 감정정서의 강한 열도와 사색 있고 여운 있는 감정정서라든가 울분과 증오의 사상감정을 나타내는 데 효과성을 부여하고 있다. 시의 운률이 가지는 이러한 미학적 기능을 최대한으로 높여 '자기의 생활', '자기의 시세계'를 진실하게 느끼도록 하기 위한 시형상적 탐구와 진지한 노력은 자기의 시를 보다 뚜렷이 하려는 작가에게서만 찾아볼 수 있는 창작 자세이다.

이 시인은 자기 수령과 자기 조국의 그지없는 사랑과 은정에 대한 고마움과 감사의 마음을 눈물의 감정정서로써 자기 식으로 노래하는 작가적 개성을 획득하였다.

자기의 특유의 생활체험에 바탕을 두고 자기의 생활의 시를 찾고 자기 생활의 본색에 어울리는 시형상 형식을 탐구하는 창작적 수련 과정은 이처럼 자기의 독특한 창작적 개성을 완성하게 된다는 것을 우리에게 깨우쳐주고 있다.

이처럼 시집은 우리 시대 인간들이 수령과 당, 조국의 사랑과 은덕 앞에서 흘리는 눈물의 의미와 그 진가는 어디에 있으며 불행과 행복, 슬픔과 기쁨의 노래를 어떻게 불러야 하는가를 시사해주고 있다. 여기에 또한 시집 『나의 추억』의 예술형상적 가치와 의의가 있는 것이다.

아직 시인의 창작에서는 미흡한 점이 없지 않으며 새롭게 해결해야 할 형상 과제도 적지 않다.

시는 흘러간 시절의 추억에도 있지만 오늘에도 있다. 오늘에 꽃피는 위대한 인간 사랑의 노래, 그 사랑에 보답하는 창조와 투쟁의 노래는 미래의 아름다운 추억으로 남을 것이다.

독자들은 믿을 것이다. 시인의 언약을…

"무궁한 세월 속에 친애하는 지도자동지를 모시고 해와 달이 다하도록 영원히 충성의 한길을 걸어갈 우리의 한마음", "내 심장 둘로 될 수 없듯이 받들어도 오직 수령님 한 분, 따라도 오직 향도의 그 빛발, 내 생의 첫 언약은 이것뿐"이라던—

시인이여, 그대의 노래 오늘에 있고 래일에 있다.

완성에서 보다 높은 완성에로 도약하리라는 시인의 전망을 락관하게 된다.

—『조선문학』 591호, 1997.1

기타 참고문헌

홍현양 약력, 『청년문학』 123호, 1966.7.
송경희, 「체험의 진실성과 생동한 시형상—시초 〈무지개는 천만리에〉를 읽고」, 『조선문학』 486, 1988.4.

'북한의 시학' 연구팀

'북한의 시학 연구팀'은 북한시학의 공동 연구를 위해 2010년 구성되었다. 연구팀은 1945년에서 2010년까지의 북한시에 대한 기초 자료를 모으고 개별 시와 시인의 작품을 분석하는 것은 물론 북한의 시학이 형성되는 과정을 미국, 일본, 중국, 러시아와의 영향 관계 안에서 살펴보는 것을 목적으로 하였다. 남북한의 분단이 남북한만의 상황과 선택의 산물이 아닌 것처럼 북한의 문학 또한 한반도를 둘러싼 국제 정세와 국제 사회주의 문학의 자장 안에서 해명될 필요가 있었다. 이를 위해 한국문학 시 연구자, 북한문학 연구자 외에도 일본문학 연구자, 중국 역사 전공자가 연구진으로 참여하였다. '북한의 시학 연구팀'은 2010년 한국연구재단 인문사회지원사업의 연구 과제로 선정되어 2010년 5월부터 2013년 4월까지 안정적인 연구 환경에서 공동 연구를 진행하였다.

연구팀은 국내 외에 산재한 북한 시, 시집, 문예지 및 신문, 잡지 수록 시와 관련 평론, 문학사 자료를 축적하는 한편 작품 분석 작업을 병행하였다. 북한문학 전문가 자문회와 일본문학, 중국문학 연구자들과 함께한 라운드테이블을 기획하여 사회주의 문학의 어제와 오늘을 집중적으로 살펴보았다. 또, 본 연구팀은 2011년 1월 우리어문학회 학술대회와 2011년 12월의 한국근대문학회 학술대회를 통해 연구 성과를 발표하고, 16편에 이르는 관련 논문을 학술지에 게재하였다. 2013년 북한의 대표 시인 50인의 시와 평론을 소개하는 2권의 시선집과 북한시 문학 대표 비평들을 골라 엮은 2권의 평론 선집, 시문학사 부분을 재구성한 1권의 시문학사와 학술적 연구 성과를 모은 연구서 『북한 시학의 형성과 사회주의 문학』을 펴내며 연구 과제를 마무리하였다.